民族复兴的强音

——新中国外语教育70年

主　编　王定华　曾天山

Voice of National Rejuvenation

70 Years of Foreign Language Education in China

策　划　徐建中　　王　芳
统　筹　刘　捷
编　委（按姓氏音序排列）
常小玲　　崔　岚　　李会钦
刘博然　　刘　捷　　王　芳
徐建中　　张黎新　　郑大鹏

平装版

外语教学与研究出版社
FOREIGN LANGUAGE TEACHING AND RESEARCH PRESS
北京 BEIJING

图书在版编目（CIP）数据

民族复兴的强音 ：新中国外语教育 70 年 ／ 王定华，曾天山主编 ；常小玲等编． --
北京 ：外语教学与研究出版社，2019.8（2019.9 重印）
ISBN 978-7-5213-1142 6

Ⅰ．①民… Ⅱ．①王… ②曾… ③常… Ⅲ．①外语教学－教育史－中国－现代
Ⅳ．①H09-092

中国版本图书馆 CIP 数据核字（2019）第 180965 号

出 版 人　徐建忠
责任编辑　巢小倩
责任校对　孔乃卓
装帧设计　孙莉明　吴德胜
出版发行　外语教学与研究出版社
社　　址　北京市西三环北路 19 号（100089）
网　　址　http://www.fltrp.com
印　　刷　北京盛通印刷股份有限公司
开　　本　787×1092　1/16
印　　张　28.75
版　　次　2019 年 8 月第 1 版 2019 年 9 月第 3 次印刷
书　　号　ISBN 978-7-5213-1142-6
定　　价　99.00 元

购书咨询：（010）88819926　电子邮箱：club@fltrp.com
外研书店：https://waiyants.tmall.com
凡印刷、装订质量问题，请联系我社印制部
联系电话：（010）61207896　电子邮箱：zhijian@fltrp.com
凡侵权、盗版书籍线索，请联系我社法律事务部
举报电话：（010）88817519　电子邮箱：banquan@fltrp.com
物料号：311420001

序

王定华

2019年是中华人民共和国成立70周年。70年前，中国遭受帝国主义列强的野蛮侵略和封建专制制度的腐朽统治，战乱频发，民生凋敝，中华民族陷入内忧外患的灾难深渊，中国人民处于水深火热的悲惨境地。中国共产党为了实现为中国人民谋幸福、为中华民族谋复兴的初心和使命，团结带领人民历经千难万险，付出巨大牺牲，赢得新民主主义革命胜利，建立了新中国。1949年新中国成立以来，中国共产党团结带领人民推进社会主义建设，完成了中华民族有史以来最为广泛而深刻的社会变革，实现了中华民族由近代不断衰落到根本扭转命运、持续走向繁荣富强的伟大飞跃。1978年改革开放以来，中国破除阻碍国家和民族发展的一切思想和体制障碍，开辟了中国特色社会主义道路，党的面貌、国家的面貌、人民的面貌、中华民族的面貌发生了前所未有的变化。党的十八大以来，在以习近平同志为核心的党中央的坚强领导下，在习近平新时代中国特色社会主义思想指引下，中国发生了天翻地覆的变化，中华民族迎来了从站起来、富起来到强起来的伟大飞跃。

70年风雨兼程，70年岁月如歌。在中华民族伟大复兴的征程中，外语教育始终与国家和民族的命运紧密相连，勇立时代潮头，响应国家号召，发出复兴强音。新中国成立之初，为了摆脱帝国主义封锁、争取苏联援助、迅速改变贫穷落后的面貌，党中央发出了向苏联学习的号召，外语教育率先响应，培养了大批俄语人才，满足了国家发展的需要。改革开放之初，国家急需借鉴外国先进科学技术，汲取人类优秀文明成果，外语教育率先发声，一所所大中小学开设外语，外语学习蔚然成风；一批批学子走出国门，操起他国语言，探究异邦之长。自此，国人正视差距，拓宽视野，创新思维，奋起直追，拉开了全面改革开放的大幕。如今，我国已经成为世界第二大经济体、第一大贸易国，形成了世界最大的外语学习群体，基础教育外语课程实现普及，高校公共外语教学全面覆盖，多语种多层次的外语专业人才培养体系不断完备。外语教育为民族复兴、国家富强做出了突出贡献，培养了一大批复合型外语人才，促进了中国国际化程度的提升，引领了外向型经济的发展，加强了中国参与全球治理的话语能力，提高了全民外语水平和国际理解能力，促进了全球化背景下中国特色社会主义事业的发展，助力了中国国际竞争力和国际地位的稳步提升。

在举国上下热烈庆祝中华人民共和国成立70周年之际，全国外语教育同仁群策群力出版此书，旨在共庆华诞、共襄盛举、共叙历史、共享荣光，回眸外语教育发展历程，讲述外语教育励志故事，梳理外语教育成长脉络，总结外语教育成功经验，谋划外语教育未来发展。本书以时间为经，以人物为纬，以外语为宗，以教育为旨，从前行之路、大学之道、大师之智、风云之声、名士之音、奋进之笔等方面，全景展示外语教育70年的壮丽蓝图，全面奏响民族复兴70年的壮丽华章。本书旨在进一步激发广大外语教育工作者的爱党之情、爱国之志，同享外语音律，共筑复兴伟业。

本书力求既有高度又有温度，既注重史料翔实、图文并茂，又强调见人见事、见微见著。为了不落叙史枯燥、刻板的窠臼，本书在系统梳理、探究史实的同时，精心遴选了数十位新中国外语教育的亲历者、引领者和践行者，口述历史，评价历史，探索规律，指导未来。他们中，既有德高望重、学贯中西的教育大家，也有成就斐然、著作等身的知名学者；既有高瞻远瞩、锐意进取的高校掌门人，也有淡定从容、运筹帷幄的卓越外交家；既有星光熠熠、知性儒雅的文化贤达，也有叱咤风云、雷厉风行的出版精英。他们中，有的已驾鹤西去，但精神永生，其音容笑貌、哲思睿智、爱国之情、报国之志始终指导、激励着我们；有的虽年事已高，但退而不休，笔耕不辍，教书育人，无私奉献；有的恰风华正茂，在祖国教育、外交、外事各个领域言传身教、砥砺奋进、贡献力量。相信无论是普通读者还是外语同仁，都能够借由他们的多维视角，倾听他们的励志故事，品味他们的鲜活人生，从而探寻他们的外语之路，领会他们的治学之道，铭记他们的谆谆教诲，感悟他们的处世哲学。

本书中大量严谨细致的历史记录和鲜活生动的人物案例，正是开展“不忘初心，牢记使命”主题教育活动最好的学习素材。全体外语教育同仁要以“守初心、担使命、找差距、抓落实”的总要求，认真对标对表。守初心，就是要牢记70年来，外语人始终听党话跟党走，全心全意为人民谋幸福，一心一意为民族谋复兴，扎根中国大地办外语教育；担使命，就是要牢记70年来，外语人矢志不渝为党育人为国育才，呕心沥血编写教材培养栋梁，义无反顾学成归来为国服务，勇于担当直面挑战砥砺前行；找差距，就是要牢记70年来，外语人百折不挠肩负使命负重前行，复兴之路任重道远道阻且长，须时刻铭记先贤教诲，继承未竟事业，实现崇高理想；抓落实，就是要牢记70年来，外语人始终勇立时代潮头敢于挺身而出，须锐意进取开拓创新，以钉钉子的精神走好每一步，直至实现中华民族的伟大复兴。

70年峥嵘岁月只是中华民族伟大复兴征途的开始，站在新的历史坐标上，全体外语教育同仁必须立足新时代，担负新使命，发出最强音。

这个新时代，是承前启后、继往开来、在新的历史条件下继续夺取中国特色社会主义伟大胜利的时代，是决胜全面建成小康社会、进而全面建设社会主义现代化强国的时代，是全国各族人民团结奋斗、不断创造美好生活、逐步实现全体人民共同富裕的时代，是全体中华儿女勠力同心奋力实现中华民族伟大复兴中国梦的时代，是我国日益走近世界舞台中央、不断为人类做出更大贡献的时代。

这个新使命，是培养掌握党和国家方针政策、具有全球视野、通晓国际规则、熟练运用外语、精通中外谈判和沟通的国际化人才的使命，是有针对性地培养急需的懂外语的各类专业技术和管理人才的使命，是有计划地培养选拔优秀人才到国际组织任职的使命，是深入推进外语教育变革、全面提升国家外语能力、勠力增强国家软实力的使命，是坚持立德树人、培养德智体美劳全面发展的社会主义建设者和接班人的使命。

这个最强音，是不断增强“四个意识”、坚定“四个自信”、做到“两个维护”的强音，是共建“一带一路”、重建国际经济新秩序、实现国家经济腾飞的强音，是自信坚定地走向世界舞台中央、构建以合作共赢为核心的新型国际关系的强音，是推动中国文化“走出去”、实现文明交流互鉴、构建人类命运共同体、促进人类文明进步及世界和平发展的强音，是坚定不移深化改革开放、实现中华民族伟大复兴中国梦、共创人类美好未来的强音。

本书与《改革开放的先声——中国外语教育实践探索》既一脉相承又各有侧重。前者侧重于见人见事，既有严谨的历史叙事，又有生动的人物案例，力求透过多角度、多维度的鲜活故事，有高度又有温度地呈现新中国70年外语教育波澜壮阔的画卷。后者侧重于学术研究，借助中国教育科学研究院的学术力量，依托教育部委托的外语教育研究课题，全景展示改革开放40年中国外语教育发展历程。

本书得到了全国兄弟外语院校的积极响应，获得了众多外语教育领域专家学者和有识之士的鼎力支持，在此谨致谢意。虽然我与诸位编委认真审定，但限于水平和时间，书中疏漏与不足恐难避免，望各位贤达不吝赐教，我们将虚心接受，予以订正。

2019年8月1日

于北京外国语大学

目录

序 .... 王定华（I）

第一章　前行之路：新中国外语教育 70 年发展历程 ... 刘　捷（1）

以俄为师的外语教育（1949—1956 年） .... （2）

外语教育的调整发展（1957—1965 年） .... （9）

“文化大革命”时期的外语教育（1966—1976 年） ...... （18）

外语教育的恢复和改革（1977—1991 年） .... （20）

外语教育的快速发展（1992—2000 年） .... （38）

外语教育的转型和跨越（2001—2011 年） .... （45）

外语教育进入新时代（2012 年至今） .... （53）

第二章　大学之道：院校领导论外语教育 .... （67）

外语是通向世界的桥梁

——王福祥治学与治校 .... 隋　然（68）

躬耕一生初心在　枯灯长卷慰平生 .... 黄建华（78）

服务国家战略　培养高端人才　推动外语教育发展

.... 戴炜栋（90）

新中国外语专业教育 70 年的思考 .... 修　刚（98）

优化学科　凸显特色　培养符合时代需要的高水平国际化人才
——回顾北京外国语大学教育教学改革 ... 韩　震（109）
新时代外国语大学本科教育十项方略.......... 王定华（119）
外语教育的人文之道.......................... 蒋洪新（130）

第三章　大师之智：专家学者议外语教育 .... （139）

永远的许国璋.................................. 王克非（140）
跨越 70 年的外语教育经历.................... 伊莎白（151）
金声玉振　笔耕不辍
——记王佐良先生............... 王　茜（整理）（160）
与新中国外语教育同频共振
——记陈琳教授.......................... 王定华（170）
学界泰斗　人生楷模
——记语言学家桂诗春教授.............. 何莲珍（181）
坚守信念　服务国家
——从外语实践到语言教育与研究........ 胡壮麟（189）
德语教学 70 年
——我与德语基础教学和教材建设........ 梁　敏（198）
适应国家战略需要　培养高端外语人才 .... 胡文仲（208）
创建中国特色大学英语测试系统的风雨历程.... 杨惠中（217）
新中国 70 年基础外语课程与教材发展.......... 刘道义（233）

曲折行进　前途光明
——从我的法语生涯谈法语教育的发展 .... 薛建成（248）
中国外语教学理论的创新发展
——以“产出导向法”为例 .... 文秋芳（256）
眼前万里江山
——参加外语教学专业委员会30年的经历与感悟
.... 龚亚夫（272）
新中国俄语教育发展
——搭建文明交流互鉴的桥梁 .... 史铁强（283）
新中国建设发展进程中的大学外语教学 .... 王守仁（295）

第四章　风云之声：外交家评外语教育 .... （305）

工欲善其事　必先利其器
——从外交角度谈外语教学 .... 梅兆荣（306）
兼容并蓄　臻于至善
——我对北外外语教育的一点思考 .... 张幼云（317）
崇德立志　博学笃行
——谈中国外语教育助力“走出去” .... 尹　卓（327）
学以致用　时刻准备迎接新挑战 .... 孙振宇（335）
外语教学和国际人才培养 .... 金立群（342）

第五章 名士之音：文化出版人士观外语教育 .... (353)
漫谈英语学与教 .... 李赋宁 (354)
译林梦与真 .... 许渊冲 (363)
中国电视外语教育的经典与辉煌 .... 冯存礼 (372)
七十载风雨兼程 新时代砥砺前行
——新中国外语教育出版 70 年 .... 李朋义 (381)
越过语言的边界 走向广阔的世界 .... 杨 澜 (396)

结 语 奋进之笔：中国外语教育走向未来 .... 曾天山 (403)
附 录 新中国外语教育 70 年大事记（1949—2019 年）... (415)
后 记 .... (439)

Contents

Preface .... Wang Dinghua (I)

Chapter 1 Road of Progress: 70 Years' Development of Foreign Language Education in China .... Liu Jie (1)

Foreign language education focusing on Russian (1949—1956) .... (2)

Adjustment and development (1957—1965) .... (9)

During the "Cultural Revolution" (1966—1976) .... (18)

Recovery and reform (1977—1991) .... (20)

On fast track (1992—2000) .... (38)

Further reforms and new measures (2001—2011) ...... (45)

Enter the new era (since 2012) .... (53)

Chapter 2 Way of Higher Learning: University Leadership on Foreign Language Education .... (67)

Foreign language as a bridge to the world: Wang Fuxiang's commitment to learning and governance of BFSU .... Sui Ran (68)

Reminiscences of a teacher, university president, and scholar in lexicography .... Huang Jianhua (78)
Promote the development of foreign language education to cultivate high-level talent and serve China's national strategy .... Dai Weidong (90)
Reflections on education of foreign language majors since 1949 .... Xiu Gang (98)
Cultivate high-caliber international talent to meet the needs of the times .... Han Zhen (109)
Ten proposals for undergraduate education at foreign language universities in the new era .... Wang Dinghua (119)
The value of the humanities in foreign language education .... Jiang Hongxin (130)

Chapter 3 Wisdom of Masters: Their Life Stories and Views on Foreign Language Education .... (139)

Eternal spirit of Xu Guozhang .... Wang Kefei (140)
My story as a foreign language teacher for 70 years .... Isabel Crook (151)

Wang Zuoliang, a knowledgeable and devoted teacher and scholar .... Wang Qian（160）
Chen Lin: A witness and practitioner of foreign language education in New China .... Wang Dinghua（170）
Professor Gui Shichun: A leading scholar and a role model .... He Lianzhen（181）
Serve the country with deep faith: From foreign language practice to language education and research ....Hu Zhuanglin（189）
My experience as a German teacher and textbook writer for 70 years .... Liang Min（198）
Keep in mind China's strategic needs and strive to train foreign language specialists .... Hu Wenzhong（208）
Developing CET—A large-scale standardized English language testing system with Chinese characteristics .... Yang Huizhong（217）
Foreign language curriculum and textbook development for basic education from 1949 to 2019 .....Liu Daoyi（233）

A tortuous path to a bright future: From the perspective of a French teacher .... Xue Jiancheng (248)
Development of innovative approaches to teaching foreign languages in China: The Production-oriented Approach as an example .... Wen Qiufang (256)
Reflections on 30 years' development of the National Association of Foreign Language Education .... Gong Yafu (272)
Russian education in China: A bridge for communication between civilizations .... Shi Tieqiang (283)
College foreign language teaching in the context of the People's Republic of China's development .... Wang Shouren (295)

Chapter 4 China in International Affairs: Diplomats on Foreign Language Education .... (305)

The art of foreign language learning and application: From a diplomat's perspective .... Mei Zhaorong (306)
Vision, passion and profession: Some thoughts on cultivating high-level talent .... Zhang Youyun (317)

Foreign language education: A must for China's growing presence in international affairs .... Yin Zhuo (327)
Learning for practice, always ready to meet new challenges .... Sun Zhenyu (335)
Towards building up a pool of the talent fit for international arena .... Jin Liqun (342)

Chapter 5 Cultural Celebrities: Their Views on Foreign Language Education .... (353)

Random thoughts on English learning and teaching .... Li Funing (354)
My dream, my joy, and my translation .... Xu Yuanchong (363)
Foreign language education on TV .... Feng Cunli (372)
Foreign language education publishing in China since 1949 .... Li Pengyi (381)
Breaking the language barrier to embrace the outside world .... Yang Lan (396)

Epilogue **Blaze a New Trail: China's Foreign Language Education into the Future** .... Zeng Tianshan (403)

Appendix **Milestones of Foreign Language Education in New China (1949—2019)** .... (415)

Postscript .... (439)

第一章

前行之路：新中国外语教育70年发展历程

刘 捷

刘捷，外语教学与研究出版社副社长，《国际汉语教育（中英文）》执行主编，编审，博士，主要从事中外教育史、比较教育、教师教育、外语教育研究。主要论著有《栅栏内外：中国高等师范教育百年省思》《专业化：挑战21世纪的教师》《高中新课程与教师专业发展》等。发表学术论文和书评100余篇，多篇论文被《新华文摘》、人大复印报刊资料全文转载。

中华人民共和国自1949年10月1日成立以来，已经走过了70年的光辉历程。经过70年砥砺奋进，我们的国家发生了天翻地覆的变化。无论是在中华民族历史上，还是在世界历史上，这都是一部感天动地的奋斗史诗。70年来，由于党和国家的重视以及外语教育工作者的共同努力，我国外语教育事业有了飞跃的发展。新中国成立以来，特别是改革开放和党的十八大以来，外语作为国际交往重要工具的作用进一步引起了全党全社会的重视，外语教育界呈现出一派欣欣向荣的景象，为进一步提高整个中华民族的科学文化水平和实现经济发展战略奠定了坚实的基础。充分展示共和国70年来外语教育的曲折发展历程和巨大成就、生动反映70年来外语教育的历史性变革和宝贵历史经验，不仅有利于新时代我国外语教育事业的改革发展，而且对于全面推进改革开放和中国特色社会主义事业，决胜全面建成小康社会，进而全面建设富强民主文明和谐美丽的社会主义现代化强国，实现“两个一百年”奋斗目标，实现中华民族伟大复兴的中国梦也具有十分重要的意义。

以俄为师的外语教育

（1949—1956年）

新中国成立初期由于国家政治斗争需要和国际环境的逼迫，我国实行“一边倒”的外交政策，全面学习苏联。外语教育为适应国家对俄语人才的需要，大力推广和发展俄语教育。

一、从国家大局出发，全面实施和加强俄语教育

新中国成立前夕，中共中央副主席周恩来接见了哈尔滨外国语专门学校的领导同志，听取了当时东北地区外语教学情况的汇报，从方针、政策直到学生日常生活都做了具体、明确的指示。1950年年初，中央人民政府副主席刘少奇接见北京俄文专修学校干部时指出，中苏两国友好合作前景广阔，大批苏联专家即将来华帮助我国进行建设，国家急需大批俄文翻译干部，这为北京俄文专修学校指明了办学方向。

中央高度重视俄语教育在新中国建设中的重要作用。1951年9月25—28日，第一次全国俄文教学工作会议在北京举行。中央人民政府副主席朱德出席会议并做了重要讲话。中共中央书记处对这次会议专门做出批示，指出：目前大量培养俄文翻译人才已是非常重要的政治任务；翻译工作已成为各项工作中不可缺少的重要环节；两年来，各地虽已设立了若干俄文学校，但是无论数量和质量都是不够的，亟待提高；分工问题也未适当解决；培养翻译干部，必须配合国家需要，通盘筹划，照顾轻重缓急；要解决一些俄文教学上存在的最迫切的问题。会议结合中央提出的《全国俄文教学计划决定（草案）》，对俄文教学的方针、任务、分工、学制、课程、教材、教学、经费及领导关系等问题进行了热烈的讨论，取得了一致意见。这次会议是新中国成立后召开的第一次全国性的外语教育工作会议，在新中国外语教育史上具有重大意义和深远影响。政务院1954年4月3日发布的《关于全国俄文教学工作的指示》对全国俄文教学工作做了以下规定。（1）俄文专科学校的任务是培养翻译干部和一部分俄文师资，学习年限是三年。大学俄文系的任务主要是培养中学俄文师资，学习年限是三年或四年。高等师范学校俄文系和俄文专修科的任务是培养中学师资，学习年限俄文系是三年或四年，专修科是两年。各俄文专科学校和高等学校俄文系在条件具备时应设研究生班，挑选原校优等毕业生和抽调部分助教和翻译干部，进修一年或两年，以培养高等学校的俄文师资和较熟练的翻译干部。（2）各校教学计划应根据高等教育部颁发的三年制和四年制教学计划草案，结合本校具体条件加以规定和执行。（3）俄文专科学校、高等学校的俄文系、俄文专修科以及高等学校和高中的

俄文课，一概采取循序渐进的正规教学方法，而不采取速成突击的方法。（4）高等学校应开设俄文课。高中和中等技术学校可设俄文课，初中一般不设外国语。

《俄文教学》创刊号

为了搞好俄文教学，1951年10月1日，中央俄文编译局与北京俄文专修学校创办了《俄文教学》杂志。毛泽东主席为该杂志题写了刊名，党和国家领导人刘少奇、朱德、周恩来、郭沫若等亲笔在创刊号上题了词。刘少奇副主席的题词是："认真负责地为国家培养一批通晓俄文的人材。"朱德副主席的题词是："作好俄文教学工作，认真培养俄语人才，为忠实地介绍苏联先进的政治斗争经验，经济建设经验和军事建设经验准备力量，以适应我国当前各项建设工作的需要。"周恩来总理的题词是："教好俄文，学好俄文，交流中苏文化，为新中国建设事业服务。"郭沫若副总理的题词是："工欲善其事，必先利其器。要把俄文学好教好，才能切实地吸收苏联建设事业的宝贵经验，并促进中苏两大民族的友好互助与文化交流。"[1]1952年1月3日，教育部全国俄文教学指导委员会正式成立，并决定将《俄文教学》杂志作为该委员会的机关刊物，借以加强对各地俄文教学工作的联系与指导。

二、成立俄语教育院系，落实俄语教育任务

1949年6月，华北大学二部外语系（前身是延安外国语学校）与外事学校合并成立外国语学校（今北京外国语大学），设英文、俄文两部，隶属

[1]四川外国语学院高等教育研究所．中国外语教育要事录（1949—1989）[M]．北京：外语教学与研究出版社，1993：10.

1949年10月，外国语学校的校门

1950年6月，北京俄文专修学校的校门

中共中央外事组领导。新中国成立后，为了适应新中国对俄文人才的急迫需要，中共中央决定建立一所专门培养俄文人才的学校，北京俄文专修学校因此于1949年10月正式成立。毛泽东主席为学校题写了校名。学校附属于中共中央俄文编译局，由俄文编译局的正副局长兼任正副校长，实行局校一元化领导。1949年12月，华东人民革命大学附设上海俄文学校成立。1950年11月，上海俄文学校增设了英语班，校名改为华东人民革命大学附设外文专修学校。1952年11月，全国院系调整后，该校正式更名为上海俄文专科学校。1950年4月，根据中央关于培养俄文干部的指示，由西南军区军政大学组建俄文训练团，培养国家军政机关和经济建设急需的俄文翻译人才。1952年6月，俄文训练团归属地方领导，改为西南人民革命大学俄文系。1953年5月，俄文系独立建校，改名为西南俄文专科学校。1952年11月，西北区教育部为了加强西北区俄文教学工作，将西北大学俄文专修科、兰州大学俄文系、西北局党校俄文班合并成立西北俄文专科学校，在西安南郊文化区建校。

至1951年，全国设有俄文系、组的高等学校有中国人民大学、北京大学、清华大学、南开大学、西北大学、兰州大学、南京大学、浙江大学、复旦大学、山东大学、武汉大学、中山大学、山西大学、延边大学、东北师范大学、东北人民大学、哈尔滨工业大学、北京师范大学、河南大学、南昌大学、南华大学、东北商业专门学校、苏南文教学院、广西西江学院、正阳学院、成都西南学院、大川学院、东北工学院、东北农学院、东北航海专科学校、哈尔滨铁路学院、湖北教育学院、广东文理学院、华北工学院等。

为了解决国家派遣大量人员赴苏联学习建设经验的需要，1952年3月，北京俄文专修学校设立留苏预备部，派往苏联学习的人员需先在此集中学习一年俄语。至此，新中国留学教育正式启航。

1953年年底，普通高等学校院系调整工作基本完成。经过调整，全国共有高等院校182所。其中高等外国语学校8所，它们是北京俄文专修学校、北京外国语学校、哈尔滨外国语专科学校、沈阳俄文专科学校、上海俄文专科学校、西南俄文专科学校、西北俄文专科学校和新疆俄文专科学校。除这8所专门的高等外国语学校外，还有11所综合大学、19所高等师范院校设有外语专业，主要是俄语专业，个别学校设有英语、法语、德语、东方语专业。此外，一些业务部门也开设有俄文学校，如一机部的大连工业俄专、二机部的北京工业俄专、解放军的大连俄专。[1]

为了提高教学质量，提升办学水平，1954年8月，北京外国语学校升格为北京外国语学院，设有英语、德语、法语、西班牙语4个专业。1954年9月，北京对外贸易专科学校与中国人民大学对外贸易系合并，成立北京对外贸易学院，设有外贸外语专业。1955年6月，北京俄文专修学校升格为北京俄语学院。

三、制订全国统一的俄语专业教学计划和教学大纲

教学计划（课程计划）决定了教学内容总的方向和总的结构。1950年9月26日，教育部颁布《高等学校文、法、理、工学院课程（草案）》，规定文学院外国语文系的课程除公共必修课外，必修课程有6类：（1）外语基础；（2）译作习作；（3）国语学习；（4）文艺文选读；（5）理论文

[1]四川外国语学院高等教育研究所．中国外语教育要事录（1949—1989）[M]．北京：外语教学与研究出版社，1993：28-29.

苏联专家指导中国教师上课

选读；(6) 文艺理论批评。选修课程有世界史、世界文学史、中国文学史、中国新文学史、新闻学、速记术、外国语教学法、语音学、第二外国语等。

1955年6月22—28日，高等教育部在北京召开制订高等俄语学校俄语专业统一教学计划座谈会。会议讨论修改了两种教学计划，即三年制培养俄语翻译工作者的教学计划和四年制培养俄语教师和俄语翻译工作者的教学计划。同年7月15日，高等教育部颁发了这两种教学计划。三年制俄语专业教学计划设置下列课程：(1) 政治理论课程，包括马克思列宁主义基础、中国革命史、政治经济学；(2) 历史—语言课程，包括苏联历史、现代汉语、语言学引论；(3) 现代俄语实践课程，包括语音、语法、词汇；(4) 翻译课程，包括从汉语译成俄语和从俄语译成汉语；(5) 体育课程；(6) 加选课程。四年制俄语专业教学计划设置下列课程：(1) 政治理论课程，包括马克思列宁主义基础、中国革命史、政治经济学、辩证唯物论与历史唯物论；(2) 历史—语言课程，包括苏联历史、俄罗斯和苏联文学史、中国文学史、现代汉语和语言学引论；(3) 现代俄语实践课程，包括语音、语法和词汇；(4) 现代俄语理论课程，包括语音学、语法学、词汇学和俄语历史语法基础；(5) 教育课程，包括教育学和俄语教学法；(6) 翻译课程，包括从俄语译成汉语和从汉语译成俄语；(7) 教育实习；(8) 翻译课程的学年论文；(9) 体育课程；(10) 加选课程。加选课程是在教学计划所规定的总学时之外，由学生根据志愿额外加修的。加选课程无考试、考查。

1956年4月4—13日，俄语专业各课程统一教学大纲审定会议对教学大纲草案进行了研究分析，并对若干问题展开了反复磋商和讨论，最后通过了高等俄语院校和俄语系适用的现代俄语实践课程（俄语导论课、语音课、语法课、词汇课）、翻译课程（俄译汉、汉译俄）、现代俄语理论课程（语音学、语法学、词汇学）、俄语修辞学、俄语历史语法基础、俄语教学法、语言学引论、俄罗斯与苏维埃文学史、苏联历史等15门课程的教学大纲，并初步确定了各校分工合作编写俄语专业课程教材的方案。大纲既吸取了苏联的教育思想，也在一定程度上总结了我国俄语教学的实际经验。每门课程的教学大纲都包括了规定学生应学知识、技能范围的大纲文本和起教学法指导书作用的较详尽的说明书。这些大纲不仅遵循了普遍教学法和外语教学法的各项原则，而且也考虑到了本门课程的特点和具体的教学对象；不仅保持了本门课程知识的系统性和完整性，而且也照顾了各门课程间的联系和配合。

四、在中学大面积实施俄语教育，兼顾其他语种教育

俄语在中学的开设也全面铺开。1950年8月1日，教育部颁布的《中学暂行教学计划（草案）》规定：外国语课初中三年，每周3学时（共360学时）；高中三年，每周4学时（共480学时）。[1]教学计划的分科说明指出，初高中均须设一种外国语，如有师资、教材等条件，宜设俄语。1954年4月28日，教育部下达的《关于从1954年秋季起中学外国语科设置的通知》规定：从1954年秋季起，初中一律不设外国语科；二、三年级原已授外国语科的一律停授。高中设外国语科，一、二、三年级每周授课时数均为4小时；从一年级

[1]四川外国语学院高等教育研究所. 中国外语教育要事录（1949—1989）[M]. 北京：外语教学与研究出版社，1993：3-4.

起授俄语，个别地区和缺少俄语师资的可授英语；二、三年级原授英语的，可继续授英语，如有俄语师资而学生又愿意改学俄语并对英语教师能做妥善安置的，可改授俄语。

五、举办俄语广播讲座

新中国成立后，通过广播学习俄语在全国大中城市掀起了一股浪潮。1949年12月，北京人民广播电台和北京市中苏友好协会联合举办教学节目《俄语广播讲座》。这个讲座深受广大听众欢迎，到1952年2月共举办了3期。参加第3期学习的学员共2,881人，到学习结业时一直与电台保持联系的有2,000多人。从第4期起增开了高级班，专为辅助那些已经有自学能力的人进行学习。

1951年1月，原华东、上海人民广播电台举办的俄语讲座，改为华东、上海俄语广播学校，并办理学员登记。到11月，登记的学员达11,000余人。学员来自华东各省，遍及40余县、市。学员大都是在职员工和在校学生，部分是家庭妇女。

1952年3月，天津人民广播电台与天津中苏友好协会开始举办俄语广播讲座，学习期限为16个月，分两学期。报名者达15,000余人，包括工人、职员、教员、学生等。讲座将学习者划分成1,000多个学习小组，每周有一晚集体学习，有辅导员进行辅导。辅导员大多是中学俄文教师、各机关的翻译等。[1]

外语教育的调整发展

（1957—1965年）

1955年，亚非会议在万隆召开。与此同时，我国同世界各国，尤其是东方各国的交往逐渐增多，相关语种的人才严重缺乏。为此，中央决定在继

[1]四川外国语学院高等教育研究所．中国外语教育要事录（1949—1989）[M]．北京：外语教学与研究出版社，1993：17.

续办好俄语教育的同时，逐步加强其他外语语种的教学。1956年1月14—20日，中共中央召开关于知识分子问题的会议，会议提出，为了实现向科学进军的计划，必须扩大外国语的教学，并且扩大外国重要书籍的翻译工作。这是中央做出的一项关系到我国外语教育事业发展的重要决策。根据“必须扩大外国语的教学”的指示，高等教育部制订了1956—1967年人才培养规划，一些高校的英语、德语、法语等语种相继恢复或开设。同时，随着中苏关系的走低，全国俄语教育规模开始收缩。

一、改变俄语独大的格局，形成外语教育多语种发展的新局面

在继续办好俄语教学的同时，其他外语，特别是英语的教学，开始加强。1957年6月25日，高等教育部发布《关于俄语、波语、捷语、东语各专业学生转学、转专业的具体办法》，提出：由于过去几年俄语、波语、捷语、东语各专业招生过多，现已超过国家建设需要，为解决这些专业学生今后的出路问题，根据国务院指示，高等教育部决定部分学生可以转学、转专业。从1957年秋季起，俄语专业暂停招生一年。学制一律改为四年。一机部大连工业俄专、二机部北京工业俄专、解放军大连俄专停办。从此，俄语教育规模开始缩小，英语及其他外语教育逐渐扩大和加强。

20世纪50年代末，北京外国语学院部分教师游览北海公园

此前，上海俄文专科学校自1956年秋季起，增设英、德、法语专业，更名为上海外国语学院。哈尔滨外国语专科学校自1956年秋季起，增设英语专业，更名为哈尔滨外国语学院。1956年年底，全国共有23所高等院校设有英语专业，5所高等院校设有法语专业，4所高等院校设有

德语专业。[1]此外，还有个别院校设有西班牙语、罗马尼亚语、波兰语、捷克语、朝鲜语、日本语、蒙古语、越南语、缅甸语、暹罗语、印地语、印尼语、阿拉伯语、波斯语等专业。1956年秋，北京外国语学院开始招收英语副博士研究生。

二、高校外语教材建设取得显著成果

教材是系统反映学科内容的教学用书，事关教学质量和教学效果。1961年4月11—25日，中共中央宣传部会同教育部、文化部在北京召开全国高等学校文科和艺术院校教材编选计划会议。会议总结了文科教学的状况和经验，讨论了文科教学中的若干根本方针性问题，并且拟订了中文、历史、哲学、政治经济学、政治、教育、外语7种专业和艺术院校7类专业的教学方案，以及224门课程的297种教材编选计划。[2]这次会议后，成立了全国文科教材编选工作办公室（1963年改名为文科教材编审工作办公室），按专业成立了14个教材编选工作组。这期间，高等学校外语教材编选工作取得了显著的成绩。1962年出版了高等学校英语专业统编教材《英语》（1—8册），其中1—4册由许国璋主编、5—6册由俞大絪主编、7—8册由徐燕谋主编，出版了供理工科学生使用的英语教材（凌渭民主编）和俄语教材（应云天主编）。

三、研制、颁布高校外语专业教学方案和大纲

教学方案是对教学工作的计划安排，是教师实施教学的依据。1961年4月，在全国高等学校文科和艺术院校教材编选计划会议期间，制订了五年制英国语言文学专业教学方案（四年制可参照做适当调整），要求毕业生达到以下标准。（1）具有爱国主义和国际主义精神，愿为社会主义、共产主义事

[1][2]四川外国语学院高等教育研究所．中国外语教育要事录（1949—1989）[M]．北京：外语教学与研究出版社，1993：51，67.

业奋斗；通过对马克思列宁主义、毛泽东著作的学习和一定的体力劳动、实际工作的锻炼，努力树立工人阶级的阶级观点、群众观点、劳动观点、辩证唯物主义观点。(2) 掌握为精通英语和英美文学所必需的基础知识，了解英国、美国的历史和政治、经济、文化的基本情况；具有中国语言文学的一般知识；能进行科学研究。(3) 具有准确熟练的读、听、说、写英语的能力，有较好的汉语写作能力；能阅读另一种外文。(4) 有健全的体魄。1962年3月27日，周恩来总理、陈毅副总理批准外交部《关于北京外国语学院专业设置计划的报告》。报告提出：北京外国语学院当前主要应办好英、法、西班牙、俄、阿拉伯五种国际通用语，大力提高教学质量。同时，应注意巩固、充实和提高近几年来新办起来的15种其他国家语文专业。在此基础上逐步开设新语种。今后学习其他国家语文的学生，原则上初步掌握一种国际通用语（如英、法、俄）以后，再转学其他国语文，学习年限可适当延长。

外国专家研究录音配合授课问题

1962年6月，教育部颁布新中国成立后第一个高等工业学校本科五年制各类专业适用的《英语教学大纲（试行草案）》。《大纲》提出：公共英语是一门实践课，理论知识的传授是为了培养学生实际运用英语的能力，理论材料的选择必须符合实际需要，要避免过多的理论讲授和不必要的理论分析。语音、语法等规则讲授以后，必须通过大量练习予以巩固，并与课文教学密切结合起来。

四、制定《外语教育七年规划纲要》

《外语教育七年规划纲要》（以下简称《规划纲要》）是我国外语教育史上一份重要的历史文献。1964年11月14日，中共中央、国务院同意印发国务院外事办公室、国务院文教办公室、国家计划委员会、高等教育部、教育部五个部门联合上报的《规划纲要》。《规划纲要》提出，目前高等外语院系培养出来的学生，在数量和质量上都远不能满足国家社会主义建设和外事工作的需要，整个外语教育的基础同国家需要很不适应。之所以出现这种状况，除客观形势的发展变化外，我们工作上的缺点错误也是一个重要原因。新中国成立初期和第一个五年计划期间，大量发展俄语教育，有很大成绩。但当时对其他外语人才的需要估计不足，把中学外语几乎全部改为俄语，继而取消初中外语，这就导致外语教育的片面发展。因此，这次七年规划既需要大力改变学习俄语和其他外语人数的比例，又需要扩大外语教育的规模，这样才能把外语教育的发展纳入同国家长远需要相适应的轨道，由被动转为主动。

《规划纲要》强调，今后外语教育的发展应该采取以下方针。第一，专业外语教育与共同外语教育并重。一方面要发展外国语学校和高等外语院系，培养一支专业外语干部队伍；另一方面要大力发展和提高普通中学外语和高等学校共同外语教育水平，培养一支人数众多的既掌握某一方面文化科学知识又具备一定外语水平的干部队伍。第二，学校外语教育和业余外语教育并举。在发展学校外语教育的同时，大力发展外语夜校、函授、广播、电视教育。专门的函授学院应该增设外语系，高等外语院系应该努力举办函授、夜校教育，大城市应该逐步举办外语广播、电视学校。第三，大力调整高等学校和中等学校开设外语课的语种比例。学习英语的人数要大量增加，学习法语、西班牙语、阿拉伯语、日语和德语的人数也要适当增加，学习其他非通用语种的人数要占一定的比例。第四，在大力发展数量、调整语种比例的同时，要特别注意保证质量。某些基础、条件较好的学校还应该举办外语研究班，着重培养高水平的外语师资和高级翻译。

为了完成外语教育事业发展的指标，《规划纲要》提出了以下措施。第一，新建和扩建一批高等外语院校，在加强计划性、全国一盘棋的原则下，对外语教育实行统一规划、统一招生、统一分配毕业生的制度。第二，举办外语训练班，培养和提高科学技术干部的外语水平。第三，千方百计解决师资问题。第四，大力改革外语教学，系统地总结我国外语教学经验，批判地吸收外国的教学经验，有计划、有指导地进行改革试验，逐步编写出适合各种程度的教材。第五，改进招生工作，保证学生政治、学业质量。第六，大力加强政治思想教育。对外语院系学生必须特别加强阶级和阶级斗争的教育，培养他们对资产阶级思想的识别、抵制和批判能力，不断地清除非无产阶级的思想影响。第七，改善和充实外语教育的电化设备。要分期分批按不同标准把高等外语院系、外语学校的电化设备装备起来。第八，加强外语教育工作的领导，组成外语教育规划小组，统一筹划全国外语教育的重大变革事宜。

《规划纲要》适应了当时国际形势和国内社会主义建设事业发展对外语人才的需要，描绘了我国外语教育事业发展的宏伟蓝图，产生了积极而深远的影响。

五、召开高等外语院系教学工作会议

为了明确外语教学改革的方向，1965年6月22日至7月6日，高等教育部在北京召开了高等外语院系教学工作会议。这次会议实际上是对“文化大革命”前高等外语院系教学工作的全面总结。它澄清了在“左”的思想影响下外语教学中出现的许多界限不清的问题，提出了一系列正确的原则，是贯彻《规划纲要》的一次重要会议，也是继1961年4月全国高等学校文科和艺术院校教材编选计划会议之后的一次重要会议。会议强调，必须正确处理红与专、政治与业务的关系，既要解决学生学习的目的、为无产阶级革命事业服务的基本立场问题，这是首要的，又要以此为方向和动力，切实使学生学好地道外语，能够以外语为工具，把毛泽东思想、我国革命和建设的经验传播出去，把外国有用的经验介绍进来，为无产阶级政治服务。

会议指出，外语院系的课程设置和教学内容，应该根据培养目标的要求，贯彻学以致用和少而精的原则，改变过去普遍选读大量古典文学作品和学习过多的"语音""语法""词汇"理论的缺点，减少课程门类，精简内容，加强基本训练，扩大知识面，使学生既有实用的知识与技能，又有较高的文化素养。为此，外语的教学方法，应该把调动学生学习的积极性、主动性与教师在教学中的主导作用结合起来，大力加强语言实践，改变过去过于强调理论讲授、忽视技能训练、过多地分析人物形象和语言现象的"特点""法则"等缺点。外语教学方法的改革，应该从中国人学习外语的实际出发，正确地总结我国以往的经验，吸收外国的有益经验，在有利于提高教学质量的前提下，鼓励各种不同教学方法的探讨与试验，逐渐建立起切合我国实际、符合外语教学客观规律的教学法。

六、外语院校实现转型和发展

外语院校由单一语种向多语种转型和发展。1956年，上海俄文专科学校增设英语、德语、法语专业，更名为上海外国语学院；哈尔滨外国语专科学校增设英语专业，更名为哈尔滨外国语学院。1958年，西北俄文专科学校更名为西安外国语学院，增设英语专业；沈阳俄文专科学校与沈阳师范学院、东北财经学院合并成为辽宁大学，设俄、英、日语专业；哈尔滨外国语学院更名为黑龙江大学，设俄、英、日语专业；北京俄语学院并入北京外国语学

1955—1956学年北京外国语学院西班牙语专业毕业生合影纪念

1957年暑假，北京俄语学院四年级学生与西伯利亚大学生旅行团在一起

院，合并后的北京外国语学院设有英语、俄语、德语、法语、西班牙语、波兰语、捷克语、罗马尼亚语8个专业。1959年，西南俄文专科学校改名为四川外国语学院，增设英语专业。至此，新中国成立初期建立的7所俄文专科学校已不复存在，均发展成为多语种的外国语学院或综合性大学。

1959年，北京广播专科学校扩建为北京广播学院，其中的外语系设有英语、波斯语、西班牙语、葡萄牙语、土耳其语、意大利语等专业。1961年，成立了外交学院分院，设有英语、法语、日语等专业。1964年，北京第二外国语学院成立，开设英语、法语、德语、日语、西班牙语、阿拉伯语、罗马尼亚语、阿尔巴尼亚语、匈牙利语、保加利亚语、波兰语、捷克语、越南语13个专业；北京外交学院分院改建为国际关系学院，设英语、法语、俄语、日语4个专业；秦皇岛外国语专科学校、大连日语专科学校、济南英语专科学校、杭州外国语专科学校、北京外国语专科学校、哈尔滨外国语专科学校、武汉外国语专科学校相继成立。1965年，广州外国语学院正式招生，开设英语、德语、法语、西班牙语4个专业。

1962年，经国务院文教办公室批准，外国留学生高等预备学校在北京成立。该校是由设在北京大学的外国留学生中国语文专修班和设在北京外国语学院的外国留学生办公室、留学生部合并成立的。1964年，外国留学生高等预备学校改名为北京语言学院。其任务是接受外国来华留学生学习汉语和我国出国留学生、出国教师学习外语，设汉语、外语、政治3类课程。外语设英语、法语、俄语、西班牙语4个语种。

1960年，全国新增加重点高等学校共44所，其中有北京外国语学院、北京对外贸易学院。1963年，上海外国语学院被列为全国重点院校。

七、设立外国语学校，实施“一条龙”教学

1959年，北京外国语学院开办了附属中学，开设俄语、英语、法语、德语、西班牙语等语种。1960年，北京市成立了北京外国语学校，从小学三年级开始学习外国语。1963年7月15日，教育部发出了《关于开办外国语学校的通知》。《通知》指出：我国国际交往日益扩大和社会主义建设各项事业迅

速发展，迫切需要培养一批高级外国语人才。培养高级外国语人才的途径，除了要努力办好现有的外国语院系，大力加强普通中学的外国语教学，并有计划、有步骤地在全日制小学高年级开设外国语课以外，还有必要有计划、有重点地开办一些从小学三年级开始学习外国语的外国语学校。《通知》提出，外国语学校总的培养目标和普通中小学校是一致的，区别只在于文化科学知识方面的要求有所不同，即外国语学校提高了语文、外国语和史地课程的要求，适当降低了数、理、化课程的要求。外国语学校采用与普通中小学校相同的学制，即小学六年，初中和高中各三年。课程设置与普通中小学校大体相同。小学阶段要重视语文和算术两科的教学，以打下良好的语文和算术的基础；外国语课从小学三年级开设；不设生产常识课。中学阶段政治课的授课时数与普通中学相同；外国语、语文、历史、地理的授课时数多于普通中学，数学、物理、化学的授课时数少于普通中学；不设生产知识课。为了保证外国语教学质量，中小学各年级的外国语课都实行小班教学。学校要从多方面为学生学习外国语创造条件，创造有利于学生学习外国语的环境。《通知》还确定北京外国语学院、上海外国语学院、北京大学、南开大学等11所院校为接收外国语学校毕业生的高等院校。

到1965年，全国共有外国语学校14所，它们是北京外国语学院附属外国语学校、北京市外国语学校、上海外国语学院附属外国语学校、天津外国语学校、四川外国语学院附属外国语学校、南京外国语学校、长春外国语学校、武汉外国语学校、杭州外国语学校、唐山外国语学校、哈尔滨外国语学校、广州市外国语学校、旅大外国语学校、西安市外国语学校。

八、中小学外语课程、教材、教学建设成就喜人

1956年7月10日，教育部发布的《关于中学外国语科的通知》指出，为了适应我国社会主义经济建设和文化建设的需要，从1956年秋季起，凡英语师资条件较好的地区，从高中一年级起应增设英语课；高中二、三年级原教英语的更应该继续教下去。从1957年秋季起，初中一年级开始恢复外国语科。各地中学教俄语和英语的比例暂定为各50%左右。1957年6月8日，教育

部发布的《关于1957—1958学年度中学教学计划的通知》指出，大、中城市有条件的中学，从1957年秋季起初中一年级开设外国语科。初中外国语科同高中一样设俄语或英语。各地区设俄语的中学与设英语的中学可以各占一半，在某些地区设英语的学校可以多于一半。之后，中学英语课的教学面有所扩大。1959年3月，教育部《关于在中学加强和开设外国语的通知》提出，中学设置各种外国语的比例大体上为三分之二的学校教英语及其他外国语，三分之一的学校教俄语。

1959年10月27—29日，教育部在北京召开中学外语教材座谈会。与会者认为，中学外语教学的目的和任务应该是打基础，应该注重四会的基本训练，听、说、读、写并重。为了保证中学外语教学的顺利进行，大家还认为必须有教学参考书、习字帖、字母卡、挂图、课外读物、唱片等辅助材料。1960年4—9月，人民教育出版社重新编写了中学英语教材。10月，教育部召开全国中小学教材编审干部会议，同时成立了中小学教材编审领导小组，决定由人民教育出版社重新编写一套统一的十年制中小学英语教材。

1960年3月，北京景山学校开始在小学一年级试验班中开设英语课，上海华东师范大学附小在小学二年级开始设外语课。从1960年5月起，北京丰盛学校小学部先后在一、三、四、五年级进行外语教学试验，开设英、俄两门外语课。1962年7月30日，教育部《对小学开设外国语课的有关问题的意见》提出：试验新学制的五年一贯制小学的外国语，一般在四、五年级开设为宜；个别基础较好的六年制小学如有外国语教师，也可以在五、六年级开设外国语课。要挑选外国语水平较高、发音正确的教师担任小学外国语课的教学工作。

“文化大革命”时期的外语教育

（1966—1976年）

外语教育是“文化大革命”的重灾区。1966年5月，“文化大革命”开始，“停课闹革命”，导致《外语教育七年规划纲要》被迫中断执行。蓬勃发展起来的外语教育遭到了严重的破坏，高等外语院校停止招生长达5年之久，造成了新中国外语教育史上一段令人痛惜的历史悲剧。1967年，在高等学校里“复课闹革命”。林彪、“四人帮”煽起了对“反革命修正主义教育路线”的大批判，进行“教学改革”；大肆宣扬“不学ABC，照样干革命”的谬论；挥舞“崇洋媚外”“里通外国”的大棒，把一切带“外”字的都打成反动的，不许接触外国的一切，大批外国古典文学作品被封存，近现代的外国文学作品不准进口，外报外刊、外文原版电影和外台广播被列为禁区，不准阅读、放映和收听；借口批判“外语特殊论”，根本否定外语教育的特点和规律。1969年，在高等学校里开展了斗、批、改和清理阶级队伍运动，给外语院校的大批干部和教师加上“里通外国”“特务”“间谍”“修正主义苗子”“只专不红”的罪名。他们被迫到农村去“接受贫下中农再教育”，业务被荒疏。学校的图书资料、电教设备和校舍也遭受了很大破坏。

1970年，部分高等学校开始试点，招收工农兵学员。1971年8月，北京外国语学院恢复招生，招收工农兵学员，学制改为三年。1972年10月18日，国务院批准恢复北京语言学院。各外语院、系根据国务院批转的国务院科教组《关于高等学校1973年招生工作的意见》，都重视了招生考核中的文化考查。然而，紧接着“四人帮”就把交白卷的张铁生吹捧为“反潮流英雄”，说搞文化考查是“旧高考制度的复辟”，煽起了一股反“复辟”“回潮”和否定文化学习的歪风。

1974年，北京外国语学院首届工农兵学员代表大会现场

在张春桥、迟群一伙的控制下，1971年4月15日至7月31日召开的全国教育工作会议炮制出了所谓的“文革”前17年科技教育战线执行的是修正主义路线、知识分子的大多数是资产阶级知识分子的“两个估计”的《全国教育工作会议纪要》，全盘否定新中国成立17年来的教育工作。外语教育因此进一步遭到破坏。1974年，“四人帮”接二连三地掀起反“复辟”“回潮”、反“师道尊严”和“批林批孔”“评法批儒”的运动。在这些运动的干扰下，外语院

校的教学秩序混乱，教学质量受到严重影响，外语教育在恢复招生后所出现的一线转机又遭到严重破坏。同年，在“四人帮”炮制的《河南省唐河县马振扶公社中学情况简报》的煽动下，“不学ABC，照样干革命”的谬论进一步泛滥，严重干扰破坏了中学外语教学。

“四人帮”1975年煽起“反击右倾翻案风”，变本加厉地煽动学生对学校实行“上管改”，让教师的教学工作全部由工农兵学员管起来。他们还大肆吹捧“白卷英雄”，把考试说成是教师对学生“管、卡、压”的撒手锏，人为地制造师生的对立，导致教师不敢教，学生不敢学，学校不敢进行考试，教育质量全面下滑。当时一些院校虽聘有外籍教师任教，但在“崇洋媚外”“里通外国”的大棒下，谁也不敢和他们正常接触，外籍教师的作用也无法发挥出来。

1976年10月，“四人帮”被粉碎，“文化大革命”十年动乱宣告结束。外语院校的师生根据中央有关文件精神开始检查现行教材内容，清除“四人帮”的言论及其宣扬的反动观点。

外语教育的恢复和改革
（1977—1991年）

1977年8月，中共中央副主席邓小平在科学和教育工作座谈会上的讲话中指出，要注意调动教育工作者的积极性，要派人出国留学，还要请外国著名学者来我国讲学。1977年9月，邓小平同教育部主要负责同志专题谈教育战线的拨乱反正问题，强调不抓教育、科学，四个现代化就没有希望。1978年4月，在教育部召开的全国教育工作会议上，邓小平就提高教育质量、造就具有社会主义觉悟的一代新人、教育事业同国民经济发展要求相适应和尊重教师劳动、提高教师质量等问题发表了重要讲话。[1]邓小平关于教育的一系列重要讲话为新时期包括外语教育在内的中国教育改革发展指明了方向。

[1]中共中央文献研究室．邓小平论教育[M]．3版．北京：人民教育出版社，2004：65-73.

一、拨乱反正，外语教育迎来了改革发展的春天

1978年8月29日至9月10日，教育部在北京召开全国外语教育座谈会。这次座谈会的任务是贯彻落实全国教育工作会议精神，研究外语教育如何为实现新时期总任务做贡献。会议确定今后一个时期发展外语教育的方针是：千方百计提高外语教育质量，切实抓好中小学教育这个基础，在办好高等学校专业外语教育和公共外语教育的同时，大力开展多种形式的业余外语教育。会议还提出：要集中精力办好一批重点外语院系，使之成为培养水平较高的外语人才的基地；必须采取有力的应急措施，使外语教育跟上整个国家发展的需要。主要措施是：大力抓好外语师资队伍的培养和提高，编选出版一批相对稳定的大、中、小学外语教材，加强外语教学法和语言科学的研究，尽快把外语电化教学搞上去。1979年3月29日，经国务院批准，教育部发出1978年全国外语教育座谈会提出的《加强外语教育的几点意见》，要求各地、各校根据实际情况贯彻执行。1978年的全国外语教育座谈会是一次拨乱反正的会议，是“文革”以后第一次全面研究和规划外语教育的会议，对我国外语教育的发展产生了深远的影响，外语教育因之迎来了改革发展的春天，成为我国改革开放的先声。1978年12月，党的十一届三中全会实现了新中国成立以来党的历史上具有深远意义的伟大转折，开启了我国改革开放和社会主义现代化建设的历史新时期，外语教育由此迈入了恢复、改革和发展的历史新阶段。这里仅列举1977—1985年外语教育的部分重要事件和改革举措。

1977年，国务院批转教育部《关于1977年高等学校招生工作的意见》，在全国恢复统一考试、择优录取的高考制度；外语本科院校开始改为四年制。

1978年，国务院转发教育部《关于恢复和办好全国重点高等学校的报告》，北京外国语学院和上海外国语学院恢复为重点院校；国际政治学院建立，国际关系学院重建，辽宁外语专科学校改名为大连外国语学院；教育部及一些高等学校开始恢复邀请外国教授、专家来我国讲学；教育部发出通知，决定选派留学生、教师、翻译人员出国进修学习；中央电视台和中央人民广播电台同时播出《广播电视英语课程》，掀起了改革开放之初全民学英语的热潮。

1979年，教育部发出通知，试行高等学校英语专业教学计划和英语专业基础阶段实践课教学大纲；全国高等院校日语专业教材规划会议举行，这是新中国成立以来日语专业的第一次盛会；教育部印发高等学校德语、法语专业的教学计划，供各外语院校、综合大学参照执行；经教育部批准，专门出版各级各类学校外语教材、图书的外语教学与研究出版社、上海外语教育出版社成立；教育部发出通知，决定在6所外国语学院设立出国留学生预备部。

1980年，教育部在北京外国语学院、清华大学、上海外国语学院、上海交通大学建立了四个外语教学资料中心；为了设计供出国留学人员使用的英语试题，教育部成立了命题小组，着手进行“英语水平测试”（English Proficiency Test，简称 EPT）的设计工作；经国务院批准，在北京召开了改革开放后的第一次全国出国留学人员管理工作会议。

1981年，教育部召开全国高校外语师资培训工作会议，总结交流了外语师资培训工作的经验，并对今后的培训工作进行了部署；教育部召开出国留学预备人员外语培训工作会议，讨论了提高教学质量、加强思想教育的问题；新中国第一份全国性英文日报《中国日报》正式创办，面向全球发行。

1982年，教育部召开全国高校西班牙语教育座谈会，确定了西班牙语专业合理布局、加强重点、提高质量、稳步发展的调整改革原则；人民教育出版社与英国朗文出版公司就《生活英语》在中国出版发行签订了协议，开外语教育中外合作编辑出版的先河。

1983年，邓小平提出“教育要面向现代化，面向世界，面向未来”[1]，这成为我国新的历史时期教育改革发展总的指导思想；教育部发出《关于调整俄语专业办学点的通知》，要求发挥力量较强的专业点的办学优势，确保人才的培养质量；教育部召开出国留学人员英语培训教材规划会议，修订了英语培训的教学方案，并制订了教材出版规划。

---

[1]中共中央文献研究室．邓小平论教育[M]．3版．北京：人民教育出版社，2004：147.

1984年，教育部印发二、三年制师专英语专业教学计划，将现行的精读课改为综合英语课，进行综合的语言基本技能训练；中国俄语教学考察组赴苏联参观、座谈、听课；计算机辅助外语教学鉴定会在哈尔滨举行。

1985年，改革开放以来由中共中央、国务院召开的第一次全国教育工作会议颁布了具有重大历史性影响的教育文献《中共中央关于教育体制改革的决定》，外语教育教学改革进一步走向深入；全国出国留学人员培训工作会议统一制定或修订了英语、法语、日语的参考性教学大纲，同时就思想政治工作和政治课教学问题充分交换了意见；人民教育出版社与英国、新加坡、日本有关出版社合作编辑出版中小学英语教科书和《中日交流标准日本语》。

二、下大力气做好高校专业外语教材和公共外语教材的编审工作

为了发展外语教育事业、提高外语教学质量，1979年，根据《加强外语教育的几点意见》的要求，教育部决定恢复设立外语教材编审委员会，以之作为教育部在外语教材和教学方面的一个业务性指导和咨询机构。1981年1月20日，教育部印发了《高等学校外语专业教材编审委员会暂行工作条例》，对高等学校外语专业教材编审委员会的任务、组织及分工、教材编审原则和方法、工作方式及经费等做了详细规定，确定委员会的主要任务为：就外语专业的教学计划、教学大纲向教育部提出建议，制订各专业的教材编写规划，审订主要外语教材并推荐出版；交流教材使用情况，评选优秀教材。1986年10月22日，国家教委印发了《高等学校外语教材编审委员会工作条例》和根据条例制定的《高等学校外语教材审稿办法实施细则》，并通知说，高等学校外语专业教材编审委员会和大学外语教材编审委员会是国家教委在外语专业、公共外语教材和教学方面的业务指导机构和咨询机构，各有关院校的领导要支持和关心编委会、编审组的工作。

1980年10月22日，教育部发出《关于委任高等学校外语专业教材编审委员会委员及负责人的通知》。高等学校外语专业教材编审委员会主任委员为

王佐良，副主任委员为陈嘉、李赋宁、许国璋、刘和民、严宝瑜、赵俊欣、赵辉。编审委员会之下分设了英语编审组、日语编审组、德语编审组、法语编审组、俄语编审组。1980年11月6—13日，教育部在青岛召开全国高等学校外语专业教材编审委员会成立大会和第一次会议。会议制定了《高等学校外语专业教材编审委员会工作条例》，修订了1980—1985年高等学校外语专业教材编选计划，还起草或修订了英、日、德、法、俄各语种的教学计划草案和部分基础课程的教学大纲草案。1981年12月13—15日，高等学校外语专业教材编审委员会在天津召开工作会议。会议强调，教材是用以教人的，不同于一般著作，责任重大，必须认真从事，保证质量。教材质量的好坏，取决于编写者的水平与经验，也取决于编写者的态度，要端正学风，反对粗制滥造，杜绝抄袭剽窃。1986年7月22—25日，国家教委在北京外国语学院召开第二届高等学校外语专业教材编审委员会全体会议。会议总结了第一届编审委员会的工作，讨论、修改了编审委员会工作条例和教材审稿实施办法，汇报、交流了修订大纲的情况，讨论和研究了本届编委会五年工作规划。第一届教材编审委员会主任委员王佐良在工作总结中指出，在教材编审方面，编委会根据教育部（国家教委）有关教材的编选规划，五年内共审定各类教材138种，计265册，其中已出版的有82种，计165册。这是新中国成立以来外语专业教材编写规模最大、品种最多的一次。[1]

1980年5月，教育部委托高等学校理工科基础课各教材编委会主持学校分别召开14个编委会扩大会议，正式宣布各教材编委会恢复并重新开展工作。6月，高等学校理工科公共外语教材编审委员会召开了扩大会议。这次会议讨论修改了《高等学校理工科本科四年制试用英语教学大纲（草案）》，并由编审委员会审定通过。这份大纲在教学指导原则上明确了以下几个问题。第一，公共英语教学应以马列主义、毛泽东思想为指导，同时要考虑和遵循英语教学的客观规律。第二，公共英语教学中讲授一定的语言知识是必要的，但要以训练和培养语言技能为目的。第三，在基础阶段必须进行适当的听、

---

[1]四川外国语学院高等教育研究所. 中国外语教育要事录（1949—1989）[M]. 北京：外语教学与研究出版社，1993：319.

说、读、写的综合训练，以利于掌握和运用所学的知识，提高阅读能力。第四，基础阶段的主要任务是为阅读英语专业书刊打好语言基础，不宜过早结合某一具体专业。1985年6月1日，教育部发出《关于成立大学外语教材编审委员会的通知》，指出高等学校理工科公共外语教材编审委员会和文科公共英语教材编审组自1980年恢复建立以来，做了大量工作，对外语教材建设及外语教学质量的提高做出了贡献。现编委任期已逾5年，情况有了较大变化。为了使编委会组织状况适应今后工作的需要，决定统一成立大学外语教材编审委员会，统筹大学本科非外语专业外语教材编审等工作。《通知》印发了高等学校大学外语教材编审委员会名单，主任委员为陆慈，副主任委员为董亚芬、吴银庚、戴鸣钟、应云天、周炎辉。编审委员会之下分设了工科院校英语编审组、综合大学英语编审组、德语编审组、俄语编审组、日语编审组。

三、外语专业教学大纲、教材建设和教学改革稳步推进

教育部成立高等学校外语专业教材编审委员会后的第一次全国性英语教材会议——全国高校基础英语教材讨论会于1981年7月30日在大连召开。这次讨论会就加强高校基础英语教学工作提出了以下一些建议：改革学制和招生办法；普通高等院校的英语专业应增设教育学、心理学等课程；加强对基础英语教材的修订和出版工作；重视基础阶段的教学工作，提高基础课教师在外语教学中的地位；加强中学英语师资培训工作。1987年，在全国范围内开展了新中国成立以来第一次全国高等学校优秀教材的评奖工作，其中外语教材获全国优秀教材奖2种：许国璋主编《英语》（1—4册）、陈嘉著《英国文学史》；获国家教委优秀教材奖一等奖7种、二等奖17种。[1]

1985年5月6—11日，全国师范院校专业英语教学讨论会在武汉举行。会议围绕如何在师范院校贯彻高等院校英语专业教学方案、如何编好师范院校

[1]四川外国语学院高等教育研究所．中国外语教育要事录（1949—1989）[M]．北京：外语教学与研究出版社，1993：370.

英语专业的教材、如何在中学开展调查研究进行了充分的讨论交流。召开全国性师范院校专业英语教学讨论会，这是新中国成立以来的第一次。1989年5月4—8日，全国理工类大学英语专业办学模式研讨会在武汉召开。会议就理工科大学英语专业的生源、专业名称、培养目标、知识结构、课程设置、办学模式等问题进行了讨论。会议认为，理工类大学英语专业培养的高级英语人才应当有较宽的适应面，既可以从事理工科大学英语教学和研究工作，又可以适应外向型经济等多方面人才的需要，应当具备多元知识模块结构。

1982年9月21—25日，全国法语翻译教学座谈会在西安举行。这是中国法语教学研究会成立后召开的第一次学术讨论会，也是新中国成立以来召开的第一次全国性法语翻译教学经验交流会。与会代表一致认为，外语教学应当重视翻译这一环节。翻译课的目的在于训练学生综合运用法汉两种语言文字的实践能力，培养学生严谨的翻译态度和良好的翻译道德，为学生今后从事翻译工作打下比较扎实的基础。1982年11月15—20日，全国基础法语教学经验交流会在上海举行。这次交流会是新中国成立以来法语教学第一次规模较大、内容集中的专题交流会。会议提出了下列几项建议：要进一步重视基础法语教学，加强基础教学的师资培养；要根据新形势和新任务制定基础法语教学大纲，明确教学和培养目标；要从体系、结构、方法等方面深入地探讨基础法语教学，找出规律，指导教学；要加强基础法语教学经验交流。

1983年11月15—20日，中国俄语教学研究会第一次学术讨论会在重庆举行。这次学术讨论会是新中国成立以来规模最大的一次全国性俄语学术活动。讨论会围绕“打好基本功，扩大知识面，有专业倾向”展开，大家认识到，俄语教学原来的老路子已不能适应“四化”建设的需要，俄语教学必须改革。1988年4月14日，国家教委高教一司批准《高校俄语专业基础阶段教学大纲（高等学校非俄语专业通用）》，供各校从1988年秋季起参照执行。国家教委高教一司的通知指出，大学俄语教学大纲的修订工作，是在认真总结我国大学俄语教学30多年来的经验、比较全面地调查研究大学俄语教学现状的基础上进行的。在修订过程中，广泛吸取了国内外外语教学的先进理论和研究成果。同时，参考了国家教委批转的大学英语教学大纲，力求使大纲具有科学性、先进性、实用性和灵活性。

1987年10月，第七届国际俄语杂志编辑会议在北京举行

1984年12月24—27日，中国日语教学研究会在长春召开了基础阶段日语教学经验交流会。与会代表认为，日语教学必须适应“教育要面向现代化，面向世界，面向未来”的要求，高质量、高速度地培养日语人才。教学中要兼顾基本功训练与扩大知识面两个方面。只有打好坚实的外语基础，具备日语的语言知识和听、说、读、写的基本能力，才能谈到扩大知识面。

1986年8月18—23日，全国部分非通用外语教材教学讨论会在北戴河召开。来自有关院校的缅甸语、印地语、印尼语、老挝语、泰国语、越南语6个语种的代表参加了会议。这次讨论会是新中国成立以来首次专题研究非通用外语教材编写和专业建设的会议。与会代表希望迅速改变各非通用外语师资力量不足，各校不得不为教材编写而疲于奔命、重复劳动而造成人力物力浪费的落后状态。

1987年2月17—26日，国家教委高教一司在上海召开了高校基础外语教学大纲研讨会。出席会议的有出国人员英语、日语、法语、俄语强化教学大纲，大学法语和日语教学大纲，以及日语、俄语、阿拉伯语专业基础阶段教学大纲等九个大纲研订组的成员。为了开展对大纲制定工作的理论探讨，会议就大纲设计的基础理论、原则、方法等问题组织了专题讲座，还邀请了大学英语教学大纲、大学俄语教学大纲、英语专业基础阶段教学大纲、法语专业基础阶段教学大纲和出国人员德语强化教学大纲修订组同志到会介绍修订大纲的工作情况和经验，并与到会的研订组成员进行了座谈。

1987年7月25—30日，第一次全国翻译理论研讨会在青岛举行。与会代表向会议提交论文80余篇，内容广泛，包括以下5个方面：翻译学及翻译标准等基本理论问题、多学科探讨翻译理论及方法论、翻译与文化、文学翻译问题，以及外国翻译理论评介。

四、成立外语教学研究学术团体，推动外语学术交流和研究

群众性外语学术研究组织在改革开放后如雨后春笋般发展起来。1981年5月24—30日，中国外语教学研究会在杭州举行成立大会。大会讨论并通过了第一届研究会理事会名单：会长季羡林，副会长付克、陈嘉、王佐良、李赋宁、刘和民。为便于开展工作，中国外语教学研究会下设八个分会：中国英语教学研究会、中国俄语教学研究会、中国法语教学研究会、中国德语教学研究会、中国日语教学研究会、中国西班牙语葡萄牙语教学研究会、中国公共外语教学研究会、中国中小学外语教学研究会。1984年12月12—18日，中国外语教学研究会常务理事会在深圳召开会议，讨论和交流了外语教学改革的设想、实践和经验，在此基础上，起草并通过了中国外语教学研究会《关于高校外语教育改革的几点意见》《关于中小学外语教育改革的几点意见》《关于开展对外学术交流中几个问题的请示》。

1981年5月3日，中国俄语教学研究会在上海成立。中国俄语教学研究会是中国外语教学研究会领导下的一个群众性学术团体。成立大会讨论通过了研究会章程和工作计划；决定出版学术性会刊《中国俄语教学》；选举了第一届理事会，会长胡孟浩。1982年5月、1984年7月、1986年6月、1987年2月、1988年4月、1989年8月，中国俄语教学研究会围绕俄语课程、教材、教学等热点、焦点、难点问题，举办学术活动，评选优秀论文，取得了丰硕成果。

1981年11月11—15日，中国法语教学研究会成立大会在南京举行。大会讨论并通过了中国法语教学研究会第一届理事会名单，会长何如。1987年6月，中国法语教学研究会第二届理事会召开第一次会议。与会理事及代表分析了法语教学面临的新形势，提出了今后工作的设想，并推举了研究会新一届领导成员。

1981年11月16—20日，中国中小学外语教学研究会成立大会在北京举行。大会讨论并通过了研究会章程，产生了第一届理事会，理事长张刚。中国中小学外语教学研究会的成立标志着我国中小学外语教学和研究工作已经迈出了新的一步。1985年8月11—15日，中国教育学会外语教学研究会（原

中国中小学外语教学研究会）第三届年会在兰州举行。会议认为，面对全国经济发展的大好形势和各方面对人才的需求，中小学外语教育必须从指导思想、师资队伍、教学原则和基础工作等几个方面来改变局面，以迅速提高中小学外语教育水平和教学质量。1989年11月23—26日，中国教育学会外语教学研究会第五次年会在长沙召开。会议选举产生了第三届理事会，理事会下设学术委员会、俄语分会、日语教学研究组、小学英语教学研究组、外语教研工作组、国际联络组和中小学外语教学报刊研究会。

1982年2月5日，中国日语教学研究会在大连举行成立大会。大会选举了第一届理事会，会长刘振瀛。1987年11月12—15日，中国日语教学研究会在上海召开了第二届理事会成立大会。会议总结了第一届理事会工作，回顾并展望了中国日语教学研究工作。会议确定，要配合国家教委高教一司外语处开展全国日语教学总体形势的调查，以便制订全国日语教学的宏观计划，确定日语专业的发展方向和规模。

1982年4月20日，中国德语教学研究会在杭州举行成立大会。大会选举了第一届理事会，会长祝彦。1988年10月，中国德语教学研究会在西安召开年会，选举产生了第二届理事会并修改了章程。

1982年4月21—28日，中国公共外语教学研究会成立大会暨中国高等学校公共英语课教学经验交流会在武汉举行。大会选举了第一届理事会，会长凌渭民。会议就公共英语课教学大纲的修订、教材建设、教学组织和管理、教师培训等问题进行了热烈讨论。1986年11月26—30日，中国公共外语教学研究会在镇江举行了第二届理事会。会议一致通过中国公共外语教学研究会更名为中国大学外语教学研究会。会议提出要宣传和学习《大学英语教学大纲》，开展教材评介、大学外语教学管理、基础阶段后教学、大学外语师资培训系统设计及语言测试5项重点研究课题。

1982年5月28日至6月1日，中国英语教学研究会成立大会在昆明举行。会议讨论、通过了研究会的章程，选举产生了第一届理事会，会长王佐良。会议开展了首次学术活动，广泛交流了英语教学情况，讨论了一些共同关心的英语教学问题，并向有关部门提出了英语教学的建议和希望。1988年12月20—23日，中国英语教学研究会第二届理事会在北京举行。会议用了三天时间进行学术交流，就教书育人、课程设置、英语测试、英语专业英语教学情况调查等做了报告和交流。

1982年6月23日，中国翻译工作者协会在人民大会堂正式成立。大会通过了中国翻译工作者协会章程，推选了第一届理事会，姜椿芳为会长。

1982年11月2—4日，中国西班牙语葡萄牙语教学研究会成立大会在上海举行。大会通过了研究会章程和第一届理事会名单，会长浦允南。大会举行了学术讨论会。

1983年6月6—11日，中国教育学会对外汉语教学研究会在北京举行成立大会暨第一次学术讨论会。大会选举了第一届理事会，吕必松任理事长。

1984年10月15日，中国阿拉伯语教学研究会在北京成立。大会选举了第一届理事会，会长陈嘉厚。

1987年8月15—20日，中国亚非语教学研究会成立大会暨首次学术讨论会在北戴河召开。大会讨论并通过了中国亚非语教学研究会章程，选举了第一届理事会，会长黄敏中。会议总结了新中国成立30多年来亚非语教学和科研方面所取得的成绩，宣读了论文，并讨论和研究了亚非语教学和科研中存在的一些问题。

1989年10月13日，全国高等学校外语学刊研究会在上海举行成立大会。与会代表经过认真的研究讨论，通过了研究会章程，选举产生了高等学校外语学刊研究会第一届理事会，会长刘犁。会议还交流了办刊经验，研究了办刊中共同关心的问题和存在的困难。

五、恢复和发展研究生外语教育

改革开放使研究生教育成为我国教育发展的新亮点。1978年，北京外国语学院恢复招考研究生。自此以后，其他外语院校也相继开始招考研究生。1981年11月3日，国务院批准我国首批博士学位和硕士学位授予单位及其学科、专业名单。博士学位授予单位为151个，学科、专业点812个。其中，外国语言文学学科、专业有：英语语言文学5个点，北京大学、北京外国语学院、南京大学、中山大学、中国社会科学院研究生院；法语语言文学2个

“文革”后北京外国语学院英语系招收的第一届研究生与导师合影

点，南京大学、中国社会科学院研究生院；德语语言文学2个点，北京大学、中国社会科学院研究生院；印度语言文学1个点，北京大学。硕士学位授予单位358个，学科、专业点3,185个。其中，外国语言文学学科、专业有：英语语言文学23个点，北京大学、北京外国语学院、国际关系学院、南开大学、天津外国语学院、吉林大学、东北师范大学、复旦大学、华东师范大学、上海外国语学院、南京大学、杭州大学、厦门大学、福建师范大学、山东大学、河南大学、武汉大学、中山大学、暨南大学、广州外国语学院、四川大学、兰州大学、中国社会科学院研究生院；俄语语言文学7个点，北京大学、北京外国语学院、南开大学、黑龙江大学、上海外国语学院、南开大学、武汉大学；法语语言文学6个点，北京大学、北京外国语学院、复旦大学、上海外国语学院、南京大学、中国社会科学院研究生院；德语语言文学4个点，北京大学、北京外国语学院、上海外国语学院、南京大学；日语语言文学3个点，北京大学、吉林大学、上海外国语学院；印度语语言文学1个点，北京大学；西班牙语语言文学1个点，北京外国语学院；朝鲜语语言文学2个点，北京大学、延边大学；阿拉伯语语言文学1个点，北京外国语学院；特殊用途外语（英语、法语）1个点，北京对外贸易学院；语言学与应用语言学2个点，上海外国语学院、广州外国语学院。[1]

[1]四川外国语学院高等教育研究所．中国外语教育要事录（1949—1989）[M]．北京：外语教学与研究出版社，1993：208-210，249.

1984年1月13日，国务院批准我国第二批博士学位和硕士学位授予单位及其学科、专业名单。外国语言文学博士学位授予单位有英语语言文学4个点、俄语语言文学1个点。外国语言文学硕士学位授予单位有英语语言文学9个点、俄语语言文学6个点、法语语言文学2个点、日语语言文学3个点、特殊用途外语（科技德语）1个点、特殊用途外语（英语、法语）1个点。[1]1986年7月28日，国务院学位委员会批准博士和硕士学位授予单位第三批名单。外国语言文学博士学位授予单位有英语语言文学8个点、俄语语言文学3个点、法语语言文学2个点、德语语言文学1个点、日语语言文学1个点、朝鲜语语言文学1个点、阿拉伯语语言文学1个点、语言学与应用语言学2个点。外国语言文学硕士学位授予单位有英语语言文学16个点、俄语语言文学11个点、法语语言文学2个点、德语语言文学1个点、日语语言文学8个点、西班牙语语言文学1个点、朝鲜语语言文学1个点、阿拉伯语语言文学2个点、特殊用途外语（科技英语）5个点、特殊用途外语（外贸英语）1个点、波斯语言文学1个点、印度尼西亚语语言文学2个点、罗马尼亚语语言文学1个点、波兰语语言文学1个点、捷克语语言文学1个点、语言学与应用语言学（俄语）1个点、语言学与应用语言学（英语）3个点、翻译理论与实践2个点。[2]

六、从公共外语教学转变为大学外语教学

随着高等教育的改革发展，把公共外语提升为大学外语的呼声也越来越高。1984年5月23—29日，全国《公共英语教学大纲（理工科用）》修订审定会在杭州召开。与会代表就大纲的具体实施、教材编写、师资配备、教学组织等问题提出了意见，并通过《公共英语教学大纲（理工科用）》改名为《大学英语教学大纲（高等学校理工科本科用）》，报教育部审批。自此，“公共外语”改称为“大学外语”。1985年2月9日，教育部印发《大学英语教学大纲（高等学校理工科本科用）》，要求有关院校从1985年秋季起参

[1][2]四川外国语学院高等教育研究所．中国外语教育要事录（1949—1989）[M]．北京：外语教学与研究出版社，1993：208-210，249，321-323.

照执行。教育部提出：《大纲》体现了科学性、先进性、实用性和灵活性，是全面改革大学英语教学的一个重要尝试。《大纲》确定的教学目的和教学要求反映了当前国家对高等专业人才外语方面的要求，是教育部今后检查大学英语教学质量的依据。教育部将从1987年秋季开始，对结束四、六级学习的学生进行统一的标准测试，一、二、三、五各级由学校自行测定。专业阅读能力和提高课程的测试也由各校按《大纲》要求自行安排。今后毕业生记分册上应同时注明学生在英语基础阶段所达到的级别以及专业阅读阶段的成绩，供用人单位参考。教育部在通知中还强调，为了保证《大纲》的施行，请有关院校和部门研究改进大学英语教学的组织和管理、电教设备的配备和使用，加强教师队伍建设、教材建设和教学研究工作，同时在教学实践中不断对《大纲》加以充实完善。1985年11月16—21日，高等学校大学外语教材编审委员会综合大学英语编审组在南京大学召开《大学英语教学大纲（高等学校文理科本科用）》审定会。与会代表认为新大纲切合当前文理科英语教学的需要，因而一致通过，并上报国家教委审批。1986年3月17日，国家教委印发《大学英语教学大纲（高等学校文理科本科用）》，通知各有关院校从1986年秋季起参照执行。国家教委在通知中指出：文理科大纲与理工科大纲是平行的，两者在教学目的、教学要求、教学安排等主要方面基本相同，但在词汇和其他有关教学项目的选择、测试和教材编写原则等方面各有特色，一定程度上反映了教学观点上的不同。学校可根据各自的情况，自行决定采用何种大纲。原教育部印发的理工科大纲通知精神同样适用于本大纲。1987年9月20日，国家教委下达通知，试行大学英语四级考试（CET–4）。自愿报名参加考试的有26个省、自治区、直辖市470所高等院校的1985级和1986级本科生102,821名。[1] 考试由国家教委委托大学英语四、六级标准化考试设计组负责主持，大学英语考试办公室承办具体工作。1989年1月举行了全国第一次大学英语六级考试。此后，大学英语四、六级考试的规模日益扩大。

---

[1]四川外国语学院高等教育研究所．中国外语教育要事录（1949—1989）[M]．北京：外语教学与研究出版社，1993：361.

1983年8月4日，全国理工科俄语教研会议在乌鲁木齐举行。会议由中国公共外语教学研究会组织。这是一次规模较大的全国性公共俄语教学专业会议。会议回顾了近几年来全国俄语教学的发展情况，介绍了各高等院校理工科俄语教学的动态，讨论了理工科俄语教学大纲的修改和教材编写工作，研究了俄语水平测试和科技俄语常用词汇等问题。1988年7月1—7日，大学俄语教学研讨会在广州举行。这次研讨会的中心议题是学习讨论国家教委颁布的《高校俄语专业基础阶段教学大纲（高等学校非俄语专业通用）》，研讨贯彻大纲的措施，广泛交流大学俄语教学经验。与会代表对大纲进行了认真的学习和热烈的讨论，认为大纲的颁布是大学俄语界的一件大事，标志着大学俄语教学已经进入了一个新阶段。

1988年11月，大学外语教材编审委员会日语编审组在天津召开全体会议，审议通过《大学日语教学大纲（高等院校非日语专业本科用）》，上报国家教委审批。1989年5月4日，国家教委高教司批准《大学日语教学大纲（高等院校非日语专业本科用）》，供各院校从1989年秋季起参照执行。

七、外国语学校“一条龙”外语教育取得新进展

外国语学校在改革开放的春风里鲜花满园。1979年9月27日，教育部发布《关于办好外国语学校的几点意见》，对外国语学校建设提出了如下意见。第一，外国语学校是具有专业性教育的学校，主要任务是为高等院校培养外语水平较高、一般文化知识较好的学生。此类学校可与高等外语院系衔接起来，办成从小学到大学“一条龙”教育模式，高中阶段可以试行文理分科。学生毕业后，考试合格，主要升入高等外语院校学习，也可以报考科技类大学和文科院校，或根据本人条件尽可能安排从事与专业有关的工作。第二，外国语学校招收小学毕业生，学制暂定为五年。外国语学校的课程设置与普通中小学大体相同。外语课应该逐步做到完全用外语进行教学。中学的数理化课程和高中的所学语言国家的史、地课程，在保证完成教育部规定的统一的教学要求的前提下，应该尽可能地采用外文版本的教科书，用外语教学。为了保证教学质量，各年级的外语课都实行小班教学。第三，就全国范围

讲，可开设英语、俄语、日语、法语、德语、西班牙语6个语种。每个学校开设语种不宜过多。第四，招收新生要经过考试和严格选择，应该在全市范围内挑选一批思想好、学习成绩优良、身体健康、口齿清楚、模仿能力强、反应快的学生入学。第五，外国语学校的外语教材，要选用一定数量的外文原著，其比例应逐年增加，到高年级应以原文为主。第六，外国语学校的教职工编制标准应视实际需要高于重点中小学。有条件的地区，可以聘请华侨和外籍教师担任教学工作。第七，外国语学校的经费标准要高于当地的重点中小学。第八，外国语学校均应列为省、自治区、直辖市重点学校，一般由省、自治区、直辖市教育局领导。1979年全国外国语学校发展到11所：北京外国语学院附属外国语学校、上海外国语学院附属外国语学校、四川外国语学院附属外国语学校、天津外国语学院附属外国语学校、南京外国语学校、广州外国语学校、长春外国语学校、西安外国语学校、北京外国语学校、武汉外国语学校、杭州外国语学校。1982年10月21—27日，8所外国语学校在上海举行教学经验交流会。代表们建议改进外语院校的招生制度，使外语学校与外语院校实行“一条龙”教育，以利于高水平外语人才的培养。

八、全面加强中小学外语教育

改革开放为我国中小学外语教育提供了难得的发展机遇。1982年5月27日—6月3日，教育部在北京召开全国中学外语教育工作会议。这是新中国成立以来第一次就中学外语教育工作召开全国性会议。会议在总结历史经验的基础上提出了《关于加强中学外语教育的意见》，强调应从以下几个方面加强中学外语教育。第一，明确中学外语教育的要求。中学外语教育应从实际出发，区别要求，讲求实效，积极创造条件，努力提高质量，有计划地逐步发展。有条件的中学一般应从初中一年级开设外语课。小学开设外语的，要注意保证质量，解决好中学与小学的衔接问题。第二，语种设置要有战略眼光和长远打算。中学外语语种设置，从全国范围来说，以英语为主，俄语、日语应占一定的比例。第三，建设一支合格的师资队伍。各地对于现有的中学外语教师，要制订规划，大力培训。中学外语师资队伍要保持稳定，坚决制止外语骨干教师外流，扩大合格新教师的来源。第四，加强教材建设，改进教学方法。要总结新中国成立以来编写外语教材的经验，制定中学外语教学大纲，并根据中学不同的需要，动员和组织各方面力量，编写出几套符合外语教学规律、受师生欢迎的好教材。第五，积极改善外语教学条件。第六，切实办好外国语学校。把外国语学校列为首批办好的重点中学，加强领导，切实办好。

1986年5月12日，全国外语特级教师代表经验交流会在济南举行，会议由中国教育学会外语教学研究会举办。这次会议不仅是中学外语界，也是我国基础教育界举行的新中国成立以来的第一个特级教师代表会。会议交流了提高中学外语教学质量的经验，研讨了我国青少年学习外语的规律，探索了合乎我国国情的外语教学体系，并以“在新形势下怎样做一个合格的中小学外语教师”为题进行了充分讨论。大会还向全国中小学外语教师发出了倡议书。

1986年7月1—3日，中学外语教材编写工作座谈会在北京举行。与会代表认为，实行九年制义务教育后，对外语课应予以极大重视，它对提高全民族的文化素质具有积极的作用。有关部门在制订中学教学计划时要切实保证外语课的地位，保证在初中阶段普遍开设外语课。多数代表认为，中学外语教材应吸取国外各种先进的、行之有效的教学理论，结合我国实际，探索出一套中国式的外语教材编写体系。

1987年10月7—12日，全国中学外语教学改革工作会议在大连举行。会议提出了当前中学外语教学改革的任务。一是要明确外语教学改革的指导思想，坚持从实际出发，着眼实效，区别情况，分类指导。二是要加强外语师资队伍建设，利用各种渠道向国外派进修教师，培养骨干教师，利用卫星电视开设外语课程。三是要创造条件，采取措施，使一些学校开设非英语语种，各地区要做出规划，从政策上促进非英语语种的开设。四是要改革外语教材、教法。现行外语教材死板、偏难、生词重复率低、学生学习积极性不高，要改革外语教材。五是要加强外语教学研究，提倡搞教改实验。各地推荐一批典型经验，尤其要重视在一般条件下普通中学大面积提高外语教学质量的经验。六是要加强外语教研人员队伍的建设。

1989年4月25—29日，改革开放以来的第一次全国外语教研工作交流会在贵阳召开。与会代表认为，外语教研员是外语教学科研的基本队伍，教研员要做领导的参谋、教师的助手和学生的向导。外语教研工作具有政策性、学术性、指导性、群众性和服务性。外语教研工作的任务主要是：深入实际，调查研究，向上级教育行政部门反映情况；组织、指导外语教师进行教学和教改实验，总结、推广先进的教学经验和教改实验成果；组织各种外语竞赛活动和观摩课活动，探索和交流经验；评估外语教学质量，提出改进建议；提供有关教学参考资料，组织外语教师的进修和培训工作。

九、对外汉语教学崭露头角

改革开放后，国内外经济文化交流日益增多，世界上要求学习汉语、了解中国的人越来越多，已经形成一股“汉语热”。许多国家和地区在高等学校开设了中文系或中文专业，不少国家的汉语教学工作正在向中学拓展。华侨和华人子女学习汉语的愿望更加迫切。1985年8月13—17日，新中国第一届国际汉语教学讨论会在北京举行。会议的中心议题是探讨汉语教学的理论和实践，交流国内外对外国人进行汉语教学的经验。提交会议的论文内容丰富，包括汉语语音、语法、词汇、文字的教学与研究及汉语作为外语的教学法研究、汉外语言对比研究、教材编写研究、语言测试研究、语言与文化的关系、语言与文学的关系、汉语教学中现代科技手段的运用等。会议的举办有力地推动了汉语作为外语的教学与研究工作。1987年8月10—14日，第二届国际汉语教学讨论会在北京举行。会议期间，正式成立了国际性的民间学术团体——世界汉语教学学会。在学术讨论中，各国的汉语学者没有用同声传译而是以汉语为共同语宣读论文，发表意见。大家相互切磋，共同研讨，既有亲切的交流，又有认真的讨论，发言踊跃，气氛融洽。

为了做好汉语推广工作，1987年7月24日，国家对外汉语教学领导小组正式成立。这标志着我国已经把向世界推广汉语列入基本国策，把对外汉语教学工作当作国家和民族的一项重要事业来抓。同年11月2—7日，全国对外汉语教材规划会议在广州举行。会议提出，我国对外汉语教学的任务很重，但是最紧迫、最突出的还是教材问题。对外汉语教材建设要着眼全世界，有步骤、有重点地进行。在当前适用于国外的教材很少的情况下，尤其要考虑国外的需要。会议强调，教材规划的原则是保证重点、兼顾一般，既要注意填补空白、解决品种不全的问题，又要加强教材的针对性。

外语教育的快速发展

（1992—2000年）

1992年年初，邓小平视察南方发表重要讲话，把改革开放推向了历史新阶段。1993年2月13日，中共中央、国务院印发《中国教育改革和发展纲要》。1999年6月13日，中共中央、国务院印发了《关于深化教育改革全面推进素质教育的决定》，向全党和全社会发出了振兴教育事业、为实现党的十五大确定的社会主义现代化建设宏伟目标而奋斗的号召。在这样的历史大背景下，外语教育在深化改革过程中实现了快速发展。

一、提高教学质量，培养外语人才

1997年，首届"外研杯"英语辩论赛举行

为适应社会主义市场经济和科教兴国战略，外语教育在人才培养方面进行了一系列改革，在大中小学外语教育的师资建设、教材制定、考试制度等方面均推出了以下举措。一是适应时代发展与社会主义市场经济要求，对外语教学大纲及时做出修订，如《大学英语教学大纲（修订本）》（1999年）、《中等职业学校英语教学大纲（试行）》（2000年）；二是面向21世纪的人才培养这一时代课题，出台一系列重要文件，如《关于深化教学改革培养适应21世纪需要的高质量人才的意见》（1998年）、《关于外语专业面向21世纪本科教育改革的若干

意见》（1998年）；三是改革与完善外语测试，特别是专业英语四、八级考试和大学英语四、六级考试；四是加强外语教学评估工作。一系列政策措施的出台，显示了外语政策规划的连贯性与自主性。可见，无论是修订大纲、厘定目标，还是改善测试、加强评估，其目的均指向了提高教学质量这一主线，主要的方式则是对已有的制度进行完善和巩固，对外语人才培养的规格做出结构性调整，以适应面向21世纪培养人才的需求。

二、开展外语教育教学调查，出台外语专业本科教育改革文件

外语教育教学调查是在20世纪80年代全国中学英语教学调查和全国高等院校本科英语教育情况调查的基础上，面向21世纪的进一步丰富与完善。调查主要分为以下四个方面：一是对全国大中小学各语种外语教学情况做全面的调查，如对全国英语、日语教学情况的调查；二是对全国高校外语专业教学的调查，如对全国德语专业的调查；三是对全国高校外语专业教学的若干项目进行重点调查，如对西班牙语专业点和招生规模、教师、专业课程设置等方面的调查；四是专题调查报告，如20世纪90年代初完成的《中国英语本科学生素质调查报告》等。[1]

在全国范围内开展全面、深入外语教育教学调查的同时，全社会对跨世纪外语人才培养的思考也不断深入。1998年12月，教育部颁发了指导我国高校外语专业教学改革的重要文件《关于外语专业面向21世纪本科教育改革的若干意见》，该文件指出：21世纪人才应该具备扎实的基本功、宽广的知识面、一定的专业知识、较强的能力和较好的素质。过去那种单一外语专业和基础技能型人才已不能适应市场经济的需要，市场对单纯语言文学专业毕业生的需求量正逐渐减小。外语专业必须从单科的“经院式”人才培养模式，转向宽口径、应用性、复合型人才的培

[1]曾天山，王定华．改革开放的先声——中国外语教育实践探索[M]．北京：外语教学与研究出版社，2018：59.

1999年6月28日，第一届东方葡萄牙语言暨文化研讨会在北京举行

养模式。《若干意见》为我国世纪之交的外语人才培养进一步明确了方向，标志着高等外语专业教育对于复合型人才培养的共识和模式探索渐趋清晰。大多数外语院校以外语语言教学为基础，以适应区域经济与社会发展为需求，以学校现实基础为起点，遵循逐步建设、注重质量、拓宽专业、巩固升级的方针，逐步由单科型的外语专业教育发展走向了多科型的外语人才培养之路，并以上海外国语大学和北京外国语大学为代表，形成了南北两大区域、六种模式的专业教学改革态势，即：（1）外语+专业知识；（2）外语+专业方向；（3）外语+专业；（4）专业+外语；（5）非通用语种+英语；（6）双学位。[1]此后，各校又在此基础上逐步深化教学内容改革，强化专业知识教学，提升各模式教学的层次，乃至在部分外语院校中成功创建经济类、管理类、新闻类、教育技术类和国际政治类

[1]曾天山，王定华. 改革开放的先声——中国外语教育实践探索[M]. 北京：外语教学与研究出版社，2018：86.

专业硕士研究生教学点，提高了“专业+外语”这一人才培养模式的层次与质量，培养了一大批21世纪外语人才，满足了我国加入世贸组织后对外语人才的需求。

三、完善四、六级考试，修订大学英语教学大纲

大学外语教育在20世纪90年代有了进一步发展，取得了喜人的成绩。

第一，四、六级考试制度得到了不断完善。继20世纪80年代大学英语四、六级考试制度确立后，20世纪90年代参与四、六级考试的人数进一步增多，大学英语四、六级考试逐步成为衡量大学公共外语教学水平的重要参照。

第二，大学英语教学大纲得到了进一步修订完善。高校理工科和文理科教学大纲合并，对提高大学生外语素养发挥了重要作用。1997年，国家教委委托全国大学英语教学指导委员会对1986年理工科和文理科两个教学大纲进行修订。修订工作历时两年多。1999年，《大学英语教学大纲（修订本）（高等学校本科用）》颁布实行。修订后的新大纲调整了基础阶段和提高阶段的有关要求，使其更能达到培养目标。新大纲明确提出了复合型人才的培养，强调本科教学整体性、连贯性的有机结合。

第三，大学公共外语教育理念的进一步成熟与完善。1998年，教育部《关于深化教学改革培养适应21世纪需要的高质量人才的意见》提出“教学内容陈旧”等问题，新英语教学大纲的制定针对内容陈旧做出了调整，并为编写“面向21世纪课程教材”提供了依据。在这一背景下，成立了全国高等院校英语专业本科生系列教材编写委员会。所编系列教材以培养高素质和复合型外语创新人才为目标，注重人文性，突出时代性，着力培养学生分析问题与解决问题的能力，提高学生的人文素养和科学素养。新教材除了教学方法先进、体系完备、内容新颖之外，还融语言知识、技能、文化、人文科学于一体，将英语教学定位于英语教育，不再是单纯的英语语言培训或技能训练，而是以英语为主题，全面培养高素质的复合型人才。

四、召开中学外语教学座谈会，推进中小学外语教育改革

进入20世纪90年代以后，全国初中普及了外语教育，越来越多的小学也开始设置外语教育课程，外语教学方法不断完善，中小学外语教学改革不断向前推进。

第一，召开了具有重要影响的全国中学外语教学座谈会。根据1996年6月国务院副总理李岚清关于加强外语教学法研究的指示，为指导外语教学改革的健康发展，国家教委基础教育司于1997年6月在北京召开了全国中学外语教学座谈会。会议肯定了外语课程改革和教材建设方面所取得的可喜成果：各地教研部门和广大教师积极探索外语教学法，对中学外语教学改革起到了推动作用；外语教师严重短缺的现象有所缓解；教师整体水平有所提高，各地开展了教师继续教育工作，有计划地选派了一些骨干教师出国学习和交流。会议同时也指出，中学外语教学存在许多亟待解决的问题，主要包括如下几点：一是中学外语课程改革需要深化，教材建设需要进一步完善；二是中学外语教学要进一步解放思想，实事求是，从实际出发，积极探索，努力创新，研究改进和推广好的外语教学方法，提高效率，用较少的时间使学生掌握更多的知识和技能；三是采取有效措施，切实抓好外语师资队伍建设，力争在20世纪末使中学外语教师学历达标率赶上或超过各学科的平均水平；四是慎重对待和认真规范小学英语教学；五是语种设置要有战略眼光和长远打算，改革开放需要多种通用语种，中学应以英语为主，兼设俄语和日语；六是新形势下外国语学校要有进一步的发展。[1]在这次会议精神的指导下，各级教育行政部门和各地教研部门积极展开科研活动。中国教育学会外语教学专业委员会每两年召开一次学术会议和教研工作研讨会，探讨外语课程改革中的理论和实践问题，交流教研工作经验；组织教学观摩课和学生能力或口语竞赛。全国除了引进功能

---

[1]曾天山，王定华．改革开放的先声——中国外语教育实践探索[M]．北京：外语教学与研究出版社，2018：61.

法、交际教学思想、3P教学法和五步教学法之外，又涌现出“三位一体”教学法、立体教学法、课文整体教学法和“四位一体”教学法等。

第二，试点推进大中小学英语“一条龙”教学改革。2000年11月，大中小学英语“一条龙”教学改革试点工作研讨会在上海召开。会议就大中小学英语“一条龙”教学改革问题进行了广泛而热烈的讨论，在思想上进一步明确了进行大中小学英语“一条龙”教学改革的重要意义。会议提出，英语“一条龙”教学改革的原则与方向是注重语言应用能力的培养；大中小学各阶段英语教学要统筹规划，合理分工；大中小学“一条龙”教学改革应从实际出发，注重差异，因地制宜，因校制宜。根据会议确定的原则，各地大力推进大中小学英语“一条龙”教学改革，小学、中学、大学教学内容从无序走向了衔接，教学分工也越来越合理。

五、《走遍美国》广受欢迎，社会英语培训机构快速发展

随着市场经济的发展和人们对国外社会生活的深入了解，20世纪80年代《跟我学》(Follow Me) 那种简单的语言交际式的电视英语学习热潮已经消退，取而代之的是社会外语教育的专题式、项目式、系统化发展。比较有代表性的有外语教学与研究出版社推出的《走遍美国》(*Family Album U.S.A.*) 专题电视节目。《走遍美国》是由美国麦克米伦公司和美国新闻总署联合摄制的一套与众不同的英语电视教材。内容以住在纽约的一家四代人的生活为故事中心，语言由易到难，涉及美国各地风土人情和社会生活的许多方面。《走遍美国》具有以下几个特点：第一，它结合文字、录音、录像、实景、卡通、广播、电视、光盘，是有史以来第一套高水准的多媒体美语教材。第二，它围绕一个典型的美国家庭的生活展开，具有浓厚的人情味、隽永的幽默感。第三，它代表当时一流的制作水平，其编剧兼导演以及动画制作团队都曾几度荣获美国电视界最高荣誉奖——艾美奖，演员也都是优秀的专业演员，美语发音清晰，体态语言丰富。第四，它把语法教学巧妙地结合在“学习焦点”环节中，用轻松的歌谣、说唱、卡通、游戏等方式，使原本枯燥的语法学习变得活泼有趣，达到寓教于乐的效果。第五，它使用典型的美式英

《走遍美国》封面

语，其故事的角色涵盖祖孙四代，因此，读者可以熟悉不同年龄层次的美国口语。另外，剧中人物有意地用正常语速说话，一方面让学习者习惯并模仿实际场合的正常语言，从而学以致用；另一方面，让学习者充分体会美语口语中常用的缩略和弱化形式，养成听美语的正确习惯。第六，它体现了最新的交际式教学法，尤以“非语言交际”和“跨文化交际”为特点。前者通过剧中演员的演技，把表情和体态语言发挥得淋漓尽致，使学习者有和美国人面对面交谈的“临场感”；后者则通过美国文化与生活的单元，细述美国生活的方方面面，使学习者透过对美国文化和生活的体验，学到活生生的美式英语。这个节目作为学校英语教育的有益补充，20世纪90年代受到了我国社会民众，特别是教育界的广泛欢迎。

与此同时，随着出国潮的不断高涨，为了适应出国留学外语考试，如托福、雅思、GRE等方面的需求，一些企业化运作的社会英语培训机构开始出现并快速发展，较为典型的是新东方等培训机构的出现。其后来的发展历程足以说明开放时代社会外语教育的不可或缺，同时也是学校教育的重要补充。

外语教育的转型和跨越

（2001—2011年）

21世纪的前10年是中国教育改革进一步深化的10年。1999年召开的全国教育工作会议和高校扩招开启了我国高等教育大众化进程，也自然影响到了高等外语教育。2001年全国基础教育工作会议召开，教育部颁布了《基础教育课程改革纲要（试行）》等一系列政策文件，正式启动了新一轮基础教育课程改革，对中小学外语教育产生了深远的影响。2010年发布的《国家中长期教育改革和发展规划纲要（2010—2020年）》提出，要适应国家经济社会对外开放的要求，培养大批具有国际视野、通晓国际规则、能够参与国际事务和国际竞争的国际化人才。外语教育随之而动，成果斐然。

一、加强国际交流与合作，提高我国教育国际化水平

第一，20世纪末的高校扩招开启了我国高等教育大众化进程。一方面，使越来越多的适龄青年进入高校，在帮助他们圆“大学梦”的同时，也带动了整个民族素质，包括外语素质的提高，为社会培养了更多的优秀人才。另一方面，因扩招而来的高校外语人才培养规模的扩大，为外语教育提供了难得的发展机遇，高校专业外语和公共外语迅速扩张，进入了快速发展时期。

第二，2001年中国加入世界贸易组织，改革开放程度再度跃升，对21世纪人才培养提出了更高要求。加入世贸组织后，国门进一步打开，中国深度、全方位参与国际贸易，在经济、文化各方面与世界各国的联系进一步加深，迫切需要更多的外语人才，对外语人才的规模、层次、素质等都提出了新的要求。同时，由于外语自身的便利性，外语教育在高等教育国际交流中一马当先，发挥了开路先锋的作用，进一步促进了中外贸易的往来和发展，也进一步促进和带动了高等教育的国际化。

第三，《国家中长期教育改革和发展规划纲要（2010—2020年）》强调，要坚持以开放促改革、促发展，开展多层次、宽领域的教育交流与合作，提高我

国教育国际化水平。由于改革开放的进一步推进，开放的中国深度参与国际事务，外语教育也不再仅是关注外语素养，而是开始更多承载培养跨文化理解与具有国际素养人才的使命。外语教育越来越强调加强国际理解教育，推动跨文化交流，增进学生对不同国家、不同文化的认识和理解。越来越多的高等学校引进世界一流的专家学者来华从事教学、科研和管理工作，提高高等学校聘任外籍教师的比例，同时引进境外优秀教材，提升教育国际化水平。

二、成立外语专业教学指导委员会，深化外语专业教学研究

第一，大学外语专业教育的系统性和专业性进一步加强。2002年，教育部发布《关于成立2002年—2006年教育部高等学校外语专业等科类教学指导委员会的通知》，包括英语、日语、俄语、德语、法语、阿拉伯语、西班牙语、非通用语等。5年之后，为适应新时期外语教育发展的需要，2007年9月，教育部组建了2007—2011年新的高等学校外语专业等科类教学指导委员会，并确定了委员会的7项主要任务：（1）组织和开展高校学科专业教学领域的理论与实践研究；（2）指导高等学校的学科专业建设、教材建设、教学改革等工作；（3）制定专业规范或教学质量标准；（4）接受委托承担专业评估任务；（5）接受委托承担本科专业设置的评审任务；（6）组织师资培训、教学研讨和信息交流等工作；（7）完成教育部委托的其他任务。这进一步显示了大学外语专业教育的系统性和专业性。

第二，外语专业教学研究进一步深化。2001年由中国英语教学研究会、高等学校外语专业教学指导委员会、北京外国语大学主办，外语教学与研究出版社承办的第三届中国英语教学国际研讨会在北京举行，国内外专家近千人参会，宣读论文500余篇。2004年，第四届中国英语教学国际研讨会在外研社国际会议中心举行，参会代表达1,500人，创下此类研讨会之最。[1] 2006

[1]曾天山，王定华．改革开放的先声——中国外语教育实践探索[M]．北京：外语教学与研究出版社，2018：64.

年，由上海外国语大学主办、《中国日报》等协办的第二届中国外语教学法国际研讨会在上海外国语大学举行，与会专家代表400余人。这些研讨会对中国外语教学的发展起到了重要的推动作用。

第三，对外语教育年度发展的研究也越来越重视。随着中国外语教育事业的迅速发展，外语教育界每年都有很多重要事件发生，它们从不同角度促进了我国国家外语能力与公民外语素质的提高，因此有必要定期记录我国外语教育的发展过程，全景展现外语教育现状。北京外国语大学的文秋芳、王文斌自2011年起牵头编写《中国外语教育年度报告》，对每年我国外语教育各个领域的大事、活动和发展进行全面、系统的梳理，涉及我国高等外语教育、基础外语教育、社会外语教育、外语教师教育与发展、信息技术与外语教育等领域。《中国外语教育年度报告》不仅具有史料意义，而且及时回顾、总结我国外语教育工作的经验与教训，从中发现问题，并探索解决问题的新途径。

2004年5月22日，第四届中国英语教学国际研讨会在北京举行

三、提高大学外语教育质量，改革大学英语四、六级考试

第一，提高大学公共外语教育质量。2003年2月，教育部高教司发出通知，组织成立了"大学英语课程教学要求"的项目组。2003年4月，教育部又启动了高等学校教学质量和教学改革工程，将大学英语教学改革列为"质量工程"四项工作中的第二项，其主要内容为：(1) 广泛采用先进的信息技术，推动基于计算机的英语教学改革；(2) 改革单一的大学英语教学大纲，由过去的以阅读理解为主向以综合实用能力为主转变，研究并制定适应各学科门类的大学英语最低教学要求；(3) 进一步改革大学英语四、六级考试，

充分发挥其引导高校英语教学改革的作用。2004年1月，教育部印发《大学英语课程教学要求（试行）》，将大学英语课程定位为高等教育的一个组成部分，它不仅是一门语言基础知识课程，也是拓宽知识、了解世界文化的素质教育课程。教学要求提出，大学英语教学改革要实现四种转变，即教学观念的转变、教师角色的转变、学习方法的转变和教学管理体制的转变，并指出教学评估是教学质量考核的重要依据。2005年，教育部高教司发出通知，对180所高等学校大学英语教学改革试点工作进行了验收。2006年，教育部对全国50多所高校大学英语教学改革情况进行了考察调研，批准31所高校为大学英语教学改革示范点项目学校，并在全国主要城市进行了大学英语教学改革巡讲活动。2007年，教育部颁布经过修订的《大学英语课程教学要求》，提出以计算机网络技术为支撑，建立"基于计算机和课堂的教学模式"的系统性方案。教学要求把培养学生的英语综合应用能力、强化听说能力作为英语教学的首要目标。为了实现这个目标，要求各高校采用基于计算机和课堂的英语教学模式，改进以教师讲授为主的单一教学模式。这个基于计算机和课堂的英语教学模式是一个创新的大学英语教学模式，为后续大学英语信息化发展奠定了基础。

第二，改革大学英语四、六级考试。进入21世纪以来，大学英语四、六级考试进一步受到重视，但也遭到不少质疑。由于种种原因，大学英语四、六级考试的功能被过分放大，有的学校将四、六级考试和毕业证书、学位证书挂钩，有的用人单位把四、六级考试证书作为录用毕业生的必要条件，从而导致不少学校盲目追求通过率而进行应试教学，少数学生考试作弊，甚至有人铤而走险，做出违法乱纪的事情。针对这些问题，教育部启动了大学英语四、六级考试改革项目。2004年教育部颁布《大学英语课程教学要求（试行）》，把大学英语教学分为三个层次，即一般要求、较高要求和更高要求。一般要求是高校非英语专业的本科生毕业时所必须达到的要求，较高要求和更高要求是为那些英语基础较好、学有余力的学生设置的。根据这个教学要求，教育部于2004年3月正式启动大学英语四、六级考试改革项目，并于2005年2月召开新闻发布会，正式向社会公布了大学英语四、六级考试改革的背景、紧迫性和必然性，介绍了改革的总体思路，包括如下三个方面。一是按照《大学英语课程教学要求（试行）》修订考试大纲，提出了《全国大学英语四、六级考试改革方案（试行）》。改革方案重视以听说能力为主的英语综合应用能力，通过终结性测评与过程性评价相结合，逐步建立系统、科学的大学英语教学质量评价体系。二是采取适当措施降低考试的社会权重，突出考试为教学服务的功能。三是改革考试管理体制，进一步加强考务管理。从2005年开始，大学英语四、六级考试由教育部高等教育司与教育部考试中心共同管理。由这次新闻发布会所开启的全国大学英语四、六级考试改革，是进入21世纪以来大学公共外语教育的一次重要调整，通过教学思想、教学模式和评价体系三个方面的调整和改革，逐步建立了适应时代需要的个性化、多样化、立体化的全新大学英语教学体系，全面提高了大学生的英语综合实用能力。大学英语四、六级考试呈现出更多的科学性、开放性与灵活性，有力促进了大学英语教学改革与大学生的英语学习。

四、颁布基础教育英语课程标准，全面推行中小学英语改革

第一，基础教育英语课程改革进入新的历史发展阶段。2001年全国基础教育工作会议的召开和《基础教育课程改革纲要（试行）》的颁布实施，标志着我国基础教育课程改革进入一个新的阶段。教育部2001年正式颁布了《关于积极推进小学开设英语课程的指导意见》《全日制义务教育英语课程标准（实验稿）》，2003年颁布了《普通高中英语课程标准（实验）》，对中小学阶段英语教育的培养目标、课程设置、教育内容、教育方法等方面进行了调整。标准规定：高中阶段的英语教学内容包括语言技能、语言知识、情感态度、学习策略和文化意识五个方面。标准首次提出：最高年级的学生须掌握4,500个词，能听懂有关熟悉话题的演讲、讨论、辩论和报告，能读懂一般的英文报刊，从中获得主要信息，能用英文书写摘要、报告、通知和公务信函。

第二，采用能力级别方式设计英语课程，教材观念发生了新变化。为了使外语教育能适应我国经济建设和社会发展的需要，教育部颁布的新英语课

程标准采用能力级别方式设计英语课程，从小学三年级到高中三年级按能力设定了9个级别要求，设计了义务教育（五级）和高中毕业（七级）的基本要求，高中阶段设计了必修课和选修课程（达到八级、九级）。这也是20世纪90年代以来，大中小学外语教育“一条龙”教学改革的持续性推进。例如，在充分调研和科学论证的基础上，外语教学与研究出版社与英国著名教育出版机构——麦克米伦出版公司合作，由北京外国语大学陈琳主持，依据课标编写并推出了《新标准英语》系列教材。这是我国第一套依据国家英语课程标准编写的小初高“一条龙”英语教材。与此同时，教师“教教材”的观念也在逐步转变，传统意义上作为一课之本的“课本”转变为作为课程资源的“教材”，确立了“用教材教”的新型教材观。教材逐渐成为一种灵活、发展、开放的教学资源，教师在创造性使用教材的同时，拓展了课堂教学空间，提升了学生的外语素质。

第三，基础教育阶段的外语教育实现了由“教学大纲”到“课程标准”、由“一纲一本”到“一标多本”的历史性大变革。由“教学大纲”转向“课程标准”意味着对苏联教学模式的扬弃，不再过度注重以教师为主导，转而拥抱新的课程理念。过去的教学大纲对教学目标更多的是强调“双基”——基础知识和基础技能，而课程标准的目标从“双基”走向“三维目标”，即在知识与技能的基础上，增加了过程与方法、情感态度与价值观，“三维目标”的核心是“全面发展的人”。如果说“教学大纲”强调的是教师教学的话，那么“课程标准”则同时关注教师教学与学生学习，更多地强调“课程”这一兼顾教师专业发展和学生素质提升的教育核心。并且，围绕学生知识、技能和价值观发展的要求，课程标准设置更加具体和丰富，凸显了更多的科学性，使外语教学进一步向专业化发展。从新中国成立初期颁布制定中小学外语教学大纲到制定中小学外语课程标准，中小学外语教育的新理念进一步深入，外语的育人作用进一步得到重视，外语教育所承载的跨文化理解功能不断得到强化。与此同时，随着中小学外语课程改革的逐步深入，一些出版社依据英语新课标，编写或修订出版了多套中小学英语教材，中小学外语教材由“一纲一本”转变为“一标多本”，呈现出百花齐放的局面，极大地丰富了中小学教材资源建设。

第四，修订英语课程标准，强调英语教育要注重工具性与人文性的平衡。在21世纪第一个十年英语新课程标准的基础上，教育部又颁布了《义务教育英语课程标准（2011年版）》，明确提出基础英语教育要注重工具性与人文性的平衡，既要帮助学生掌握作为国际交往工具的英语，又要在英语教学的过程中注重学生人文素质的培养和自身的长远发展。2011年版课程标准进一步强化了义务教育阶段与高中阶段英语课程的区分与衔接，明确表述了义务教育阶段的英语课程以小学三年级为起点，以初中三年级为终点，并与高中阶段的英语课程相衔接；将整个基础教育阶段的英语课程按照学生不同阶段的能力水平划分为9个级别，形成循序渐进、持续发展的课程。

五、社会外语教育需求旺盛，外语培训机构发展迅猛

第一，语言教育培训产业发展迅速，社会外语教育机构大量涌现。进入21世纪以来，随着国门的进一步打开，社会各行各业对提升外语水平的需求进一步高涨。顺应此势，社会外语培训机构迅速发展，涉足领域也日益宽广，包括学历学位教育、幼儿教育、信息技术教育以及金融、管理、市场类职业培训等诸多领域。伴随我国经济社会对人才需求的升级，针对各类语言培训的非学历教育机构大量涌现，更催生了一个庞大而火爆的产业——语言教育培训产业。2004年4月，《中华人民共和国民办教育促进法实施条例》正式实施，标志着我国从法律上确定了非学历教育的地位。国家开放的社会外语教育制度使中外资本竞相进入此领域，为学历教育做了必要而充分的补充。除了语言教育培训产业，在基础教育阶段，尤其是高中阶段，国际班、国际部等面向海外升学途径的教育教学一再升温；而在高等教育阶段，则是中外合作办学方兴未艾，宁波诺丁汉大学、北京师范大学—香港浸会大学联合国际学院、西交利物浦大学、昆山杜克大学、上海纽约大学、温州肯恩大学等具有独立法人地位的中外合作办学机构相继成立。

第二，语言培训市场类型众多。入职、升职、岗位转换、再就业等已成为个人职业生涯中经常遇到的人生经历，导致个人职业生涯培训需求不断增加，回应这一社会重大需求的语言教育培训机构总体规模日益庞大，并且保持高速

2002年10月18日，第五届全国国际商务英语研讨会在北京举行

增长。整体上看，语言培训市场提供的培训主要有以下几个类型：(1) 外语考试类，主要包括托福、雅思、GRE等出国英语系列的课程，还有国内的语言考试系列，如研究生考试，大学英语四、六级考试，自考，高考，成人高考中与外语相关课程的考前集中培训等；(2) 外语交际类，主要指日常口语、高级口语、出国外语等方面的培训；(3) 少儿外语类，一、二线城市，甚至三线城市中大多数幼儿园都已经开始了外语类课程，少儿外语日益成为家长关注的重点，也成为商家逐利并大力经营的重心；(4) 职业外语类，如剑桥商务英语资格考试（BEC）初级、中级、高级课程和考证培训等。经过市场激烈竞争的大浪淘沙，国内已经有不少外语培训机构依靠品质经营获得了稳定的美誉度与可观的市场份额，并形成了诸多消费者认可的品牌，如新东方、学而思、环球雅思、北外壹佳英语、学大教育、韦博英语、英孚教育、培生英语等。在改革开放的历史进程中，这些机构逐渐发展成我国外语教育不可分割的一部分，对公立学校的外语教育也起到了很大的补充作用。

第三，这一时期先后两次世界级盛会——2008年北京奥运会和2010年上海世博会——的举办，再次掀起了“全民学英语”的热潮。例如，为了给北京举办2008年奥运会创造良好的语言环境和国际交往氛围，2002年，北京市正式成立了“北京市民讲外语”活动组委会，北京外国语大学的陈琳任专家顾问团团长。顾问团完成了全市公共场所标识、首都党政机关和职务名称、中华菜谱等文件英译的纠错和规范工作，先后正式编印出版了三套规范性文件。这些文件为北京奥运会的成功举办做出了贡献，也极大推进了全社会普及外语教育的进程。

外语教育进入新时代

（2012年至今）

2012年党的十八大以来，中国特色社会主义进入新时代。党的十八大和十九大都强调要把教育事业放在优先位置，落实立德树人的根本任务，培养德智体美劳全面发展的社会主义建设者和接班人。在2018年9月10日召开的全国教育大会上，习近平总书记强调，新时代新形势，改革开放和社会主义现代化建设、促进人的全面发展和社会全面进步对教育和学习提出了新的更高的要求。我们要抓住机遇、超前布局，以更高远的历史站位、更宽广的国际视野、更深邃的战略眼光，对加快推进教育现代化、建设教育强国做出总体部署和战略设计，坚持把优先发展教育事业作为推动党和国家各项事业发展的重要先手棋，不断使教育同党和国家事业发展要求相适应、同人民群众期待相契合、同我国综合国力和国际地位相匹配。[1] 在这样的新时代背景下，外语教育面临大有可为的历史机遇，也肩负起了更多的时代任务。

一、服务“一带一路”建设，构建人类命运共同体

第一，外语教育密切为“一带一路”建设服务。随着我国外交理念的不断成熟，对外开放的大门越开越大。2013年，习近平总书记先后在哈萨克斯

[1]习近平出席全国教育大会并发表重要讲话[EB/OL]. http://www.gov.cn/xinwen/2018-09/10/content_5320835.htm.

坦与印度尼西亚发表演讲，首次提出共建“丝绸之路经济带”和共建“21世纪海上丝绸之路”的主张。以此为标志，我国面向世界，开启了新时期“一带一路”建设。2015年9月，教育部印发《关于加强外语非通用语种人才培养工作的实施意见》，拟通过加快培养国家急需非通用语种人才等重要举措，实现所有已建交国家官方语言全覆盖，人才培养、智库建设取得显著进展，基本满足我国经济社会发展特别是扩大对外开放的新需要。2016年2月和7月，中共中央办公厅、国务院办公厅和教育部先后印发了《关于做好新时期教育对外开放工作的若干意见》和《推进共建“一带一路”教育行动》两个重要文件，提出：要深化与世界各国语言合作交流，推进与世界各国语言互通；要将培养非通用语种人才列为新时期留学工作重点培养的五类人才之一，将促进沿线国家语言互通列为开展教育互联互通合作的重要内容，推进基础教育多语种师资队伍建设和外语教育教学工作，扩大语言学习国家公派留学人员规模，倡导沿线各国与中国院校合作在华开办本国语言专业。随着国家“一带一路”建设的推进，全球100多个国家和国际组织积极支持和参与“一带一路”建设，联合国大会、联合国安理会等重要决议也纳入“一带一路”建设内容。语言互通是推进“一带一路”建设的重要前提和根本保障，“一带一路”的互联互通和中国文化的传播都要以坚实的人才储备为保障。随着“一带一路”倡议的深入实施，非通用语种人才培养和开设非通用语种教育成为外语教育界最强音，各高校积极行动，积极规划和实施非通用语种教育。2019年，北京外国语大学已开设了101个外语语种，提前实现了学校开设100种语言的发展目标，其中就包括“一带一路”沿线国家使用的官方语言及国语共60多种，基本实现“一带一路”沿线国家官方语种全覆盖。其他高等院校的外语学院、外语系也积极行动起来，增设或加强非通用语种专业设置。

第二，为构建人类命运共同体而加强人文交流。坚持推动构建人类命运共同体，是习近平新时代中国特色社会主义外交思想的核心和精髓。党的十八大以来，以推动构建人类命运共同体为引领，我国的国际影响力、感召力、塑造力进一步提高，为世界和平与发展做出了新的重大贡献。2019年4月26日，习近平主席在第二届“一带一路”国际合作高峰论坛开

2019年7月18日，国际汉语教育发展战略研讨会在北京举行

幕式上发表的主旨演讲中指出：我们要积极架设不同文明互学互鉴的桥梁，深入开展教育、科学、文化、体育、旅游、卫生、考古等各领域人文合作，加强议会、政党、民间组织往来，密切妇女、青年、残疾人等群体交流，形成多元互动的人文交流格局；我们将持续实施“丝绸之路”中国政府奖学金项目，举办“一带一路”青年创意与遗产论坛、青年学生“汉语桥”夏令营等活动。[1]“一带一路”倡议、中国文化“走出去”、构建人类命运共同体、讲好中国故事、贡献中国方案等方针政策为我国新时代的外语教育实践指明了方向。2019年5月11日，外语教学与研究出版社和东北师范大学在长春联合举办了“全国来华留学生预科教育教学模式与教学资源建设研讨会”。来自全国83所高校的近200位专家学者、教学负责人和一线教师参加了此次研讨会。与会人员紧密围绕预科教育的关键环节和具体问题，从教材遴选、教学模式、教学方法、教学管理与课堂实例等不同角

[1]习近平. 齐心开创共建“一带一路”美好未来——在第二届“一带一路”国际合作高峰论坛开幕式上的主旨演讲[EB/OL]. http://politics.people.com.cn/n1/2019/0427/c1024-31053184.html.

来华留学生汉语学习课堂

度分享了他们的研究心得与实践经验。[1]这说明，在全球化背景下，中国的外语教育也担负着民族复兴的使命，是构建人类命运共同体、提升国际竞争力、树立大国形象的语言桥梁。

二、制定外语专业教学质量标准，促进主要语种教育专业化

重视非通用语种教育并非意味着对主要外语教育的忽略，而是更进一步加强，呈“弱者强，强者更强”的态势。2013年，教育部启动了外语类专业本科教学质量国家标准的研制。2014年，教育部高等学校外国语言文学类专业教学指导委员会英语分委员会结合国家发展战略及现实需求，率先起草了英语类专业本科教学质量国家标准。该标准体现了英语类专业的共通之处，也体现了英语、翻译和商务英语三个专业的特殊性，更注重学生的能力培养和个性化发展，为培养多元化英语类专业人才提供了可能，标志着英语类专业教学进入了全新发展时期。

2018年1月，教育部正式颁布《普通高等学校本科专业类教学质量国家标准》（简称《国标》），将外语类专业的培养目标确定为培养具有良好的综合素质、扎实的外语基本功和专业知识与能力，掌握相关专业知识，适应我国对外交流、国家和地方经济社会发展、各类涉外行业、外语教育与学术研究需要的各外语语种专业人才和复合型外语人才。针对基于培养目标的课程

[1]“全国来华留学生预科教育教学模式与教学资源建设研讨会”在长春举办[EB/OL]. http://www.xinhuanet.com//book/2019-05/14/c_1210133582.htm.

体系，《国标》规定外语专业课程体系的总体框架应当包括通识教育课程、专业核心课程、培养方向课程、实践教学环节和毕业论文5个部分。课程设置应处理好通识教育与专业教育、语言技能训练与专业知识教学、必修课程与选修课程、外语专业课程与相关专业课程、课程教学与实践教学的关系，突出能力培养与专业知识构建，特别应突出跨文化能力、思辨能力和创新能力培养，并根据经济社会发展需要建立动态课程调整机制。本科教学质量国家标准的反复研讨、制定和修订，有力地促进了英语、德语、法语、俄语、日语、西班牙语等主要语种教育的专业化建设。目前，在教育部高等学校外国语言文学类专业教学指导委员会的统筹下，各语种教学指导分委员会正在积极研制各语种的教学指南。

2018年12月15日，教育部高等学校外国语言文学类专业教学指导委员会（2018—2022）成立大会在北京召开

需要特别提及的是，步入新时代，职业外语教育也进入了发展的快车道。2019年《国家职业教育改革实施方案》的出台，标志着国家将职业教育摆在了前所未有的突出位置，职业教育迎来新的机遇与挑战。外语教育作为职业教育高质量发展、国际化水平提升的重要先手棋和助推器，在培养高素质国际化技术技能人才、服务国家“一带一路”教育行动等方面发挥着至关重要的作用。应势而动，北京外国语大学于2019年6月16日成立了中国职业外语教育发展研究中心。[1]中心将汇聚全国外语优质专业资源，开展职业教育国际化发展研究，探索建设职业外语教育与人才培养标准体系，以顶层设

[1]中国职业外语教育发展研究中心成立大会暨首届中国职业外语教育发展研究高端论坛隆重举行[EB/OL]. http://www.fltrp.com/c/2019-06-17/521105.shtml.

2019年6月16日，中国职业外语教育发展研究中心成立大会在北京举行

计、研制标准、建立示范、推广应用为路径，为新时代中国职业外语教育的崭新发展制定更专业的制度依据、开拓更广阔的发展空间，为提升我国职业教育水平与国际竞争力贡献全新力量。

三、制定《大学英语教学指南》，建立多元外语能力测评体系

进入新时代，大学公共外语从目标设定到课程设置，从教学方法到课程评价等都需要进一步改革。2013年，教育部高等学校大学外语教学指导委员会正式启动《大学英语教学指南》（简称《教学指南》）的研制工作。《教学指南》将大学公共英语课程分为通用英语、专门用途英语和跨文化交际三个主要部分，并由此形成相应的三大类课程。大学英语课程由必修课、限定选修课和任意选修课组成。《教学指南》进一步界定了教学目标，将其分为三个等级，分别是基础目标、提高目标和发展目标。其中，基础目标针对大多数非英语专业学生的英语学习基本需求确定，提高目标针对入学时英语基础较好、英语需求较高的学生确定，发展目标根据学校人才培养计划的特殊需

求以及部分学有余力的学生的多元需求确定。各高校可以根据实际需要，自主确定起始层次，自主选择教学目标。与基础目标和提高目标相关的通用英语课程为必修课，每周4课时；与发展目标相关的课程建议以限定选修课形式在大学二年级及以上阶段开设，每周不少于2课时。为有效培养学生语言输出能力，各高校应控制口语和写作等课程班级规模，每班原则上不超过35人。《教学指南》还要求，各高校大学英语课程设置要兼顾课堂教学与自主学习环节，建立与不同课程类型和不同需求级别相适应的教学模式，促进学生个性化学习策略的形成和学生自主学习能力的发展。各高校应充分利用信息技术，将网络课程纳入课程设置，重视在线网络课程建设，把相关课程放到网络教学平台上，使课堂教学与基于网络的学习无缝对接，融为一体。《教学指南》对大学英语教学的改革原则与发展路径做出了多维度、立体化描述，体现了科学性、多样性、针对性、时代性、可操作性原则。

与此同时，大学英语四、六级考试也在不断改革，以顺应我国大学英语教学改革的需求。从2013年12月起，大学英语四、六级考试的试卷结构和测试题型发生局部调整，原复合式听写调整为单词及词组听写，原快速阅读理解调整为长篇阅读理解，原单句汉译英调整为段落汉译英。自2014年5月起，大学英语四、六级考试的口语考试以机考代替面试型口语考试。考官和试题都在计算机屏幕上呈现。考官以录像形式呈现，试题材料采用画面（如图片、图表、照片等）或文字提示，考试更加客观、公正、科学。自2015年11月起，原大学英语口语考试改为大学英语六级口语考试，同时增加大学英语四级口语考试。自2016年6月起，大学英语四、六级考试听力考试取消短对话和短文听写，增加短篇新闻和讲座（讲话）。

2014年，国务院在《关于深化考试招生制度改革的实施意见》中对我国外语教学和考试综合改革提出了明确要求：以“制定中国英语能力等级量表”和“研发国家英语能力等级考试”为抓手，建立标准统一、功能多元的外语能力测评体系。在教育部的部署和专家团队的努力下，《中国英语能力等级量表》（简称《量表》）于2015年启动研制，2018年6月正式实施。《量表》包含9个等级、70个维度，分为能力总表、自我评价表以及100多个分项量表，以语言运用为导向，通过科学详细的能力描述语反映英语能力

2018年12月14日，教育部高等学校大学外语教学指导委员会（2018—2022）第一次全体会议在浙江召开

发展的连续状态，为不同阶段、不同目标的英语学习者提供了统一连贯的目标描述。《量表》的出台对中国英语教学与测评具有重要意义，在英语学习、教学、测评间架起了一座桥梁，为促进能力培养、实施有效教学、建构多元测评体系提供了依据，有力地推动了我国大学英语教学与评价方式改革。

随着外语测评日益受到重视，各类社会化外语考试也不断出现，其中最引人注目的是由北京外国语大学中国外语测评中心研发的“国际人才英语考试”（简称“国才考试”）。国才考试自2016年发布以来，获得社会广泛认可，为高校创新人才培养模式和用人单位选拔高素质国际化人才提供了重要依据，有助于提升学生的国际视野与协商合作能力、跨文化理解与表达能力、分析问题与解决问题的能力等。

四、以英语学科核心素养为中心，推进新时代中小学外语教育改革

进入新时代，中小学外语教育改革由“课标驱动”推进到“素养驱动”。2013年，教育部启动“中国学生发展核心素养”项目研究。2014年，教育部印发《关于全面深化课程改革落实立德树人根本任务的意见》，启动了普通高中课程的修订工作。“核心素养”成为此次高中课程修订的关键词。2016年

9月，教育部发布《中国学生发展核心素养》，将关于国际理解教育的内容划到“社会参与—责任担当”板块，并如此阐述国际素养：具有全球意识和开放的心态，了解人类文明进程和世界发展动态；能尊重世界多元文化的多样性和差异性，积极参与跨文化交流；关注人类面临的全球性挑战，理解人类命运共同体的内涵与价值等。2017年，教育部发布了新版普通高中课程方案和14门课程标准，修订后的课程方案和课标于2018年秋季正式投入使用。新版课标增加了德语、法语和西班牙语三门科目，课程类别调整为必修课程、选择性必修课程和选修课程。其中的选修课程，学生可以自主选择修习，可以学而不考或者学而备考。修订后的《普通高中英语课程标准（2017年版）》提出了语言能力、文化意识、思维品质和学习能力四大英语学科核心素养，并明确了新时代我国中小学英语教学的新理念。一是发展英语学科核心素养，落实立德树人的根本任务。高中英语课程具有重大的育人功能，应发展学生的语言能力、文化意识、思维品质和学习能力等英语学科核心素养。在此过程中，帮助学生学习理解和鉴赏中外优秀文化，培育中国情怀，坚定文化自信，拓展文化视野，增进国际理解，逐步提高跨文化沟通能力、思辨能力、学习能力和创新能力，形成正确的世界观、人生观和价值观。二是构建高中英语共同基础，满足学生个性发展需求。普通高中英语课程应在有机衔接初中阶段英语课程的基础上，通过必修课程为所有高中学生搭建英语学习

2019年4月25—26日，全国基础外语教育教学研讨会暨中小学英语阅读素养提升研讨会在天津举行

核心素养的共同基础，为他们升学、就业和终身学习构筑发展平台。同时，高中英语课程应当遵循多样性和选择性原则，开设丰富的选修课程。三是开展英语学习实践，着力提升学生能力。倡导指向学科核心素养发展的英语学习活动，提倡自主学习、合作学习、探究学习，开展体现综合性、关联性和实践性的英语学习活动，发展多元思维和批判性思维，提高学生英语学习能力和运用能力。四是完善英语课程评价体系，促进核心素养的有效形成。建立以学生为主体、促进学生全面发展、健康个性发展的课程评价体系。评价应聚焦促进学生英语学科核心素养的形成及发展，采取形成性评价与终结性评价相结合的多元评价方式，关注学生在英语学习过程中所表现出的情感、态度和价值观等要素。五是重视现代信息技术应用。要丰富英语课程学习资源，推动现代信息技术背景下教学模式和学习方式变革，促进信息技术与课程教学的深度融合，根据信息化环境下英语学习的特点，科学地组织和开展线上线下混合式教学，选择恰当的数字技术和多媒体手段，确保虚拟现实、人工智能、大数据等新技术的应用，促进学生的有效学习和英语学科核心素养的形成和发展。

五、外语教育步入信息化时代，信息技术与外语教育深度融合

随着互联网技术的进步以及中国网络用户庞大体量的形成，在线教育行业度过最初的萌芽期和生存期，经快速成长后，在技术带动和内容升级的基础上形成了更加多样化、规范化、创新化的在线教学服务体系，并逐渐迈进初步成熟期。与此相适应，外语教育已步入了信息化、个性化学习时代。在线语言教育市场规模增长的主要原因是课程易于标准化、可复制性强，利于降低成本；在线教育与外教直播互动学习可实时营造使用场景，能提高语言使用率，吸引更多的用户；人工智能等新兴技术不断与在线教育结合，个性化学习逐步实现；在线语言教育性价比高，而且不受地域限制，这有利于实现优质教育资源共享，能够有效缩小不同地区的教育资源配置差距。

在社会外语教育方面，有沪江、51Talk、新东方在线、TutorABC等一些中等偏大的企业，大都以成人外语教育起家。多数企业具有市场认知度高、用户量大、注重教学教研的投入与产出等特点。在线成人外语教育市场中的企业长尾效应明显，主要是将产品战略延伸至成人外语教育的互联网巨头、主打出国留学考试类的相关企业以及不断深耕成人外语各个细分领域的新兴创业公司为市场注入了新的活力。现阶段“人工智能+教育”的应用又进一步推动了个性化、定制化学习的更新突破。在优质教育内容和优质教师的资源基础上，人工智能开启在线语言教育领域的新型服务模式是大势所趋。目前一些科技公司在人工智能领域持续探索研发并有产品推出，并将个性化学习理念落实到教育实践中。移动互联网时代外语“处处学”“时时学”的时代已经来临且势不可挡。

在学校外语教育方面，信息技术的发展为外语教学提供了更多样的模式、更便捷的工具与更丰富的资源。基础教育、职业教育和高等教育领域都在探索信息技术与外语教学的深度融合，通过互动式、开放性的新型课程与个性化、自适应的学习方案，提升学生的自主学习与探究能力；通过微课、慕课、私播课等在外语教学中的应用，促进线下与线上结合的混合式教学模式，支持教师开展教学创新，提升教学效率。2018年，教育部提倡“淘汰水课、打造金课”，建设“线下金课”“线上金课”“线上线下混合式金课”“虚拟仿真金课”和“社会实践金课”；倡导推动人工智能与教育结合，开发更多高质量慕课，加大平台开放共享力度，推进教育现代化进程。全国各学校积极响应，努力探索，各研发机构也潜心开发，推出新型教学资源与服务体系。其中外研社研发的“外研AI智能学习平台”与U校园（Unipus）智慧教学云平台，顺应外语教育智能化、交互化、自主化与移动化趋势，全面支持信息化教学与学习模式，建设集教、学、测、评、研于一体的全新外语教育生态。

六、外语教师立德树人意识增强，专业化水平不断提升

外语大计，教师为本。外语教师是发展外语教育的第一资源，是外语教学改革的主力军。截至2018年，全国共有150万名外语教师，其中高校外语

教师20万名、中小学外语教师130万名。[1] 外语教师的素质、水平和能力是影响外语教学质量的关键因素。

第一，以考核评价引导高校外语教师教书育人。2016年8月，为引领高校教师专业发展，教育部印发《关于深化高校教师考核评价制度改革的指导意见》（简称《指导意见》），强调要加强师德考核力度、突出教育教学业绩、完善科研评价导向、重视社会服务考核。《指导意见》提出，高校要落实五年一个周期的教师全员培训，鼓励青年教师参加在职培训，到国外高水平大学与科研院所等访学。2017年，《大学英语教学指南》对普通高校大学外语教师的发展做了详细指导，提出：各高校要逐步实施大学英语教师准入制度，把好大学英语教师入口关，同时建立和完善培训体系，为教师提供定时定量的在职培训，支持教师开展国内外进修学习活动，切实提高教师专业水平和教学能力；要按照“造就一支师德高尚、业务精湛、结构合理、充满活力的高素质专业化教师队伍”的要求建设大学英语教师队伍，发扬“教学相长、教书育人”的优良教风，以“传帮带”的方式帮助青年教师成长，营造良好的院系教学文化。2018年，《普通高等学校本科专业类教学质量国家标

2019年7—8月，全国高等学校大学英语教学发展与创新研修班暨“教学之星”大赛在武汉、苏州等地举办

[1]曾天山，王定华．改革开放的先声——中国外语教育实践探索[M]．北京：外语教学与研究出版社，2018：109.

准》中的《外国语言文学类教学质量国家标准》明确了外语专业人才培养目标、培养规格、课程体系、教师队伍、质量管理等各方面要求。《国标》的全面实施将引发新一轮教学改革，对高校外语教师的专业化发展也提出了新的更高的要求。

第二，实施“国培计划”和“卓越教师”计划，提高中小学英语教师的专业素质。“国培计划”是2010年开始由教育部与财政部全面组织实施的全国最高水平和最大规模的中小学教师培训项目，全称为“中小学教师国家级培训计划”。“国培计划”包括“中小学教师示范性培训项目”“中西部农村骨干教师培训项目”，后增设“幼儿教师国家级培训计划”。包括北京外国语大学在内的多所重点高校参与了三大项目中面向中小学外语教师的培养培训，使中小学外语教师的外语专业素养和外语专业化水平显著提升。为推动教育综合改革、全面提升教师培养质量，教育部又于2014年发布了《关于实施卓越教师培养计划的意见》，要求深化教师培养模式改革，建立协同培养新机制。该文件的发布为基础教育阶段外语教师整体素质的提高、外语教师培训机制的改革与创新、培训质量的提高及基础外语教师教育体系的完善，提供了极为有力的制度支撑。广大中小学外语教师紧跟我国教育改革步伐，努力提升自身的专业素养，调整自身的教学方法与策略，探索新的教学模式，一支高素质、专业化、创新型的外语教师队伍已经形成。

第三，发挥新技术优势，通过多种途径加强外语教师培养。在教育部领导、教指委推动与各相关单位努力下，全国高校外语教师可通过参与不同类型、不同主题的教师研修活动，全面提升教学理论与方法、学术研究、信息技术、语言测评等方面的能力。各高校也为外语教师提供了跨校交流、专业进修、出国深造、产研结合等各具特色的培养模式。随着互联网的普及与新技术的发展，外语教师有更多途径获取教育资讯、共享优质课程、更新教学资源；不同地区的教师可以通过“教学之星”大赛、线上学习共同体、虚拟教研室等方式互通有无，分享经验；需求各异的教师可以借助北外师训平台、外语学术科研网、中国高校外语慕课平台、“悦教大讲堂”“U讲堂”等平台获得个性化支持与专业提升。这些新途径与新模式的应用也对外语教师提升自身信息化素养和教学科研创新能力起到了重要的推动作用。

中国特色社会主义新时代对我国外语教育提出了新的要求。习近平总书记多次指出，中国开放的大门不会关闭，只会越开越大，我国教育要与综合国力和国际地位相匹配，要扩大教育对外开放，要开展高水平合作办学，提升我国教育的世界影响力。虽然新中国成立70年来我国外语教育积累了丰富的经验，取得了举世瞩目的巨大成就，为改革开放伟大事业和中华民族伟大复兴做出了不可磨灭的历史性贡献，但在建设外语学科、培养复合型人才、优化外语师资队伍、改进教学方法、发展在线教育、改善外语测试与评价、促进外语培训行业健康发展等方面，仍然有漫长的道路要走。面向未来，中国外语教育在全面建设富强民主文明和谐美丽的社会主义现代化强国、实现“两个一百年”奋斗目标、实现中华民族伟大复兴的中国梦的征程上任重而道远，我们仍然需要发奋努力，砥砺前行！

第二章

大学之道：院校领导论外语教育

外语是通向世界的桥梁
——王福祥治学与治校

隋 然

王福祥（1934—2017年），语言学家和外语教育家。曾任北京外国语学院副院长、院长，北京外国语大学校长。第八届、第九届全国政协委员。曾任国际俄语教师联合会主席团成员，中国俄语教学研究会会长，《外语教学与研究》《中国俄语教学》杂志主编。荣获普希金奖章、英国剑桥世界名人传记中心颁发的名人荣誉证书，并被录入《澳洲及远东名人录》，出版相关学术著作数十部，发表大量学术论文。

2019年正值中华人民共和国成立70周年，同时也是新中国外语教育开展70周年。70年来，尤其是改革开放40多年来，新中国的外语教育取得了巨大的成功，在国家建设和民族复兴事业上厥功至伟。

在这一伟大的历史节点，我自然想到了我的博士生导师、著名外语教育家王福祥教授。非常遗憾的是，王福祥教授两年前离开了我们，没能等到新中国外语教育70周年这一伟大的历史时刻。作为学生，我谨以此文回顾王福祥教授对中国外语教育事业做出的重大贡献，缅怀他治学、治校的态度和理念，勉励后辈在先辈开辟的道路上继续前行。

一、倾注一生的俄语教学与研究

新中国成立伊始，王福祥就开始了终其一生的外语教学与研究工作。早在1950年，王福祥就进入哈尔滨外国语专门学校学习俄语，1953年毕业留校工作。该校前身是1941年创办的延安人民抗日军政大学第三分校俄文队，1948年和1953年先后改名为哈尔滨外国语专门学校和哈尔滨外国语专科学校，1972年并入黑龙江大学，是我国历史最悠久的俄语高等教育基地之一。1955年，王福祥通过了全国留苏人员考试，被国家选派到苏联留学，进入莫斯科大学语文系学习。经过4年的刻苦学习，他圆满完成了学业，获得了语文学副博士学位，是那个年代第一个获此学位的中国人，而同时代后续获此学位的中国人也仅有两人。1960年，王福祥学成回国，进入北京外国语学院俄语系任教，担任语言理论教研室主任，开始投身新中国的外语教育工作。

在苏联留学并攻读副博士学位期间，王福祥受到了良好的科学研究训练，养成了持续的科学研究习惯，造就了出色的科学研究能力，为他日后培养高层次外语人才打下了坚实的基础。王福祥师从苏联著名语言学家、莫斯科大学教授波斯彼洛夫，主攻俄语句法。早在20世纪40年代末，波斯彼洛夫就提出了大于句子的连贯话语单位“复杂句法整体”，因而成为话语语言学的奠基人，这自然也对王福祥后来从事话语语言学研究产生了重要的影响。20世纪70年代后期，王福祥选择话语语言学作为自己的主要研究对象。他后来曾对我谈及做出这一选择的原因，当时他有若干语言学研究领域可以选择，但从自身优势、学理认识以及科研态度和世界观角度考虑，他认为话语语言学是最适合的选择。1981年，王福祥的第一本话语语言学专著《俄语话语结构分析》由外语教学与研究出版社出版。在这本书中，王福祥探讨的问题与俄罗斯的洛谢娃、索甘尼等人的研究几乎同步，其敏锐的学术触角已达到该领域世界前沿。这也是国内话语语言学研究的第一本专著，因而他当之无愧地成为国内该领域研究的第一人。《俄语话语结构分析》堪称经典之作，对中国俄语的教学与研究产生了巨大影响并且一直持续至今，开启了全国俄语界学习和研究话语语言学的时代，同时影响了大量硕士研究生和博士研究生，其研究内容甚至进入了本科学生课堂。

1984年，外语教学与研究出版社出版的王福祥的另一本专著《俄语实际切分句法》荣获北京市哲学社会科学优秀成果一等奖。此后，王福祥的话语语言学研究专著不断出版，其中《话语语言学》（1988年）获高等学校学术专著优秀奖，《话语语言学概论》（1994年）获第二届国家教委学术专著优秀奖。王福祥还把话语语言学理论运用于汉语研究。1989年，商务印书馆出版了他的专著《汉语话语语言学初探》，该书在中文研究领域独树一帜。为了验证布拉格学派代表人物马泰休斯的“实际切分”理论对汉语的适用性，王福祥竟然把杨沫的长篇小说《青春之歌》的每一个句子从头到尾全部切分了一遍！这完全符合王福祥的科研态度，这也是他在科研上的最大特点：勤奋刻苦，兢兢业业，一丝不苟，绝不投机取巧。

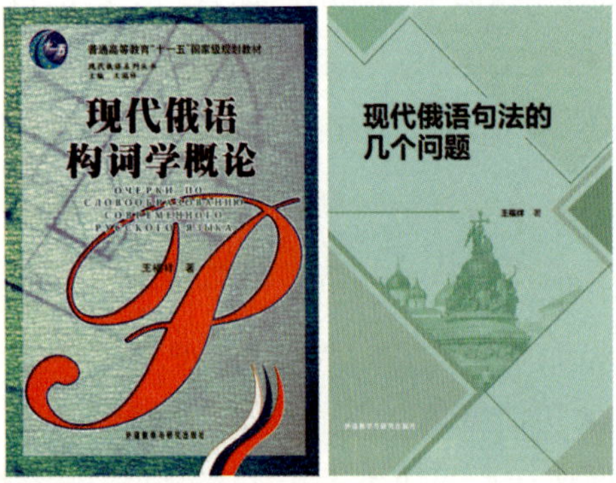

王福祥的部分专著

王福祥科学研究涉猎广泛，在诗歌、口语、修辞、文化及语言学理论等方面均有研究成果，主要著作有《日本汉诗撷英》《日本汉诗与中国历史人物典故》《俄罗斯诗歌掇英》《现代俄语口语学概论》《现代俄语辞格学概论》《20世纪俄罗斯诗歌选粹》《语言研究：自选集》《现代俄语构词学概论》《现代语言学及其分支学科》《语言学：历史·理论·方法》《现代俄语功能修辞学概论》等。

在王福祥的一系列著作中，有一本著作的出版很有戏剧性，这就是《主从复合句分类原则》（俄文）。该著作是王福祥当年的副博士论文，本已带回国，但在“文革”期间被销毁。令人感动和感慨的是，王福祥的导师波斯彼洛夫教授一直保留着这一论文，他在去世前委托女儿将其转交给了王福祥，于是便有了这本专著的出版。还有一件幸运的事，就是王福祥的副博士学位证书在“文革”中原本也在销毁之列，但因为只有他一人拥有副博士学位，没有“规模效应”，于是被遗忘在文件柜里，幸运地保留了下来。

王福祥从1978年开始指导研究生，是国内最早的外国语言学研究生导师之一。他一生致力于培养高级俄语人才，从他师门走出来的很多硕士、博士都成为国内高校的俄语专业骨干、院系负责人和学科带头人。华中师范大学、吉林大学、苏州大学、浙江大学、首都师范大学、北京第二外国语学院、黑龙江大学等高校都聘请王福祥为兼职教授或名誉教授。王福祥先后获得过“全国中青年有突出贡献的专家”“全国优秀教师”等多项荣誉称号。

1987年，王福祥获得苏联颁发的普希金奖章，成为第一个获得普希金奖章的中国人。1990年，他荣获英国剑桥世界名人传记中心颁发的名人荣誉证书，并被录入《澳洲及远东名人录》。1994年，他获得泰国清迈皇家师范学院颁发的优秀教育工作者证书。1995年，他获得美国传记研究所授予的名人荣誉证书。2016年，他获得中国俄语教学研究会颁发的“中国俄语教育终身成就奖”。

王福祥步入耄耋之年后，不仅笔耕不辍，而且速度不降反升，著作频出。王福祥曾这样说过，年老之后，记忆力大不如前，常常记不起某个字的写法，小小的《新华字典》已经被翻烂，封皮也已脱落。我清楚地记得他书房中的景象：书桌上满是手稿，到处都是收集剪贴的各类资料……令我印象深刻的是，王福祥教授与时俱进，很快就学会了使用电脑。

我由衷地认为，王福祥教授是真正做学问的学者，而且是真正静下心来做学问。王福祥经常说：“写书是我最大的乐趣。”

二、修身正心的治学态度

王福祥在《领进门的艺术——忆我的老师尼·谢·波斯彼洛夫教授》一文中写道：“‘师傅领进门，修行在个人。’这是人们常说的一句话。说这句话的时候，又把意思的重点放在后半句，强调‘修行在个人’。依我看，前半句更为重要：没有师傅领进门，弟子连门都摸不着怎么进去修行呢？……收弟子，不是为了当师傅；当师傅，就要负起领进门的职责。能不能把弟子领进门，师傅不仅要有学问，还要有领进门的艺术。”王福祥的这一观点无疑是受到了其导师波斯彼洛夫教授的影响，正是波斯彼洛夫把基础薄弱的他领进了俄语研究之门。王福祥当时从未写过什么文章，也不知道如何收集材料，波斯彼洛夫教授就手把手地教，要求每张卡片都写得字迹清楚，把作者、作品名称、页码都要写上。正是这种一丝不苟的精神、严谨认真的态度奠定了他以后科研与治学的基础，也让他日后作为导师掌握了领进门的艺术。

1995年，我考上了王福祥教授的博士研究生，切身感受了他“领进门的艺术”。就像他当年接受波斯彼洛夫教授的指导一样，他对我的第一项要求就是做卡片，收集例证资料。于是，我到印刷厂购买了500元的边角余料的纸板，用小货车拉回家里，做起了卡片。初期，王福祥教授每周都要检查我做的卡片，指出存在的问题，不断校正我做卡片的方法和内容，使我很快就上了道。为了使博士论文具有翔实的语料基础，我阅读了俄罗斯和苏联60余位作家的近100部作品，做了2.2万张例句卡片，分析了10万个相邻对语句。在国内外语研究领域，这应该是一项纪录了，以至于后来我对学界同行开玩笑说，归纳方法被我做到如此程度，我对实证主义有点微词，褒扬一下演绎研究应该还算是有点资本吧。王福祥教授对语言事实非常重视，他找例句的功夫几乎无人能比，例句的贴切程度令人叹为观止。这一点也必然表现在我们这些学生身上。比如，我在试图寻找表达“赢得思考时间”意向的“重复结构”时，读到了俄罗斯当代著名语言学家阿鲁秋诺娃的一篇论文，她认为表达“赢得思考时间”意向的“重复结构”尚未被语言材料所证实，而我随后恰恰就找到了相应的语言材料，王福祥教授看了之后很欣慰，很赞赏，说语料是语言学研究的空气和基础，而大量的语料收集和整理工作一定会创造奇迹。

我的学长、北京外国语大学俄语学院原院长史铁强教授就说过，王福祥教授做学问很严谨，他自己的著作，每一个数字、每一个例子都有来源。王福祥说，高深的学术思想建立在对客观现象细微的观察之上，一个搞科研的人，必须以严谨的态度对待学问，得出的每一个结论，引用的每一个数据、每一个例子，都要有明确的出处，都要精确到哪一本书的哪一页。王福祥教授一再强调，写论文，至少要有几百张卡片、几百个甚至上千个例子，才可以动笔。只有三五个例子、几十个例子，是不足以说明问题并找到语言规律的。他指导学生时并不过多干预，只强调读懂和吃透原著，找到合适的切入点。

王福祥对指导研究生撰写学位论文有着深刻的见解。他认为，从某种意义上讲，论文题目定得好坏，导师负有很大的责任。导师主要把好三关。一要心中有数，尽量不选别人已经写过的题目，论文要有理论价值和实践意义。二要把握时机，定题过早了，研究生缺乏理论准备和应有的科研方法；过晚了，研究生来不及收集资料，更谈不上深思熟虑。三要切合实际，题目过大、过难，研究生在有限的时间内写不出来；过小、过易，研究生又难以写出高水平的论文来。论文题目，可以由研究生自定，也可以由导师给出。这些真知灼见成了我们以后在学位与研究生教育工作中的座右铭，并一直被我们奉为指导研究生学位论文的原则。

王福祥有一个持之以恒的习惯，就是剪贴各类报刊文献，只要看到有价值的资料，就立即手持剪刀剪裁下来，再用糨糊粘贴到事先准备好的资料夹中，他戏称为“剪刀加糨糊”方法。长期下来，他收集剪贴的资料夹堆积如山，涉及内容广泛，为著作等身做了坚实和丰富的资料准备。至今我还保留着王福祥教授送给我的一些他亲手制作的资料夹。

当年，波斯彼洛夫教授曾对王福祥说：“你是中国人，你就应该用一个中国人的眼光来观察俄语语法中的问题，这样你才能走出一条自己的路子来。”王福祥教授也是用这样的话来教导我们这些学生，使我们也学会了以自己的视角观察、审视俄语，并推出了我们中国人自己的俄语研究成果。

王福祥长期担任北京外国语大学校长，工作千头万绪，事务繁忙，但他却要求博士生每周都去他的办公室汇报读书和论文进展情况，并给出指导意见。有一年我受邀到北京第二外国语学院担任职称评审的校外专家，见到时任校长周烈时，我们双方都感觉彼此很面熟，就努力回忆，很快就想起来了。我读博士时，周烈任校长办公室主任，我每周去王福祥教授办公室汇报学习情况时，时常会碰上周烈进来给王福祥校长送材料，久而久之，就留下了较深的印象，虽时隔多年，仍然可以想起来。

王福祥为人一向谦虚低调，实事求是。苏联及俄罗斯的副博士学位在我们国内被视为博士学位，这是教育部认定的，尤其是20世纪50年代取得的副博士学位，含金量极高。但王福祥始终在个人材料中将自己的学位写为副博士，甚至硕士，足见其不图虚名、踏实做学问的品质。对社会上评职称日益功利化和利益化现象，王福祥教授的一席话让我永远也忘不了：“没有教授的水平去做教授，你难不难受？学术会议上你发不发言？发言的话，你达不到教授的水平；不发言的话，你还是教授吗？”

王福祥当年学成归国时，导师波斯彼洛夫教授送给他两张照片，并谆谆教导说：“你虽然对句法有了一点粗浅的认识，但对语法学还缺乏全面的了解，回国后一定要拓宽知识面。要经常想想自己有什么不足，这样才能自觉地去学习，不断提高自己。”王福祥一直珍藏着导师的照片，与照片一起珍藏的还有导师的教导，并言传身教，成为他的教学传统。

三、复合型国际化的治校理念

王福祥不仅是著名的语言学家和外语教育家，也是优秀和成功的外语教育管理者。1984年，他开始担任北外院长，在校领导岗位上一干就是13年。他以做学问的态度来做院长、校长，对待工作严肃认真，严于律己，勤奋敬业。在他的领导下，学校在教育改革、学位教育、学科建设、师资队伍建设等方面都得到了迅速发展。

王福祥担任校长期间正是我国教育改革开放转型的关键时期，他抓住了关键性的机遇，使北京外国语大学进入了国家首批“211工程”建设大学，为学校发展奠定了良好基础。1996年，在《北京外国语大学“211工程”建设项目可行性研究报告》中，王福祥提出了新的建设目标：“从现在起，到2010年，经15年的努力，将以教授外国语言为主的单科型大学建成一所多语种、多学科、多层次，培养复合型、复语型的高质量外语专门人才，具有重要国际影响的社会主义外国语大学。届时，学校将拥有一支以国内外知名学者为首的，以教授、副教授为主体的高水平学术梯队，建立起外语与外交、国际经贸、文学、语言学、法律、新闻等学科相复合的教学和科研体系，成为全国外语教学、科研、进修、信息和国际学术交流的中心，在办学模式、教学理论、教学方法、教材和工具书等建设方面为北京及全国提供高质量的成果。”

1996年6月20日，王福祥在北京外国语大学“211工程”部门预审会上做汇报发言

同年，学校通过国家教委“211工程”部门预审，成为国家重点建设的100所大学之一。

王福祥对改革开放政策理解深刻，很早就认识到了培养复合型人才的重要性，成立了国际经贸学院。在王福祥的治校理念下，北外始终保持了学科的高水平，适应了外国语言文学学科的发展趋势。王福祥始终致力于营造一种大学氛围和气场，旨在拓宽学生的知识视野，培养学生求真务实的学术精神。

北外的传承和发展凝聚了几代人的努力，从一个具有明显特色的单科型外国语学院，发展为全国首批进入“211工程”重点建设的大学，成为国内同类高校中历史最悠久，教授语种最多，外语办学层次齐全，拥有文、法、经、管四大学科门类几十个专业，致力于培养高水平高素质的应用型、复合型、国际型人才的大学，这其中就有王福祥的重要贡献。他十分重视学校的内涵发展和建设，依托传统强势的外语学科，积极支持开设和建设具有国际性的专业，适应国家发展战略和形势的需要，为北京外国语大学后续的进一步发展打下了坚实的基础。

王福祥十分重视国际交流与合作，因为国际交流与合作既是北外的特色，也是学校生存发展的必要条件。他在职期间，利用外语优势，大力开展国际交流，建立广泛和深入的国际合作关系，不仅为教师和学生提供了出国学习的机会，而且引进了高水平的外国专家，有力地保障了师资队伍建设和外语教学质量，还吸引大量的外国留学生前来学习，扩大了学校乃至国家的影响力，补充了办学的资金。

王福祥在接任中国俄语教学研究会会长时，中苏关系刚刚正常化不久，但他很快就把中国俄语界介绍给了苏联和世界，让苏联和世界了解中国俄语教学与研究的情况，同时也将苏联和世界俄语教学与研究的成果引进中国。他以自己的学识、水平和组织能力在国际上赢得了良好的声誉，国际俄语界乃至整个外语界都对他有很高的评价。王福祥在北外与俄罗斯以及美国、德国、日本等其他国家高校建立校际合作和友好关系上发挥了决定性的作用，极大地提高了北外的国际化程度，使“北京外国语学院”不仅从名字上，更是从内涵上变成了真正的“北京外国语大学”。

1995年，王福祥陪同德国总理科尔参观校园

王福祥在开展国际交流与合作时，即使是牺牲节假日也在所不辞。我曾数次承担他主办的国际会议的会务工作，也协助他接待国外访问者，对此深有体会。一般我们在对外交往时，往往都有一个默契，即尽量不将国外来访者的行程安排在春节期间，如对方不了解情况，我们甚至会予以提醒。但王福祥校长不这样，我就有过大年三十和大年初一陪他接待外宾的经历。这反映了王福祥教授作为一个学者校长的特质，任何工作都如同做科学研究，不分春夏秋冬，不论酷暑严寒，也不管节假日。

王福祥特别关心青年教师的成长，积极支持他们出国学习、进修提高、攻读学位、发表科研作品等，经常指导他们的教学和科研工作，传授经验和方法，也尽力解决他们生活上遇到的困难，为他们的个人发展创造条件。

王福祥先后担任过第八届、第九届全国政协委员、国务院学位评定委员会委员、全国哲学社会科学基金评审委员会委员、全国博士后管委会专家组成员、国家留学基金委专家评议组成员、国际俄语教师联合会主席团成员、中国俄语教学研究会会长、北京语言协会副会长等职。这些头衔不仅仅是耀眼的光环，更是一位学者、一位语言学家、一位外语教育家闪光的足迹。

从沈阳到哈尔滨，从莫斯科到北京，从青丝到白发，求学路漫漫，治学路长长，桃李满天下。我们缅怀王福祥教授的高风亮节和严于律己，我们缅怀王福祥教授的斐然成就和模范领导，我们缅怀王福祥教授的公正清廉和磊落人格。逝者如斯，音容宛在。

值此中华人民共和国成立70周年，同时也是新中国外语教育开展70周年之际，我们可以告慰王福祥教授，从建设新中国到改革开放，再到“一带一路”建设，中国外语教育事业继往开来，后继有人。我们一定不负以王福祥教授为代表的老一辈外语教育家的期望，一定会将中国外语教育事业继续推向新的历史阶段，一定会担当起中华民族伟大复兴赋予的历史使命。

参考文献

季羡林．外语教育往事谈：教授们的回忆[M]．上海：上海外语教育出版社，1988．

彭澍，曹觉心．我校原校长王福祥教授追思会举行[EB/OL]．北京外国语大学新闻网，2017-04-20．

王明欣．献身外语事业　致力俄语教学[J]．北京教育（高教版），2002（11）．

吴玥，李莎．王福祥：一甲子耕耘，唯其心静尔[N]．北京外国语大学校报，2014-05-25．

本文由隋然撰写。隋然，师从王福祥教授，首都师范大学教授、博士生导师、博士后合作导师、俄语系主任、语言哲学研究所所长、外国语言学及应用语言学研究所所长，中国俄语教学研究会副会长，中西语言哲学研究会副会长。

躬耕一生初心在　枯灯长卷慰平生

黄建华

黄建华，原广州外国语学院院长、广东外语外贸大学首任校长，教授、博士生导师。曾任中国辞书学会副会长、广州翻译协会理事长、亚洲辞书学会首届会长。学术成果主要包括《词典论》《英俄德法西日语文词典研究》《双语词典学导论》等，主编的《汉法大词典》2018年获第四届中国出版政府图书奖。2006年被中国辞书学会授予"辞书事业终身成就奖"，2015年获授"南粤楷模"荣誉称号。

值新中国成立70周年之际，应外研社之约撰写本文，使我有机会回顾自己这一生。从大学教书匠，到高校管理者，再到退休后埋头于《汉法大词典》编纂，其间还从事过一些翻译、写作，这其中每一个阶段、每一步成长都与新中国发展和外语教育变革紧密相连。以下我从四个方面谈谈本人的经历与感悟。

一、风雨兼程数十载，痴心不改广外缘

我这一生与外语结缘，与国家的发展和变革密不可分。

我出生于一个工人家庭，作为五个兄弟姐妹的大哥，我能够有机会读大学，首先要感谢新中国的成立，让我的父亲下决心送我到学校去读书，而不是让我当学徒。这是我人生的第一次重大转折。

1957年，中山大学第一届法语专业招生，21岁的我幸运地被录取，1961年毕业后，服从组织安排留校任教。1970年10月，当时"广东省革命委员会"做

出对广东省高等院校实行“调、并、迁、改”的决定，这一决定对于广州外国语学院有着历史性的意义。从那时起，中山大学外语系、暨南大学外语系与外贸系、广州外国语学校全部并入广州外国语学院，校址从广州“瘦狗岭”迁至广州北郊中南林学院所在地（即现今广外北校区）。我也是因为这次合并，由中山大学调入广州外国语学院，直到2006年正式退休，在广外工作整整36年。

我人生的第二次重大转折发生在改革开放之后，由于当时国家外语人才紧缺，1977年末我被推荐应考进入联合国教科文组织担任译审，一直工作到1981年中期。在国外工作这段时间，我意识到，外语不能仅仅作为工具来教授，外语人才光掌握语言技能是不够的，还需要有多方面的综合能力，用现在的时髦话来说，就是初步有了“外语+”的思路，这也为我后来在广外推动相关改革打下了基础。

1995年，党中央、国务院提出科教兴国战略，对全国高等教育进行一系列改革，外语教育也进入高速发展时期。时任国务院副总理李岚清亲自推动了广州外国语学院和广州对外贸易学院的合并。外贸人才离不开外语，外语人才需要专业，这两所学校的合并应该说是“天作之合”，但在合并过程中也遇到了许多难题。我作为合并后的第一任校长，为理顺两所学校合并后的各类工作吃了不少苦头，但也取得了令人颇感欣慰的成果。当时两校的合并工作得到了国家教委的认可。

在办学理念上，我提出大学应有“全球化”的视野。20世纪90年代科技突飞猛进，世界经济全球化进程加速，国家迫切需要人才。而人才从何而来？除了通过实际工作训练之外，主要还得通过高等学校提供。而大学要培养出具有世界眼光、能在国际舞台上大展身手的人才，就必须适应“国际化”或“全球化”的趋势。大学“全球化”体现在教师背景、学生构成、课程设置、国际交流、远程教学手段等方方面面，但更重要的是观念上的转变与更新。我当时提出了随着资讯手段日趋完善、交通工具不断改进、人的活动范围迅速扩大、信息传递无处不在等的快速演进，我们的教育需要面向以异常速度变化着的世界，我们所培养的学生应在精神上、技能上和知识上做好准备。这些建议在当时可能有理想的成分，但对广外从全球视野考虑自己的未来发展起到了一定作用。

与此同时，我认为外语教学也应重视德育。譬如，我们一方面鼓励专业教师努力学习马克思主义关于文化问题的论述，深刻认识“一定的文化是一定社会的政治和经济的反映”，学会运用马克思主义的观点、立场和方法，有机结合外语教学及课余活动，对学生做出正确而生动的引导。另一方面，我们也运用多种方式，大力弘扬优秀的中国文化，让学生在学习外国语言文化的过程中，时刻不忘记自己是“龙的传人”，通过有意识的中外文化对比，使学生树立起对华夏五千年文明的自信心和自豪感。这也正是当前习总书记提出的“四个自信”中的“文化自信”。

在人才培养上，广外形成了外语加专业的特色。广州是我国历史悠久的对外通商口岸，也是我国改革开放的前沿阵地，对外语人才的需求尤其旺盛。我们希望广外能够成为华南地区国际化人才培养的重要基地，为国家培养既熟练掌握外语，又熟悉国际经济运作，了解对象国国情、法律、文化的人才。那段时间，特别是两校合并后，我们从以语言技能为主，逐渐发展为语言和专业结合，成立了商英学院、法学院以及后来的计算机学院等，为在校学生提供了语言学习之外的多种可能性，培养了许多既有外语专业又具备其他专业能力的人才，同时还培养了许多具有其他专业但外语能力也很强的人才。在复合型人才培养方面，我们也向北外和上外学习，探索了双语教学、全人教学、“外语+专业”等新的教学模式。目前广外已形成了外语学科与非外语学科“双轮驱动”、多学科多语种协调可持续发展的学科格局，着力推进专业教学与外语教学的深度融合，培养高素质国际化人才。

此外，广州离东南亚国家很近，我们很早就开始关注东南亚相关的非通用语种的开设和教学工作。2000年5月，广外成立了非通用语种教学与研究中心，全面统筹、协调非通用语专业的建设与发展。在学生培养方面，我们采用“双外语—复合型”人才培养模式和“3+1”“3.5+0.5”等中外合作办学形式，紧紧围绕人才培养这一主线落实教育质量工程，推进非通用语特色专业建设点的全面发展。经过3年多的建设，2004年3月，教育部正式批准广外设立高等学校外语非通用语种本科人才培养基地。基地组织各专业方向的教师对对象国国情问题进行学术研究与探讨，推动了国内非通用语各专业的学科建设与发展。

在管理模式上，随着全球化时代的到来以及信息技术的发展，校内教学与校外教学的界限也逐渐模糊起来。我们希望打造一种弹性化的教育模式，以打破当时把正规学历教育与成人教育截然分开的僵硬模式。1999年6月，依托广外的资源，我们创办了一种新型办学组织——公开学院（也称继续教育学院），本着“为学生成才服务”的理念，尝试普通高校“宽进严出”、向社会公开招收自学考试学员进行全日制培养的新路子，为自学考试的考生实现大学梦搭建了平台，为广东省乃至全国的自考助学提供了新模式和新思路。公开学院一直到现在都办得非常好，目前有在校生5,000余人，有外语系、国际商务系、工商经济系、艺术设计与信息管理系、大学预科部五个教学单位。

黄建华与青年教师交谈

在师资建设上，广州由于地缘优势，与国外交流比较多，也比较便捷，因此在师资力量培养方面，我们非常鼓励教师们“走出去”，用国外的先进教学理念和方法培养我们自己的教师。广外是中国最早一批具有对外汉语教学资格的院校，1986年，广外就成立了对外汉语教研室，从零开始建立对外汉语专业；1997年1月，新合并的大学组建了国际文化交流学院，对外汉语部被合并到国际文化交流学院，专门负责留学生的招生和培养。为了保证教师们的海外进修机会，我们当时制定了相应的政策，“每招收10名留学生，就提供一名教师的海外进修机会”。有些教师出国进修过两三回，有些还在国外拿了学位。这个政策大大提高了广外师资队伍的学历结构，教师的知识结构和学缘结构得到了改善，学术、科研能力也相应有所提升，为广外的可持续发展打下了坚实的基础。

二、寒来暑往辞书路，衣带渐宽终不悔

广外一直非常重视词典研究和编写，这个渊源始于第一次全国辞书编写出版规划会议。1975年5月23日至6月17日，在周恩来总理的关怀下，召开了第一次全国辞书编写出版规划会议，会议地点就在广州。从20世纪80年代开始，词典学成为广外原国际语言文化研究所的主要学科，90年代中期在语言所内成立了辞书研究中心，我、陈楚祥教授和章宜华教授一起开展词典学的相关研究。随着词典学研究的发展和队伍的壮大，2001年成立了直属于学校、独立运作的词典学研究中心。到目前为止，词典学研究中心已培养了20多位博士和100多位硕士。

我本人作为学校代表参加了第一次全国辞书编写出版规划会议。中国著名语言学家、编辑出版家陈原彼时在商务印书馆工作，协助商务印书馆时任总经理兼总编辑陈翰伯制订了中外文辞书编辑出版十年规划。第一次全国辞书编写出版规划会议期间，陈原也专门来到广外，为中外文辞书编辑出版十年规划寻找作者。他约我们谈了英汉、德汉、法汉、泰汉等几本词典的编写。我主持编写的是《新简明法汉词典》，于1983年出版。这本词典由商务印书馆出版后，也在我国台湾出版了。我个人和词典结缘就是从编写《新简明法汉词典》开始的。

1977年，这本词典交稿之后我就去了巴黎联合国教科文组织总部工作。1979年，《辞书研究》创刊之际，编辑部给我发来约稿函，可是在1979年之前，我连lexicography（词典编纂学）这个词儿也不知道，我就将自己编写《新简明法汉词典》过程中的体会整理成《法汉词典选词、译义、词例问题初探》一文投去。《辞书研究》编辑部不仅用稿，还给我发来聘书，聘我为特约撰稿人。我想我人已经在巴黎了，能撰什么稿啊，那就写写法国词典学的情况吧。所以我就开始遍访法国的词典名家，这里面还有一个有趣的小故事。

我希望拜访的人中有保罗·罗贝尔，就是法国著名的《罗贝尔词典》的主编。我当时并不认识这位老先生，为了找到他，我用了一个“笨办法”——查电话黄页。可是保罗·罗贝尔这个名字太普通了，在电话黄页上查到了几十个同名同姓的。我就挨个打电话过去询问，最后终于找到了，并相约在一家旅馆

黄建华珍藏的罗贝尔专著

见面。在约好的那个周日，我来到保罗·罗贝尔先生指定的旅馆去见他。老先生租了两室一厅的一个大套间，我一推开门，就看到老先生身后站着一位彪形大汉，猜测应该是保镖。看我文弱的样子，应该不会产生威胁，老先生就友好地接待了我，还赠给我一本他的著作。

就这样，我通过遍访法国的词典名家，并找*Manual of Lexicography*（《词典学概论）之类的书籍来看，从中汲取营养，不断给《辞书研究》写文章，由此开始了这方面学理上的研究工作。后来上海辞书出版社把这些内容整理成《词典论》出版了。这本书出版以后，令我意想不到的是，前几年韩国人还把它翻译成了韩文，并在首尔出版。这可算是我为词典理论研究所做的一点贡献吧。

1998年，受外研社之邀，我开始了《汉法大词典》的编纂工作。从1998年签出版协议，到2014年完稿出版，前后长达16年之久。词典出版后得到了社会各界的认可，令我甚感欣慰。在编《汉法大词典》期间，2008年，我在学校的例行体检中被检查出肺癌。但我心里一直挂念着词典的事情，开刀后病情稍有好转，我就又继续工作。2012年，我又一次住院，被确诊为肺癌第四期。当时词典已经编了一大半，别人很难接手，我就想，无论如何都要完成它。为了与病魔做斗争，我一直努力想各种办法，学会与癌症共存。在这一过程中，我也得到了许多人的鼓励和帮助，包括我的妻子，同为法语教师的她不仅在生活上处处关心照顾我，而且在专业上时时与我切磋、商讨，一路支持我到最后定稿。2014年年初，我终于完成了《汉法大词典》的书稿。2014年12月28日，《汉法大词典》新书发布会暨出版座谈会在广外举行，当时我说："我很幸运，书出版了，人还在!"

《汉法大词典》单字条目1万余条，多字条目10万余条，全书2,300多页，总字数约720万字。除普通语文词汇外，还收录了50多个学科的术语，特别是近年来出现的新词，如微信、二维码、网购等。词典出版后得到许多关注

黄建华主编的《汉法大词典》

和认可，被认为是双语词典编纂领域的一件大事，填补了中国辞书出版的一项空白，也起到了促进中法交流、传播中国文化的重要作用。2018年年初，《汉法大词典》获得了第四届中国出版政府图书奖。

《汉法大词典》能够得到大家的认可，我觉得主要是坚持了三点原则。第一，材料真实。虚假的、杜撰的、经不起推敲的材料不用，谚语之类的翻译都尽可能做到有本可据。第二，选词准确，我们真正从汉语选词出发，自由词组都作为例子来处理。第三，释义全面，例证丰富，供读者选择的机会多。例如，“多”这个单字条目的第一词条就给出了41条例证。另外，由于《汉法大词典》是汉外词典，为了保证地道，我们请了外国人对法语把关。这里还有一条经验可以分享，就是最好不要找懂汉语的外国人审稿。懂汉语的人往往会觉得例句翻译得还可以，看不出问题。反而是不懂汉语的外国人会仅从法语的角度来看，觉得这个词语或者这个例句还可以改善，使法语更地道。

我一直认为，编词典是一项没完没了的工作，只有一直延续下去，词典才会拥有强大的生命力。因此我曾说过，《汉法大词典》正式出版之日，也是着手修订之时。我自己还在不断积累，同时也把修订工作寄希望于更多的年轻人，因为希望只有寄托在他们身上才可能延续下去。但目前国内的科研环境对词典不够重视，很多年轻人不愿意干。这是一个大问题，令人担忧，不呼吁这点，我估计高质量的工具书很难出来。另外，从出版社的角度来讲，自身也要把词典资源看管好，设立专门团队，每年做更新，使词典的生命力能够延续下去，否则随着时间的推移就会成为废纸，没有任何意义。

三、迥异语言学习路，两代法汉翻译人

我女儿迅余也是法语专业毕业，但我和她的法语学习方式完全不同。女儿长到五六岁光景，她妈妈便教她法语。对小姑娘的咿咿呀呀之声，我起初

并不在意，认为那不过是闹着玩而已。我知道很多人教小孩学外语都比较失败，英语教授的孩子英语不及格的也不乏其人。我在大学里就目睹过这样的情况：父母属异国婚姻，父亲一方是外籍人士，其子女的外语教育也未必能成功，唯有母亲是外籍人士才有望稳操胜券，因为母亲说的外语其实是“母语”嘛。而我和妻子都是地地道道的中国人，成年后才开始学习法语，严格说来，是“未到家”的，从学术的角度来说，那就是始终达不到目标语水平。曾有好心同事相劝，让孩子顺其自然吧，别去做那无用之功。

但从旁观察妻子教女儿简单法语一段时间之后，我发现女儿模仿得像模像样，于是改变初衷，决心协助妻子教下去。那时女儿尚在幼儿园阶段，虽然模仿力强，可塑性大，但也很容易养成不良习惯。我记得有人向我提起我国著名音乐家马思聪的故事。马思聪曾经收徒教授小提琴，对求学者他往往先询问其学过没有。如果对方回答已经学过，他便谢绝不教，只有对方从未摸过小提琴，他才愿意接纳，因为他认为矫正习惯远比从头传授要困难。这让我想到，如果让女儿学我们夫妇俩的语音语调，那么即便教得再好，也势必令她养成中式腔调。怎么办？只有让女儿直接模仿法国人的标准语音这个办法了。那时我们家还没有卡式录音机，于是我们千方百计想办法购置。当时广州市面缺货，辗转托人才从湛江购得一台，大概花了300多元钱。这对我们来说几乎是“倾家荡产”的数目，因为我那时的月工资才61.5元。

“工具”有了，便开始实施教学。我们选取的教材是法国原版书*Le français élémentaire*（《基础法语》）。该书以图注释，不带中文，这也意味着我们采用的是直接法而非翻译法。学完《基础法语》，我们就用*Langue et civilisation françaises*（《法国语言与文化》）作教材，同样是原版书，所附的也是法国人的录音。除教材外，我们还辅以大量法语童话故事和儿歌。我当时有机会到法国工作，自己可支配的少量零用钱什么大件都不买，就买学习用品：录音机、录音带、儿童歌曲和小故事的唱碟，等等。我们的施教从幼儿园大班直至高中毕业都没有中断过。每天晚上，女儿临睡前，就给她放录音，她听着听着入睡了，我们才去关机。再大一点，她便会自行选择有趣的材料去听，睡着以后由我们关机。我发现，她并不以此为苦，反以此为乐，不时能大段大段地复述播放的故事或哼唱听过的儿歌。有一回，我闪过一个念头：考核一下她会唱多少首法语歌。于是我打开录音机，她唱一首我录一首，不重复，分几次录完，最后的统计结果是100首以上。很可惜，那些录音带无法保存到今天，不然再放出来听一下也是挺有趣的。

女儿到了小学高年级，在学校里开始学英语。有人劝说，停止法语学习吧，两种外语一起学会搞混的。但我细心观察后并未发现有混淆的情况，也未见她的英语成绩受影响。相反，她后来还常常得到中学英语老师的表扬。我猜想，儿童语言学习的潜力是巨大的，就看我们善不善于开发。本来全家已习惯吃饭时开着录音机听听法语歌曲，可那时适逢电视台播放On we go、Follow me等英语学习节目，我就让女儿也来看看。这引起了妻子的反对，说孩子受得了吗？我说，随便看看、听听，像游戏那样，不做要求，就像做事情时放背景音乐似的，不会增加什么负担。果然，女儿对这类节目看得津津有味。

就这样，两门外语齐头并进，法语家教，英语校教。虽然两种语言的发音、语法都差别极大，但其中不少词汇相同或相近。人们往往看到彼此互相干扰的一面，却忽视了共同词汇的存在实际上可以减轻记忆负担的另一面。欧洲人为什么能轻而易举就掌握几种语言？就是由于地缘接近、语言共同点较多之故。

高中毕业后，迅余便被保送至北京外国语学院（即今天的北京外国语大学）法语系学习，进的是附中班。大学一年级期末，迅余来信说，老师想让她跳过二年级直升三年级，进的还是附中班。就这样，迅余在北外读了三年便毕业了。

若干年后，迅余报名参加联合国招聘同声传译员的考试。一天，她接到考试局电邮，向她表示祝贺，说她参加初试获得通过，请她准备面试。迅余纳闷："我是哪个考试通过了呢?"原来联合国英语同传与法语同传同时招考，迅余两种都报考了。于是她赶忙去信问个究竟。不久，复函来了，上面写着："恭贺您，您两样都考取了。"联合国那年在全球范围招了10名同声传译，据说光中国大陆报名的就有近2,000人之多，绝大部分是以英语为外语的，法语的占少数。在被录取的人员中，只有一名第一外语为法语，就是迅余，其余均为英语，而迅余却身兼二者。听说考试局原先没有料想到是这种情况，还以为报到的人缺了一名呢。如今迅余已在日内瓦联合国总部欧洲分部任职，是P4级译员，目前主要使用英语。

通过观察我女儿的成长经历，我得出这么一个结论：外语同传人才的培养最好尽可能做到低龄化、浸泡式。不过，由于当时环境所限，她的这种浸泡只能算硬浸泡，如今我外孙女的情况才称得上是自然浸泡，因为她就在日内瓦的法语环境中生活、学习。她所不能忽视的倒是母语的提高。至于她长大后会从事什么工作，则另作别论。

四、顺应时代新发展，运用好语言资源

我十分赞同“语言是资源”的观点。这个资源与自然资源不同，它不仅用之不竭，而且越用越充实丰满，再生能力极强。但如果不善于运用，也会造成资源浪费或人才消耗。因此我建议：以开放的姿态、多元化的手段，培养在不同领域利用和开发语言资源的人士。而目前我们亟须摆脱的，是工业文明时代所形成的思维定式。

工业文明的特点是批量化、规格化大生产，体现在人才培养上就是群体化、集中化、同步化的“产出”。这种“产出”方式的好处是规模大、收效快。但这样的培养方式往往忽视个体特点，常常会埋没能对社会起重大作用的“鬼才”或“偏才”，而且往往培养出大量用非所学的人才，造成极大的资源浪费。

2015年，黄建华获南粤楷模奖

现在我们正迈进信息文明的时代。庞大的、群体化的工厂式生产将逐渐由人工智能指挥的新型、灵活、多样化的生产所替代。人们将来的许多工作只需在办公室，甚至在家里就能够完成，而不必非到现场完成。为迎接信息时代的到来，我主张语言应用和教育领域在原有基础上厉行革新。对此我有几点建议：

（一）母语（汉语/中文）教育应占首要地位，不能因强调外语（尤其是英语）学习的重要性而放松对母语的要求。母语学不好的人，外语也走不

远。我在教科文组织担任译审期间，发现中文不好的人尽管法语理解力不差，但译出来的文稿却令人不忍卒读，很难修改。我宁愿修改那些对法语理解有个别错误但中文通畅的译文。就我所知，目前很多在校硕士生和博士生中文写作都不太过关，写出来的中文倒像"外语"。我甚至主张，母语水平太差的人，可以免修或缓修外语。

（二）对于校园内的语言教学设置，如所学语种、授课方式、学制长短、毕业要求等应视受教者的实际情况和国家未来需要而定，高度灵活。目前英语在外语教育中占主体，按照实际应用情况，固然无可厚非，但应同时重视其他外语的教育，尤其是"一带一路"沿线国家和地区的语言，以便于全方位的国际交流。

（三）大力发展校园外的语言教学。面授、函授、刊授、电台授、电视授、微信授等均无不可。例如，远程教育，双向交流，学生可以提问题、交作业、参加考试、取得学分，只要按严格的考核标准达到要求，便可获得与正规学历具有同等效力的证书。

（四）职称评定、研究生入学考试等，对外语的要求应视专业而定，不立"一刀切"的刻板标准。例如，外贸与外事类的，外语要达到听、说、读、写、译五会，一点也不能含糊。但如果是从事中医药或考古研究的，"哑巴英语"或不懂外语，也不应完全加以排斥。

（五）对以语言为专业的，则应高标准、严要求。例如，同传译员的培养应提倡低龄化"浸泡式"教育，使孩子们所习得的语言接近乃至达到双母语的水平。如果未来是做笔译员，则母语文字水平一定要高，低劣者须大力补课，补课无效者，无论其外语水平如何，都应予以淘汰。

（六）语和文的关系密切，但不可混为一谈。操流利普通话者，未必能执笔为文；反之，大作家也可能是个蹩脚的口头表达者。我曾接触过一名享有盛誉的法国汉学家，他的汉语几乎开不了口，可是他对中国历史文献的了解却十分熟稔，其阅读、理解水平远远超出一般的中国人。语和文能全面发展固然是好事，但容许缺陷才能鼓励、成就某方面的有用之才，使语言资源得到最广泛的应用。

（七）重视受双语、三语、一文、二文熏陶的孩子。由于迁徙、定居、频繁来往，目前会多语的儿童日益增多。在广东，同时操广州话（或曰粤语）、潮州话、普通话的孩子有不少。要知道，这三种话并不互通，如果用拼音文字写下来，就相当于欧洲的三种语言。幸亏汉语“书同文”的特点，使我们依靠书写可以彼此顺利沟通。这种会三语一文，日后还加上外语的孩子，可以视作“丰富语言资源”的拥有者。我国外交部就曾挑选懂“粤语”的英语毕业生，派往相关使领馆，以便在以“粤语”为母语的侨民或外籍华人中开展工作。

（八）译入（外语译成母语）应优于译出（母语译成外语）。联合国对译员的要求是，若非特殊情况，一般不安排译出。因为受先天条件所限，一般人很难做到外语比母语强。勉强译出的话，可能每句话的意思都对，但味儿却不对。就我所知，目前有些外译作品花了大笔经费，译者也下了很大功夫，但并不为外国读者所接受，只达到“自娱自乐”的目的。当然，为使世界更好地了解中国，优秀的中文作品是非常有必要译出的，但翻译时一定要寻求高水准的母语者的协助，务求使译文达到理想的效果。

（九）我们已进入互联网时代，语言资源的“数字化”已经提上日程。为此，应大力培养这方面的开发人才。先进的语言理论（包括辞书理论）与前沿的智能技术若能联姻，定能使我们的外语教育事业高速腾飞。我们要及时发现和发掘这个领域的创新人才，并在制度和政策上给予有效的支持。

（十）给予语文工具书籍编纂者应有的重视，因为他们是语言资源的收集者、鉴别者、整理者和传播者。目前的状况令人忧虑，因为在“唯论文为高”的气氛影响下，很多人都热衷于“短平快”的工作，耐得住寂寞、甘愿为字斟句酌长期坐冷板凳的人日渐稀少，尤其留不住年轻人。无论将来融媒体如何助力语文工具的腾飞，字斟句酌的基础功夫始终不可或缺。不管人工智能发展到何等程度，都不能完全离开人这个总指挥和强大后盾。

以上十点浅见，我归纳为精心管理、系统开发、规避浪费数言，聊供我国语言资源领域的决策机构或高层决策者参考。新中国语言教育特别是外语教育经历了70年的发展，已走到新的起点，相信未来的成就一定会更加辉煌！

服务国家战略　培养高端人才
推动外语教育发展

戴炜栋

戴炜栋，上海外国语大学英语教授、博士生导师，教育部社科委员会学部委员暨语言文学学部召集人，人事部全国博士后科研流动站外语学科评议组召集人，国家社科基金评委，中国翻译家协会副会长，上海市文联副主席。1997—2013年任教育部高等学校外语专业教学指导委员会主任委员，1997—2008年任国务院学位委员会外语学科评议组召集人。曾任上海外国语大学校长、党委书记。

2019年是新中国70华诞，所谓知史以明鉴，查古以知今，有必要追溯我国外语教育的发展历程，回顾成就并展望未来。作为深耕教书育人一线的老教师，多年来我参与并见证了上海外国语大学的教育改革发展进程，承担了教育部高等学校外语专业教学指导委员会（以下简称外指委）的相关工作，对国家战略如何影响我国外语教育、人才培养有比较深刻的认识和感悟，对新时代我国外语教育的内涵式发展也有一定思考。下面进行扼要梳理，希望对进一步推动我国外语教育发展有启示意义。

一、外语教育服务国家战略

外语教育一直与国家战略密切融合，服务于国家经济、文化、外事、外交等发展需求。无论是外语学科布局、语种分布，还是人才培养、科学研究，以及社会服务、国际合作等，均对接国家战略，呈现动态发展趋势。这从外语教育的发展阶段可见一斑。

我认为基于时间跨度、发展特点等因素，新中国外语教育70年的发展可大致分为五个阶段，即新中国成立初期到“文化大革命”前（1949—1965年）、“文化大革命”至党的十一届三中全会召开前（1966—1977年）、党的十一届三中全会至20世纪末（1978—1999年）、进入21世纪以来至党的十八大召开前（2000—2011年）、新时代（2012年至今）。从语言文学到语言学、文学、翻译，到外国文学、外国语言学及应用语言学、翻译学、比较文学与跨文化研究、国别与区域研究五大学科方向，从最初的41种到现在的近100种外语专业，从主要翻译国外著述到中华学术精品外译，从强调国际前沿理论的推介到具有中国特色原创性理论的挖掘凝练，从单一语言技能人才到复语复合型人才，再到“多语种+”卓越国际化人才、“一精多会、一专多能”人才等目标，均体现出外语教育与国家战略紧密相关。

为了做好外语教育服务于国家战略的工作，外指委等教育部专家咨询机构发挥了重要作用。外指委的前身是教育部高等学校外语专业教材编审委员会，1992年改为外指委。第一届外指委主任委员为胡文仲教授，我当时是副主任委员兼英语组组长。后来第二届、第三届和第四届外指委均由我担任主任委员。多年来，外指委对外语教育做了大量专业指导性工作。20世纪80年代初期制定了《高等学校英语专业基础阶段英语课程教学大纲》《高等学校英语专业高年级英语教学大纲》，20世纪90年代对其进行修订。同时组织了英语专业四、八级教学测试，并将测试逐步推广到日语、法语、德语等通用语种。此外，面向国家的西部大开发、加入WTO等战略，外指委设立专项，鼓励相关高校进行理论探索和教学改革。面向国家对非通用语种人才的需

1997年，戴炜栋（前排左七）参加外指委英语组研讨会

求，外指委为非通用语种教师争取到每人每月发100元，各院校相应配套100元的补贴政策，有效地提高了非通用语种教师的获得感。针对外语教学“大中小学一条龙”问题，1998年教育部召开了全国外语教学一条龙第一届会议。此后，在上海外国语大学召开了第二届会议，并展开了一系列教学研究工作，以促进大中小学外语教育的整体发展。2008年“改革开放30年中国外语教育发展丛书”出版，该丛书由中共中央政治局常委、国务院副总理李岚清作序，全面总结了改革开放30年来我国高校外语专业、大学外语、高职高专外语、基础外语教育等发展历程。2009年“新中国成立60周年外语教育发展研究丛书”出版，我和胡文仲教授担任主编，梳理了外语教育发展进程、发展战略、教学理论、语言学、翻译研究等不同领域。书中大量的资料和史实是外语教育服务于国家战略的充分佐证。

二、人才培养服务时代需求

高等教育的重要任务之一是培养专门人才，而我国高校的外语教育一直顺应时代发展的不同需求，坚持培养国家、社会急需的高端人才。

国家与社会对人才的需求具有一定的阶段性和动态性。譬如，1970年到1972年，我国与30多个国家建交、恢复建交或者发展友好关系，恢复联合国合法席位，且联合发表《中美联合公报》。外交事业的发展需要培养更多高素质的外事人才。毛泽东主席1971年10月和11月就外事干部培养做出重要指示，强调外事干部学习外语的重要性，并指示学校扩大英、法、俄、日、德、西班牙和阿拉伯语这七个语种的容量，各高校采取储备和培养相结合的办法培养外语专业人才。1978年召开的全国外语教育座谈会指出，为了实现四个现代化，加强我国与世界各国人民的友好往来，迫切需要加强外语教育，培养又红又专的外语人才。此后大中小学外语教学改革都相应地围绕这一目标进行。

随着改革开放的稳步发展，国家与社会对外语人才的需求呈现多元化趋势。《关于外语专业面向21世纪本科教育改革的若干意见》（1998年）在广泛调研的基础上，明确指出21世纪的外语人才应该具备扎实的基本功、宽广的知识面、一定的专业知识、较强的能力和较好的素质。《高等学校英语专业英语教学大纲》(2000年)在充分调研论证的基础上，提出培养从事翻译、教学、管理、研究等工作的复合型英语人才这一目标，强调了复合型理念。《大学英语课程教学要求》(2007年)则针对非英语专业学生，提出教学目标是培养学生的英语综合应用能力，特别是听说能力，增强其自主学习能力，提高综合文化素养，以适应我国社会发展和国际交流的需要。进入新时代以来，随着“一带一路”倡议、人类命运共同体、“双一流”等建设的推进，高等教育强调坚持立德树人，培养德智体美劳全面发展的社会主义建设者和接班人。2018年教育部颁布的《外国语言文学类教学质量国家标准》《普通高中英语课程标准(2017年版)》等进一步明确了外语人才和课程目标，而此后进行的“建金专、建金课、建高地”等建设任务也提出新要求。目前各高校外语学科围绕这些任务进行的战略语种拓展、课程体系建设，思政课、慕课、线上线下混合式教学等改革，都有助于培养符合新时代需求的外语人才。

鉴于人才的培养质量涉及基础教育和高等教育等不同阶段，无论是教学理念、教学策略、教学资源，还是教学模式、评估方式等均需考虑不同学段的衔接与系统性。早在20世纪90年代参编上海市小学、中学以及全国高职高专、英语专业教材等工作时，我就深刻体会到外语教学要有“一条龙”体系，以优化课程体系，丰富教学资源，提高人才培养质量。后来我的一个国家社科项目也是以此为论题的。2001年，我在北外召开的中国英语教学国际研讨会上提出外语教育“一条龙”的具体理念，基于这次发言的论文于2001年发表在《外语教学与研究》上。该文从语言和语言教学的本质、课程设置、教学大纲、教材编写、教学方法和师资培训等方面提出建构英语教学“一条龙”的具体建议。这一建议对于我们今天培养国家需要的专门人才仍有借鉴价值。从一定意义上来看，为谁培养人、培养什么人、如何培养人等问题贯穿人才培养的全过程，人才培养目标、培养规格、培养模式等问题不仅要从纵向的学段、时间跨度来看，还要从横向的宏观因素、中观因素、微观因素进行分析，才能保障人才培养质量。

三、上外探索人才培养创新

上外于1949年建校，与新中国同龄。70年筚路蓝缕，学校从拥有单一文学门类的外国语学院逐步发展成为文、教、经、管、法多科并存的外国语大学。作为1958年入校读书、1962年留校工作的老上外人，我亲历了上外的发展历程，深刻体会到学校一直坚持“格高志远、学贯中外”的校训精神，创新改革，锐意进取。在学校从注重培养传统语言技能人才到打造复合型人才、国际化人才的进程中，一些理念与举措值得一提。

一是20世纪80年代的复合型人才培养改革。随着改革开放的发展，传统单一的外语教师、翻译等人才培养模式已不能适应国家需要。1983年，上外开始试点培养复合型和复语型人才。学校开设一些应用文科的专业，包括经济、法律、法学、新闻学等，要求以上专业的学生兼修语言专业。同时采取英语专业学生辅修经济、法律、对外汉语、新闻传播等专业，非英语专业的语言类学生试点双语专业等举措。该模式受到学生、家长和用人单位的认可，并在外语类院校得到推介。

二是新生收费制度改革。20世纪90年代，上外作为单一外语类学院，办学经费比较紧张。在教育部的支持下，上外在1993年与清华大学、东华大学一起率先试行新生收费制度改革。因为当时所有高等教育都是免学费，2,400元的学费对于普通家庭而言又是很大的一笔支出，所以学校面临较大压力，既担心影响生源，又担心影响学校声誉。为了解决这一问题，我们配套了奖学金、贷学金、助学金等制度，同时到电视台、电台去宣传，说明收费改革后，教学质量会更高。事实证明收费改革制度很成功，生源质量并未下降。1997年，高校实行全面收费制度。

三是上海外语口译资格证书考试项目。该项目于1995年6月开考，每年两次。上外负责上海市紧缺人才岗位资格培训项目，旨在借助培训考试，培养一批能胜任各类涉外谈判、文化交流、高层次会晤研讨以及国际会议的外语口语和翻译人才，并为广大外语学习者提供终身教育机会，提高其口语和口译水平。自开考以来，来自国内外各地的参考人数累计近150万，产生了良好的社会影响力。作为该项目的顾问、试卷审读专家以及相应培训教材的总主编，我深刻体会到对外语类院校而言，对接国家和区域需求，培养紧缺外语人才至关重要。

四是“多语种+”卓越国际化人才培养的理论与实践探索。进入新时代以来，上外进一步提出“诠释世界、成就未来”的办学理念，坚持“服务国家发展、服务人的全面成长、服务社会进步、服务中外人文交流”为办学使命，以培养“会语言、通国家、精领域”的“多语种+”卓越国际化人才为目标，致力于建成国别区域全球知识领域特色鲜明的世界一流外国语大学。其中“会语言、通国家、精领域”引发了教学理念、课程体系、教学模式、评估方式等相应变革，学校稳步建构专业集群，建设国际化慕课，推行完全学分制和全员聘用制、教学质量监控等制度，推出智慧校园和智慧空间，打造卓越学院、人才培养实验班等，相关成果于2018年获国家教学成果二等奖。

2004年3月，戴炜栋参加首届中国外语教学法国际研讨会专家代表会谈

需要注意的是，任何创新改革均需要政策制度、硬件设施的支持和保障，在一定意义上，“985工程”“211工程”“双一流”建设等均为高校带来发展机遇。1993年，时任上海市领导的徐匡迪、陈至立到上外来视察，同意将我校作为第一批教育部和上海市委市政府共建的学校。在上海市的支持下，上外建设了虹口校区1号教学楼，改善了办学条件。1996年学校申报“211工程”建设学校并顺利通过预审。入选“211工程”后，上外在教育部和上海市的支持下，不断优化办学环境。2000年至2003年，陆续完成松江校区的建设，为2017年学校成功入选一流学科建设单位夯实了基础。“211工程”“双一流”建设等为学校的科研、人才培养等提供了经费、政策等大力支持，推动了学校的全面发展。

四、新时代外语教育内涵式发展

2012年进入新时代以来，我国高等教育的内涵式发展已经成为重要任务。在2018年全国教育大会上，习近平总书记明确提出要坚持立德树人，培养德智体美劳全面发展的社会主义建设者和接班人。此后教育部出台《关于加快建设高水平本科教育全面提高人才培养能力的意见》等文件，实施“六卓越一拔尖”计划2.0、一流本科专业建设“双万计划”等，以贯彻落实全国教育大会精神。就外语教育而言，我曾经在《70年外语教育：回顾与展望》一文中提出培养卓越国际化人才、推动学科交叉原创性研究、营造教学相长生态环境、推动人工智能+外语教育发展等建议。现在结合国家需求与外语学科特色，提出以下发展建议。

第一，对接国家战略，实现特色发展。如前所述，外语教育服务于国家战略需求。外语学科在“一带一路”“文化走出去”“人类命运共同体”等建设中发挥着重要作用，无论是中外文明交流互鉴，优秀中华文化与原创成果的国际传播，还是国别区域研究、全球治理人才培养，均需要外语学科做出积极贡献。目前为培养“一精多会、一专多能”的国际化复合型人才，22所院校正在试点公共外语改革。外语教育的重要性可见一斑。但当前仍面临不同学校外语学科存在同质化现象、人才培养存在低水平重复等问题，各高校有必要结合自身办学传统特色，明确发展定位，探索多元人才培养、特色学术研究与社会服务、文化传承创新等问题。同时可综合考虑是否服务国家和地区重大战略需求，是否发挥智库作用，是否弘扬传播优秀中华文化等维度。

第二，坚持立德树人，建设质量文化。就外语教育而言，在新时代背景下，有必要坚持立德树人，培养国家和社会需要的卓越国际化人才。卓越国际化人才不仅要有丰富的专业知识、扎实的人文素养和跨文化沟通能力，还要有家国情怀、全球视野。教育部高教司吴岩司长2019年6月在高等学校专业设置与教学指导委员会第一次全体会议上的讲话中提出“中国高等教育发展的三部曲”，即在21世纪前30年，从树立高等教育的“质量意识”走向“质量革命”，最后达到“质量中国”。我认为建设质量文化一方面要强调对标对表。2018年教育部颁发了《外国语言文学类教学质量国家标准》和《普通高中英语课程标准（2017年版）》等文件，有必要围绕国标、专业认证体系等指标，加强思政课程和课程思政建设，丰富各类教学资源，培养高端专门人才。另一方面要注重多元需求。针对不同人才培养目标，凸显个性化教育理念，不仅要进行高等外语教育、基础外语教育课程体系、培养模式、教学评估的改革创新，而且要进一步完善大中小学、本硕博一体化人才培养体系。

第三，运用信息技术，促进共建共享。随着人工智能的发展，大数据、云平台、流媒体、智慧空间等与教育密切融合。慕课、翻转课堂、自主学习平台、SPOC（Small Private Online Course，小规模在线课程）、各类学习App等迅速发展，有力地推动了优质教育资源的共建共享。2018年教育部发布《教育信息化2.0行动计划》，强调要积极发展"互联网+教育"，全力推动信息技术与教育教学深度融合，鼓励教师利用信息技术提升教学水平、创新教学模式，利用翻转课堂、混合式教学等多种方式用好优质数字资源。2019年中国慕课大会召开且发表了《中国慕课行动宣言》，提出要充分发挥"互联网+"的作用，用优质慕课资源补齐区域和校际人才培养质量差异短板，进一步融合人工智能、虚拟现实等技术，创新慕课学习内容、模式和方法等。由此可见，有必要促进信息技术与外语教育的融合，探索移动互联网下的外语教育教学规律，不仅要打造智慧教室、智慧校园，还要建设智慧空间、智慧平台，以促进智慧教学和优质资源共享，推动外语教育全面发展。

第四，立足本土需求，树立国际视野。无论是人才培养、科学研究还是社会服务、文化传承创新，均需立足本土需求，强调家国情怀，同时树立国际视野，提高国际声誉和影响力。我认为，外语一流学科建设与外语教育发展在对接国际前沿领域的同时，一定要挖掘打造自身特色，实现全球本土化（glocalization）。具体而言，在人才培养方面，要探索中国学习者的外语学习规律，建构具有中国特色、符合中国学习者需要的教育教学模式。在科学研究方面，要注重解决本土问题，挖掘本土理论，推动学科交叉和跨学科研究，加强中国学术的国际表达。在社会服务方面，要在资政咨商、启民育人、提升国家外语能力方面发挥作用。在文化传承创新方面，要在弘扬中华优秀文化的同时，讲好中国故事，推动中外文明互鉴。

2019年，我已近耄耋之年。作为奋斗在外语教育一线的老外语人，抚今追昔，不胜感慨。70年来，外语教育为我国的政治经济文化发展做出了重要贡献。相信在新时代背景下，在业内各位同仁的努力下，外语教育将会有更大发展，为民族复兴、国家富强做出更大贡献。

新中国外语专业教育70年的思考

修　刚

修刚，教授、博士生导师，1999—2017年任天津外国语大学校长。教育部高等学校外国语言文学类专业教学指导委员会副主任委员、日语分委员会主任委员，中国翻译协会副会长。研究方向为翻译研究、日语教育。主持国家社科项目1项、国家重点出版项目1项。主编《当代外国术语学研究》《中国日语教育概览》等16部学术著作，发表论文30余篇。获国家级教学成果二等奖1项。国家级教学团队负责人，国家级精品课程负责人。

2019年10月，我们将迎来新中国成立70周年。70年来，特别是改革开放40多年来，中国高等学校外语专业教育取得了突飞猛进的发展，在我国经济发展与社会进步，特别是改革开放浪潮中发挥了不可替代的作用。随着中国经济社会进入新时代，我们要重新思考外语专业教育的定位与人才培养的特色，使外语专业教育成为我国高等教育发展的常青树，为我国的国家建设和社会发展做出新贡献。

一、新中国成立以来国家战略发展对中国外语专业教育的影响

中国的外语专业教育起于何时尚无定论。一般说来，有两件事情可视为标志：一是1382年刊行，经明清两代朝廷延续编写的词典《华夷译语》，并以此为基础开展翻译人才培养；二是1862年开办京师同文馆，开始了外语人才、翻译人才的培养。前者是以蒙语和周边国家语言为主，后者则主要是以英语、德语、

法语、俄语等西方语言为主。因西方语言教学开端在京师同文馆，所以多数学者把京师同文馆的开设作为中国外语教学的起点。《华夷译语》的编纂来自国家（朝廷）的指令，明清两代延续，担任编写和人才培养的机构由“四夷馆”发展为“四译馆”，历史之长，语种之多，都起到了外语专业教育作用。从当今外语教学的语种和范围来看，视《华夷译语》为中国外语专业教育的肇始并不为过。

如此看来，外语专业教育历来与国家利益、国家战略紧密相关。它既是各国获得国家利益的重要手段，也是弘扬国威、传播文化的重要软实力。新中国成立后的高等学校外语专业教育，正是在国家政策与国家利益的影响下发展壮大起来的。

胡文仲先生在回顾新中国外语教育的成就与缺失时，曾把中国的外语专业教学分成三个阶段：1949—1965年、1966—1977年、1978年之后[1]。无论哪一阶段，外语专业教育都是紧密围绕国家需求，在国家政策影响下发展起来的。

第一阶段是1949—1965年。1949年新中国成立之初，我国处于社会主义国家阵营，百废待兴。为维护与以苏联为首的社会主义国家的联系、发展经济、保卫国家政权和国土安全，我国全面压缩英语教育，大力推行俄语教育，培养俄语人才。1949—1951年短短两年间，全国设立俄语系、科的大学就从13所增长到34所，国家还成立了规模较大的俄文专门学校7所。[2]

至20世纪50年代末，我国与苏联在中国建设社会主义和国际共产主义运动问题上出现严重分歧，面临着新的发展与国家安全的课题。因此，我国根据自身国家利益及时调整了与西方国家的关系，与西方国家以及亚非拉第三世界国家建立了更多的外交关系。1964年中共中央、国务院制定《外语教育七年规划纲要》，并建立了北京第二外国语学院、秦皇岛外国语专科学校（天津外国语大学前身）、大连日语专科学校（大连外国语大学前身）、广州外国语学院（广东外语外贸大学前身）等一批外国语院校。

第二阶段是“文革”时期。由于“文革”，《外语教育七年规划纲要》并未真正得到贯彻实施。尽管受到诸多干扰与冲击，如“工农兵学员”的保送

---

[1][2]胡文仲．新中国六十年外语教育的成就与缺失[J]．外语教学与研究，2009（4）．

方式、外语教育时间和质量得不到充分保障等，高校外语专业教育在特定历史时期依然起到了重要作用，为我国当时的外交、外事、外贸等领域培养了相当数量的人才。

第三阶段是1978年至今。高校外语专业教育的春天是从恢复高考后开始的。在改革开放之初，随着党和国家工作重心转移到以经济建设为中心上，外语专业教学也相应地受到高度重视。教育部于1978年8月至9月在北京召开全国外语教育座谈会，总结了新中国成立以来外语教育的经验教训，并提出了《加强外语教育的几点意见》。1978年，在青岛成立了全国高校外语专业教材编审委员会，1992年在编审委员会的基础上，首届高校外语教学指导委员会在上海成立，后更名为外国语言文学类教学指导委员会，并延续至今。[1]在外指委的领导下，开展了英语专业四、八级考试，编写了教学大纲等。英语专业还拓展了专业，增加了翻译、商务英语等专业。党和国家一系列外语教育政策的制定与实施，有力地促进了我国经济建设和发展，提升了国家的“软实力”。

国家还千方百计地在高校外语专业生源保证方面下功夫，制定的传统外语学校的保送生制度一直延续至今。例如，在坚持高考制度的同时，长春外国语学校、天津外国语学校、上海外国语学校、武汉外国语学校等一批传统外语学校就为高等外语教育保送了大量的优秀生源。教育部也每年发布相关信息，落实政策，坚持把传统外语学校部分优秀毕业生保送到外语院校和著名高校的外语专业。尽管保送名额在逐年减少，但是至今仍然有31所著名高校有权招收来自传统外语学校的保送生。

外语教育的另一个政策支持来自国家在全球建立的孔子学院。2004年，孔子学院的建设掀起了中国文化“走出去”的高潮。截至2018年12月，全球已有154个国家（地区）设立了548所孔子学院，其中“一带一路”沿线有53个国家设立了140所。孔子学院的建设与发展成为在全球范围内传播中国声音的重要窗口。孔子学院的建设促进了外语专业教育的发展，尤其是“一带

[1]戴炜栋，等. 中国外语教育改革40周年专家谈[J]. 当代外语研究，2018（4）.

一路”沿线国家的外语需求，为外语专业教学特别是小语种教学提供了发展契机。诸多孔子学院是由北外、上外、天外、大外等外语专业院校支持建立的。

进入21世纪，在经济全球化速度加快、科学技术日新月异及文化、经济、政治相互交融程度不断加深的形势下，党和国家在经济建设、国际交流等诸多领域进行了政策调整。如党的十八大以来，党和国家把传播中国声音作为提高国家核心竞争力的举措之一，提出了“一带一路”倡议。这些新政策、新国策的提出为外语专业教育的发展提出了新的任务和发展路径。外语专业教育自觉把对外宣传的传播路径与形式、中国对外宣传的话语体系、发展“一带一路”沿线语种等作为专业发展的重要领域。例如教育部设立了区域与国别研究项目，各高校也以相关语种为基础建立了一大批区域与国别研究中心的智库。

新中国成立70年来，在中国的经济与社会发展中，党和国家从国家利益高度出发，发布了诸多推动外语专业教育的相关政策与法规，完善了我国外语专业教育体系，提出了外语专业建设的路径，促进了外语专业教育的长足发展。国家的建设发展与形势需求是我国外语专业教育发展的保证与动力。

二、外语专业教育领域为实施国家发展战略、培养国家人才所做的探索与努力

新中国成立以来，我国外语专业教育服务国家战略，服务国家发展，服务改革开放，培养了大量人才，做出了重要贡献。

第一，培养外交、外事、外贸人才。新中国成立以来，外交、外事、外贸是我国彰显国力、深化改革开放的重要领域，而活跃在这些领域的人才大都来自外语专业院校或有外语专业教育的高校。在外交战线上，我国的驻外大使、使节、使馆工作人员及各省级乃至地市县的外事办公室工作人员等主要是外语专业的毕业生。北京外国语大学有关人士曾自豪地说：凡是有五星红旗飘扬的地方就有北外的毕业生。这足以说明外语专业教育在培养外交人才方面的重要作用。同时，外贸领域的人才也大多来自各校外语专业培养的学生，外贸战线也成为外语教育人才施展才能的场所，如亚投行行长金立群

就是北外英语系的毕业生。新中国成立70年来，外语专业教育培养了大量外交、外事人才，有力地支撑了我国的对外开放大业。

第二，培养翻译人才。我国翻译事业一直是弘扬中国文化、吸收先进外来文化的常青树。从早期的文学翻译到科技翻译，再到重要文献翻译，外语院校或外语专业毕业生一直是主力军。近年来，来自海外留学和技术、科研战线的专业翻译队伍虽在增加，但来自外语专业教育培养的人数依然占主导地位，特别是在传播中国声音的大潮中，我国的外语专业教育发挥了巨大作用。中国外文局原副局长黄友义曾指出："40年前，中国在国际上的声音非常微弱。现在，中国需要向世界传播自己，世界需要倾听中国的声音。作为世界经济大国，中国面临着对外讲好中国故事、传播中国理念、赢得国际社会理解的急迫任务。构建中国国际话语体系的任务摆在了中国面前，更摆在了广大翻译工作者面前。"[1]翻译事业的重要性已无须多言，外语专业人才培养对于翻译事业的贡献也不言自明。最近十几年来，除传统的外语专业以外，还在英语专业基础上开设了本科翻译专业，而且各外语语种均开设了翻译专业硕士学位。翻译专业和翻译硕士的建立是发扬我国传统外语教育优势、结合外语教育特色和国家发展需要的结果。

第三，推动对外文化交流与对外文化传播。随着我国国际地位与综合国力的提升，对外文化交流的作用日益凸显。外语专业教育在教学与科研两方面为对外文化交流做出了巨大贡献。一方面，从教学角度，大量外语专业毕业生从事对外文化交流工作，他们凭借娴熟的外语与良好的素养，拓展交流层次，扩大交流范围，为构建中国话语体系、提升中国文化影响力做出了贡献。另一方面，外语专业教师积极参与国家对外话语体系构建，运用所学语种和国情知识，开展了大量高层次研究。

第四，开展国情研究。国情研究是外语专业领域的扩展项目。早在党的十八大之前，教育部就推出了区域与国别研究的项目，目的是为国家制定发展战略提供智库支持。首批30多所学校建立了区域与国别研究基地，区域与国别研究如今已经是外语学科拓展的新路径，承载着新的任务。

[1]黄友义．从翻译世界到翻译中国[N]．光明日报，2018-12-09.

第五，积极支持基础教育、职业教育与高等教育阶段外语教育的发展。例如，北外的外研社、上外的外教社出版了大量大、中、小学教材和成人自学的教材，并通过教师培训有力地支持了基础教育、职业教育与高等教育及全社会的外语教育。

外语专业教育在以上领域积极服务国家战略，在我国的对外交往、改革开放、中国文化“走出去”、建立中国话语体系等方面做出了不可磨灭的贡献。我国经济社会的快速发展和日新月异的巨大成就，离不开新中国成立以来高水平外语专业教育的特殊贡献。

三、天津外国语大学在外语教育与人才培养方面的理念与举措

我于1999年11月起任天津外国语学院院长，学院更名为外国语大学后任校长，直至2017年10月。在天外任校长的近18年间，我与张学海、朱丽萍、李虹、殷奇等四任党委书记和天外领导班子共同努力，在学校党委的领导下，在兄弟外国语大学的积极支持下，与全校师生共同奋斗，实现了学校的跨越式发展。

天外的发展可以看作我国外语专业教育发展的一个缩影。1964年，天津外国语大学的前身之一秦皇岛外国语专科学校与北京第二外国语学院、大连日语专科学校等在周恩来总理的亲切关怀下成立。1974年，改名为天津外国语学院，后经教育部批准更名为天津外国语大学。进入2000年后，天津外国语大学由近3,000名学生、校区占地150亩、专业7个，发展为本科、硕士、博

2011年，修刚在世界日语教育大会上做主旨发言

士生人数达万人，生源覆盖全国29个省、自治区、直辖市，校区近千亩，开设专业57个（外语语种专业32个）。目前，天外已形成一个外语语种相对齐全，文学、经济学、管理学、法学、教育学、艺术学、工学等多学科协同发展、特色鲜明的高等学校。天外拥有1个服务国家特殊需求的博士人才培养项目、7个硕士学位授权一级学科点、31个硕士学位授权二级学科点、6个硕士专业学位授权类别（涵盖21个授权方向）；拥有5个天津市重点学科、4个天津市特色学科群，其中外国语言文学学科是天津市一流学科，中国语言文学学科是天津市一流培育学科。作为这期间的校长，能亲眼见证天外紧紧围绕党和国家需求，服务国家战略和天津地方社会，我感到万分荣幸。回顾天外的发展，有几点理念与举措可以与外语界同仁分享。

第一，确立一个明确的校训，始终如一地坚持按校训办学育人。天外的校训是"中外求索、德业竞进"。这个校训既体现了外语类院校的特色，又始终坚持立德树人的教育理念。"中外求索"是指人才培养与科学研究既要扎根于中华民族本土，又要有广博的国际视野，求真理于世界，博文明于古今，永无止境，不断探索，在提高中国软实力和促进中外文化交流中发挥跨文化交际的桥梁作用。"求索"取自于屈原《离骚》"路漫漫其修远兮，吾将上下而求索"，体现了不断追求、探索的精神，通过分析比较达到融会贯通，以获取真知灼见。"德业竞进"是指办学与育人要做到"立德树人"，要求教师、学生德才兼备，又红又专，要有坚定的马克思主义信仰和社会主义信念，坚持弘扬和发扬民族精神，面对各种思想文化的相互激荡，自觉养成爱国主义情怀和高尚的道德情操。同时强调人格、学问并重，内外兼修，相互促进，以积极向上的开拓进取精神，将求知与修养结合起来，永葆生机与活力，厚德博学；追求品德高尚、专业精神、全面发展，为国家繁荣、世界和谐贡献力量。

天外校训产生于20世纪90年代、建校30年时，是在最大范围地征求师生、校友意见的基础上，由专门委员会决定的。作为校训制定的见证人之一，我深感来自师生、校友们的深邃思考与大力支持。天外校训体现的智慧和思考，始终是天外办学的精神支撑。

第二，始终服务于党和国家的战略。作为地方外国语大学，天外服务于地区的对外开放和经济社会发展是天经地义的事，但是作为一个高等院校，同样要始终牢记服务国家战略的历史使命。天外始终把服务国家战略作为办学的重要目标，具体体现在以下几个方面：

一是语种设置服务国家发展和“一带一路”建设。2000年年初，天外主要的外语有英、日、俄、德、法、西班牙语六个语种。随着中国与周边国家和对非、对欧合作的需求增长，天外先后增加了朝鲜语、斯瓦希里语、葡萄牙语、意大利语等语种。国家提出“一带一路”倡议后，天外克服各种困难，在短时期内增设了22个“一带一路”沿线国家语种，如马来语、印尼语、缅甸语、泰语、芬兰语、波兰语、捷克语、土耳其语、乌尔都语、希伯来语等。早期开设的斯瓦希里语、葡萄牙语等语种已进入知名专业行列，现在天外的外语语种仅次于北外和上外，是地方外语院校中开设数量最多的。

二是紧密结合国家战略，加大孔子学院、区域与国别研究基地建设步伐。天外在亚非拉等地较早建立了韩国顺天乡大学孔子学院、日本武藏野大学孔子学院、俄罗斯伏尔加格勒国立师范大学孔子学院、葡萄牙里斯本大学孔子学院、乌克兰国立语言大学孔子学院、非洲加蓬大学孔子学院等10所孔子学院，是地方高校中承办孔子学院较多的学校之一。学校还建有6个教育部区域与国别研究中心等，为服务国家战略尽绵薄之力。

三是积极参与中国对外话语体系建设。天外与中央编译局共同建立了中央对外文献翻译研究中心，与中央编译局、南开大学、对外经济贸易大学、全国科学技术名词审定委员会等单位共同建有天津市级协同创新中心——中央文献

2016年，天津外国语大学日本武藏野大学孔子学院揭牌仪式，前排左四为修刚

对外翻译与传播协同创新中心，与中央编译局共同建有中央编译局中央文献翻译研究基地。其中，中央文献外译研究博士项目是我国唯一以中央文献翻译成果为语料、探讨运用翻译理论评价开展学术研究的博士培养项目，目前已培养了8名中译英、中译日、中译俄中央文献外译研究博士生，参与承担国家社会科学重点项目两项、天津市社会科学重点委托项目6项、一般社科项目8项，是地方院校服务国家一流项目的典范。

第三，培养自主学习能力与跨文化交际能力强的特色人才。天外致力于培养具有天外特色的人才，早在2000年就明确提出培养具有自主学习能力和优秀跨文化交际能力的人才，在全国外语类院校中处于领先地位，受到各方的高度评价。南开大学原校长侯自新教授曾评价说，这个做法是把全国高等教育共同关心的自主学习能力的一般能力培养与外国语大学专业特色培养紧密结合。天外对两个能力培养的思考与尝试先后获得天津市教学成果一等奖和国家级教学成果二等奖。

第四，加强非外语专业与外语专业的融合。天外一直与兄弟外国语大学一道，致力于外语与专业的高度融合。天外的二级学院除英语学院、日语学院、欧语学院等外语院系外，还建立了国际商学院、国际传媒学院、国际关系学院等非外语院系。促进外语与非外语专业的融合，体现各自优势，是天外一直探索的重要课题。在办学过程中，天外努力使汉语国际教育、新闻学、国际经济与贸易、国际商务、法学、教育技术学、动画、数字媒体技术等23个非外语类专业与32个外语专业进行融合改造，以提高人才培养质量、适应市场人才需求。学校获批2个复合型人才培养天津市教育体制改革项目，其中求索荣誉学院获评天津市教育体制改革示范项目。

求索荣誉学院是天外本科阶段突出办学特色、实施因材施教、培养国际化拔尖人才的试点教学单位，于2011年成立运行。学院从外语成绩好的考生中招收学生，采用英语和日语两个语种为外语特色、金融和国际贸易等为专业特色的培养方式。学校为学院配备最优质的教学资源，还聘请来自“211工程”“985工程”院校的知名教授、专家，以及来自跨国公司的高管和资深业内人士为学生开展讲座和授课，外籍教师在师资中占有相当比例。复合型、国际化、重实践是求索荣誉学院的培养特色；提升学生的国际视野、自主学习能力和跨文化交际能力，使学生成长为能够熟练使用外语直接参与国际竞争的国际化复合型拔尖人才是求索荣誉学院的培养目标。学院还与企业界开展大量合作，采取在培养计划中加入职业素养课、企业实地课堂、实习与实践等多种形式，以提升学生的实践力、执行力和职业素养。求索荣誉学院的毕业生有更多获得推荐免试攻读硕士研究生的机会。除考研和出国深造外，学生毕业后可到政府相关部门、跨国公司、大型国企以及银行、保险、证券、信托等金融部门从事相关工作。

如前所说，天外在50多年的发展中，在继承外语专业教育优良传统的同时，为实施国家战略和地区发展培养了大量人才，开展了各类科学研究。天外的成长变化在一定程度上反映了中国外语教育的发展历程，是中国外语教育发展的一个缩影。

四、对新形势下高校外语教育改革的展望与建议

经历了新中国成立70年来的发展，中国外语专业教育又迎来新的时代。面向新时代，外语专业教育在继承光荣传统的同时，必须面对新时期国家对外语人才的需求，必须面对日益发展的人工智能等现代新技术的挑战，重新思考外语人才培养的目标定位，使外语专业教育始终与时代同行，为中国梦的实现做出贡献。面对新形势，针对高校外语专业教育改革要有新的思考，特提出以下三条建议：

第一，始终把国家和社会需求作为衡量外语专业教育发展的尺子。随着中国跨入新时代，外语人才需求发生了很大变化。传统的技能型外语学习与一般性外语人才培养已不能满足需求，外语专业教育需要针对“一带一路”倡议等国策，紧密结合形势，以及我国与其他国家的经贸、文化等方面的交流需求，开展新型外语教学，让世界更好地了解中国，并将此作为外语专业教育的重要任务。一流外国语大学应以扩大中国的世界影响力、促进国家经济发展、维护国家良好国防安全环境、实现国家整体利益为目标，科学合理地确定外语教育的定位。如前所说，新中国成立70年来，特别是改革开放40多年来，外语专业教育与国家命运紧密相连，做出了不可磨灭的贡献。但国际形势在变，国内需求在变，技术手段在变，生源构成在变，竞争形势

在变，外语专业教育不容不变。外语专业教育必须在继承传统的同时大胆求变，积极适应，走出与国家发展需求相适应的新路。

第二，积极探索新文科基础上的外语专业教育。随着全国教育大会的召开，新文科建设与发展已提上议事日程。教育部高等教育司司长吴岩曾就高等外语教育改革与发展做了题为《新使命、大格局、新文科、大外语》的讲话，提出了在新文科背景下的外语专业教学任务。在新文科背景下的外语专业教学要把学生的综合能力培养纳入外语教学，即将外语教学作为人文素养培养，作为立德树人全过程的重要一环。目前国外知名高等学校已经把综合能力的培养作为人才培养目标。斯坦福大学的人才培养要求是：掌握知识（专业与通识结合），磨炼能力（口头表达、写作、批判性阅读、美学与审美、科学分析创新能力），培养责任感（社会责任感，伦理道德，重视文化种族认同能力，团队协作，提倡包容慷慨，富有同情心），适应知识迁移，运用知识创新应对变化，提高挑战能力，把握机会等。麻省理工学院也把主动学习、探究式学习、项目学习、实践学习作为人才培养的重要指标，强调问题导向学习、自我学习、同伴团队等。外语专业教育只有实现上述全人教育功能，才能不断培养出社会需要的人才，完成大文科视角下的外语人才培养目标。外语教育是人文教育的重要一环，不能脱离大文科单独讲外语教育，一定要在大文科的基础上，在培养社会主义事业接班人的大视野下，思考外语专业的改革与发展。

第三，打破外语教学的同质化现象，实现外语专业特色人才培养的多样化。目前外语教学的同质化现象还普遍存在。2018年公布的《外国语言文学类教学质量国家标准》提出了“核心课程+”的理念。在核心课程的基础上学校可以根据学校特色、地区特色等自定专业特色，既支持学术型外语专业教育，也大力提倡应用型外语专业教育。

除此之外，运用AI等信息化教学手段、加强课程相互衔接等问题也很重要，但上述三条建议是关系高校外语教育改革能否成功的重要课题。

新中国的外语专业教育走过了70年的历程，期待外语专业教育能够直面挑战，紧跟飞速发展的形势，适应需求，积极应变，再创新辉煌。

优化学科　凸显特色
培养符合时代需要的高水平国际化人才*
——回顾北京外国语大学教育教学改革

韩　震

韩震，北京师范大学学术委员会主任、教授、博士生导师，中央马克思主义理论研究和建设工程咨询委员会委员、国家教材委员会委员、第十届国家督学、教育部社会科学委员会委员。2012年8月至2018年3月先后任北京外国语大学校长、党委书记。主要研究方向为近现代欧美哲学、西方历史哲学。主持国家和省部级科研项目10余项，其中重大攻关项目6项。出版专著10余部、教材6种、译著4部，发表论文、译文数百篇。

纵观历史，世界强国都是伴随着自己大学的崛起而崛起的。在文艺复兴时期现代大学在意大利肇始，因为意大利是资本主义现代化发展的长子。随着历史进程的发展，荷兰、法国和英国的大学也与其国家的繁荣强大互为因果，随后是德国洪堡所倡导的研究型大学的转型与德国向传统强国的挑战相呼应，再后来就是美国和美国高等教育占统治地位的时代。随着当今社会的发展变化，我国高等学校的教育教学改革也应有符合时代需要的理念与举措。

本文以我任北京外国语大学校长期间的教育教学改革为例，阐述如何通过优化结构、凸显特色、学术牵引、追求卓越等思路，培养符合时代需要的

---

*本文原载《中国大学教学》2013年第8期，原标题为《优化学科结构 提升核心竞争力 培养符合时代需要的高级涉外人才》，收入本书时略有修改。

高级涉外人才。北京外国语大学诞生于延安，是中国共产党亲手创办的第一所外国语学校。经过70多年的发展，北外已经成为我国外语语种最多、最全的大学，目前已开设101种外国语，并且发展了国际关系、金融、经济、法律、新闻等涉外人才培养的专业。长期以来，学校坚持“外、特、精”的办学理念和“兼容并蓄，博学笃行”的校训精神，努力发展成为一所以外国语言文学学科为主、多学科协调发展的复语型、复合型高水平国际化人才的重要培养基地。

一、高等教育面临时代新挑战

目前，经济全球化、信息网络化以及新科技革命深刻改变着人类的生存状态，经济、社会、环境、安全等新问题层出不穷，海量的知识和数据在网络上传播，大数据似乎成为绕不开的生存背景，社会对人才的要求已经改变且越来越高。面对新的挑战，除了必须培养巨量的有专门知识和技术的高技能人才，以便为制造业发展提供大批高素质的劳动者，还必须培养更多的能够引领科技、文化和思想变革的创新型人才。只有在创新型人才培养方面取得优势，我们才能实现中华民族真正的崛起。引领社会变化的创新型人才必须具有广阔的知识视野，必须具有超越现有知识规范的想象力和理论构建力。创新型人才一方面必须具有跨越学科知识界限的复合型知识结构，另一方面他们对社会实际进程也具有密切的感知关联和认识敏感度。可以说，只有具有知识转移和方法转移能力的复合型人才，才能符合时代的需要；只有具有解决复杂而多变的实际问题能力的人才，才能满足社会快速发展的要求。

鉴于社会的发展变化，高等学校的教育教学改革应该有符合时代需要的理念，而当今时代的需要就是培养一大批具有使命感、责任感和较高知识素养的创新型人才和高技能人才。北京外国语大学作为我国开设外语语种最多、影响力最大的高等外国语学校，一直是翻译、外交、外贸、新闻等涉外人才培养的基地。应该如何通过教育教学改革，提高北外人才培养的水平和质量？显然，要取得成功，不能照搬其他院校现成的经验，只能根据北外的历史传统和发展现实去自主探索。

在改革开放之前和改革开放初期，北外的学生在人才市场上是非常有竞争力的。因为在长期封闭的情况下，懂外语且能够熟练地使用外语的人才本身就是稀缺的人力资源。而熟练地掌握外语在当时的主要目的就是学习国外的“前沿知识”和“先进经验”，在与外国人交往时我们更多的是接受信息，是聆听、学习、消化、吸收。改革开放40多年来，许多孩子从牙牙学语或幼儿园阶段就开始学习外语，还有许多孩子跟随从事商务、进修和研究的家长出国生活并且学习。当这些孩子进入大学时，他们的外语水平已经很高，同时他们还修习了自己的专业。一旦进入人才市场，这些外语水平高又有特定专业背景的学生肯定更具有竞争力。

同时，国家对涉外人才的要求也在提高。随着中国国际地位的提高，目前我们在国际交往中不仅是向国外学习，而且还要介绍中国社会发展进程本身，为了国家利益更要阐释中国“看法”，以提升中国的国际影响力和文化软实力。不仅如此，在国际组织和国际交往中，我们还必须争取我们的话语权。要想有话语权，不仅需要语言能力，还需要有足够的知识视野和思想。这样一来，仅仅外语好已经不能适应社会对高级涉外人才的需要了。在新的条件下，涉外人才不但外语要好，更需要有特定的技能、专业知识和战略思考能力。

韩震在2012中欧语言合作研讨会上致辞

此外，过去我们对外交流主要是学习发达国家的先进技术和管理经验，现在我们的经济、文化交流已经变为全方位的了。作为世界第二大经济体，我国的经济触角已经遍及世界各地。在这种情况下，我们不能只掌握英、法、德、日等通用语种，还必须培养一批掌握亚非拉各主要语种的人才。因为当我们的企业走出去时，碰到的法律和政策文件不是仅靠英语就能处理，还要掌握当地语言。用当地语言表达的法律条文更能够反映本土法规和政策的文化人类学根基。更重要的是，利用当地语言可以与社区居民进行更加细致、真诚的交流与沟通，这样更加容易建立信赖的社区关系，从而帮助企业在当地顺利发展。这是我们发展非通用语言的时代背景。

二、大学必须基于时代变化不断进行改革

基于时代的变化，北外的教育教学改革，必须是基于大学创新型人才培养的教学改革。所谓培养创新型人才，实际上就是国家发展所需要的精英教育——培养未来社会的领导者，即社会发展、文明进步的引领者。国家在经济、文化、工业、教育、科技、金融等方面的发展，有赖于人才素质的提高。对于一个国家来说，精英人才的知识、能力、责任、视野往往决定了这个国家发展的进程。在全球化进程日益加深的背景下，为了中国的发展与进步，为了中华民族的伟大复兴，为了提升中国的国际影响力和文化软实力，北外需要培养更多高水平复语型、复合型涉外人才。

首先，要培养高水平复语型、复合型涉外人才，就必须不断进行学科调整，建立相应的教学科研学术组织。2010年前后，北外结合外语实用人才的培养，逐渐孕育发展出国际商学院、国际关系学院、

2013年，韩震在北外本科生毕业典礼暨学士学位授予仪式上为毕业生拨穗

法学院，也发展了新闻专业和计算机专业，其目的就是为复合型人才的培养创造学术环境和知识氛围。高级涉外人才不仅要有很高的外语水平，同时也必须在本土文化和语言方面有较高的造诣，所以北外也建立了一个很有特色的中国语言文学学院。不过，值得注意的是，学科调整不等于盲目地发展专业，所有专业的设置必须服从复语型、复合型涉外人才培养的目标。

复语型人才的培养是要学生在有限的学习阶段掌握更多的语种。为了有效地整合学生的学习时间，必须有效地安排教学计划。而有效地安排教学计划，就必须对过去相对封闭的学科体系和狭窄的学术组织进行综合性改造。为此，北外组建了“亚非语种群专业建设平台”和“欧盟语言文化教学研究平台”，开展对全球多语言的教学与研究，培养跨文化交流高级专门人才。但是，院系之间长期形成的壁垒并不是那么容易打破，要真正进行复语型人才的培养，还要重组基层学术组织。例如，把拉丁语系的语种（如拉丁语、意大利语、法语、西班牙语、葡萄牙语等）整合为拉丁语言文化学院，显然有利于学习拉丁语系的学生在相近的语种中进行知识学习的迁移，使他们掌握语言的生成规律，获得更多的语言能力。同样，把俄罗斯语、乌克兰语、白俄罗斯语等语种加以整合，组建斯拉夫语言文化学院，显然便于学习斯拉夫语的学生获得更多学习其他斯拉夫语的可能性。单一语种的院系，特别是较小的语种，既不利于教师知识视野的扩展和研究能力的提高，也不利于学生的学识增长。为了培养高水平复语型、复合型人才，必须重组相对学科狭窄和人员较少的学术组织，使其实现学科交叉和不同学科之间的互动。

重组的学术组织应该是发挥校、院、系三级的各自优势。学校更多地进行宏观规划与管理，为院系发展提供制度和物质保障。学院谋划本学科群的发展方向和凝练学科特色，组织跨学科的教学科研活动。系一级主要是安排和落实本学科人才培养的教学计划，而管理的重心应该向学院一级倾斜，以激活基层学术组织的活力。

其次，要培养高水平复语型、复合型涉外人才，学校就必须建立一支知识视野开阔且具有创造力的高素质教师队伍，同时还要有一支敬业、高效的辅助性员工队伍，以支撑学校的人才培养、科学研究、社会服务和文化引领活动的开展。大学的存在是为了学生更好地学习，因此必须首先建立高素质的教师队伍。在当时，有以下几个结构问题迫切需要关注。

一是教师和学生的数量比。如果教师太少，学生的学习不可能得到有效的关注。如果教师太多，学校的办学效率和可持续发展就会受到影响。不是教师无限多，教学效果就一定好。经验告诉我们，当出现人浮于事的现象时，所有人的工作热情都会打折扣。因此，必须在办学效益和教育效果之间寻找最佳的平衡点。

二是教师和行政、教辅、后勤人员的数量比。没有一定数量的行政、教辅、后勤人员，就无法支撑学校的教学科研等活动，但是如果行政、教辅、后勤人员太多，不仅会影响办学效率和可持续发展，而且对学校的学术氛围也会产生不利影响，就难以改变行政化的状况。2011年，全国普通学校教职工人数较2002年增长了81.21万人，涨幅为58.3%。专任教师增加68.52万人，占学校教职工比例由47.4%升至63.2%，这就是说教师队伍结构得到了合理的优化。在这个方面，北外还有较大差距，如2012年北外专任教师占学校教职工比例只有48.59%。不过，这也说明北外仍然有很大空间通过优化结构提高教学科研的能力。2013年，北外专任教师占学校教职工比例就达到了51%。

三是建立符合学校特色的政治辅导员、班主任队伍的问题。在当前形势下，建立一支以专职为骨干、以兼职为主，思想坚定且能够与学生专业学习相结合的学生工作队伍，是关系学生健康成长的重要问题。在北外，有众多的小语种教学任务，可是由于小语种招生人数少，且往往多年间隔招生，一些小语种教师有精力轮流担任辅导员和班主任。这样做既有利于教师对学生各方面情况的了解，也可以增进教师与学生之间的共同语言，还可以在日常教学中进行立德树人的活动，更好地落实既教书又育人的理念。另外，马克思主义理论课教师也可以成为辅导员队伍的一部分，他们与学生密切接触，有利于掌握学生的实际思想动向，从而提高思想政治教育的针对性和实效性。在这种情况下，应该把选拔优秀青年教师做辅导员作为重点工作来抓。

四是教师队伍也有一个结构优化的问题，譬如在学历、学缘、年龄、职称结构方面等。例如，在学历方面应该逐渐提高入职门槛，更多地引进高学历人才，鼓励现有青年教师攻读博士学位，以便形成有较高学术追求的教师队伍。从学缘的角度看，应该鼓励引进更多校外、国外的优秀人才，以便形成有利于创新的多元学术氛围。应该鼓励部分外国语言文学的教师去外校或出国攻读经济、法律、历史、文化、哲学等学科的学位，以便形成具有复合型知识视野的教师队伍。

再次，要培养高水平复语型、复合型涉外人才，就必须把以教师的“教”为中心的教育教学模式转向以学生的“学”为中心的教学模式。这就是说，学校应该更多地从学生学习的视角去考虑问题，以学生学习为中心组织和安排教学。是以教师的“教”为中心还是以学生的“学”为中心，不同的理念会导致不同的教学安排、内容和方法，也会有不同的效果。过去的学习方法有些依然有用，有些可能已经无效，有些有效的方法也需要根据变化了的条件加以改变。在教学活动中，不能简单地沿袭过去的经验，而应该在原有经验的基础上进一步总结提高，以适应社会需要和学习环境的变化。

就学生的学习方式而言，也要倡导研究性学习、合作性学习和实践性学习。所谓研究性学习，就是将学习从对已有结论的记忆转变为发现新知识和新阐释的过程，在学习中获得学习的动力和方法，学会自己解决问题，在解决问题的过程中得出结论。所谓合作性学习，就是师生或同学一起进行研究性和探索性学习，在学习中学会分工协作，通过相互激励实现共同提高。所谓实践性学习，就是在实践活动中发现问题、分析问题、构建知识，鼓励学生特别是研究生参与教师的科研项目，通过在真实的世界中了解现实，提高应对问题的能力。

最后，要培养高水平复语型、复合型涉外人才，就必须凝练自己的学科特色。一所学校如果没有自己的学科特色，就无法形成自己的比较优势，也就没有自己的核心竞争力。过去北外的优势是外国语言文学的教学，现在也是外国语言文学的教学，将来还会是外国语言文学的教学。如果想有变化，那么首先就是量的扩张，并不是规模的扩张，而是教授语种数量的有计划扩大，以便配合国家全球发展战略的需要。

当然，变化更多的将是质的变化，这主要是高水平复语型、复合型涉外人才的培养规格定位。所谓复语型人才，不仅意味着所掌握外语的数量增加，而且要形成和扩大跨文化视野。所谓复合型人才，不仅意味着扩大知识面，而且要拓展跨学科视野和提高解决实际问题的能力。

北外发展一些专业，除了为复合型人才培养创造知识环境和文化氛围外，同时还希望通过这些专业办出自己涉外性的特色。以外语类教学为主且培养外向型人才的一所学校，国际化肯定是其基本特色。外语好是所有专业的学生所必须达到的要求。尽管北外有中国语言文学学院，但它与其他学校的汉语语言文化学院不同。北外中文专业的学生的外语课程要占到相当大的比例，他们在汉语语言文学方面可能竞争不过北大、北师大等高校的学生，但是外语要比他们强。又如，北外有国际商学院，经济和金融这些专业可能比不过北大、人大等，但是学生的外语应该占有优势，国际商学院的课程中外语也是占了很大的比例。北外就是用这种错位理念来培养涉外人才。新闻也是如此，北外的新闻专业可能不能跟人大、清华的新闻专业比，但是外语是其强项。法学院就应该培养国际法方面的人才，在国际上知识产权法是发展特别快且国际化程度高的领域，那么北外就往这个方面发展，这就是北外法学院的特色。与其他学校相比，北外的专业特色就是国际化，而且它本身就应该是国际化的。国际化就是北外存在的最大理由和最大价值之所在。

三、处理好改革发展中的几个关系

在学校改革发展的过程中，有许多复杂的问题相互缠绕在一起，必须有足够的勇气和耐心来面对问题，必须有足够的细心和智慧来梳理问题，必须有足够的激情和办法来解决问题。

第一是改革、发展与稳定的关系。我们处在一个快速变化的时代，大学必须不断调整学科才能满足社会越来越高的要求。在这个过程中，我们不能有丝毫的懈怠，否则就会落后于时代。我们的改革必须符合社会发展的要求和学校发展的实际，不能盲目地行动。由此看来，实事求是、稳步推进、务求实效就应该成为我们的工作原则。我们绝不能为改革而改革，改革是为了取得更好的教学效果。外语教学有自身的特点、规律和要求，不遵循这些特点、规律和要求是不行的。但是，随着社会的发展和学习条件的变化，外语教学的特点、规律和要求也会出现一些变化，也会产生一些新的特征。看不到这些新变化和新特征，同样也是不行的。比如，在数字和网络条件下，学生在网络上就可以了解许多信息，在这种情况下，教师可能要从传授知识更多地转向引导学生批判地分析知识，通过解构和重构训练学生思考问题的方法，激发学生的想象力。现在，全球交往越来越广泛，外语不仅是一种语言工具，而且是特定的社会和文化存在。在这种情况下，教师不仅要教语言，而且要教语言所承载的特定社会和文化存在。在这方面，北外英语学院、亚非学院、德语系等单位都有很好的尝试，积累了许多改革的实际经验。但是，这些探索仍然是局部的，而不是综合性的改革，没有进行体制性的改造。我们的改革必须是通过学科调整和学术组织的改造，来巩固教育教学改革的成果。

第二是行政管理与学术之间的关系。现在，社会舆论都关注高校的过分"行政化"问题，不过"去行政化"不是"去管理"，而是要加强科学的管理。学术机构或组织同其他机构一样，其目标的实现和功能的发挥都需要管理，没有管理，就没有整体的功能和效益。因此，高校的"去行政化"不是"去管理"，而是"去行政主导学术"的倾向。在此有一个观念问题要澄清：如果坚信行政管理的目的是为教学科研的学术目的服务，那么这种行政管理就是合理的；如果行政管理不考虑学术目的，而是去强行规范教学科研，那么这种管理就不但起不到促进教学科研的作用，反而还会妨碍教学科研活动的正常进行。就学校各类人员的结构而言，必须建立一种围绕教学科研中心工作展开的资源配置模式。一个学校学科竞争力的高低不是由这个学校有多少处级干部和行政管理人员决定的，而是由有多少高素质

2017年12月，韩震在中国高校外语慕课联盟成立大会上发言

教学科研人员决定的。当然，这并不否认精简高效的行政管理会提升教学科研人员的工作效率和综合效益。所以学校的资源应该向教学、科研等人才培养的基本面倾斜。事情是人做出来的，高等教育需要大批掌握现代科学知识、具备宽广知识视野且有创新意识的教师。一所大学管理的核心任务就是汇聚尽可能多的高素质教师，这是大学核心竞争力之所在。但是，管理就是效益，没有高效的管理，没有一支高素质有奉献精神的管理队伍，也无法把教师的作用发挥到最大。

第三是教学与科研的关系。一方面，对于大学而言，人才培养特别是本科生教育是大学声誉的基石。不论其他工作如何繁忙，都不能耽误教学；不论其他工作如何重要，都不能干扰正常的教学秩序。教学、科研、服务社会和文化传承，都是为了完成人才培养这个根本任务。另一方面，我们必须理解，科学研究能够提高教学水平。教师通过科研既可以扩大知识视野，也能提高认知水平和创新思维，提高自己教学的反思能力。在外国语大学，语言教学是天职。语言不仅是工具，它还承载着文化，渗透着价值观。语言教育应该是有文化内容和价值取向的教育，这样的教育才能避免纯粹形式带来的枯燥，变成生动活泼的人的教育，这样的教育才是有效能的教育。我们不能重科研轻教学，而是必须通过科研来促进教学。经济全球化和中国文化“走出去”给北京外国语大学的发展提供了新的机遇和动力。在肩负“把世界介绍给中国”和“把中国介绍给世界”的双重使命的同时，也需要进一步思考：在全球化进程日益加深的背景之下，我们不能仅仅“介绍”，还要创建我们的话语体系，“让中国了解真实的世界，让世界理解变化着的中国”，“让中国同情地理解世界，让世界同情地理解中国”。这就是说，我们应该参与当代历史发展的进程，在传播文化、奉献社会和服务国家战略需要等方面做出新的贡献。

新时代外国语大学本科教育十项方略

王定华

王定华，北京外国语大学党委书记，博士，教授，博士生导师，国家督学，教育部普通高等学校师范类专业认证专家委员会副主任委员，全国教育专业学位研究生教育指导委员会副主任委员。主要从事基础教育、高等教育、教师教育、比较教育、外语教育研究。主要论著有《走进美国教育》《美国基础教育：观察与研究》《美国高等教育：观察与研究》《中国基础教育：观察与研究》等，主编《民族复兴的强音——新中国外语教育70年》《改革开放的先声——中国外语教育实践探索》等图书10余部，发表学术论文160余篇。

在庆祝中华人民共和国70华诞之际，北京外国语大学深入学习习近平总书记关于教育工作的重要论述，落实教育部关于高等学校本科教育决策部署，总结出了本科教育十项方略，以期推动本校本科教育改革发展，并为兄弟外国语院校提供参考。

一、形成教学核心思想自觉

2016年12月，在全国高校思想政治工作会议上，习近平总书记指出：一个大学如果不重视教学，只重视科研，那就变成研究所了；一个大学如果不重视教学，只重视社会服务，那就沦为三产了；一个大学如果不重视教学，只重视文化传承、国际交往，那就变成文化交流公司了。总书记掷地有声的论断，回应了大学的几个职能，凸显了教学在大学中的核心地位。

2018年5月，习近平总书记在北京大学举行座谈会，并发表重要讲话，指出：高等教育是一个国家发展水平和发展潜力的重要标志；党和国家事业发展对高等教育的需要，对科学知识和优秀人才的需要，比以往任何时候都更为迫切；培养社会主义建设者和接班人是各级各类学校的共同使命；走内涵式发展道路是我国高等教育发展的必由之路。这体现了习近平总书记对高等教育的热切期望，表明了习近平总书记对培养社会主义建设者和接班人的最大关切，体现了对扎根中国大地办教育、坚定不移走内涵式发展道路的坚定决心。我现场聆听之后，感触很深，很受教育。习近平总书记重点强调了三个方面：第一，坚持正确的办学方向；第二，造就高素质教师队伍；第三，形成高水平育人体系。形成高水平育人体系是讲话的核心，实际上就是聚焦教学，聚焦本科，培养英才，促进学生健康成长。

2018年9月，党中央召开了新时代第一次全国教育大会，我有幸现场聆听了习近平总书记闪耀着马克思主义光辉的重要讲话。习近平总书记的重要讲话，围绕着“培养德智体美劳全面发展的社会主义建设者和接班人”这一根本任务，深刻回答了“培养什么人，怎样培养人，为谁培养人”一系列根本性问题。总书记对大学的育人，以及各级各类学校的教学工作非常重视，做出重要指示，提出明确要求，为我们加强新时代本科教学工作指明了前进的方向，值得我们认真学习，深入领会，准确阐释。我们要抓住机遇，超前布局，以更高远的历史站位、更宽广的国际视野、更深邃的战略眼光，对加快推进教育现代化、建设教育强国做出总体部署和战略设计，坚持把优先发展教育作为推动党和国家各项事业发展的重要先手棋，不断使教育同党和国家事业发展需求相适应、同人民群众期待相契合、同我国综合国力和国际地位相匹配。

2018年6月，教育部在成都召开新时代全国高等学校本科教育工作会议。会议指出，我国高等教育正处于内涵发展、质量提升、改革攻坚的关键时期和全面提高人才培养能力、建设高等教育强国的关键阶段。进入新时代以来，高等教育发展取得了历史性成就，高等教育综合改革全面推进，高校办学更加聚焦人才培养。但人才培养的中心地位和本科教学的基础地位还不够巩固，一些学校的领导精力、教师精力、学生精力、资源投入仍不到位，教育理念仍相对滞后，评价标准和政策机制导向仍不够聚焦。会上，150所高校共同发表《一流本科教育宣言（成都宣言）》，提出培养堪当民族复兴大任的时代新人、坚持以本为本、推进“四个回归”、致力于立德树人、致力于教书育人、致力于提升内涵、致力于领跑示范、致力于变轨超车、致力于公平协调、致力于开放合作、致力于开拓创新等10项共识。

2019年4月，教育部在天津召开了“六卓越一拔尖”计划2.0工作会议，对新时代本科教育进行了再动员、再部署。特别是教育部部长陈宝生再次强调的以本为本、四个回归，是我们做好工作的重要遵循。

一分部署，九分落实。北京外国语大学是一所以本科教育见长的大学，要认真贯彻好这些重要的指示精神，在全校上下形成重视本科的思想自觉。不能议而不决，不能停在口头；要把本科教学工作真正记在心上，扛在肩上，抓在手上，落实到行动上。党委组织部要从教育一线发现、选拔、任用那些忠诚、干净、有担当、年轻、有为的同志。党委宣传部要淡化对校领导的宣传报道，把教学一线的同志们登至主页，印上校刊，以便人人皆知，见贤思齐。

二、落实立德树人根本任务

把立德树人内化到学校建设和管理的各领域、各方面、各环节，坚持以文化人、以德育人，不断提高学生的思想水平、政治觉悟、道德品质、文化素养，教育学生明大德、守公德、严私德。把立德树人的成效作为检验学校一切工作的根本标准，把思想政治教育贯穿本科教育全过程。

确保正确办学方向。全面加强学校党的建设，毫不动摇地坚持社会主义办学方向，加大政策倾斜办好马克思主义学院，开好思想政治课，加强面向全体学生的马克思主义理论教育，深化中国特色社会主义和中国梦宣传教育，大力推进习近平新时代中国特色社会主义思想进教材、进课堂、进头脑，不断增强学生的道路自信、理论自信、制度自信和文化自信。

立德树人首先是德育。要把社会主义核心价值观，通过恰当的方式让学生牢记；要让他们立鸿鹄志，立志为国家的富强、民族的振兴而不懈努力；要形成良好的道德品质，公德、私德、法治并举。厚植爱国主义情怀，把社会主义核心价值观教育融入教育教学全过程各环节，全面落实到质量标准、课堂教学、实践活动和文化育人中，帮助学生正确认识历史规律，准确把握基本国情，掌握科学的世界观、方法论。深入开展道德教育和社会责任教育，引导学生养成良好的道德品质和行为习惯，崇德向善、诚实守信，热爱集体、关心社会。提高思想政治工作质量，加强学校思想政治工作体系建设，把握师生思想特点和发展需求，优化内容供给，改进工作方法，创新工作载体，激活高校思想政治工作内生动力，不断提高师生的获得感。要科学开展心理健康教育，让学生具备阳光的心态。

立德树人不仅体现在德育方面，在智育方面，也要加强基础知识传授、基本技能形成、核心能力陶冶，培养学生自主学习的习惯和能力，交给他们自己打开知识宝库大门的金钥匙，获得可持续发展的能力。体育方面，要提倡每天锻炼一小时、健康工作50年、幸福生活一辈子的理念，要加强体育课教学，养成锻炼习惯，注意用眼卫生，给学生光明的未来，要让学生都学会游泳。美育方面，要让学生具有感受美、欣赏美、创造美的意识和能力，要有外国语大学学生的范儿，要有外国语大学学生的样儿，每个学生都要掌握一门乐器；劳动教育方面，要让学生出点力、流点汗，不要成为温室里的弱苗。学生德智体美劳全面发展才算是健康成长，才会成为具有中国情怀、国际视野的社会主义建设者和接班人。

2018年4月20日，王定华（左二）参加北外校运会

三、发挥教师队伍基础作用

努力建设一支政治素质过硬、业务能力精湛、育人水平高超的高素质高校教师队伍，是推进新时代本科教育改革、加快建设高水平本科教育的重要基础。基础不牢，地动山摇。对此，不能含糊。

要全面加强师德师风建设。育有德之人，需有德之师。习近平总书记用“四有”的标准定义了“好老师”，“有理想信念”“有道德情操”“有扎实学识”“有仁爱之心”是对教师的明确要求。在今天教师业务能力不断加强的情况下，如果个别教师理想信念不够坚定、职业道德自律不严，就会给整个高校教师队伍带来极大的负面影响。我们要坚持把师德师风作为教师素质评价的第一标准，落实教育部《关于建立健全高校师德建设长效机制的意见》，建立教育、宣传、考核、监督、奖励、惩处相结合的师德建设长效机制，创新师德教育，大力宣传先进典型，强化师德监督查处。激发高校教师加强师德建设的自觉性，明确高校师德建设工作的责任主体，推动师德建设常态化、长效化、全覆盖、无死角。依照教育部《新时代高校教师职业行为十项准则》和高校教师师德失范行为处理指导意见，建立教师个人、所在学院和学校三级责任落实机制，全方位规范和引导高校教师以德立身、以德立学、以德施教、以德育德，坚持教书与育人相统一、言传与身教相统一、潜心问道与关注社会相统一、学术自由与学术规范相统一，更好地担负起培养担当民族复兴大任时代新人的神圣职责。

王定华看望北外伊莎白教授

要着力提高教师教学能力，全面开展教师教学能力提升培训。大力推动各级各类高层次人才走上本科教学一线，并不断提高教书育人水平。充分发挥国家级名师、北京市名师以及校级名师的影响力和辐射作用，鼓励名师们总结教学方法、传播教学方法、指导青年教师，把成熟的教学理念与方法形成教学研究成果结集出版。建立健全多种形式的基层教学组织，广泛开展教育教学研究活动，积极掌握人工智能常识，提高教师现代信息技术与教育教学深度融合的能力。

四、确保学生学习第一要务

大学首先是学习的地方，不能好好学习的大学生不是一名合格的大学生。进入新时代，党和国家事业发展对高等教育的需要、对科学知识和优秀人才的需要，比以往任何时候都更为迫切。本科教育，重任在肩。本科教育是青年学生成长成才的关键阶段。这一阶段是学生思想观念、价值取向、精神风貌的成型期，要教育引导他们形成正确的人生观、世界观、价值观，铸就理想信念，锤炼高尚品格。本科阶段要教会学生“探矿”，硕士阶段要教会学生“采矿”，博士阶段要教会学生“炼矿”。本科阶段主要聚焦的是“探矿”，学生要有探索精神，孜孜以求。

2018年3月24日，王定华在第三届全国高等学校外语教育改革与发展高端论坛上做主旨报告

让学生回归学习是新时代本科教育改革的根本目标，要从根本上解决学生学习精力投入的问题，要为学生提供更为优质的学习资源，在此基础上，要狠抓本科教学秩序。学校要以对学生负责、对高等教育质量负责、对培养和造就社会主义建设者和接班人的历史使命负责的态度，加强本科教学秩序管理，严格学习过程管理，把好学生毕业的出口关。坚决取消“清考”制度，就是要让即将毕业的学生有危机感，让新入校的学生有压力感，同时提升教师和管理者的责任感。类似的新举措我们应当深入探索，科学完善。

让学习成为学生的第一要务。大学是刻苦学习、追求真理、放飞梦想的学术圣地，不是浑浑噩噩、不求上进、蒙混过关的避风港。学生要端正学习态度，回归自己的初心，坚持自己的梦想，做好学习规划，习得扎实的专业知识，方能为进一步成长打下坚实的基础。本科生的专业知识基础打得牢不牢、专业技能和本领练得强不强，既关系到学生的个人发展，更关系到国家的未来。要紧扣经济社会发展需要和科学前沿进展，结合专业特点，及时修订人才培养方案，不断优化课程体系设置，改进教学内容，提升专业教学水平，为学生提供更为完善的学习方案。

要尊重学生、关心学生、理解学生，要让学生站在校园正中央。既注重“教得好”，更注重“学得好”，激发学生的学习兴趣和潜能，激励学生爱国、励志、求真、力行，增强学生的社会责任感、创新精神和实践能力。

五、编写各个语种课程教材

加强专业建设、提高课程质量、优化资源配置。没有优质的课程组合，就没有好的专业，“双一流”也就无从谈起。课程无疑是最为关键的学习资源，北外要自加压力，适当提高标准，下大力气建设自己的精品课程、核心课程，淘汰“水课”，打造“金课”，合理提高课程的挑战度。在课程建设上，各相关部门、学院要抢抓机遇，乘势而上，砥砺前行，敢于争先，勇立潮头，建功立业。

外语教材的编写要参照部颁课程标准，遵循学科逻辑结构，符合学生心理结构，反映各国先进文化，适合北外莘莘学子，体现主流意识形态。逐步形成北外范式，赢得全国广泛拥戴。

提高教师教材建设能力，鼓励和支持专业造诣高、教学经验丰富的专家学者参与教材编写，提高教材编写质量。加强教材研究，创新教材呈现方式和话语体系，实现理论体系向教材体系转化、教材体系向教学体系转化、教学体系向学生的知识体系和价值体系转化，使教材更加体现科学性、前沿性，进一步增强教材的针对性和实效性。非通用语种教材的编写出版，属于国家战略。我本人愿意担任总主编，动员各方力量，予以参与支持，提供多种方便。

六、探索行之有效的教学方法

教学有法，但无定法，贵在得法。要鼓励广大教师大胆探索，不拘一格，形成自己的教学风格，总结自己的教学品质，冲破各种原有教法的藩篱，大胆去闯，大胆去试。

所用教法应该有利于对全体学生的培养，促进他们水平的提高；应该考虑分层教学，让一部分拔尖创新人才捷足先登，脱颖而出。“圣贤施教，各因其材，小以小成，大以大成，无弃人也。”不能千篇一律、统一化之。教学方法虽多，但都要注重启发诱导，调动学生的积极性。“不愤不启，不悱不发。举一隅不以三隅反，则不复也。”要让学生变“要他学”为“我要学”，而不是被动地读死书、死读书、读书死。要体现教学相长，“学然后知不足，教然后知困。知不足，然后能自反也；知困，然后能自强也。故曰：

教学相长也。”相关部门要注意总结、提炼、培育、包装好的教法，对好的教法、好的课例，可结集出版。要打造一批标杆课堂，供其他教师去听，也可以放到网上，选入慕课，荐至“学习强国”平台，让更多的同志学习、参考。

七、适时更新现代教学手段

“假舆马者，非利足也，而致千里；假舟楫者，非能水也，而绝江河。”这句话强调的是工具的重要性。“工欲善其事，必先利其器。”这句话强调的是手段的重要性。我们要更新教学手段，不仅仅是使用传统的投影、PPT、电子白板。作为全国重点大学、“双一流”建设高校，北外要运用虚拟现实技术，要做真正优质的慕课，要做翻转课堂、同课异构，要让业务好、懂计算机的年轻教师找到发挥作用的舞台。2018年教育部给北外批复了部级研究项目“人工智能助推教师专业成长”，相关企业也踊跃支持，我们要利用好这个平台，尽快做出方便用、效果好、值得看、可复制的成绩。要通过教学改革促进学习革命，积极推广小班化教学、混合式教学、翻转课堂，大力推进智能教室建设，构建线上线下相结合的学习资源。要真正意义上确保优质资源配置向本科教育倾斜。建立学校教育和实践锻炼相结合、国内培养和国际交流合作相衔接的开放式培养体系，探索并推行创新型教育方式方法，突出培养学生的科学精神、创造性思维和创新能力。

八、主动服务国家战略部署

目前世界格局变化很大，各国之间交流、交融、交锋、交织，使我们这个世界构成了一幅既五彩斑斓又错综复杂的水墨画。我国正处在百年未遇的大变局中。这个大变局至少可以从三个维度理解。一是科技的维度。当代科技已经到了产生重大突破、颠覆性突破的临界点，特别是信息科学、生物科学的发展，深深影响着未来经济社会和人类的发展，将对世界格局产生革命性影响。二是制度的维度。几十年前已经有人宣称历史已经终结于资本主义制度，但到今天，宣布终结历史的体制病态百出，被宣布“衰亡”的制度却生机勃勃，两种制度的发展发生了重大变化。三是发展的维度。这些年我国经济保持了中高速发展，在世界主要国家中名列前茅，成为世界第二大经济体，国际力量对比发生深刻变化。高等教育是科技第一生产力与人才第一资源的重要结合点，在这样一个百年未遇的大变局中建设"双一流"，的确挑战和机遇并存。

从我们党推进"四个伟大"历史进程看，党的十八大以来，党和国家事业发展取得了历史性成就，发生了历史性变革，我国教育总体发展水平进入世界中上行列，这意味着我们正处于最好的历史时期，建设"双一流"的环境和条件是历史上任何时候都无法比拟的。实现"两个一百年"奋斗目标，教育要优先发展；实现中华民族伟大复兴，教育要率先振兴。在这一伟大历史进程中，"双一流"建设面临着难得机遇，也肩负着光荣的历史重任。

从当前大国博弈的变化发展看，"双一流"建设在国际交流合作方面也面临着新情况新问题。美国特朗普政府发起与中国的贸易战，影响必将传导到教育领域，给教育国际合作、人才引进、人文交流等带来压力，这一压力很可能长期存在。这一新的外部环境会对"双一流"建设产生直接或间接的影响和制约。尽管如此，中国政府和中国人民追求民族复兴的脚步不会停歇。北外也应当认真面对，深入分析，理性应对，采取适宜举措，增强建设自觉和建设动力。

从高等教育自身看，我们正处于爬坡过坎迈向世界领先的关键阶段。这个阶段的基本特征是，我国高等教育已经实现了普及化，我国高校在世界各项排名中的位次整体前移，但仍然是"大而不强"，亟须提升核心竞争力，支撑引领创新发展。建设"双一流"，正是提高我国高等教育发展水平、增强核心竞争力的重大举措。

北外要加快完善专业动态调整机制，主动布局战略性新兴产业发展和民生急需相关学科专业，推动形成就业与招生计划、人才培养联动机制。要完善学分制管理，扩大学生学习自主权、选择权，鼓励学生跨学科、跨专业学习，允许学生自主选择专业和课程。完善协同育人机制，建立与社会用人部门合作更加紧密的人才培养机制。健全培养目标协同机制，与相关部门联合制定人才培养标准，完善人才培养方案。健全教师队伍协同机制，统筹专兼职教师、在职和退休教师多种资源，促进双向交流，提高教学水平，提供更多正能量。

审时度势，扬鞭催马。北外要自加压力，加快改革发展的步伐。英语做强，中语做优，小语做好。英语开道、复语跟进、加强通识，兼容并蓄、博学笃行，服务国家、站立社会、成就人生，追求卓越、实现一流。要有这种紧迫感，我们正处在实现中华民族伟大复兴中国梦、构建人类命运共同体、推进“一带一路”倡议的重要时刻，此时不发挥作用，更待何时。广大教师和广大同学都要有准头，选准方向；有闯劲，自强不息；有定力，砥砺前行。

九、实行科学的绩效评价体系

本科教育教学改革不仅要在教与学上下功夫，更要在体制和机制创新上下功夫。体制机制创新就是要改革那些因循守旧、不合时宜的体制机制，建立适应新时代本科教育改革需要的体制机制，为本科教育改革、高水平人才培养提供制度保障。

对教师的评价要科学合理，坚决克服唯文凭、唯论文、唯帽子、唯奖项的顽瘴痼疾，扭转教育功利化的倾向。要深化教师考核评价制度改革，坚持分类指导与分层次评价相结合，根据不同岗位教师的职责特点、教师分类管理和分类评价办法，分类、分层次、分学科设置评价内容和评价方式。加强对教师育人能力和实践能力的评价与考核。加强教育教学业绩考核，在教师专业技术职务晋升中施行本科教学工作考评一票否决制。加大对教学业绩突出的教师的奖励力度，在专业技术职务评聘、绩效考核和津贴分配中把教学质量和科研水平作为同等重要的依据，对主要从事教学的工作人员，提高基础性绩效工资额度，保证合理的工资水平。

为了加大对教学型师资的支持力度，要让更多热爱教学、善于教学、勤于教学的教师获得职称晋升的机会，使教学科研型教师受到激励，科研教学型教师受到鼓舞，教学型教师也有地位。2019年，北外将成倍增加教学型教授和副教授的名额，并在职称评审时尽量做到不浪费名额。同时，在各系列职称评选中，要加大高级职称评聘对教学时数的要求和教学效果的考核。学校考虑对拟申报职称的教师进行一年的教学效果考核，两年内有效；对已申报职称但教学考核不足一年的教师，将对其进行职称评定后为期一年的教学考核，若考核不合格，将撤销其已晋级的职称。

教学质量是大学的生命线，质量监控与评价是提高教育质量的重要保障。要强化质量保障主体意识，完善自我评估制度，健全内部质量保障体系。要强化质量督导评估，通过督导评估，引导高等学校合理定位、办出水平、办出特色，推进教学改革，提高人才培养质量。要发挥专家组织和社会机构在质量评价中的作用。充分发挥学校教学指导委员会、本科教学工作评估专家委员会等学术组织在标准制定、评估监测及学风建设等方面的重要作用。充分发挥行业部门在人才培养、需求分析、标准制定和专业认证等方面的作用。通过购买服务等方式，支持社会专业评估机构开展教育质量评估。

学校领导带头走上讲台。大学是高等教育办学主体，人才培养是大学的本质职能，本科教育是大学的根和本，在高等教育中是具有战略地位的教育。学校要把建设高水平本科教育作为新时代学校建设改革发展的重点任务，结合实际，制订实施方案，明确建设目标、重点内容和保障措施。学校党委会、常委会和校长办公会要定期研究，书记、校长及分管校领导要经常性研究本科教育工作，相关部门和院系负责人要切实担起责任，具体负责组织实施，确保达到预期成效。在坚持教授全员为本科生上课的前提下，从2019年起，校领导原则上都要给学生上课或者开展校领导学术系列讲座，做好表率与带头作用。

十、大幅增加教学经费额度

建立本科教学经费稳定增长机制。学校拟从2019年开始，增加本科教改经费1,000万元，用于符合方向、具有理念、可以操作、能够实现、便于推动的教学发展和改革工程项目。同时，支持教师各类教改项目及教学奖励，增大受益面，成倍提高校级教学成果奖和优秀教学奖的名额和奖金。让努力教学并在教学中有杰出贡献的教师赢得荣誉与奖励。

立足新时代，让我们总结经验，查找不足，凝聚共识，团结力量，不忘本来，吸收外来，面向未来，继往开来，继续深入学习习近平总书记关于教育工作的重要论述，将全国教育大会精神和新时代全国高等学校本科教育工作会议精神落实、落细、落小、落到本职工作之中。要真正形成高教大计、本科为本，人才培养、本科为根的思想，为促进教学改革发展、培养国家急需人才，再做贡献，再立新功。

外语教育的人文之道

蒋洪新

蒋洪新，湖南师范大学党委书记、教授、博士生导师，国务院学位委员会外语学科评议组成员，教育部高等学校英语专业教学指导分委员会主任委员，国务院学位委员会全国翻译专业学位研究生教育指导委员会副主任委员，全国英国文学学会会长，国家双一流建设学科“外国语言文学”带头人。主持与完成国家级与省部级课题20余项，出版学术专著6部，主编、翻译著作10余部，在核心期刊发表学术论文100余篇。

“七十而从心所欲，不逾矩。”孔子认为，人只有经历了志于学、而立、不惑、知天命和耳顺之后，才能够修炼达到最高的人生境界，随心所欲而不逾矩。2019年是新中国成立70周年，恰逢“从心所欲不逾矩”之年。我们的党和国家坚持解放思想、实事求是，开辟了中国特色社会主义道路，取得了令世人瞩目的伟大成就。现在我们比历史上任何时期都更接近中华民族伟大复兴的目标，比历史上任何时期都更有信心、更有能力实现这一目标。站在新的历史节点，回看新中国外语教育走过的发展道路，我们不难发现，正是外语学界同仁始终以敢为人先的勇气和执着追求的坚韧，才不断推动我国外语教育事业的发展，从而为中国特色社会主义现代化事业做出了卓著贡献。

一、外语教育与国家命运紧密相连

语言是文化的一面镜子。在全球化时代，人从一出生就注定要与来自世界各地的人竞争与合作。在国际化的背景中，只有掌握主动，才能够成为国际化人才，拥有全球胜任力。外语不仅是一门语言，更是一种能力，它赋予人们走向世界、探索未知的勇气，并为他们迎接未来做好准备。

对于一个国家来说，语言能力还是一种全球竞争力。伊拉克战争和“9·11”事件后，美国将国家语言战略的制定和实施放在了非常突出的地位。美国国家外语中心将国家语言能力定义为“国家对特定语言需求的应对能力”。2001年美国《国土安全教育法》指出，国家外语能力对提高美国的经济竞争力、保障国家安全至关重要，强调每一个美国人都必须具备全球视野，熟悉外国语言、文化和历史。

可见，国家外语能力对于推动社会进步和文化传承、促进经济发展和科技创新、保障国家安全和国际化发展等都具有十分重要的作用。国家外语能力的提升主要依靠外语教育。从这个意义上说，外语教育与一个国家的能力和命运是紧密相连的。新中国70年的外语教育恰好说明了这一点。

新中国的外语教育发展大致可以分为四个阶段，每个阶段的国家战略不同，外语教育的策略也不一样。第一阶段是新中国成立之初。西方大国对我国在外交上采取孤立政策，我国于1950年与苏联签订友好同盟互助条约，“向苏联学习”成为国策。于是，我国的外语教育主要是俄语教育，当时在全国建立了7所俄文专科学校，开设俄语专业的高校达34所。第二阶段是“文革”十年。我国外语教育遭到严重破坏，外语院系的教学处于停顿状态。直到1971年10月我国在联合国的合法席位得到恢复、1972年美国尼克松总统访华，外语教育形势才稍有好转，一些大学开始招收工农兵学员学习英语。第三阶段是改革开放时期。随着改革开放的全面展开，外语教育迅速恢复且蓬勃发展。从1983年起，在外语专业教材编审委员会的指导下，英语组着手制定英语专业基础阶段和高年级阶段两个教学大纲，后经国家教委高教司批准在全国高校实行。1998年，外语专业教学指导委员会发布的《关于外语专业面向21世纪本科教育改革的若干意见》，成为外语专业教育改革的指导性文件。2000年制定的《高等学校英语专业英语教学大纲》提出：“高等学校英语专业培养具有扎实的英语语言基础和广博的文化知识并能熟练地运用英语在外事、教育、经贸、文化、科技、军事等部门从事翻译、教学、管理、研究等工作的复合型英语人才。”第四阶段是党的十八大以后。习近平总书记

2015年7月，蒋洪新（左六）与专家研讨制定《外国语言文学类教学质量国家标准》和《英语专业本科生阅读书目》

在2013年首次提出了构建人类命运共同体的倡议，并于2017年11月写入第72届联大第一委员会决议，2018年 3 月写入中国《宪法》，其意义非同寻常。构建人类命运共同体，世界各国应以开放包容、合作共赢的心态谋求共同发展，以不断对话与协商来增加趋同性，以不断完善机制性合作来发挥建设性作用，这就需要一大批卓越的外语复合型人才。受教育部高等学校外国语言文学类专业教学指导委员会委托，在钟美荪教授、仲伟合教授和孙有中教授的领导下，我们组织国内外同仁牵头研制的《外国语言文学类教学质量国家标准》受到了社会各界的广泛关注。

育才造士，为国之本。外语教育始终与国家的命运紧密相连。国家越开放自信，外语教育就越受重视和发展。同时，外语教育越发展，越能促进国家的发展和进步。高校外语教育要主动服务国家发展战略，全面融入高等教育强国建设，大力培养具有全球视野、通晓国际规则、熟练运用外语、精通中外谈判和沟通的高素质国际化专门人才。我国外语教育要围绕这个目标进一步深化专业教学改革，创新人才培养模式，做强一流专业，建设一流课程，培养一流人才。

二、新时代外语教育面临的机遇与挑战

经过长期努力，中国特色社会主义进入了新时代。这意味着，日益走近世界舞台中央的中国，要为构建人类命运共同体做出更大贡献。人类命运共同体承载着中国对建设美好世界的崇高理想和不懈追求，反映了世界各国人民对和平公正新秩序的美好期待。构建人类命运共同体须以文化为基础，以语言为桥梁。这恰恰是新时代外语教育所面临的使命与担当。

同时，由于多媒体和信息技术的发展，机器翻译介入了现代生活。2016年，百度公司研发的机器翻译项目获得了国家科技进步二等奖；谷歌的神经机器翻译系统（GNMT，Google Neural Machine Translation）问世。这些现象引起了外语界的极大关注。如果外语教学只是强调语言工具价值的话，那么机器翻译取代人工翻译就在不远的将来。如果外语教育不限于语言工具价值，而是文化多样性的价值，那么显然，外语教育不仅是必要的，而且是无可替代的。提高社会跨文化能力和国家外语能力，外语教育大有可为。

2017年12月，经济发展与合作组织（OECD，Organization for Economic Cooperation and Development）教育与技能司和美国哈佛大学教育研究生院共同主持发布了《PISA全球素养框架》（*PISA Global Competence Framework*）。全球素养指青少年能够分析当地、全球和跨文化的问题，理解和欣赏他人的观点和世界观，与不同文化背景的人进行开放、得体和有效的互动，以及为集体福祉和可持续发展采取行动的能力，具体包括知识、技能、态度、价值观四方面内容。我国外语教育必须帮助学生在学习和掌握外语知识和语用能力的同时，形成构建人类命运共同体所需要的情感、态度和价值观，发展全球胜任力。这正好说明，外语教育要坚持人文之道。

外语教育的原点是人的教育，是人文教育。面向构建人类命运共同体的外语教育旨在培养具有中国情怀、国际视野和跨文化沟通能力的人。其内容包括两个维度：一是在品格方面，应具有正确的世界观、人生观和价值观，有良好的道德品质和崇高的社会责任感，有开阔的国际视野和深厚的中国情怀，有良好的人文科学素养、开拓创新的意识和团队合作精神。二是在能力方面，应具有扎实的外语听、说、读、写、译技能和良好的外

语综合运用能力，有对不同国家、不同民族、不同文化的感悟能力和进行跨文化交流的能力；不仅要系统掌握语言知识，还需要了解一定的哲学、艺术、文化知识，以及经济社会发展各领域的专门知识。这样的人才可称之为德才兼备的复合型人才。

新中国成立70年来，我国外语教育在培养德才兼备的外语人才方面取得了显著成绩，这一点应予以充分肯定。但是，客观审视和全面反思我国外语教育现状仍然是有必要的。2016年年底，中国外语教育改革与发展高层论坛在广州召开，广外前校长仲伟合在会上提出，我国外语教育的问题有“外语教学工具理性和市场导向性明显，对外语教育的战略意义认识有限”“战略规划不足，资源投入不足”等。北外副校长孙有中认为，我们对学生跨文化交际能力和思辨能力培养不够。四川大学原副校长石坚指出，我国过分突出英语教学的工具性和语言知识技能，忽视能力和综合素养的培养，等等。这些观点虽然尖锐，却反映了我国外语教育堪忧之现状。这主要体现在三个方面。

一是重技能轻素质。长期以来，我国外语专业教学的主导模式造成了“教学内容脱离真实的语言环境和实际意义，缺乏足够的语言输入，在教学过程中偏重语言知识的传授，忽视语言机能的培养，使学生运用语言的能力受到限制”。这带来的后果是，教师只是一味地注重知识技能的灌输，而不是文化与价值观的引导；学生也只是将外语看成一种应付考试的科目而已，语言运用能力较弱。

二是重专业轻通识。过于注重外语教育的专业性，课程设置的开放程度不高，人才培养口径过窄。我们希望，外语专业培养出来的学生，不仅专业基础扎实，精通听、说、读、写、译等语言技能，而且培养口径宽阔，最好是能够通过跨学科选修、辅修其他专业或者双学位课程，熟悉其他专业领域知识，具有较好的思维能力、跨文化能力和人文科技素养。

三是重应用轻文化。过去的外语教育强调语言应用技能的培养，采用的是以语言为中心的教学法，课程设置结构单一，人才培养专业基础不厚，尤其是对学生跨文化交际能力和思辨能力培养不够。学生语言技能和交际能力可能不错，但是运用英语解决实际问题的能力和跨文化能力相对欠缺，缺乏文化与文明的渗透教育。

三、基于人文素养的外语教育改革

当今世界正处于大发展大变革大调整时期，习近平总书记直面“人类向何处去”的时代之问，把握世界大势，提出了构建人类命运共同体的倡议。在今后很长一段时期，外语教育工作者应为促进平等沟通与合作、开展文明交流与对话、推动构建人类命运共同体而努力。

第一，回归人文教育的学科本位。人文教育与单一的职业或技能教育不同，是不针对任何功利性或实用性目的的教育。英国著名教育家约翰·亨利·纽曼指出：“人文教育的训练并不是为了特定的或偶然的实用主义目的，也不是为了具体行为或职业目的，或者学业或科研目的，而是为了人文教育本身，为了接受人文教育而进入大学，为的就是人文教育这一理念。”从根本上说，外语教育是一种人文教育。人文教育旨在培育人类的信仰、情感、道德和美感，是一种自由全面发展的教育。英语教育不能只顾技能层面的东西，而忽视其人文学科的本质内涵，否则必然造成道不足而器有余的失衡状态，影响完整人格的培养。现代大学致力于“培养良好的社会公民”，并最终促进社会的和谐发展。从这种意义上讲，外语教育不仅要致力于人们的相互沟通，更要培养宏正达通之士，陶冶品学才识健全之士风。1941年，清华大学原校长、西南联大校长梅贻琦就为实用主义风潮中的中国高等教育开出了药方，即“通识为本，专识为末”，谓：社会所需要者，通才为大，而专家次之。“所谓大学者，非谓有大楼之谓也，有大师之谓也。”他认为，大学的首要任务不是向学生传授专门的技术知识或职业训练，而是应该传授给学生自然科学和社会人文科学方面的知识，着力培养学生的宏观主义和自由主义精神。我们可借鉴吴宓先生在1926年代理清华

2014年7月，蒋洪新（右一）陪同世界银行行长金墉（中）考察湖南师范大学并担任翻译

外文系主任时提出的主张：外语教育要把培养博雅的文化人作为目标，使学生“成为博雅之士；了解西洋文明之精神；熟读西方文学之名著，谙悉西方思想之潮流，因而在国内教授英、德、法各国语言文字及文学，足以胜任愉快；创造今日之中国文学；汇通东西之精神思想而互为介绍传布”。

第二，丰富复合型人才的人文内涵。跨学科研究和教育准备是未来竞争力的核心，因为知识创造和创新经常发生在学科的边界。随着“一带一路”倡议和构建人类命运共同体的提出，新时代对外语人才的需求已发生本质变化，提高人才培养质量、满足多元人才需求已成为现代化建设的迫切要求。从高等教育内部来看，学科专业的综合化趋势越来越明显，学科专业自身的发展呼吁打破壁垒、走多学科协同发展之路。大学教育一方面要使受教育者拥有一定的专业知识，成为一个或几个学科领域的专家，另一方面还要使其能够突破学科边界去思考，具有跨学科意识、批判性思维、文化素养和自由人格。著名英国哲学家怀特海在谈到教育目的时曾说过，要将学生的专业知识与文化素养化为一体：“他们的专业知识为其提供人生起航的基础，他们的文化素养将引领其走向哲学的深度和艺术的高度。”培养更高质量的复合型人才，不能把外语仅仅作为一种技能与载体，而要在夯实外语语言教学的基础之上，强化外语教学作为文化教学和跨文化教学的学科意识，引进文化和跨文化外语教学新视角，重视外语语言文化知识的传授，促进高校外语专业教育的文化转向。1998年以来，我与我的团队把培养卓越外语复合型人才视作学科发展的第一要务。经过努力，湖南师范大学外语学科率先在湖南高校中实现了博士点、博士后流动站和一级学科博士点零的突破，并于2007年获批国家重点学科，2017年入选国家“世界一流”建设学科，我们的团队入选了首批“全国高校黄大年式教师团队”。

第三，坚持外语教学的人文取向。文化是一个民族真正的灵魂，民族文化又必然顽强地存在于课程之中。课程在学校履行教育职能和培养学生核心素养过程中发挥着牵一发而动全身的作用。发挥课程在复合型人才培养中的核心作用，就要努力让课程体系更加健全完善。2018年1月，教育部颁布了《外国语言文学类教学质量国家标准》，对如何设置课程体系提出了两个原则。一是目标导向原则，要求在外国语言文学教育中合理安排各类课程，既要开设基本技能课程（听、说、读、写、译）和专业知识课程（文学、语言学、文化等），又要特别重视开设学习方法、研究方法类课程，注重培养学习和思维能力。课程注重提高学生的文化移情能力，突出“态度”方面的习得。教师从理论和实践方面提高学生跨文化交际意识，培养跨文化交际能力，使其具备国际视野，使学科知识与英语的融合能够发展他们在专业领域进行国际交流的能力，培养学生在跨文化交际中做到随机应变、有理有度、恰如其分。二是内容驱动原则，要求将课程关注的焦点从语言技能转移到文化内涵上来，不是为了语言而教语言，而要通过语言习得其文化内涵。外语类专业学生应掌握外国语言知识、外国文学知识、区域与国别知识，熟悉中国语言文化知识，了解相关专业知识以及人文社会科学与自然科学基础知识，形成跨学科知识结构，体现专业特色。在课程体系设置上，要充分体现课程的复合型，既要有基础技能模块，又要有相关知识模块，还要有综合素养模块。这样不仅能为培养交际技能打下基础，也能突出以言语信息为载体的知识学习，注重人工智能和信息技术在外语教学中的运用，为智慧技能与认知策略的习得打下基础；还能通过综合模块的融合，进一步提高人文素养和跨文化交流的能力，从而开阔学生的人生视野，拓宽心智空间，陶冶人文精神，有意识地提高多种思维能力、独立性、能动性、创新性和团队合作精神。

第四，主动服务国家经济社会发展。纳尔逊·曼德拉曾说过：“若你用一个人能理解的语言与他交谈，可以传递至他的大脑；若你用一个人的母语与他交谈，可以传递至他的心灵。”在推进“一带一路”建设过程中，民心相通尤为重要。民心相通的基础是不同语言文化的相互交流、相互理解和相互融合。湖南师范大学紧扣“一带一路”倡议，努力办好英语、俄语、日语、朝鲜语、法语等外语专业，为“一带一路”建设输送高素质外语人才；同时，加强跨文化及国别与区域等问题研究，建有美国、俄罗斯、东北亚三家教育部国别与区域研究备案中心和5个省级研究机构和智库，入选中联部“金砖国家智库合作中方理事会”和“‘一带一路’智库合作联盟理事会”成员单位，“东北亚研究中心”已成为国内研究朝鲜半岛安全、中朝关系问题最有影响力的智库之一。夯实传播能力的基础在于外语教育和翻译。为有效推进中国文化对外传播，湖南师范大学与俄罗斯喀山联邦大学、美国南犹他大学和韩国圆光大学合作建立了3所孔子学院，经国务院侨办批准设立了华文教育基地，创办了《外国语言与文化》中英文两种期刊，出版了“湖湘文化与世界”系列丛书，承担了多项中华学术外译项目。我们希望通过讲好中国故事，传播中国好声音，为中国文化“走出去工程”做出应有的努力和贡献。我们高举教师教育大旗，不断健全完善卓越外语复合型人才培养体系，成立了语言与文化研究院，融合中国语言文学、哲学、中国史等学科资源，在外语教育中融入中华优秀传统文化和社会主义核心价值观。

新时代构建人类命运共同体为我国外语教育发展提供了新机遇，提出了新要求。推进我国外语教育发展，必须遵循外语教育的内在规律，回归人文教育的本质，彰显新时代的理念，在保持外语语言专业教育的同时，积极顺应经济社会发展和构建人类命运共同体对外语人才的新需求。我们要通过语言与文化的教育，不仅促进人的自由、全面、和谐发展，还要促进中国文化和中华文明兼收并蓄、吐故纳新。

第三章

大师之智：专家学者议外语教育

永远的许国璋

王克非

许国璋（1915—1994年），语言学家、教育家。1939年西南联合大学外文系毕业。1947年赴英国留学。1949年10月回国，历任北京外国语学院英语系系主任、外国语言研究所所长，《外语教学与研究》主编，中国英语教学研究会会长等职。主编的大学《英语》教材通行全国数十载，成为我国同类教材的光辉典范，对我国外语教学产生了广泛而深刻的影响。

在新中国外语教育史上，影响最大最久、最易被人提起、最不会被忘记的杰出学者，当数许国璋先生。他是一位拥有千万学子的传奇导师。他的世界胸襟、哲人睿智、深厚学养、人文关怀、孜孜探求的精神、自信自强的风骨，至今令人感佩，令人缅怀。

1949年9月新中国即将成立之时，年方34岁的许国璋先生即从万里之外的牛津大学返回祖国，执教于外国语学校（后更名为北京外国语学院，今北京外国语大学），直至1994年9月逝世，为北外、为新中国的外语教育，孜孜矻矻奉献了45年。

“一个一生都在求索并将求索的精神产品奉献于世的人是永远不会被忘却的。”这是许国璋先生去世后，我为编写《许国璋先生纪念文集》征稿时写的一句话。25年过去了，在新中国成立70周年之际撰写这篇文章时，这句话仍在我耳边回响，许老的音容笑貌、道德文章不禁涌上心头。

思长纸短。本文试从三个方面描绘中国外语教育史上大写的许国璋先生。

一、一生致力于外语教育

许国璋先生心系教育，是为中国外语教育事业贡献毕生心血的教育大家。

英语的重要性在于它已是事实上的国际通用语，它不仅是人际交往的工具，更汇集了各民族文化知识的精华。40多年前，改革开放之初，大批的青年人还在世界的大门之外徘徊，不懂英语、不懂其他外语，成了走出国门和获取更多知识的障碍。当时，一册《许国璋英语》就是最好的走向世界的语言教材，引得人们争先购买。许先生所主编的这套教材，是畅销时间最长、再版次数最多、印刷数量最大的一套教材。他的名字几乎成了英语的代名词。

当年何以能编写出这么好的教材？除了深厚的语言文化功底，许先生曾说，这样几点是重要的：第一是理念，就是编写之前立意要高，布局要全；第二是选材，即精心挑选适合的文本，多选自经典的文学名著，但也有中国文化的材料；第三是安排，即精心安排词汇、短语、语法等的先后次序和轻重缓急，讲解抓要点，作业重复习；第四是剪裁，他认为现成材料不可找来即用，而需根据进度适当剪裁，包括更换费解的词汇、修改难懂的句子，使教材的语言准确地道，难度上循序渐进。他晚年编写的《新编许国璋英语》，也是这个思路。他非常反对单凭剪刀糨糊就编写教材、词典、语法书的做法。他曾说："我的课文，都不是原封不动拿来就用的，都是要改写的。我是篇篇都改写过的，而且改过多遍。教材不同于一般材料，不可发给学生二流的货色。课本必须是头等材料，一流的文字。要反复推敲，反复polish（润色）。""不仅课文要精，second to none（首屈一指），而且插图也要是一流的，练习也要是最地道的，例句也要是最吸引人的。"[1]"北外英语系的人都知道许老写文

《许国璋电视英语》封面

[1]刘润清. 许国璋教授与英语教育[M]//王克非. 许国璋先生纪念文集. 北京：外语教学与研究出版社，1996.

章是语不惊人誓不休的。他认为无论外国学者还是中国学者，英文都有可改进之处。我敢说即使是莎士比亚把作品送到许老手上，他也会提出若干条值得考虑的意见与建议的。他编选的教材篇篇都是经过反复修改润色的，无不带有鲜明的许国璋特色”。[1] 因此，许先生编写的英语教材是反复打磨修订过的，是浸润了心血和责任感的作品，不仅使他在新中国外语教育史上留下了最浓墨重彩的一笔，更成为几代青年人学习和掌握英语最好的入门书。

改革开放初期，当许多人还不知路该怎样走，书该怎样教时，许国璋先生已高瞻远瞩地写下了《论外语教学的方针与任务》，时在1978年春。文中论证了新形势下中国的外语教育不仅要培养国家建设需要的大批翻译人员和外事干部，更要培养懂外语的专业人才。文章在复刊不久的《外语教学与研究》1978年第2期发表后，受到中央教育主管部门的重视。中共中央副主席李先念在北戴河接见了许国璋先生和北外的另外几位教授，纵谈国家改革开放、经济建设所需的国际化人才培养大计。其后十多年里许先生也曾多次被邀请到中南海和教育部商讨国家发展中的教育问题。许先生走向世界的大教育观触动了高层领导，从而影响到我们国家改革开放中的外语教育事业。

许先生执教一生，从不满足于教人学会英语，而是力主英语教育，即培养学生以英语为工具认知世界，育心益智。他对中国外语教育改革有独到的见解，对改革的前景也充满了期盼。他热切地写道：

> 许多院校十年来的教改成绩是可观的。上海交大的科技英语从一个点推广到多个点，上外一个英语系分出五个专业，尤为突出。清华从工科大学发展到既有理工又有文科和社会科学的新型大学，是一个值得注意的动态。清华现在有十几门文科选修课，包括：西方近代思想史与西方现代哲学、分析哲学、世界三大宗教、文艺心理学、国际经济合作及承包概论、高科技与社会、美学讲座、弗洛伊德–马克思主义学派、世界电影名片赏析等。学生求知如饥人觅

[1]吴冰．可敬的学者，可亲的老人——忆许国璋教授[M]//王克非．许国璋先生纪念文集．北京：外语教学与研究出版社，1996.

> 食，猛不可挡，学校不得不将名额分配到系，以护秩序。人们说，有理工素质的文科学生和有文科素质的理工科学生将是我们教改的希望。(《外语教学与研究》1989年第2期）

说得多好！培养出有理工素质的文科学生，有文科素质的理工科学生，这正是我们多年来对教育的期盼。

许先生对其时的外语教育有期盼，也有忧虑。他说："外语学科要对得起这个时代，对得起自己，应该自省……（20世纪）50年代以后第一批外语人才出山，我们不曾听见培养出英国通、美国通、法国通，也没有听说有什么国际法专家、海事法专家、保险法专家，只听见培养出翻译干部。"

这完全不像一般外语教师甚至一般领导的眼光。他豪气地说：

> 到斐济去捕金枪鱼，到摩洛哥去做罐头沙丁，去做这些事情的，才真是好样儿。开计算机公司，亲自到机房里摸个三年五年，弄出个头绪来，自己设计，自己装配；我有外文，我有技术，我以开发为乐，以失败自励，不怕官家鉴定，软件我自为之，不看别人脸色，而自己有饭可吃。在广阔的知识天地里跌打翻滚，此我之所愿也；学书不成，可以学剑，学剑不成，可以再学：以有涯之生，取无涯之知，明知不易为而为之，此我之所志也。身处中国，可以知外国，可以知世界，看未来。学经济，学法律，学计算机，学国际法；一无所知，而无一不学，我能为之，我乐为之，此我之自强也。(《外语教学与研究》1992年第4期）

这正是他所期望的外语教育改革培养的适应国家各项发展需要的有外语也有专业的各类懂国际规则、有国际视野的人才，而且是经得起摔打经得起失败的自立自强的人才！许先生虽然为中国的外语教育培养出了大批各行各业的专家、学者、译者和优秀教师，但他仍始终心系国家的发展，心系教育的改革！

二、始终醉心于学术探索

许国璋先生学贯中西，是严于修身、勤于治学的学界泰斗。他不仅是家喻户晓的英语教育专家，更是涉猎广泛的知名学者，在语言学、外国文学、翻译、文化史及鲁迅研究等领域均多有建树。

语言学方面，他写出《语言的定义、功能、起源》《语言符号的任意性问题——语言哲学的探索》《论索绪尔的突破精神》《从两本书看索绪尔的语言哲学》《追寻中国古代的语言哲学》《〈马氏文通〉及其语言哲学》《论美国英语的研究》《论词典》以及“Code and transmission in cross-cultural discourse—A study of some samples from Chinese and English”“Language and society as seen by Xu Shen, an ancient Chinese lexicographer”等颇有建树的宏文。

在外国文学方面，他曾写下《〈莎士比亚〉十二赞》《爱默生论莎士比亚》《新兴的一种小品文——视播小品》《鲍士威文稿及其他》等为人称叹的名篇。

在外语教育领域，他发表过《基础阶段英语教学的特点》《美国他语人英语教育学述评》以及“Culturally loaded words and English language teaching”等重要论文，并以“编者的话”的形式撰写了18篇关于外语教育的思考与评论。

在翻译研究方面，他写下了《学术论著的翻译——以罗素〈西方哲学史〉论文艺复兴诸段为例》《对某些已有定译的术语的重新思考》《西方三位译家述评》《金岳霖论翻译》等文章，提出了阐译论的新鲜观点。

在文化及鲁迅研究方面，他撰写了《现代化的语义学及其他》《西方文化史选读》《文明与文化》《〈圣经〉和它所代表的文化》《鲁迅在日本留学时期与西方文学的接触和他的哲学探索》等很有影响力的大作。

这些都是许国璋先生为后世留下的宝贵思想遗产，其中最为人称道的是他致力于用现代语言学观点探索中国语言和语言哲学问题。他既是英语教育家，又是语言学家，二者相辅相成。我们不难推想，他卓越的英语教育成就是以他厚实的哲学、文学和语言学修养为基础的。他不是科班出身的书斋里的语言学家。他以英语为窗口，向世界探寻新知；以哲人的头脑，思索语言和语言学的问题。

当整个外语界的学者包括许国璋本人都以外国文学或比较文学为爱好、为学问时，很多人不知道，早在20世纪50年代，许国璋先生就开始了语言和语言学的钻研。1958年夏，他在《西方语文》（《外语教学与研究》的前身）上发表了《结构主义语言学述评》，在当时的语言学界颇有震动。著名语言学家王力先生曾惊讶北京外国语学院怎么会有人写出这样一篇了不起的论文，而他是在苏联的学术期刊上读到的。许先生这篇论文一面世，即有苏联学者叹为观止，迅速翻译成俄文，发表在俄文期刊里。可时至今日，我们又有多少研究文章能迅即为国外学者翻译发表呢？

改革开放以后，许国璋先生对国外语言学做了广泛、深入的探讨，不仅主编了“现代语言学丛书”和“语言学系列教材”等大型书系，为中国外语界和语言学界引入国外语言学理论，还撰写了大量评介语法学、语义学、语用学、词典学、对比语言学、应用语言学、社会语言学、语言哲学的文章，以及评论索绪尔、布龙菲尔德、乔姆斯基等语言学家的学术文章，极大地推动了我国的语言学研究。他认为：“首先要对国外新的语言学理论加以分析和比较，做出我们自己的判断；更重要的是要结合汉语的研究加以验证，写出结合中国实际的论著。”[1]

许先生对语言本质、语言哲学和语法的论述深刻而富有见地。在《语言的定义、功能、起源》一文中，他开篇即精辟地阐明语言的定义：

> 语言是人类特有的一种符号系统。当它作用于人与人的关系的时候，它是表达相互反应的中介；当它作用于人和客观世界的关系的时候，它是认知事物的工具；当它作用于文化的时候，它是文化信息的载体和容器。

这一定义是许先生多年对语言本质问题的思考和总结，不局限于大多数语言学者所持的语言是社会的一种重要交际工具这样的认识，也不同于国外

---

[1]许国璋. 许国璋文集：第1卷[M]. 北京：商务印书馆，1997：382.

学者强调的语言首先是有声语言，或强调语言的思维性、社会性等认识。他对语言所下的这个定义，首先突出了语言的根本特征——符号性，即作为符号的语词同所代表的事物之间不存在理性的联系，而符号与符号之间的关系不是任意的，是受到横向组合和纵向聚合的规则制约的，它们是一个完整的系统。更重要的是，他的定义提炼了语言的特殊功能，即文化信息的载体和容器，罕有人论及。语言的前两项功能的积淀依赖于第三项功能，即由于有语言，任何时期的语言交往和语言思维才得以保存于后世。这是许先生对语言的宝贵认知，也是他对信息时代语言功能的预测。

不同于一般语言学者，许国璋先生最可贵的是他在汲取国外语言理论精髓的同时，非常注意以现代语言学的观点去重新审视中国的语言学积藏。他说："中国古代的学者给我们留下了很丰富的语言学遗产，有待我们去发掘。"[1]他不仅有这种使命感，而且有独特的条件，即深厚的哲学、史学和文学修养，这使得他在语言学研究上常能独具慧眼，独辟蹊径。研究普世语法时，他从《保尔-罗瓦雅尔语法》论述到乔姆斯基，并结合起来探究马建忠在《马氏文通》里所做的普世语法的先驱性工作。他从理性的角度探讨语言问题，察觉到中国古代的语言哲学如同中国的主流哲学一样是入世的，因而传统的语言文字之学的主旨就是试图找出能指和所指之间的理性联系。在对《文心雕龙》和《说文解字》等的研究中，他都发现了认知产生语言（"心生而言立"）这一具有普世意义的原理。他还对马建忠及其撰写的中国现代第一部语法书《马氏文通》做了独到研究，认为马氏能写出《马氏文通》，并非通晓几门外语，照搬西方文法，而是得西方唯理语法（语言哲学）之先，又对汉语进行了普通语言学意义上的探索。这篇文章还发表在《中国语文》这样的重量级期刊上，用他自己的话说，就是客场打败主队（"beat them on their own ground"，主队指汉语界学者）。

许国璋先生作为一位语言学家和英语教育家，自然对语法问题特别关注。他在《论语法》一文中指出："语法是制约句子里词与词的关系的规则。"并对语

[1]许国璋．许国璋文集：第1卷[M]．北京：商务印书馆，1997：231.

法研究做了高度的历史概括和分门别类，即实证语法和唯理语法、共时语法和历时语法、规定性语法和描写性语法、语言学语法和教学语法，以及普遍语法和个别语法。在30多年前即对语法做出这样抽象的分析研究，确实令人称叹！

许多人只知道许先生是《许国璋英语》的编者，是英语专家，殊不知，他更能引以为豪的是他作为杰出学者的深广的学问和独到的论述。

三、心灵闪烁着人文关怀

许国璋先生是成就千万学子的一代宗师，是在诸多领域纵横驰骋的思想家，同时，他也是极具人文关怀的真诚的学者。

中国自古以来就以道德、学问两方面综合衡评学人。许先生不仅执教治学皆为人师，其言谈举止、待人接物也都闪烁着高山仰止的人性光辉和人文精神。在《许国璋先生纪念文集》里，感人的回忆篇章比比皆是：在关品枢“文革”落难时，他前去嘘寒问暖；在周流溪家庭有难时，他慷慨解囊；对出国留学的李朋义、陈国华等人，他也关怀备至，时以英镑资助其学业。年轻的教师最初走上讲台时，许先生都会亲自将他们扶上马，送一程。梅仁毅教授回忆自己初做教师时，许先生时常检查他的备课笔记和批改的作业，帮助他提高业务水平，也给予亲切的鼓励。张中载教授曾回忆自己最初开设理论课时的情景：

> 许老坐在教室第一排，同学生一起听我讲课。首次讲理论课已让我紧张，许老光临更让我忐忑不安。一紧张，就乱了方寸……待学生走尽，教室里只留下许老和我时，我在他面前确有一种“无颜见江东父老”的愧疚。许老显然已看出我的心情，慈祥地说：“也许我不该来。来了，让你好紧张。要是不紧张，是能讲好的……晚上来我家，再细细地说。”晚上我去他家。他桌上放着听我课时所做的记录。我看足有两页之多。先是肯定成绩。我知道那是鼓励我，让我不要泄气。之后是逐条讲述讲课存在的缺点和问题，连哪些字发音不准确都记录在案，一一细心指出。

许先生待学生如子。我们学生去他家，经常不用事先联系就登门，如进自己家门。每次师生聚会都是许先生自掏腰包请客，从不叫我们破费。他反感清规戒律，从不以学历、资历取人，而有他自己的考查方式。他所在的北外外国语言研究所，不少人是别处不愿意接受的“右派”改正之士和残障人士。英语系一名学生毕业后因故未得到安置，许先生将其接收下来，留在外国语言研究所，后又送他到北大读硕士。我本人更是在毫无学历背景的情况下，被许先生以其特有的方式考核后接纳入校，并悉心指导。这样的事例举不胜举。

许先生对基层特别是偏僻地区的教师总是怀有特别的感情。他主编《外语教学与研究》期刊时，曾多次关切地说，师专、中专的同志不容易，他们身处小地方，图书缺，信息少，交流也难，能写出一篇（甚至多篇）论文实在难得。他们坚守在师专、中专的岗位上本身就很不容易了，我们要尽量帮助他们。只要下了功夫，有一得之见，我们就应该帮他提高，帮他发表。黄冈师专的张本慎老师曾记录了许先生去该校看望师生并讲学时的动人一幕：

> 他老人家健步登上讲台，面对黑压压的人群，朗声说道：“今天在座的有两位我的学生，你们的蓝校长和张老师。他们在这里辛勤地工作，埋头苦干，呕心沥血，培养了一批又一批中学英语教师。他们的工作很有价值，很有意义，我向他们致敬！我为他们感到骄傲。”顿时，全场响起了雷鸣般的掌声。毫无思想准备的蓝葆春和我，眼含热泪起立，毕恭毕敬地向我们白发苍苍的老师和他所代表的母校鞠躬致谢。此情此景，我永生难以忘怀，每忆及此，都禁不住心头激动。

许国璋先生的人文情怀也表现在他对世界文化的独到认知。在1989年第1期《外语教学与研究》的“编者的话”中，许先生谈到了法国革命的纪念活动和欧洲、美国的历史：

> 本刊这一期到达读者手中时，当是巴黎人盛庆法国革命二百周年之际。为了它的一百周年，巴黎竖起俯瞰全城的铁塔，办了世界

> 博览会，纪念这一近代史上已历百年但记忆犹新的事件。今年的二百周年，巴黎将以新的胜利之门——不是耀军功，是夸人类——为中心，让十四个彩排行列向几百万祝贺者致意。真可以说俯仰之间，又是百年。连同第一个百年，它组成一幅上下三个世纪、横跨大洋两岸的长卷。首先是荷兰人民起义，接着是北美十三州发难；稍后，革命1789年在法国爆发，以后点燃了南美各地和欧洲各地，直到20世纪初期的俄国。这期间，许多风云人物起来，又消失了，雄辩的政论家声震一时又缄口了，先知的预言一国一国地证明为妄言了。即以法兰西共和国来说，已经三复君主，五造共和。

他从法国大革命的纪念活动，谈到欧洲、北美及世界各地先后勃发的历史运动，认为外语界应当放眼世界，通过外语达到对世界的认知。

许先生心里装的更多的还是外语教育和外语教师，特别是在比较困难的时候。1990年12月的一天，在清华大学召开的中国英语教学研究会的座谈会上，他曾语重心长地对与会者说："对前途要有信心……要有时代的责任感，有做学问的欲望，有追求知识的志趣。我今年75岁了，仍兴致勃勃地看新书，每天都吸收新的知识、新的思想，享受智力增进的快乐。"在座者闻之无不肃然起敬。

他进而敞开心扉地说：

> 国家总归在进步，不要有失落感。我们总归生活在这块土地上，也只有在这里我们才能够有所作为。愿未来的十年是安定的十年，让广大教师生活在桌净、书多、馔足、菜香、心舒、理达、词明、论畅、中外交流、上下相通的环境中，解决这八个问题以及其他问题！同时也应看到：有断层，也有勇于承乏之人；有迟归，也有坚守之人；有非教育因素的干扰，也有力争贯彻教育原则之人；甚至默认干扰之时，仍有不甘屈从之心，冀诸来日之志。他们是教育改革的坚强者，是树立信心的人。

之后的十年二十年果如他的期待、他的预言和他的勉励，令人敬佩！

这就是许国璋。一个教育家，一个思想家，一个真学人。他，不仅是北京外国语大学的骄傲，也是中国外语界的骄傲！他的精神，是值得我们永远铭记的中国自强自立之精神！

本文由王克非撰写。王克非，师从许国璋教授，北京外国语大学讲席教授，《外语教学与研究》主编。著有《语料库翻译学探索》等，发表论文160多篇。先后主持国家社科重大项目等10多个科研项目，4次获教育部和北京市哲学社科优秀成果奖，获评全国优秀博士论文指导教师，享受国务院政府特殊津贴。

跨越70年的外语教育经历

伊莎白

伊莎白·柯鲁克（Isabel Crook），加拿大人。新中国英语教学拓荒人，北京外国语大学外国专家、教授。1948年，伊莎白和丈夫英国人大卫·柯鲁克（David Crook）应中国共产党邀请来到中央外事学校（北外前身）任教。70余年来，伊莎白亲历并见证了中国外语教育事业的发展与进步，为新中国培养了大量外语人才。2018年，伊莎白获“改革开放40周年最具影响力的外国专家”称号。

一、战火中的教学：南海山的记忆

我的丈夫大卫·柯鲁克是一名记者，我是一名社会学和人类学工作者。我们俩都是共产党员。我们俩是抗日战争期间在中国相识的。纳粹德国进攻苏联后，我们响应保卫社会主义阵营的号召，分别回到欧洲参军。二战结束后，我们想回到中国，了解中国，然后写一本关于中国的书。英国共产党为我们写了一封介绍信，所以来到中国之后，我们受到了中国共产党的热情接待。我们到了晋冀鲁豫边区，晋冀鲁豫中央局第一副书记、代理书记薄一波听说我们想要了解农村生活，尤其是土地改革的情况，就安排我们去了一个叫十里店的小村子。为了方便我们工作，还把他的秘书李棣华安排给我们做翻译。

我们在农村考察了近8个月之后，中央外事组的王炳南代表中央邀请我们留下来，去中央外事学校教书。我们觉得很光荣，就欣然同意了。我们用一辆马车装上行李就出发了。

当时中央外事学校校址在河北省石家庄获鹿县南海山村，是一个刚刚解放的小村子。叶剑英领导的一所军事学校就在附近的一个村子里。我们外事学校的师生都寄居在村民的家里，上课一般都是在户外。最初学校有三十五六个学生，分成三个级别。高级班由大卫教，学生的水平最高。这个班的学生有周南、梁克、史明、李正凌等。中级班是我教，那时候的学生有宁均维等人。还有一个初级班，是一位美国华侨负责的，王助就是这个班的学生。学校一共有 7 个老师，外籍教师有我和大卫，还有马海德，他是叶剑英的私人医生，同时也做一些外事工作。马海德有一个半导体收音机，能收听海外电台，所以他每周都来给我们用英语讲时事。还有一位美籍外教，名叫葛兰恒，她开始是在山东工作，后来安排她来外事学校，她和一个警卫员骑着自行车从山东烟台来到南海山村。

当时，我们没有任何课本，只能四处找一些合适的英文资料当教材，刻蜡版印出来。纸都是草做的，质量很不好，纸面上甚至还能看得见很粗的草茎，有时候一扯就能扯下一片单词来。我告诉领导，我从来没有教过书，不知道什么教学方法。但领导说，你不需要什么教学方法，你的母语是英语，你讲英语就行了。

后来，国民党可能发现了叶剑英的总部在南海山一带，但是不确定具体位置，所以就派飞机对这一带进行轰炸。叶剑英非常关心我们，他指示我们白天躲在田间，学生们带着课本在田间学习。有一天，我们都非常惊喜，因为叶剑英同志来了，并和我们一起在田间吃了饭。我们早晨疏散的时候都是带着自己的干粮。那时候，对我们的要求是不许去老百姓家里吃饭。有一次，一个新生不知道这些要求，想吃烤馒头，就跑到老乡家里去吃，结果回到

柯鲁克夫妇在河北省获鹿县南海山村中央外事学校

学校就被严厉地批评了。叶剑英知道这件事之后就说，不必太严厉，你们不是战士。

有一天，叶剑英通知我们可以不用疏散了，因为不会再有飞机过来空袭了。我们都很纳闷，他是如何知道的呢？第二天我们明白了，因为那时在济南附近淮海战役爆发了，国民党的飞机都投入到战斗中去了。

之后，我们转移到北京来，南海山村那段经历就结束了。

二、艰苦探索：最初的北外教学

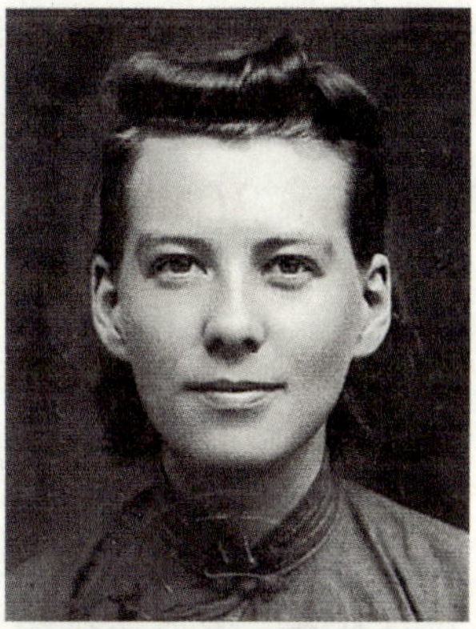

青年时代的伊莎白

刚开始在北外教学时，我和大卫都很缺乏系统的教学理论和专业的经验。大卫以前在上海的圣约翰大学教过，后来还在成都的南京大学教过，但没受过培训，我以前也没有教过英语。但是我们都有另外一样很有益的经验，那就是我们都很了解中国革命。我那时很紧张，因为我不知道该怎么教，但是我仍然想看看社会主义是如何建设的，这就是那时我想加入到社会主义建设中去的原因。我到这里来不是像其他人那样是对语言感兴趣，对教学感兴趣。作为共产主义者，我们很想了解毛泽东路线而且很想实现它。进城的时候，留校的党员几乎就剩下了我们俩，因为其他老师都被分配去从事外事工作了。

我们真的需要英语老师。周恩来总理对我们的校长刘仲容说，不许从别的学校挖老师过来。事实上，在西苑时我们离清华和燕京（后来北大搬到那儿了）都很近，那里有老师愿意转入这所来自革命根据地的大学。后来，中国共产党派送了一批国民党外交人员和其他一些没能去台湾的人员来支持我们学校。这样我们学校就有了像李秉汉、王锡钧和张汉熙这样一批外语很优秀的人才。这是一部分教师来源。另外一部分就是吸引了一些海外归来的学者，像王佐良、许国璋、周珏良、吴景荣和其他一些人。

1949年，大卫和葛兰恒按要求要准备一套教材，这是我们学校的第一套教材。在北京，他们找遍了所有的进步杂志，搜索了很多有意思的文章，根据他们自己的判断标准把这些材料编成三个等级，最简单的是第一级，难一点的是第二级，最难的是第三级。

编写教材成了我们四个外教（陈梅洁代替了葛兰恒，因为后者去了新华社）的特殊工作。学校还要求我们创造一种说英语的氛围，因为那时放学后就没有说英语的氛围了，不像在上海。我记得当时我问吴道胜他的口语为什么这么棒，他说他几乎每天下午都去看美国电影。但20世纪50年代那会儿什么都没有。所以学校要求我们开会时也说英语，上课也一直跟学生说英语，下了课也尽可能地创造一种说英语的氛围。此外，只要有外国人来北京，大卫就常邀请他们来给学生做讲座，也会组织一些在北京工作的外国人一起出游，比如去颐和园这样的地方，这样学生就有机会给他们做口译。

三、20世纪50年代英语教学点滴

20世纪50年代，毛主席很关心工农团结，要求我们学校既要有知识分子的孩子，也要有工农的孩子，不能只收成绩好的学生。我们当时的考试不是很严格，因此有一些基础比较差的工农子弟也被招进学校，学生的文化程度参差不齐。周恩来总理当时还兼任外交部部长，他对我们学校很关心，要求我们培养出具备“听说读写译”五种能力的高素质人才。所以，我们学校就决定不开大班。那时候，我们一个班一般是16个人，最多也只有18个人。老师们为了达到领导要求的目标，就坚持白天上课、晚上去班里继续辅导后进的学生。

那个时候，我们教学工作的安排组织跟现在很不一样。一个学期结束之后，英文系的领导就会安排这个老师教这个班级的学生，那个老师教那个班级。然后，老师们就一起商量用什么样的主要教材，用什么样的阅读材料等，确定之后交给领导审阅。领导对我们的选择很信任，基本上不干涉我们安排的内容，更多的是关心我们给学生的任务是否会过重。领导们提一些意见后，我们再做出修改。因为我们各个年级之间是不联系的，大家都是独立组织，所以有时候二年级跟三年级用的材料是一样的。这本来是不太应该的，不过，各年级对教学材料的用法和教学中所要解决的问题是不一样的。

伊莎白和柯鲁克指导青年教师备课

那时候，有一些年轻的老师来学校工作，我们每周都要开会，做教学计划，让年轻老师向经验丰富的老教师们提问题，学习解决问题的经验。老师们既有自己选择的自由，也有集体责任感，彼此之间关系很好，每个年级的老师就是一个小集体。不过，大卫和我们不一样，他和王佐良等一些著名教授教毕业班的学生，他们就没有组成教学小组，而是彼此分工，各人有各人的计划。

1955年，我们英文系来了一个苏联专家维拉·特鲁尼娜（Vera Trunina）。我们就向她学习社会主义国家是如何教英文的。她的英文很棒，不过在来北外之前她还没有见过英国人。我们成了朋友之后，她才告诉我，她听说北外有一个英国人，所以想来看看真正的英语是怎样的。她还带来了苏联的英语课本，不过，我们只使用了他们的教学方法。因为苏联的英语教材中分析语言问题是通过比较俄语和英语之间的差别，而不是比较中文和英语之间的差别，所以，我们就把这部分教学内容全部改换了，使用了一些欧洲的材料。虽然苏联教材的教学方法很好，但是教材内容对中国学生来说不是十分合适。她给我印象最深的是她的工作态度。不论什么时候，我们的领导向她提问题，她总会说，在苏联，这样的问题我们通常会这样做，但是这是在中国，你们要决定这些方法是否适用。她从来不说应该这样或那样。她是我们的课程顾问，虽然不参与教学，但是她引进了一些新的教学法，例如上公开课。她会到处听课，如果她发现某个老师讲得很好，就会叫上其他教同一门课程的老师一起听这位老师的公开课。她在北外待了两年时间。还有一件事，以前学校会有一些为了庆祝春节或者是欢迎客座教授的聚会（Welcome Parties），她发现参加聚会的男人很多，但女人很少。她就问：为什么妻子们都不来参加呢？老师们的妻子往往都是在不同的机构教学。她去向领导说了这个情况，学校接受了她的建议，于是我们学校第一次邀请老师们的妻子参加聚会。

四、教学试验：勇于革新的北外精神

北外的一个特点是：允许教师做试验。我记得李秉汉曾是驻拉丁美洲的新闻记者。新中国刚成立的时候，他回国了。他是位极受尊敬的老师。他认为我们在分析阅读上花的时间太多了。他建议学生进行大量广泛的阅读，而不只是精读，所以系里就允许他带一两个班来做试验。

还有一项我发起的教学试验。我认为大量的时间都花在只顾教学生语言上，而我们其实能一石二鸟，通过选择好的篇章给学生教语言、长知识。我们的试验组里有钟述孔、张汉熙和我，学生是一大批工农兵学员，是“文化大革命”期间复课后的第一批。这些学员被分成好多个班级，我们选择了其中最好的两个班级。这个试验的目的就是教授他们语言的同时，增长他们的知识。我们每两周一个主题，比如说这个主题是关于非洲的，我们就会选择一个短篇精读进行语言分析，然后泛读，选涵盖不同层面的篇章，如经济、历史、文化之类。泛读的时候，不仅做阅读理解，也不只是关于内容的问和答，我们还做讨论和辩论。张汉熙还特别强调速读。

我认为，课文是为语言服务的，泛读是为了从字里行间思辨地理解内容、练习速读等。记得有一个单元的内容是读《伊索寓言》，学生们就争论伊索是什么意思，认为这对他们来说很有用。因为很多学生都是急切关注着语言点，以至于他们会问为什么是这个介词，或者那个词是动名词还是现在进行时，但就是不理解整体意思。那时候，我们需要三个老师教两个班。因为两个老师教上一个单元时，必须有另外一个老师准备下一个单元的材料，真的是非常紧张。记得有一次钟述孔还熬夜油印第二天的材料，虽然多数单元的内容我们都想好了，但还是需要时间去准备。

这个试验持续了整个一学年，可惜的是，那个实验里的人后来都离开我们学校了。有一个后来做了外交学院的副院长，叫任小平，现在是大使。还有好几个同学都做了大使，其中还有女大使。我们培养出了好多位女大使。

在评估第一个试验的时候，大家认为我们是成功的，但也有老师说我们的成功在于我们的学生素质高，如果学生素质比较差，那么结果可能就不会这么理想了。我想也许有这方面的原因，于是提出给我个差班。这次比较简单，试验组里只有我和邓炎昌两个老师，学生是第三批工农兵学员。因为第二批工农兵学员是通过考试进来的，可是受“文化大革命”的影响，很多人说第二批学员受到了考试的束缚，所以第三批学员就没考而直接推荐入学，有的基础非常差。事实上，第二批学员很好，我们的很多优秀教师都是那届的。我们敢于试验，因为我们正在建设社会主义，所以各方面都和西方世界的模式完全不同。

五、教学传统：亲密无间的师生关系

在毛主席领导的时代，师生之间是一种很亲密的关系。师生之间亲密无间的关系是促进语言教学效果提高的关键。另外就是教师们都很投入，我们搞的是教师负责制。教师们晚上都在教室里面帮助那些学习有困难的学生，虽然这可能并不是最好的办法，但还是得这样去做。

对于差生，我会尽力去帮助他们分析最常见的错误，做一些句型训练。我上课做的第一件事就是让大家一起背诵句型，不断重复，从而帮助他们纠正语音。每节课的前5分钟我都会让学生们练习一两个句型。另外，我还把班级分组。当时一个班就16个人，我就把他们分成4组，每组4个人，各组有一个好学生、一个差学生、两个中等生，好多口语练习或是写作练习都是在小组里完成的。这意味着要依靠好学生和两个中等生去帮助差生提高成绩。改革开放后几年，有一次，很凑巧我遇见了当初班级里的一个好学生，我向她道歉说，如果当初我给她布置一些特殊的作业而不是让她去帮助差生，那么她会更优秀。她很惊讶地对我说：“没有啊！您教会了我怎么做人啊！”

我们也很注重培训年轻教师，帮助年轻教师成长。我们有集体备课的传统，每个年级都这样，每课都有教案。我们从学校的毕业生中招收新教师，然后安排从他们开始进行集体备课。集体备课时，我们坐在一起讨论问题和教案。我们会挑出语言点，指出学生有可能犯的一些错误，以便新教师上课时能有所准备，知道该如何处理这些问题。有人会说：“哦，学生不理解这个，怎么解释呢?”我们就给他们提建议。我们有时还会说一些教案以外的事情，这也是那时候我很喜欢做的事儿。事实上我们会在一起待好几个小时，因为我们还要在一起开展政治学习。我们每周三和周六下午都有政治学习，学习一些文件，比如“百花齐放，百家争鸣”，或是别的材料，所以我们大家彼此之间都很了解。

编后记：向新中国外语教育的拓荒人致敬

2019年7月30日，伊莎白（前排右五）被授予“重庆市璧山区荣誉市民”称号

回顾历史，我们深深感慨，在物质匮乏的年代，人们的精神却如此富足。正因为如此，才会有人发出这样的感叹：他们吃最粗粝的食物，学最纯正的英语。

在艰苦的环境下，为探索中国特色的外语教育之道，以伊莎白为代表的一代代外语人不断摸索、创新，从外语教育目标到学科定位，从课程改革到教材编写，从教学模式转变到教师发展，逐渐形成了一套适应学生需要、满足国家需求的外语教育思想和教学方法。

秉承教育“为国家立心、为学生立命、为外语教育辟天路”的精神，伊莎白将自己的青春和热血献给了她深爱的这片土地。她这种无私奉献、孜孜以求的精神，迸发出伟大的声响。这声响，和众多声响汇聚一道，振聋发聩，奏响了北外历史的最强音，也开启了新中国外语教育的新纪元。

向这位可亲可敬的老人致敬！向所有新中国外语教育的拓荒人致敬！

参考文献

北京外国语大学校庆办公室．岁月如歌——北外70年历程回顾[M]．北京：北京外国语大学，2011：4-12．

周燕．用精神行走的人——记老一代北外外语教师的教育人生[M]．北京：外语教学与研究出版社，2011：1-53．

本文由冯涛整理。冯涛，外语教学与研究出版社高等英语教育出版分社社长助理、英语专业部主任。

金声玉振　笔耕不辍
——记王佐良先生

王　茜（整理）

王佐良（1916—1995年），英语语言学家、诗人、翻译家、教育家。1935年考入清华大学外文系，1947年考入牛津大学茂登学院，获硕士学位。1949年回国，任教于外国语学校（今北京外国语大学）。曾任中国外语教学研究会副会长、中国外国文学学会副会长、《外国文学》主编等职。历任第六届、第七届全国政协委员，国务院学位委员会学科评议组外国文学组组长，国家教委高等学校专业外语教材编审委员会主任等。

一、文学家王佐良——“衰年而能灯下开卷静读”

王佐良先生在很长时间内都将主要精力放在教学工作上，但自20世纪50年代后期起，他开始在繁忙的教学工作之余，从事英国文学的论述、推介和翻译工作。在经过多年的思考与实践以后，王佐良先生在英语文学、比较文学、文学史和文学翻译理论等方面的学术思想日臻成熟。从1978年起，几乎每年都有他的专著出版，而发表在各杂志上的短文和学术会议上的论文更是数量惊人。

王佐良先生的一大贡献是向中国的广大读者系统介绍英语文学的大量优秀著作。“文革”后，他先是主编了《美国短篇小说选》（1980），后来又将和李赋宁、周珏良、刘承沛合作选编的《英美文学活页文选》集录成《英国文学名篇选注》（1983），再后来又主编了《英国诗选》（1988）、《并非舞文弄墨——英国散文名篇新选》（1994）等。在这些著作中，王佐良先生不仅

王佐良1949年牛津大学毕业照

亲自翻译了许多英语名著，还为他选编的几乎每一篇作品都精心撰写了介绍和述评，使读者在欣赏异国诗文的音韵风采之余，还能了解到有关作者的身世和文化背景等知识。

从上大学撰写英国诗人艾略特的研究论文和在牛津大学主修17世纪英语文学开始，王佐良先生一直在英国文学的研究领域辛勤耕耘，并多有建树。进入20世纪80年代以来，他先后编著了《英国文学论文集》(1980)、《中外文学之间》(1984)、《论契合——比较文学研究集》(1985)、《照澜集》(1986)、《风格和风格的背后》(1987)、《莎士比亚绪论——兼及中国莎学》(1991)、《英诗的境界》(1991) 等著作，从多个角度介绍了英国文学和其他西方文学，以及自己的研究心得。其中，《论契合——比较文学研究集》一书，探讨的中心问题是20世纪中西方文学间的“契合”关系。“契合”这一概念的提出，是对比较文学研究做出的重大贡献。《论契合——比较文学研究集》出版后，以其新颖的研究方法、独到的见解和清新的文笔，荣获北京市首届哲学社会科学和政策研究优秀成果奖及全国首届比较文学图书荣誉奖。

王佐良先生在外国文学研究方面最重要的学术贡献在于对英国文学史(包括诗史、散文史、小说史、戏剧史等) 的研究和撰著。在他生命的最后10年中，王佐良先生致力于文学史的研究和论述，主编并参与编写了一系列综合性文学史以及专题性文学史书，相继出版了《英国浪漫主义诗歌史》(1991)、《英国诗史》(1993)、《英国散文的流变》(1994)、《英国二十世纪文学史》(1994) 等有关英国文学史的专著，并主持完成了国家社会科学基金重点研究项目《英国文学史》(1996) 的编纂工作。

在这些著作的编写过程中，王佐良先生关于文学史观的理解逐步深化和充实。在谈及“修史”这一十分严肃的工作时，王佐良先生在《英国文学史》一书中写道：

> 近年来一直在从事文学史的研究和撰写工作，有一个问题始终令我困惑，即一部文学史应以什么为纲。没有纲则文学史不过是若干作家论的串联，有了纲才足以言史。经过一个时期的摸索，我感到比较切实可行的办法是以几个主要文学品种（诗歌、戏剧、小说、散文等）的演化为经，以大的文学潮流（文艺复兴、浪漫主义、现代主义等）为纬，重要作家则用“特写镜头”突出来，这样文学本身的发展可以说得比较具体，也有大的线索可寻。同时，又要把文学同整个文化（社会、政治、经济等）的变化联系起来谈，避免把文学孤立起来，成为幽室之兰。
>
> ……
>
> 至于编写外国文学史的其他原则，我的想法可以扼要归纳为几点，即：要有中国观点，要以历史唯物主义为指导，要以叙述为主，要有可读性。

王佐良先生有关英国文学史的一系列著作中所提出的观点，为中外文学史的研究指出了正确的、可遵循的方向。更为可贵的是，正如王佐良先生在《英国诗史》的序言中所说：“写书的过程也是学习和发现的过程。经过这番努力，我发现我对于英国诗的知识充实了，重温了过去喜欢的诗，又发现了许许多多过去没有认识的好诗，等于是把一大部分英国好诗从古到今地又读了一遍。衰年而能灯下开卷静读，也是近来一件快事。”王佐良先生潜心研究、锐意进取、一丝不苟的治学态度也为后辈带来激励和鼓舞。

二、诗人王佐良——“我爱诗”

王佐良先生是诗人，写诗、讲诗、评诗、译诗都得心应手。陈琳先生在与王佐良先生的一次会面后，曾回忆道：

> 记得是上世纪90年代初，当时我做大学成教学院院长。一次，我请佐良师给学生做一场关于文学与语言学习的报告。在向听众

介绍佐良师时，我说："王佐良教授是我们大家都熟悉的，他是诗人、文学家、作家、翻译家，当然又是教育家。"

接着佐良师开始讲话。他说："刚才陈老师介绍我时，说我是诗人。是的，我喜欢诗，我爱诗，我爱中国诗，我爱外国诗，我也翻译了许多诗；但我自己诗写得不多。然而把我称作诗人，而且首先介绍说我是诗人，我是高兴的，我是感谢的。"

从这段回忆录中，我们可以深深感受到王佐良先生对诗和诗人的一往情深。

学生时代的王佐良先生就已显露出不凡的文学才华，读中学时即已在报刊上发表诗作多首。大学期间，老师威廉·燕卜荪对王佐良先生产生了极大影响。王佐良先生对英诗有着浓厚兴趣，他后来对英诗的研究和翻译，以及他自己的诗歌创作，在一定程度上都源于他对燕卜荪和他的诗的崇敬和喜爱。燕卜荪的诗作以及他对诗（尤其是莎诗）的钟爱为王佐良先生开启了一扇新的大门，并引导他走上一条以译文的形式向国人介绍英诗的道路。这一时期，其诗作除在《清华周刊》《时与潮文艺》等刊物上发表之外，有两首诗还被闻一多先生收入他所编选的《现代诗钞》。20世纪40年代是王佐良先生写诗的旺盛时期，1947年他在赴英国求学的途中写了以《去国行》为总名的组诗五首；在欧洲时，他写了《巴黎码头边》《伦敦夜景》等诗篇。1949年年初从欧洲回到祖国，开始从事教学工作后，他便没有时间写诗了，直到改革开放后，才又写下了抒发心声的《城里有花了》和以《春天，想到了莎士比亚》为总名的组诗七首。值得一提的是，后者是王佐良先生以诗的形式写出自己对文学以及语言探究的心得。

1988年，王佐良应邀出席在英国莎士比亚故乡斯特拉福特举办的国际莎学年会

此外，王佐良先生的不少著述都是讲诗、评诗的，如《英国诗文选译集》(1980)、《苏格兰诗

选》(1986)、《英国诗选》(1988)、《英国浪漫主义诗歌史》(1991)、《英诗的境界》(1991)、《英国诗史》(1993)等。

除了写诗、讲评诗，王佐良先生也译诗。在《我为什么要译诗》一文中，佐良先生写道：

> 我为什么要译诗？主要是因为我爱诗。原来自己也写诗，后来写不成了，于是译诗，好像在译诗中还能追寻失去的欢乐，而同时译诗又不易，碰到不少难题，这倒也吸引了我。
>
> 另外，我也关心我国的新诗坛，希望自己所译对于我国的诗歌创作有点帮助。中外诗歌各有优缺点，应该互相交流、学习。

从这短短的一段话里可以看出，王佐良先生之所以致力于译诗，首先是因为他爱诗，因而他也爱翻译自己所爱的诗。关于写诗和译诗的关系，或者说诗人和诗歌译者之间的关系，王佐良先生曾说："译诗是写诗的一种延长和再证实。"他曾在《译诗和写诗之间》一文中说："只有诗人才能把诗译好。""诗人译诗，也有益于他自己的创作。"在《穆旦：由来与归宿》一文中，他又说："诗歌翻译需要译者的诗才，但通过翻译诗才不是受到侵蚀，而是受到滋润。"王佐良先生正是这样一个以自己的诗才译诗，而又从中得到无限滋润的诗人。

三、翻译家王佐良——"一个业余翻译者"

早在20世纪40年代初，王佐良先生在西南联大任教时就翻译出了爱尔兰大文豪乔伊斯的短篇小说合集《都柏林人》，但此译本未来得及出版，就遇上日寇飞机轰击，手稿不幸化为灰烬。之后，在英国留学期间，王佐良先生主要致力于英国文学的研究。回国后，繁重的教学、科研与行政工作使王佐良先生只能利用假期时间从事文学翻译。他谦虚地自称为"一个业余翻译者"。

在文学翻译方面，王佐良先生以民族文化为立足点，吸纳西方先进的研究方法，形成了独特的、具有前瞻性的翻译理论，且身体力行，翻译了多部佳作。

新中国成立之初，中共中央宣传部组建了《毛泽东选集》英译委员会，王佐良先生与金岳霖、钱锺书等著名学者一起，共同参加了《毛泽东选集》1—4卷的翻译工作。20世纪50年代，他翻译的代表作是培根的《随笔》三篇，其中最为读者耳熟能详的《论读书》的译文，被同行学者们誉为“好似一座令后来者难以翻越的高高的山峰”。

> 读书足以怡情，足以傅彩，足以长才。其怡情也，最见于独处幽居之时；其傅彩也，最见于高谈阔论之中；其长才也，最见于处世判事之际。
>
> ……
>
> 读书使人充实，讨论使人机智，笔记使人准确……读史使人明智，读诗使人灵秀，数学使人周密，科学使人深刻，伦理学使人庄重，逻辑修辞之学使人善辩：凡有所学，皆成性格。

1958年，王佐良先生与阿奇·巴恩斯合作完成了中国话剧经典作品《雷雨》全剧剧本的英译工作，他们用生动、地道的英语准确地表现了剧中各角色的个性，出版后受到行家的一致赞扬。同一时期，王佐良先生翻译了苏格兰著名诗人罗伯特·彭斯的诗，并出版了《彭斯诗选》，为中国读者留下了脍炙人口的诗句译文：

> 呵，我的爱人像朵红红的玫瑰，六月里迎风初开；
> 呵，我的爱人像支甜甜的曲子，奏得合拍又和谐。

然而，王佐良先生永远是一个虚怀若谷的人，他在《翻译：思考与试笔》中对于自己的译文自评道：“《一朵红红的玫瑰》这样著名的诗篇，英语是如此简练，如此清新，而我的中文译文，念起来就不大好了。”他又曾说：“我们必须不断地学习，不断地深入观察，不断地深入实践。翻译者是一个永恒的学生。”

四、教育家王佐良——"这是一种责任，也是一种快乐"

1939年，王佐良西南联大毕业留念

在追忆了王佐良先生在英国文学、诗学以及翻译事业诸多领域的重大成就后，我们也不能忘记：王佐良先生首先是一位教师。

1939年，王佐良先生在西南联大完成学业后留校任教，1949年从英国牛津大学毕业回国后，被安排到外国语学校（后更名为北京外国语学院，今北京外国语大学）担任教授、教研室主任、英语系主任、副院长、外国文学研究所所长、校长顾问等职务；并先后担任本科生、硕博士研究生的教学和导师工作。在王佐良先生和他的同事们的共同努力下，北京外国语学院很快便成为我国水平最高的外语教学与研究基地之一，为国家培养了一大批高质量的外语人才和学术骨干。

在教学中，王佐良先生给人印象最深的是其授课方式。王佐良先生较早地采用了启发式、讨论式等现代先进教学方法，他永远以一个共同探讨者的身份与学生"交谈"。他善于就所学内容提出问题，让学生发表意见，在探讨中不时插入一些自己的带启发性的观点，引导学生更深入地思考。不过，在这样的课堂研讨活动的最后，他总会以似乎是在总结学生意见的态度和方式来提出结论。这些结论，实际上是将学生引导上了一个更高的认识层次，但又使学生感到有自己的意见在其中。这就是王佐良先生的教学艺术，它充分体现了对学生的尊重，以及对发挥学生独立思考能力的有效引导。不仅如此，王佐良先生讲课也极富文采和感染力，张中载先生曾回忆道：

> 40多年前在北京外国语大学时，最爱听王先生讲课。培根的随笔、英诗和莎剧……他让我们爱上了英国文学，也让我们领略到了他横溢的才华……他上课，有时带讲稿，有时空手而来，在讲台站定，从西装口袋掏出两三张卡片，放在桌上，却也往往是"不屑一

顾”，就如数家珍似的讲起来。他有惊人的记忆力，不依赖文本，能成段引用英诗和莎剧。

此外，王佐良先生乐于助人、诲人不倦的精神也是他所有的同事和学生都深有体会的。所有曾受益于王佐良先生的人都永远不会忘记他对中青年教师的帮助、引导和提携。许多后辈教师在他的指引下选定了自己的研究方向，甚至明确了自己在学术生涯中的最终目标。说到王佐良先生的诲人不倦精神，还必须提到他对学生们的严格要求。陈琳先生就回忆道：王佐良先生经常鼓励年轻人，很少严词批评，不过得到他直面的夸赞和表扬也不太容易；但是，当他看到学生确实用心做了功课，并确实感到满意时，他会以真心实意的态度给予恰如其分的肯定，但绝不会有任何溢美之词。

为了适应教学和翻译工作的需要，王佐良先生还潜心研究了英语语言学方面的一些课题，尤其是英语的文体和风格。王佐良先生1963年撰写的《关

1992年，北京外国语学院博士生论文答辩后师生合影，左起：胡文仲、何其莘、敏泽、吴景荣、丁往道、王佐良、杨国斌

于英语的文体、风格研究》，堪称国内系统研究英语文体学的开山之作。王佐良先生在英语文体学等方面的研究成果也大大充实了我国英语教材的内容。1987年出版的由他和丁往道主编的《英语文体学引论》立意新颖，论述精辟，结构严谨，受到教育界的一致好评，荣获国家教委第二届全国高校优秀教材优秀奖及北京市第二届哲学社会科学优秀成果一等奖。

此外，王佐良先生还曾作为副主编之一（主编为吴景荣）加入《汉英词典》编写班子，这本在1978年面世的大型工具书是王佐良先生参与编写的唯一一部辞书。为了使每一个词条、释言和例句都能达到准确无误和鲜明生动，他废寝忘食、一丝不苟地进行了大量的查阅和考证工作，并尽力为参与编写工作的青年教师提供帮助。在总结编写这部词典的心得体会时，他说："最终决定一部作品语言的好坏，以及在一定意义上决定一部词典优劣的，不仅在于编著者对于某种表达形式的精通与否，而且还在于他对论及对象的敏感性、他的想象力、他的求知欲和对新生事物探索的勇气、他对人类事业的关注和他是否有一个正确的世界观。"这种不满足于就事论事的思维方法和勇于求索、善于想象、孜孜不倦的敬业精神，贯穿了王佐良先生的一生。

以工作为乐，是王佐良先生人生观的重要内容。晚年虽积劳成疾，罹患心血管疾病，但他依然壮心不已，以惊人的毅力克服病痛带来的种种不便，更加奋发工作。他曾说过："年逾古稀，还能工作，从一个意义上来讲，可以说是我的福气，从另一个意义上来讲，也是不得已。我总是希望在有生之年为国家多做些贡献。尤其对我们来说，耽误了几十年的时间，就特别想把损失的时间尽量补回来。这是一种责任，也是一种快乐。"

五、结语

《孟子·万章下》曰："集大成也者，金声而玉振之也。"王佐良先生学识精深广博，著作意蕴丰赡，是集外语教育、文学与文学史、诗歌创作与诗论、翻译实践与理论等于大成的多面手。王佐良先生一生以"衰年而能灯下开卷静读"这一"活到老，学到老"的态度，以"我爱诗"的热爱与激情，以"一个业余翻译者”的谦逊品质，以“这是一种责任，也是一种快乐”的乐观豁达和坚韧不拔的精神，为我国外语教学的学科建设和外国文学研究的发展做出了卓越贡献。

参考文献

王佐良．王佐良全集：第1卷[M]．北京：外语教学与研究出版社，2016．
张中载．秋天，想起了王佐良[N]．中华读书报，2012-08-09．

本文由王茜整理。王茜，外语教学与研究出版社高等英语教育出版分社英语专业部编辑。

与新中国外语教育同频共振

——记陈琳教授

王定华

陈琳，北京外国语大学教授，现任国家语言文字工作委员会咨询委员会委员、外语中文译写规范专家委员会主任委员等职。曾编写新中国第一部全国大学英语专业通用英语教材，主持中国第一套广播电视英语教学节目，主编我国第一套小初高“一条龙”英语教材。入选“改革开放30年中国教育风云人物”和“2008年首都十大年度教育新闻人物”。2018年被教育部授予“全国优秀教师”荣誉称号。

有这样一位外语教育人，他是一名优秀的中国共产党员，他是一名年近百岁的教书匠，他是一名全国优秀教师，他投身外语教育70余载，他的从教生涯与新中国外语教育70年历程同频共振，他是新中国外语教育的亲历者、开拓者、推动者、引领者、践行者、见证者，他就是我国著名外语教育家、北京外国语大学教授陈琳。

早在20世纪90年代，我作为教育部基础教育司的干部就与陈琳教授相识，此后几十年里，虽然工作岗位屡有变化，但总能与他有一些接触，他也成为我的良师益友。2018年，我来到北京外国语大学担任党委书记，与这位老友成了真正的同事，有了更加密切的联系。我谨以我个人的视角，尝试去介绍和解读陈琳同志，希望通过他的个人经历和先进事迹，展示新中国外语教育波澜壮阔的70年历程，也让大家更加了解这位可亲、可敬、可爱的长者。

一、党员楷模

陈琳是一名老党员。他以浓厚的家国情怀和强烈的社会责任感，70年如一日，听党话，跟党走，党叫干啥就干啥，始终把为人民服务放在首位。他常说："是党的教育使我成为一名人民教师，使我能有机会在教育战线上为祖国贡献自己的力量，做对人民有益的工作。"陈琳认为，"语言是没有阶级性的，一个民族中任何阶级的人，都使用同一个民族语言。但是，语言在国际交流、社会发展和人民日常生活中的具体使用，具有鲜明的意识形态、政治性、文化性和人文性。"

从1950年进入北外任教至今，陈琳将自己的一切都奉献给了新中国的外语教育事业。他认为："人民的总体外语水平，是一个民族、一个国家综合国力的重要组成部分。"而今，虽已近百岁高龄，但他仍继续全身心工作。陈琳常常自嘲是"Retired but not tired"（退而不休）。有人问他有什么人生座右铭，他说："有的，那就是Life is to give, not to take（人生是给予而不是索取）。"

在离休后的几十年里，陈琳不肯闲着。他的人生信条是"只要活着，就要工作"。他有一个特制的"月历"。"月历"的每一天都详细安排了工作内容，小字密密麻麻，却又一目了然。谁见到这本月历，都会深受感动。他的生活中常常出现这种情况：上午刚从外地回来，中午就要参加教育部或北京市召开的重要会议；或下午刚刚万里迢迢地从国外飞回，晚上就要参加某个活动或会见；有时候直至深夜方能回家休息，次日清晨就又要起床洗漱，匆匆外出开会。可以说，陈琳这匹"老骥"，离休几十年，从未"伏枥"休息过。过去麻利地"日行千里"，今天依然执着地"日行千里"。

因为工作多、年龄大、有腰伤，有很长一段时间，陈琳疼痛难忍，腰直不起来，为此他先后做了三次大手术。2012年做最近一次手术时，他已90岁高龄，但仍坚持要做，声称"不能成为废人"。在医院做手术前，他曾立下遗嘱。遗嘱字字句句感人肺腑，体现了一位老共产党员将一切都奉献给祖国和人民的决心和勇气。

二、师德典范

陈琳说自己“今生来世都想从事教师这份职业，因为做教师能接触朝气蓬勃的年轻人，整天和年轻人在一起，你会发现自己也很年轻，这是我人生的一种向往”。他的人生目标就是做一名“百岁教书匠”。虽已近期颐之年，但他看上去要比实际年龄起码年轻十几岁，精力要比实际年龄旺盛20岁。他表示，若人有来生，他还要当一名外语教师。陈琳真正做到了“捧着一颗心来，不带半根草去”，信念坚定，道德高尚，教书育人，无愧为一代师德楷模。2018年教师节前后，《人民日报》和新华社分别报道了陈琳同志的感人事迹。

> 从1948年在南京金陵大学担任英语助教，到1950年进入北京外国语学校任教至今，陈琳在外语教育事业中已耕耘70载。
>
> 熟悉陈琳的同行和学生都知道，他上课始终秉持三个“Up”：无论什么时候，上课始终“Stand Up”；一定要有激情，声音要大，即“Speak Up”；在规定的时间内完成自己的讲课，到时间了一定要“Shut Up”。他率先垂范，严于律己。这份始终如一的执着、激情和操守，让他赢得了师友的信赖、学生的尊敬。
>
> “他确实是个很精彩的老师，富有创新精神。”80岁的北外英语学院退休教授张耘说，陈琳总是充满激情，90多岁站在讲台上还是容光焕发。“没有对事业的执着、责任和热爱是不可能做到的。他让我觉得，当老师是件特美好的事。”

陈琳在金陵大学大四期间选修了一门伦理学课，是由一位曾留学美国的张教授讲授的。每星期只有一次课，她用英语讲授。有一天，她忽然对陈琳说，她下礼拜要到外地开一个会，不能来上课，问能不能帮她上一堂课。当时陈琳感到很惊讶，说自己大概担当不了。她说，我知道你英文很好，没问题，就讲孔夫子的孝道。陈琳很重视这件事，到图书馆找来《论语》的英译本，仔细研读，全力以赴地为这堂课做准备。陈琳没想到的是，那天他一进教室门，扫了同学们一眼后，却看见张教授坐在最后排靠边的座位上，着实大吃一惊。只见她微笑着悄悄向陈琳摆手，示意他不要有什么举动。由于基础扎实、准备充分，那堂课不负张教授期望，讲得十分成功，赢得热烈掌声。

> 但使我直到现在都还心怀感激的是，那次讲课后的星期一“总理纪念周”结束之后，陈裕光校长从台上走下，到我们学生中间，看到我时示意让我过去。我心存狐疑地走到他身边，他笑着说：“听说你的课讲得不错呀！”我一听，真是吓了一大跳，不知说什么好。陈校长接着说：“告诉你吧，这事是张教授有意安排的。她认为你是一个将来当老师的好苗子，曾向我提起过。她想出了这么个主意来试试你。我同意了。”现在回想起来，这件事情和我1948年夏刚一毕业就被留校当助教，是不无关联的，也可看出陈裕光校长对培养青年人的重视。

陈琳（左）与王定华促膝交谈

陈琳同志怀揣着一颗赤子之心，70多年如一日，教书育人，矢志不渝，学为人师，行为世范，堪称新时代生动践行“四有”好老师和“四个相统一”要求的杰出榜样，2018年被教育部授予“全国优秀教师”荣誉称号。

陈琳对此项荣誉多次表示惶恐和受之有愧，他在2018年北外教师节大会上表示：“今天，既然教育部已经做出了这样的决定，我只能下定决心，在我的余年，在力所能及之下，为当今‘新时代’的外语教育继续做一点工作。”他还借用李商隐的诗来抒发心声：“春蚕到死丝方尽，蜡炬成灰泪始干。来生倘仍得自选，人民讲台再争攀。”

三、编撰"一条龙"英语教材

在70年的外语教育生涯中，陈琳一直致力于"一条龙"英语教材的编写和普及，为新中国的英语教材树标立本，做了多项具有开创性的工作，为推动中国外语教育发展做出了重要贡献。而这一切的起源，都是源于20世纪60年代的一次会议和一句嘱托。

> 根据周总理的指示，教育部于60年代初组织召开了一个小型外语教育工作会议。学校委派我陪同许国璋教授参加。那次会议在京西宾馆举行。我和许教授到达时，见到吕叔湘、王力、张志公、李庭芗、李赋宁等多位老先生都已在座。不久，周总理在陈毅同志（时任外交部部长）的陪同下走入会场。他入座后，拿起手边茶几上的名单，看着说："不用名单，都是老教授、老熟人了。啊，这里还有一位陈琳讲师，不太熟悉……"我连忙站起身来。周总理看了我一眼，说："看来你在这里要算是晚辈了。坐吧，坐吧。"
>
> 周总理首先给与会者讲述了当时的政治局面和国际形势。他说，看起来，全国学俄语的状况不能继续下去了。他言简意赅地提出了"九个字、三句话"的外语教育发展方向："多语种、高质量、一条龙。"
>
> 周总理说，就语言使用的广度来看，英语是全球使用最广的语言，我们今后很长时期还是要以学习英语为主。当然，俄语等语言，包括联合国的六种官方语言，我们都要学习。"高质量"，就不必多说了。至于"一条龙"，意思是说，英语教学，要从儿童抓起，要形成一个从小学到大学的，像龙首、龙身、龙尾一样分阶段但连贯一体的学制，不能脱节，要一抓到底。
>
> 周总理还请各位老先生谈谈自己的看法。我虽然对周总理所说的意见完全同意并衷心敬佩，但我没敢讲话。会议时间不长，不到两小时，正当大家期待着总理做一个总结发言时，只见他突然站起身来，说：倘若大家同意我的意见，就请大家用不同方式给广大外

> 语老师转达一下我的意见，也请教育部组织各位专家研究出一个具体可行的方案。但是，我还有一件事要拜托大家，那就是，向全国广大外语老师转达一下我周恩来对大家的感谢和歉意。回想十年来，大家从国家需要出发，克服巨大困难，做出重大努力，为普及俄语做出具有时代意义的贡献。而今天，又由于形势的需要，必须重操旧业，再教可能已经有所生疏的英语。这不值得我们表达感谢和歉意么？

那是陈琳一生中第一次，也是唯一一次与周恩来总理有这样亲切的接触。周恩来总理成了这个世界上陈琳最崇敬的伟大人物。周恩来总理的“一条龙”的指示也成为陈琳70年来在外语教育研究和实践方面的终身课题。

1956年，陈琳受教育部委托，参与编写了新中国第一部全国大学英语专业通用英语教材《大学英语》，改变了在此之前只能借用由苏联引进的英语教材的局面。1961年，陈琳参加教育部外语教育改革会议后，主持供全国使用的英语、俄语、德语、法语、西语、阿拉伯语六语种的“一条龙”教材编撰工作。1999年，受教育部委托，陈琳主持国家基础教育阶段《英语课程标准》的研制，该项工作一直延续至今。陈琳主编的《新标准英语》是我国第一套依据国家《英语课程标准》编写的小初高“一条龙”英语教材。

四、创立中国特色英语教育途径

2003年，陈琳在《中国教育报》上发表了题为《外语学科中的辩证法》的文章，精辟地归纳、分析了外语学科教学中的11种辩证统一的关系。10年之后的2013年，陈琳编著了《辩证实践外语教育途径》一书，在长期从事英语实践教学的基础上，总结学习与讲授英语的心得，提出了首个由国人创立的英语教育途径：辩证实践途径。其核心思想正是基于马克思主义唯物实践观：实践（如英语学习中的听、说、读、看、写）是第一位的，理论（如语法、语音知识、词的惯用法）是第二位的；理论来自实践，一旦建立，又转而指导进一步的实践。

在《辩证实践外语教育途径》一书的卷首语中陈琳谈到，一方面是季羡林先生对他的鼓励和嘱托，使他下定决心编写此书；另一方面也是作为一名中国外语教育人的责任和使命，让他始终不忘创立符合中国国情、适合中国学生的外语学习途径，并最终实现了这一创举。下面引用卷首语中的一段，佐证之：

> 这里，我想说一点心里话：长期以来，我从事外语教学，接触过语法翻译法、直接法、听说法、句型法、功能意念法、交际法、任务型教学法等教学途径和方法，不一而足。但所有这些都是舶来品，没有一个是由中国学者提出来的。我国是人口大国，也是外语学习大国。近百年来，有众多语言学家和外语教师从事外语研究和外语教学研究。但时至今日，我们还没有探索和总结出以哲学理念为基础、从教育学和教育心理学出发、符合语言学习规律的有效的外语学习途径。我心有不甘，又出于一个教育工作者的责任感，将自己多年来积累的外语教学经验和体会总结为一条“辩证实践外语教育途径”，供专家学者和广大外语学习者检验。当然，真正形成一条有效的外语教育途径绝非一日之功，只有在日积月累的教学实践中得到检验，才能逐渐成熟起来。因此，此书只能算是一个新的外语教育途径的初稿。假如有幸能得到广大教师和学生的试行，在实践中得到检验和修正，逐渐趋于完善，便是我最大的愿望了。

陈琳在外研社成立30周年大会上致辞

五、主持首档《广播电视英语课程》

改革开放之初，邓小平同志亲自做出决策，在全国开设由中央电视台和中央人民广播电台同时播出《广播电视英语课程》。教育部指定陈琳担任中央电视台《广播电视英语课程》节目的主讲人，从1978年直至1983年，先后讲授5年时间。谈起这档节目的酝酿、产生和过程，陈琳是这样描述的：

> 1978年9月的一个下午，李先念副主席邀请北外的几名专家到家中做客。从下午直至晚饭结束，李副主席一直就国内英语教育现状和出路等问题和几位专家进行探讨。也就是在这次交谈中，运用电视媒体掀起全国英语学习高潮的思想酝酿而生。

在紧张的筹划准备之后，一档由陈琳和其他几位英语专家担任主讲的《广播电视英语讲座》节目在央视播出，其影响不啻为一次全民学英语的总动员。

> 自从国家领导人下达通过电视广泛开展英语学习的指示后，我们在短短一个月内克服各种困难完成了教材的编辑整理和节目的拍摄工作，其紧张程度可想而知。拍摄期间北京酷热难当。由于噪音大，拍摄时空调必须处于“休息状态”，摄影棚内炙热的灯光让所有的人挥汗如雨。棚内温度高达42度，却必须穿着中山装出镜，正襟危坐，细致而耐心地讲授每个语言点，任细密的汗水顺着脸颊不停地流。那时候每拍摄几分钟，工作人员就要喊停给我补妆，后来他们索性搬来大冰块给现场降温。条件艰苦，大家却热情高涨。

这一节目，由于适应了当时改革开放新形势的发展和全国人民对外语学习的需求，成为当时全国人民社会生活中的一件大事，也使陈琳成了一位家喻户晓的“明星”，当时电视台每日接到的关于节目的信件达上千封。全国各阶层、各工作岗位、各年龄段的人们都以极大的热情投入到这一学习中来。此节目每周播出7天，每天早中晚三次，且均在新闻联播后的黄金时间播出。全国各地许多家庭甚至祖孙三代同时坐在黑白小9寸电视机前学习。由陈琳亲自编著的《广播电视英语课程》教材，一套四册，仅在北京一地，即发售了1,500万套，各省份自行翻印的不计其数。这一节目掀起了改革开放之初全民学英语的热潮，大众英语教学时代由此开启。

1978年，《广播电视英语课程》录制现场，右一为陈琳

节目不仅在国内反响热烈，在国际上也引起了关注。在“文革”结束、中国刚刚开启改革开放大门的特殊时期，这档节目也被赋予了特殊的意义。就在节目播出的第二天，英国路透社和美国《华盛顿邮报》都撰文对该节目给予了报道。路透社的文章欢呼“皇家英语响彻中国上空”，《华盛顿邮报》则称这档英语教学节目为“中国改革开放的信号”。

六、积极应对反外语教育风潮

21世纪初以来，随着各级学校对英语教育关注力度的加强，社会上曾经出现过至少两次反外语教育的风潮，甚至有人在全国人大和政协会议上抛出

“小学不学英语、推迟英语课的开设时间、减少中学的英语课时、降低英语在高考录取标准中的所占分值”，甚至“取消高考中的英语考试”等提议。此类声音不一而足。这些人将中小学生语文水平降低的现象归咎于英语教学消耗学生精力太多。一时间，全国很多英语教师和基础教育工作者深感困惑。

陈琳联合众多有识之士和广大外语教师，据理力争，奔走疾呼。以陈琳为代表的15名全国知名外语教育工作者联名给国务院副总理刘延东写信，就外语高考改革和国家外语战略等问题提出意见和建议，为外语界发声、正名。在他们的努力下，在国务院教育主管部门坚定的表态下，这些反对之声最终没有真正对英语教育造成危害。

七、志愿服务奥运盛会

2008年，北京成功举办了举世瞩目的第29届奥运会和第13届残奥会。在北京筹办和成功举办第29届奥运会的8年时间里，陈琳成为北京市年龄最大的志愿者之一。他担任北京市奥运组委会外语顾问的工作，大到翻译申办奥运的文件，小到奥运的各种关键性口号和方针议定，陈琳都积极参与其中。与此同时，北京市政府为提高首都的外语水平，更好地向“语言无障碍”的目标前进，请陈琳担任“北京市民学外语工程专家顾问团”团长。8年间，顾问团完成了全市公共场所标识、首都党政机关和职务名称、中华菜谱等文件英译的纠错和规范工作，先后正式编印出版并经原国家质量监督检验检疫总局审定了三套规范文件。这些文件，为第29届奥运会在北京的成功举办做出了贡献，也为2010年在上海召开的世博会的相关筹办工作提供了重要参考依据。陈琳教授担任“奥运会多语言服务中心”顾问指导工作，在北京召开奥运会和残奥会期间，顾问团战胜语种覆盖面广、服务时间长和转型时间短等工作难点，圆满地完成了语言服务工作，提供了3,000余次各语种的电话翻译服务。这使得北京奥运会的语言服务创下一个新的纪录，成为历届奥运会提供语言服务种类最多、最全的一届奥运会。为北京奥运会和残奥会提供“无障碍”的语言服务，拉起了语言服务的最后一道防线！2008年9月29日，在北京召开了北京奥运会残奥会总结表彰大会，陈琳被党中央、国务院授予

“先进个人”称号，由胡锦涛总书记亲自授予金牌，以表彰他为第29届奥运会所做的突出贡献。

八、结语

在此，我引用《教育部关于授予陈琳同志“全国优秀教师”荣誉称号的决定》的通知中的一段话作为结语：

> 陈琳同志是立德树人、敬业奉献的教师楷模，他长达70年孜孜不倦对我国外语教育事业的热爱和对外语教育改革的重要贡献，是生动践行“四有”好老师和“四个相统一”要求的杰出榜样。为大力表彰和学习宣传陈琳同志的先进事迹，我部决定授予陈琳同志“全国优秀教师”荣誉称号。
>
> 全国广大教师要以陈琳同志为榜样，学习他爱党敬党、服务人民的高尚品质，学习他教书育人、为人师表的师德风范，学习他大公无私、敬业奉献的高尚情操，学习他笔耕不辍、老有作为的进取精神。要自觉将学习陈琳同志与学习习近平新时代中国特色社会主义思想和党的十九大精神、习近平总书记5月2日在北京大学师生座谈会上的重要讲话相结合，努力争做“四有”好教师，为实现中华民族伟大复兴的中国梦做出新的更大贡献。

学界泰斗　人生楷模
——记语言学家桂诗春教授

何莲珍

桂诗春（1930—2017年），教授、博士生导师、语言学家、外语教育家。曾任广州外国语学院（今广东外语外贸大学）院长，国务院学位委员会外国语言文学学科评议组第二届、第三届委员，全国外语教学研究会副会长等职。主要论著有《心理语言学》《标准化考试——理论、原则与方法》《应用语言学》《应用语言学与中国外语教学》《实验心理语言学纲要》《中国学生英语学习心理》《新编心理语言学》《应用语言学研究》等。

有这样一位学界泰斗，王宗炎先生称他为“勇敢的拓荒者”。许国璋先生认为：“在中国，他是从独尊文学的环境中冲出来为语言学研究立课程、置图书、培育人才的第一人，是向外语教学界的经验主义传统进行冲刺的第一人，是在20世纪70年代即已开始使用计算机积累教学资料和实验数据之人，是首先提出应把外语教学看成一件系统工程之人。”这位学界泰斗就是桂诗春教授。

许国璋先生曾经说过，“我先知道有桂诗春，然后才知道有广外”。确实如此，正是因为有了桂诗春，白云山脚的这所外语类高等学府才拥有了它今天的声誉和地位，成为众多外语学者和学子心中的“麦加”。1978年，当时的广州外国语学院开始招收我国第一届应用语言学研究生。同年，创办了我国第一份语言学与应用语言学刊物《现代外语》。1986年，广外获得博士学位授予权，1988年语言学与应用语言学被批准为国家重点学科，2000年广外成为国家级人文社科重点研究基地。我正是那众多外语学子中的一个，带着朝圣般的虔诚于

1995年来到广外，成为桂门弟子。桂老师之于我，是学术上的指路人，更是人生的楷模。老师“做学问先学会做人”的教诲时时萦绕耳畔，必将陪伴我一生。

2008年，同为桂门弟子的亓鲁霞教授与我应《语言测试期刊》（*Language Assessment Quarterly*）主编之邀对中国语言测试之父桂老师做访谈，其间得到了桂老师的一些回忆录性质的文章及其他采访资料，这些资料也成了我这篇文章的主要资源。

一、学界泰斗桂老师

在中国的语言学界，桂老师是许多方面的第一人。一篇短文难以写尽桂老师的“第一”，但两个“第一”不得不写：一个是我国外国语言学及应用语言学研究的首倡者，另一个是我国引进标准化考试的第一人。

（一）我国外国语言学及应用语言学研究的首倡者

《应用语言学与我》和《大潮拍岸浪花飞》是桂老师写的两篇回忆录性质的文章，结合手中有关桂老师的其他一些资料，我梳理出桂老师对我国应用语言学学科做出的卓越贡献。

1973年，桂老师和其他几位英语教师应英国文化委员会的邀请，出访英国一个月。出国前，桂老师通读了被视为第一本应用语言学教科书——韩礼德等人所著的《语言科学与语言教学》（*The Linguistic Sciences and Language Teaching*），从中得到一些启蒙。到英国后，他们被安排在埃塞克斯的科尔切斯特英语学习中心，倾听P.S. Corder，P. Stevens，L. Alexander 等语言学名家的讲座，参加英国文化委员会专门组织的座谈会，还参观了一些语言学校。英国的英语教学理论与实践给他留下了深刻印象。这一次的访英之行对桂老师的“转向”起了决定性的作用。从英国回来后，他决定转学应用语言学。用桂老师自己的话说，就是他“看到了应用语言学的强大生命力”。“应用语言学的诞生使语言教学成为一门独立的、‘自为的’科学，既是一个广阔的天地，同时又具有很大的实用价值。另外，一些新兴的语言学科，如社会语言学、心理语言学、数理语言学、计算语言学等，对我又十分有吸引力。这些学科的引进对我国母语教学和外语教学都会有促进作用。”于是，桂老师就开始了一个应用语言学"自我训练"的计划，他把从英国带回来的各大学应用语言学课程的教学计划做了一些对比研究，决定先自学应用语言学导论、社会语言学、心理语言学等几门课程。

桂老师开始为在我国建立应用语言学专业而大声疾呼是在1978年8月28日至9月10日召开的全国外语教育座谈会之后。当年11月，桂老师应邀在《光明日报》发表题为《要积极开展外语教学研究》的文章，指出："我们的当务之急是引进这个学科（应用语言学），组织广大教师用一分为二的观点吸收这个学科的精华，逐步建立以辩证唯物主义和历史唯物主义为指导、符合我国实际的应用语言学体系。应有计划、有步骤地在全国若干重点院校筹建应用语言学专业，招收应用语言学研究生，培养外语教学研究人员和高水平的教师。"

从1978年开始，桂老师在当时的广州外国语学院着手筹建应用语言学专业，主要做了五个方面的工作。一是设立学科点，培养队伍。广外不但培养出了中国的第一批应用语言学研究生，还组织和锻炼了一支蜚声海内外的专业力量。二是积极引进学科需要的专业书籍和杂志，通过图书资料库的建设培养队伍。"别的事，我可以不管，但是图书的订购我必亲自为之。"桂老师也一直自称"图书管理员"。三是开展应用语言学的研究与试验。"应用语言学学科建设的关键在于实践，实践的核心就是结合中国的实际。"桂老师和广外团队从《交际英语教程》（*Communicative English for Chinese Learners*，简称CECL，主编李筱菊）的编写到英语水平考试和高考英语改革（桂诗春、李筱菊、李崴），从中国学生的心理语言学研究（桂诗春、王初明等）到汉英语用差异调查（何自然、阎庄），从中国学习者英语语料库的建设（桂诗春、杨惠中）到英语"写长法"研究（王初明、郑超等），真正把应用语言学的原理和方法应用于解决中国外语教学的实际问题。四是开展学术交流活动，活跃学术气氛。1980年，桂老师主持召开了国内第一次应用语言学讨论会，"使中国的应用语言学在国际上占一员之席"[1]。1985年，桂老师又与英语教学研究会联合，主持召开了第一次中国英语教学国际讨论会（Teaching of

[1]引自许国璋为"语言学系列教材"所写的序。

English in the Chinese Context)，让国际学界见证了中国中青年英语教师的成长。五是普及应用语言学知识。桂老师创办了我国第一份语言学与应用语言学刊物《现代外语》，一方面以刊物为载体，刊登宣传和普及性文章，为应用语言学在中国的诞生与发展鸣锣开道；另一方面组织编写语言学系列教材共11本。许国璋教授亲自为这套教材两次写序，在第一次所写的序言里，他说："任何学术机关，能一下子写出属于同一学科的6本理论著作，都是不小的成就；当所攻的学科在国内还在基础待立的阶段，作者的创业精神当然更应该引起我们的重视。"在第二次所做的序言里，他又说："我曾经读了系列中大部分书，其审细明察，叫人折服，这里点燃了一个文化火堆，它的光亮为我们共有共享，一旁是辛苦的添薪者，却像过去一样不求闻达。"

桂老师说："应用语言学之所以能够在中国生根和茁壮成长，完全是历史的机缘……处在多方位的全球性环境中，中国要大力发展外语教育，而促进外语教育科学的发展乃是大势所趋。"正是因为桂老师高瞻远瞩，把握住了这样一种历史的机缘，开疆拓域，才开创了我国的外国语言学及应用语言学学科。

（二）我国引进标准化考试的第一人

改革开放之初，桂老师即倡导将国际主流的语言测试理论引入中国，主持开发了英语水平考试（EPT）。关于EPT考试，在2008年亓鲁霞教授和我对桂老师的采访中，桂老师有如下一段叙述："这些人……都是顶尖的专家，本身业务上没话说，但是英文不行。他们当时（出国）要考TOEFL，要交几十美元……觉得很不值得。我们就搞EPT，让他们在考TOEFL前一礼拜考EPT，因为EPT是同TOEFL类的水平考试……我们把他们考EPT的成绩跟考TOEFL

2009年，桂诗春（左）为博士后流动站揭牌

的成绩拿来比较，算他们的相关。当时算出来的相关已经达到0.86、0.87，意思是说我们用EPT考试来做预测（prediction），如果他考我们这个考试分数很低的话，那么就……因为当时外汇很紧张，省掉了外汇……后来考了几次以后，国外都知道了，甚至有的还承认这个EPT成绩，就是你在国内考了EPT，不考TOEFL也接受。美国、英国都有些学校表示可以接受这个成绩。”

与桂老师并称“广外英语二杰”的李筱菊教授在为庆祝桂老师七十华诞而撰写的文章《外语教育界的开山力士》中称桂老师“为我国科学考试建基创业，争得国际承认”。李筱菊教授对那个被桂老师轻描淡写地说成“省掉了外汇”的EPT考试的贡献做了如下总结：它是中国有史以来第一次引进国际现代考试科学理论、把考试作为一门科学建立起来的全国性考试；它是我国首次取得国际承认的考试；EPT的建立和连年举办，为我国造就和哺育了第一批考试科学人才。

EPT考试的设计与举办还让桂老师和李筱菊老师萌发了一个想法，即要改变传统的英语教学观念。“把语言作为知识来学，大学、中学都是这样。要改变这种观念，要把语言作为一种能力来培养，你讲一点理论，写一两篇文章，影响力是不够的，最容易入手的、最容易影响教学的就是考试……我们要追求good washback effect（好的反拨作用）……因为他们得对付考试，不想改也得改。所以我们就想搞考试，把注意力从知识转向能力。不是绝对不要，比方说七三开这样一个比例，过去我们70%在知识，现在我们倒过来，70%在能力，30%在知识。我们就想，要改变中国外语教学的现状，靠一般地讲、宣传或者写文章，效果不大，最容易入手的就是搞考试。”[1]1982年，桂老师呼吁“开展教育测量学研究，实现我国考试现代化”，提出了考试现代化的“四化”，即从领导体制上实现“制度化”，从组织上实现“专业化”，从方向上实现“标准化”，从技术上实现“电脑化”[2]。1982年，桂老师和他的团队开发了广东省高考英语考试（Matriculation English Test，简

[1]选自笔者2008年9月4日对桂诗春教授的采访。

[2]桂诗春．开展教育测量学研究，实现我国考试现代化[J]．现代外语，1982（1）：1-6.

称MET），引进了第一台光电阅读器，还研发了我国第一个题项分析软件GITEST。1984年，全国高考英语考试改革启动，桂老师、李筱菊、李崴共同承担了高考英语改革的任务，提出进行高考英语考试的标准化改革，为我国考试研究科学化做出了历史性贡献。这项改革“创建了我国有史以来第一个全国规模的标准化考试，使我国考试科学从理论到实践都开创了一个新纪元”[1]。全国高考改革是从广东开始，广东高考改革是从英语开始，英语高考改革主要从广外开始。

桂老师对语言测试的关注是多维度的，他曾说过：语言测试有内部的问题，即测试本身的效度、信度、区分度等问题，也有其外部的问题，如测试和教学、测试的社会作用和影响、测试的公平性等问题；测试的内部和外部问题又往往交错在一起。针对这些内部问题与外部问题，桂老师亲身实践，著书立说，为我国的语言测试从业人员留下了一大笔宝贵财富。

二、人生楷模桂老师

“桂老师是一种精神，一种科学家应有的专注精神。桂老师是一种品格，（有着）一股学者的正气。”宁春岩教授的这两句话精辟地概括了桂老师的精神与品格。

桂老师专注的精神就是“发烧友”精神。对他来说，对自己所选择的目标培养浓厚的兴趣，坚持“上下而求索”。他认为，在学科研究领域，广博与专攻是互补的，要在广博的基础上专攻。他曾形象地把广博和专攻的关系理解为“打外围战”和“打攻坚战”的关系，两者都不可少，但战术却不同。看似矛盾的广博与专攻在桂老师身上得到了最完美的结合。每一位与他交谈过或是受过他帮助的人对此都深有体会。

---

[1]董燕萍，王初明．中国的语言学研究与应用——庆祝桂诗春教授七十华诞[C]．上海：上海外语教育出版社，2001.

2012年，桂诗春（第二排中）与中青年教师在一起

桂老师的品格则体现在他的宽宏大量待人、热情提携后学。对待自己的学生如此，对待他人亦是如此。在广外学习期间，我每周都会去桂老师家，与他讨论他课堂上讲的内容，讨论应用语言学的相关问题，讨论我的博士论文选题。对于我最初提出的几个选题（现在看来十分幼稚），桂老师从未直接否定，而是从他的藏书中给我拿出几本，对我说："这些书你拿回去看看。"就是在这样一次一次的交流中，从"拿回去看看"的一本一本的书中，我的博士论文思路逐渐清晰，最终得以按时完成。于桂老师而言，门户、门派均不存在，他只管去帮助需要他帮助的人。在桂老师的办公室里，或者是在他家里，经常会碰到从全国各地到广外来拜谒或求教的人，桂老师总是平等接待，倾囊相授。桂老师经常收到各种来信，他都一一回复，耐心解答，还经常寄去图书资料。他家的图书室就像是一个公共图书馆，谁都可以进，谁都可以借。他还花费了大量的时间，把一些重要的图书一页一页扫描，做成一个一个的文件夹，再刻成光盘，赠送给有需要的人。桂老师扫坏了三台扫描仪的佳话流传甚广。毕业后我每次回广外，都会从桂老师那里带回几张光盘。赠予他人图书资料后他的脸上每每都会出现一种难以名状的满足感。桂老师和师母一生节俭，但先后捐款多次。1995年，桂老师被广东省评为南

粤杰出教师，他将所获得的三万元奖金全部捐出，设立了“广东外语外贸大学语言学及应用语言学研究生优秀毕业论文奖”，以此激励青年学者为我国的语言学发展做贡献。凡此种种，难以穷尽。

最后，我只想再提一提桂老师的乐观与豁达。1995年到1996年，正是他与宁春岩教授合著的《语言学方法论》一书写作的关键时期。1996年上半年的某一天，他的电脑崩溃，由于没有做好备份，写好的大部分书稿全部丢失。得知消息的我见到他时手足无措，不知该说些什么、做些什么。看到我的囧样，他笑着说：“没关系，丢了就丢了，可以再写的。”说话时的那份从容、那份淡定，令我终生难忘。换了新电脑后，他在很短的时间内就“找回”了丢失的书稿，使得该书得以按时出版，呈现在翘首以盼的读者面前。

三、结语

学界泰斗、人生楷模桂老师的精彩人生定格在了2017年4月5日凌晨2时27分。桂老一生对学术的追索、对教育的贡献、对学生的关怀无不令人钦佩。

桂老师走了，而他的一生也正如他在《桂诗春英语教育未了集》一书中所写的那样——“以有限的生命去追逐无穷的学问，永远是‘未了’的，也许生命的意义本身就在于追求，在于薪尽火传”。“从引介到创新：中国应用语言学研究的四十年”[1]所走过的路应该就是桂老师所期待的薪火相传吧。

本文由何莲珍撰写。何莲珍，师从桂诗春教授，浙江大学副校长、教授、博士生导师，外国语言学及应用语言学研究所所长，教育部高等学校大学外语教学指导委员会主任委员，浙江省特级专家。获第二届“国家级教学名师奖”，先后入选教育部“新世纪优秀人才支持计划”“国家百千万人才工程”。

---

[1]何莲珍．从引介到创新：中国应用语言学研究的四十年[J]．外语教学与研究，2018（6）：823-829。

坚守信念　服务国家
——从外语实践到语言教育与研究

胡壮麟

胡壮麟，北京大学资深教授、博士生导师，曾任北大英语系系主任和澳大利亚研究中心主任、中国高等学校外语专业教学指导委员会英语组副组长等职，兼任中国教育学会外语教学专业委员会顾问等职。出版《语言系统与功能》《英语多科词典》《当代语言理论与应用》《西方文体学辞典》《新世纪英汉大辞典》《语言学教程》《语言学高级教程》《理论文体学》等多部学术专著、词典和教材，参与编写《高等学校英语专业高年级英语教学大纲》。

一、外语教育亲历：从语言到专业

1949年10月1日中华人民共和国成立，当时我还是上海天主教办的圣芳济中学的一名高三学生，时年16岁。次年我考入清华大学外文系英语组，成了新中国成立后第一批高校外语学生。我为什么要学习外语？我如何认识新中国的外语教育？对我来说，这是一个长期的逐步深入的过程。

从在新中国成立前上海作为一个到处都是租界的国际大都市和我出身于商人家庭这个背景来看，我熟悉当时的主流思想，学外语者可以在洋行里当买办，相当于今天的外企职员。不过，就我个人而言，我少年时希望成为像萧乾那样的名记者，所以要像他那样学好外语。我报考清华大学外文系就是基于这个目的。

1950年秋我一跨入清华园，便看到外文系到处张贴着“清华园是革命家庭，外国语乃斗争武器”的标语和宣传品。清华大学外文系下设俄、英、法

1952年，胡壮麟（中）作为翻译参加亚太会议

三个组。没过多久，外文系主任吴达元先生就找我们新生谈话，明确提出由于国家需要，我们这一级新生的培养目标是“翻译”，因此不给我们开设传统的有关英美小说、诗歌、戏剧类课程，但我们可以在课外阅读这些书籍。1952年暑期末，学校抽调我们英语组部分学生参加新中国成立后的第一次大型国际会议——亚洲及太平洋区域和平会议。经过培训后，我们去广州与中山大学外文系的学生汇合，一起迎接经香港从深圳入境的外宾。这样，我们坐6个小时的火车去深圳，在车站草棚里住上一晚，第二天接到外宾后，把他们送到广州，再由其他人员接待，陪他们从广州经武汉飞往北京。我们则再去深圳车站继续迎接。同车厢的中山大学外文系学生在与我们闲聊时，不时说到中山大学外文系为他们开设的课程有“XX世纪英美小说”“XX世纪英美戏剧”“XX世纪英美诗歌”，给人以中山大学外语教学水平比清华大学高一头之感。唯可以自慰的是这些学生谈到的*Jane Eyre*（《简·爱》）、*Wuthering Heights*（《呼啸山庄》）、*David Copperfield*（《大卫·科波菲尔》）、*The Great Gatsby*（《了不起的盖茨比》）、*Catch-22*（《第22条军规》）等小说，我们在课外阅读中并没有少看。令我自己高兴的是通过参加这次亚太会议，我了解到这次会议的背景。当时美国片面制造对日和约，加速了日本军国主义的复活；另外，美国侵略者破坏朝鲜停战谈判和在亚洲区域到处建立军事基地，准备发动更大规模的战争。这些对亚洲及太平洋区域的和平和安全造成了严重的威胁。这时，我最能体会“外国语乃斗争武器”的现实意义了。[1]

[1]胡壮麟．我所经历的新中国外语教育[N]. 21世纪报，2019-04-01．

也是在1952年暑期末，教育部在全国范围内进行了高校院系调整。清华成了工科大学，理科和文科转入北京大学。因此，会议结束后我们没有回到清华园，而是直接来到北大报到。这以后，我第一次了解到院系调整的另一个内容是向苏联高校学习“专业”设置的思想，即外语语言文学专业，以至具体到俄语语言文学专业和英语语言文学专业等，“语言”置于“文学”之前。这样，原来的外文系成了西语系、俄语系、东语系，英语属西语系下的一个专业，没有像俄语系那样，独立成系。这个变化，我能理解和接受，因为在刚上清华时吴达元先生就已经给我们进行过类似的教育，国家培养目标侧重语言，而不是文学。[1]

1954年毕业后我被分配到总参二部工作，先后任翻译、参谋。1959年年末又调任中国农业科学院情报室做翻译。1972年年末，我从农科院下放到当时归北京市领导的北京大学，从此对外语教育又有了新的认识。1978年我国开始实行改革开放政策。我亲身体会了高校的“请进来，派出去”政策，既参加了英国语言学家在北京为英语教师开设的培训班，又通过了教育部1978年中青年英语教师出国培训的全国统考，并于1979年1月被派去澳大利亚悉尼大学进修学习。我很荣幸，赶上了这个时代。也正因为抓住了这个机会，我才能回国后更好地为我国的外语专业建设贡献自己的力量。

二、外语专业建设：定位与发展

70年来，我国培养外语专业人才的教学水平经历了一次起伏，那就是从20世纪50年代末总体水平下降，到改革开放后逐步恢复和提高。

20世纪50年代院系调整后，我国一度出现教学与科研分家的情况，当时的主导思想是大学主要搞教学，科研由中国科学院和此后的中国社会科学院负责。在此情况下，北京大学一些有经验的、外语水平高的教授被调离大学去科学院工作，如钱锺书、罗念生、冯至、潘家洵等。

[1]胡壮麟．我与中国英语教育[M]//胡壮麟英语教育自选集．北京：外语教学与研究出版社，2008．

改革开放以后，教育部专门在全国范围进行中青年外语教员出国培训选拔考试，笔试和口试并重，成绩合格者才能被选派出国进修。我被派去澳大利亚悉尼大学进修，一行9人，组长为后来任北京外国语大学副校长的胡文仲教授。

我们回国后除完成本校教学任务外，多人还参加了教育部“全国高校外语教材编审委员会”（后易名“全国高校外语教学指导委员会”）、中国英语教学研究会等组织，协助王佐良、许国璋、李赋宁等开展工作，特别是制定外语专业教学大纲和讨论专业课程的开设。英语先行一步，其他语种紧跟。在讨论大纲时，北大与北外曾强调在本科生三、四年级开设专业课，不然很难保证外语专业的国际标准，或者至少让北大和北外先行一步，摸索和积累经验。现在看来，我们当时的建议很有价值。我们培养的外语专业人才不仅要求会听、说、读、写，而且要能应用广博的知识，适应日后不同岗位的工作需要；不仅要懂外语，而且要具有分析和研究问题的能力。

1992年，教育部外语处领导来北京大学召集东、西、俄、英四系的系主任开会商讨将语言文学专业易名为语言文化专业的设想。当时我们对这个举措的深远意义理解不够，事后获悉北外和上外的英文校名都改动了，北京语言大学曾一度易名为北京语言文化大学，这些都表明教育部领导站得高、看得远，一直在考虑如何让我国的外语教育更好地为国家建设需要服务。

如今，随着“一带一路”倡议的逐步实施，外语专业正在发挥更大的作用。这涉及各个领域，如政治、外交、外贸、商业、科技、教育、文体、旅游等。这就需要外语专业帮助其他专业人才掌握一定的外语知识，而且外语专业也有必要帮助其他国家培养掌握汉语的人才。例如，即使是推广中国文化的孔子学院，如果没有外语专业人才的协助，也很难开展工作。这里还得强调一点，如果说传统的外语专业偏重于俄语和英语等通用语种，那么新世纪的外语专业人才的需求则推动了非通用语种的教学和研究。

总的说来，我最大的感受是我国的外语专业已经从当年的“请进来，派出去”发展成昂首挺胸地“走出去”了！

三、语言学与外语教育：在应用中引领

外语教学中是否需要语言学教学，以及语言学在外语教学中究竟起到何等作用，这是一个至今仍然在热烈争论的问题。这里，我只能谈谈个人之见。[1][2]

我本人作为外语专业的教师，最初对语言学毫不了解。直到改革开放前夕，教育部获得英国文化委员会的同意和协助，从英国聘请语言学家利奇（G. Leech）教授和教育家纳特尔（Nuttal）女士来华教学，我参加了在北京为期一个月的培训班。[3]我当时一心想教好英语语法课，因此希望利奇教授介绍英语语法研究的最新进展。不料，他一再提醒我如果要懂语法，就首先要具备语言学知识，不然他很难把一些问题讲清楚，我们也难以理解他讲课的内容。这是我第一次听到“语言学”这个概念，也是第一次了解到语言学与外语教学竟然有如此紧密的关系。我事后了解到，利奇教授擅长交际语言学，而纳特尔女士则将该理论应用于外语教学实践。这次培训班影响之深远表现在我国20世纪80年代后期的几个教学大纲上，英语专业、高职高专英语、大学英语、基础阶段英语的教学大纲基本上都是以交际教学法为理论指导。

语言学的引领作用更表现在改革开放后外国语言文学专业的课程设置上。众所周知，我国的外国语言文学专业实际上包含两个方向：文学方向和语言方向。由于新中国成立之前高校外语教学长期走的是“文学道路”，通过学习外国文学来学习外语，因此当时我国高校年长的外语教师对开设外国文学课程都很熟悉，但对语言方向的课程却了解不多。如果按20世纪50年代以来的惯例只是开设听、说、读、写课程，那么高校的外语院系和中专外语学校还有何区别？再进一步考虑，比外语专业本科生档次更高的硕士生和博士生又应该如何培养？开设什么课程？我的老师李赋宁先生当时担任北大英

---

[1]胡壮麟．语言学与中国外语教学四十年[J]．外语教学与研究，2018（4）：803-805．

[2]胡壮麟．改革开放开启了我的语言学之道[M]//庄智象．往事历历，40年回眸：知名外语学者与改革开放．上海：上海外语教育出版社，2018．

[3]胡壮麟．纳特尔女士介绍的一些教材编写原则和外语教学法[J]．语言教学与研究，1977（6）：42-62．

语系主任，正在为难之际，我们这批改革开放后有幸出国进修的中青年教员临危受命，挺身而出，找到了前进的方向，为本科生逐年开设了语言学、语音学、词汇学、文体学、社会语言学、心理语言学、语篇分析等课程；为研究生开设了理论语言学、功能语言学、生成语言学、认知语言学、语用学、教育语言学、计算语言学、语言测试等课程。

最近，我为北大黄必康教授编写的《英语散文史》作序时，读到黄必康教授在前言中的一句话：各种散文文类“既有传达事实、表述思想和教育的功能，又有文学陶冶和审美的功能”[1]。这对我触动很大。这是因为黄必康教授提出了学习英语的“散文道路”。在这一点上，我有亲身的体验。我所念中学的英语教学就是走英语散文的道路。我读高中时的英语课本采用了美国作家Washington Irving（华盛顿·欧文）的散文集*The Sketch Book*（《见闻札记》）。1952年院系调整后，我进入北京大学西语系英语专业三年级就读，为了响应毛泽东主席倡导的“三好”号召，在“学习好”，即学好英语方面，我课后再次认真阅读了欧文的*The Sketch Book*。在日后的工作中我发现，除非日后从事英语文学研究或教学工作，否则英语专业毕业生在政治、经济、外贸、科技、新闻等岗位上很少用到诗歌、戏剧、小说等文学作品中的许多词汇和表达方式。而学习英语散文作品对英语实际使用能力的提高、帮助更大。这表现在散文语篇中的词汇都很实用、语篇逻辑性强、结构严密合理、长度短小精干。阅读者可以根据自己所从事的工作，选择有关内容阅读、学习。如从事旅游工作的可多看游记，从事科学类工作的可多看科技类文章，从事政治新闻类工作的可多看报刊评论，等等。

四、语言学与社会发展：诠释与推动

语言学研究包括不同理论，如生成语言学、社会语言学、心理语言学、功能语言学、认知语言学、教育语言学、计算语言学等。这些理论都有各自

---

[1]胡壮麟．序[M]//黄必康．英语散文史（16世纪以前至19世纪浪漫主义时期）．北京：外语教学与研究出版社，2019．

1989年，胡壮麟（前排中）与季羡林、许国璋、李赋宁、王义道等在北京大学功能语言研讨会上

的特色、发展目标和研究重点。它们对国家社会发展的某个方面都能起到这样或那样的作用。这里仅就其中若干理论发表一些个人看法。

先谈谈我所熟悉的功能语言学，特别是系统功能语言学。“功能”一词本身就说明了它所关心的是语言如何表达思想（概念功能），语言如何进行交际（人际功能），词语组合如何为表达思想和进行交际服务（语篇功能）。这被统称为语言的三大元功能。在这个意义上，不论是外语教学，还是结合国家社会发展的政治、外交、经济、科技、文化、艺术等，系统功能语言学都能发挥它的应用价值。它在国内受到较多外语教师欢迎的另一个原因是其缔造者韩礼德的一些主要学术思想源自中国学者，如王力、罗常培、高名凯等，因此较易为国内学者理解和消化，并应用于适合中国国情的研究。

生成语言学擅长语言形式和逻辑思维的研究，对语法学、计算语言学、机器翻译等起到了很大作用。20世纪50—60年代兴起的机器翻译研究曾一度停滞不前，自从融合了基于大数据的统计语言学思想后就取得了很大突破，对电脑和手机用户已能提供即时翻译，翻译质量也大有提高。

由乔姆斯基的学生乔治·莱考夫（George Lakoff）结合功能语言学而开创的认知语言学已成为近年来的显学。认知语言学既回避了生成语言学有时无法解决和回答的若干语言生成问题，又开拓了功能语言学未能充分研究的心理学领域。我们知道，功能语言学强调语言在社会交往中的使用和共同认识，但在外语教学中它难以回答外语教师经常碰到的问题：为什么一些学生具有同样的年龄、同样的社会背景，接受过同样的基础教育，进大学后又接受同样的老师和课程教学，但最后在学习成绩上却会有这样或那样的差异？回答这个问题就需要从认知差异去探索。

基于上述认识，我们才能正确对待教育语言学、测试语言学、比较语言学、计算语言学等理论的研究目标和用途，并用这些理论解决国家社会发展中有待解决的问题。

也是基于这样的认识，我一直坚持如下的信念：一个外语教师最好不要固守一种理论，而应当把自己看作一种理论“资源”，根据不同问题、不同背景，采用不同理论、不同方法。

五、新时代：应对新的挑战

不论是改革开放40周年，还是新中国成立70周年，外语界都在热烈谈论我国外语教学的问题和今后的发展。这是一个好现象，因为外语教师都希望把我国外语教育事业做得更好，在落实“一带一路”倡议和建设人类命运共同体中发挥更大作用。[1]

从讨论中，我发现一部分意见涉及新中国成立初期的一些问题，如第一外语的选定、教学与科研的关系、教师的作用等。对此，我只发表我的简单看法，不做深入讨论。我认为新中国成立后我国第一外语从英语转为俄语，改革开放后又从俄语转回英语，是与国家某一时期政治经济情况有关。关于教学与科研，我国高校若想成为国际一流大学，那二者就宜合不宜分。

有一类意见涉及今后如何给外语专业的学科定位，有强调文学的，有强调专业英语、学术英语的，也有强调大学英语的。我对教文学和学文学的老师和学生始终表示尊敬，但从国家需要来说，需要量相对要少，这是事实。有些意见要求把英语语言文学专业改为专业英语或学术英语，我认为最好让有关学校根据本校特色自己决定，如开设外贸英语、外交英语、旅游英语、传媒英语、科技英语

[1]胡壮麟．新时代中国外语教育再出发[J]．山东外语教学，2019（1）：45-46．

等。综合性大学很难完成这些任务。对此，我建议外语教师主要承担基础阶段的外语教学，各院系可以让从国外回来的博士或专家用外语给三、四年级学生讲授专业课。至于大学英语是否独立，如何进行教学？我仅提供以下信息：改革开放初期，北京大学教务部曾经撤销大学英语教研室，把该室教师分到有关各系工作，并根据各系情况，编写结合有关专业的教材进行教学；但在1983年突然又决定把这些教师调回新成立的英语系，恢复大学英语教研室建制。为此，我建议有关学校和感兴趣的外语教师最好访问一下北京大学教务部，了解一下前后情况再做决定。这样有利于更全面地考虑各自的观点，少走弯路。总的来说，我建议今后的外语专业可以多设几个方向，如语言学、文学、翻译、文化、国别研究等，由各个高校自行选择，构建自己的特色，不一定完全按一个模式。

随着信息技术的发展，我们今天经常能接触到慕课、微课和其他网络课程，希望有关领导对外语教师经常进行这方面的普及教育，因为许多外语教师都是文科出身，对外语教学中采用的这些新技术不太熟悉。

最后，我就外语教育中语言智能的问题发表一些看法。1983年，美国发展心理学家加德纳（H. Gardner）提出了“多元智能”（multiple intelligences）理论。他在《思维框架：多元化智能理论》一书中提出，传统的心理测量学有关智能的观点过于笼统狭窄，事实上，人都具有各种不同的智能，即多元智能。他先后具体地谈到语言智能、逻辑智能、空间智能、运动智能、音乐智能、人际智能、内省智能、自然智能、存在智能。这个理论说明了哲学家、政治家、科学家、音乐家、语言教师、运动员等所表现出来的不同主要是因为在智能的掌握上存在差别。它也说明同样的外语专业学生为什么有的发音正确，朗读清晰；有的口语流利，善于交际；有的博览群书，知识面广；有的语法概念强，正确无误；有的擅长逻辑思维，论辩有理有据，论文录用率高……

正是这个原因，语言智能研究和应用十几年来在我国从事大学外语、高职高专外语和基础阶段外语教学的老师中受到重视，被广泛应用于教学实践。特别是近一两年又受到教育部和许多高校的关注，各类语言智能的研究机构陆续成立，有关语言智能的学术会议多次召开。我更认为在外语教育中，语言智能如能融合其他多元智能，将会进一步提高我国的外语教学水平，取得更大的教学效果。

德语教学70年
——我与德语基础教学和教材建设

梁 敏

梁敏，北京外国语大学教授，1953年进入北外学习，1957年留校任教，主要从事基础德语教学和教学法理论研究。20世纪80年代受国家教委委托主持《高等学校德语专业基础阶段教学大纲》的制定和研究工作，为《德语教程》《当代大学德语》系列教材的主编之一。主编教材及相关科研成果曾获北京市社会科学优秀成果奖、北京市高等教育精品教材奖和教育部普通高等教育精品教材奖。曾参加《毛泽东选集》(1—4卷)和《毛泽东军事文选》的翻译工作。

1949年10月1日，全国人民高兴地迎来了中华人民共和国的诞生。新中国成立初期，百废待兴，国家建设和外交工作需要大量新型的外语人才。当时掌握德语的人才非常稀少，高等学校中只有北京大学和南京大学设有德语专业；北外于1950年在全国外语院校中率先设立德语专业。我们这届学员是新中国成立后于1953年通过全国高考招进北外的第一批四年制学生（那时德语专业隶属德西法文系）。一踏入北外校门给我的第一印象就是充满了浓厚的革命传统气氛，我们的学兄和学姐都是报名参加抗美援朝的热血青年，但他们未能奔赴前线，被分配到北外学习外语，作为外交战线翻译干部队伍的“后备军”。他们冬天都穿着清一色的黑布棉制服，每人带一个小马扎，开大会、听报告从不离身。他们对我们这些新同学特别热情和关心，他们教会我们的第一支歌就是《人民需要我们到哪里，我们就到哪里》。这支歌的革命精神一直成为我们学习和工作的目的和动力。

我们入学时，教学条件可以说是极差：没有自己编写的教材，只能用苏联的德语课本；没有好的德汉词典，就勉强使用日本学者片山正雄编著的《大独和辞典》（德文用的是难辨的花体字印刷）；我们的教师既有科班出身的，也有半路出家的；青年助教也是边工作，边学习，“在战斗中成长”的。但老师们刻苦、认真、忘我的工作精神对我们这些年轻的学生起到了潜移默化的作用。姚可昆和房仲民老师在学习上对我们要求非常严格，而在生活上则像妈妈一样关心我们。从总体上来说，我们专业的师资力量还是不错的。在我们学习的四年中，条件慢慢有所改善，前后还有几位外籍教师和德意志民主共和国政府派来的专家授课。1956年，我们见到了专家带来的第一台录音机（只在考试口语时录音使用），同时也开始用上了德国专家专为我们选编的教材。德语专业的教学经历了一个从无到有、从小到大、从弱到强的过程。举例来说，来自瑞士的老教师李欧丽格（Olga Lee）于1962年到1964年为我们四个青年教师（李逵六、张人礼、殷桐生和我）开进修课（德国文学选读和德语修辞学），为我们的专业成长给予了很大的帮助。德国专家Erhard Röhner擅长语音教学，他对北外德语专业乃至全国德语的语音教学起到了“孵化器”的作用。我们不会忘记他们和其他德国专家的贡献。

1957年毕业后我留校在德语系从事教学工作。院、系领导对青年教师的培养十分重视，除教学工作外，还选派我们出国进修或到外事工作第一线去学习锻炼。这样一方面使教学内容更能结合实际，另一方面也是青年教师学习外事政策的好机会。

1997年，德国语音专家Röhner同北外德语系部分教师合影

20世纪50年代，我国与许多西方国家尚未建立正式的外交关系，只能通过“民间外交”增进相互了解，促进人民之间的友谊。1957年夏，在苏联首都莫斯科举行了第6届“世界青年联欢节”。我国共青团中央和全国学联重点邀请

英、美、法、西德等西方国家及第三世界一些国家的青年代表团来华访问。我和许震民有幸第一次参加这次正式的外事接待和翻译工作。我们陪的是一个由青年工作者、工人和牧师组成的五人西德青年代表团，他们除一般的参观访问外，还同我国各阶层人士接触座谈。例如我们访问了著名画家齐白石老人，给我们留下了美好的回忆。1957年国庆招待会上，我们同该代表团一起有幸见到敬爱的周恩来总理，他热情地和每个团员以及我们接待人员握手，并用德语说："Freundschaft!"（友谊！）。周恩来总理的声音和笑容我终生难忘。

1958年，我又有机会陪中央新闻纪录制片厂的一个摄制组去东德工作，近一年的时间里先后去过10多个城市，在那里我接触到了一个真实的德国和当地的人民，我不仅学到了鲜活的德语，更重要的是了解了这个国家的国情和文化，这对我以后的教学和工作有很大的帮助。

1959年是新中国成立10周年。因为要为10周年国庆做准备，所以需要培训一批翻译人员接待各国贵宾和担任其他翻译工作。北外各系承担了这一光荣而又极为紧急的任务。德语系安排了一位长期在中国生活并很有教学经验的外教上课，让我负责"德语翻译集训班"的组织工作。参加培训的学员都是选自北外、北大德语专业的优秀学生。这种针对某项任务采取集中培训强化教学的效果很好，内容针对性强，学员积极性高，每日勤学苦练，师生相互关心，同学团结互助；教师白天上课，晚上还抽时间同学生进行交流。经过大家的共同努力，最后我们圆满地完成了上级交给的任务。我自己也又一次得到学习和锻炼，提高了组织教学的能力。

自1959年到1966年"文革"开始前，我一直从事基础德语的教学工作。1966年夏，我和陈慧瑛、祝彦、高年生、张才尧等老师被借调到《毛泽东选集》翻译工作室工作，地点就在学校附近的友谊宾馆。在1966—1969年这三年的时间里，我参加了《毛泽东选集》1—4卷和《毛泽东军事文选》的翻译工作，收获很大。至今我一直感到庆幸的是那几年没有因为政治运动浪费宝贵时光，而且从事了一件极为有意义的工作，终生难忘。

1970年，北外大部分教师和职工都下放到湖北沙洋五七干校，我因儿子只有五个月大，留在了学校。正好北外附中和附小恢复招生，我被暂时调到附校任课，还担任班主任。那时不仅要上课教德语，周末还经常要跑上几十里路去香山农村、门头沟、石景山等地进行家访，出去一趟来回一整天，很是劳累。这些学生很多都来自工人、农民或军人家庭，我就把家访作为向劳动人民学习的好机会，家长们也很感动。至今还有不少学生和我保持联系，还来我家看望我。

1972年，北外根据上级指示开始恢复教学工作，部分学生和教师从湖北干校回到北京。我也于1973年从附中回到了德语系。

1974年，德语系招进第三批工农兵学员，共三个班，我担任年级教学组长和一班的主课老师。工农兵学员水平参差不齐，有的连初中都没有读完。但他们极其珍视到北外学习的机会，学习的欲望真可以说是“如饥似渴”，个个憋着一股劲，学习热情十分高涨。我们作为任课教师深受感动和鼓舞，决心把学生教好，不辜负他们的期望。我们满腔热情地投入工作，陪着学生勤学苦练。我给班上同学定了一条规定：课上课下都尽量讲德语，学习好的同学要关心和帮助学习有困难的同学。有位女同学学习成绩非常优秀，有时一天同时有好几个男同学约她散步，其实是为了和她练口语，向她学习。我们老师晚上都去教室给学生辅导。我每次一进教室，立刻就被学生包围了起来，好像他们要“抢人”似的。

当时，为了把思想教育和业务学习结合起来做到学以致用，我们还组织学生参观人民公社，请公社书记介绍情况；我们还请了外教同去参观，让学生为他们做翻译。我们事先在课堂“练兵”，然后学生到现场“实战”，这种做法让他们感到很有收获。有几位同学毕业后分配到旅游部门工作，他们说向外宾介绍中国情况（汉译德）没有遇到多大困难，因为在学校学习时许多内容都练过了。

1975年，武汉钢铁厂从联邦德国引进了一套先进的轧钢设备，德方派来了大批的技术人员，光他们的家属就有数百人，因此急需德语翻译。我们系的工农兵学员，分三批去武汉，为家属做生活翻译。他们虽然仅学了两年左右的德语，但非常珍惜这次实习机会。当时正值严冬，滴水成冰，宿舍没有任何取暖设备，生活条件很差，但师生团结，共同克服困难，边学边干，边干边学，较好地完成了实习任务，受到中德双方的好评和鼓励，也为几年后随改革开放即将开始的大规模工业建设尽了一份微薄的力量。这段历史对我的人生很有意义：在北外我坚定地树立了为人民服务的人生观。“人民需要我们到哪里，我们就到哪里”，无论把我安排在什么岗位，我都全力以赴把工作做好；我的知识和能力都是北外德语系赋予的，我应毫无保留地把它们贡献出来。

此外，在几十年的教学生涯中，我还有几点感受。

第一，就是要在不断刻苦学习中成长。无论在教学中还是在其他工作中，都要随时随地、有意识地虚心学习，向老师学习，向德国外教和专家学习，向同事学习，向学生学习。要舍得花时间跟学生接触，听他们的意见和心声，不断总结经验，改进教学，逐步提高自己。

第二，就是要一心扑在工作上，要有敬业精神。刚开始教学工作时，条件非常差，几乎没有什么工具书和参考书，更没有什么成熟的教学法，全靠自己钻研和同事之间的交流。上午上课，下午参加政治学习或政治运动，晚上给学生辅导，回到宿舍之后才能静下心来改作业和备课。1957年刚开始教书时，我和陈慧瑛同住一个房间，我们经常备课到凌晨一两点钟，后来也就慢慢习以为常了。我们要对学生负责，从来不敢懈怠。这一点我一直坚持到离开教学第一线。

第三，就是对学生要严慈相济，做学生的良师益友。要关爱学生，尊重学生的人格，平等、公正地对待每一个学生。

这里我想着重谈谈最后这点，因为经历的事太多了。一般情况下，教师容易喜欢学习好的学生，对学习好的学生鼓励、表扬，但是对学习差的学生我们更要关心。教师要做到公正、不偏心，这点很重要，特别是对从农村或偏僻地区来的学习基础差一些的学生。过去，农村基础教育相对落后，农村来的学生学习上明显比城市学生困难得多，而且大多数没有什么外语基础，上了大学后学起外语来困难重重。因此，对他们尤其要注意态度，绝对不能歧视。我觉得教师的一言一行都会直接影响学生人格、品德的形成和发展，一定不能伤害学生的自尊心。以前，我总会把学生典型的语言错误写在黑板上让大家分析，认为这样做印象会比较深刻。但是有一次我没太注意，把犯错误的学生的名字说了出来，给那位同学带来很大的精神压力。我意识到了自己的错误后，马上知错就改，从此再也没有在课堂上指名道姓，而是课后找学生单独分析讨论。

另外，我觉得对学习有困难的学生要有耐心，不要急于求成。要为学生创造条件，让他们时刻感到自己有点点滴滴的进步，最终达到质的变化。教师要及时发现学生的闪光点，即使是对“后进生”，也要注意发掘他们的闪光点，给予鼓励，让学生不断地树立自信心，这样才能把学生的积极性和主动性调动起来。“积极期望、耐心帮助”，我觉得这也是现代教育很重要的一个原则。有一段时间，我发现有的学生在课堂上不敢举手，也不敢张口，这是学习外语最大的一个障碍。因此，我晚上就找到这些学生，帮他们发音，陪他们对话，还把第二天上课的内容跟他们预先对练几次。这样演练几次之后，这些学生就不太紧张了。然后，我就跟他们商量：“第二天我有个问题，你们主动举手好不好?”果然，经过练习之后，他们开始在课上主动举手回答问题了。就这样，他们慢慢地克服了自卑心理，其中有一个学生后来还当了德语老师。

有天晚上，我去班上辅导，发现有个学生拿着一个词汇表，在反反复复地背诵。我知道这不是学生的过错，而是老师指导不够。于是，我开始指导学生每天在对话小组里完成一些小的对话，或者围绕课文提问，或者用5句话、10句话概括课文内容，要求学生把课文学活。在课上，我尽量活跃课堂氛围，让学生大胆地讲德语。我要让学生知道，语言是用来表达思想的工具，而不是孤立的词汇和语法。我还要求学生下课之后尽量不说中文，连班长布置任务也要求用德语。我觉得作为老师就要想尽一切办法调动学生的积极性和主动性，让学生养成好学的习惯，这样学习才能收到好的效果。

在几十年的教学生涯中，我一直非常注意言传身教。令人欣慰的是，我的心血没有白费，当看到教过的学生分别在外交、文教、经济、旅游、新闻等各个领域做出自己的贡献时，我为他们感到骄傲。最高兴的是，许多学生把我当作他们的朋友，一直和我保持联系，有事就来和我商量，比如1963、1964年毕业的那两批学生，尽管毕业已经50多年了，但他们聚会时还常约我参加或来家里看我。有的学生生活、工作在国外，每逢重大节日都会写信或打电话来问候。现在有微信，联系就更方便了。我觉得，学生就是自己最大的财富，能同他们相互交流、欢乐相聚是一种幸福。

下面想谈谈我们德语专业基础教材的发展和参加全国德语基础教学大纲研订的情况。

新中国成立70年来，我国高校德语本科基础教材经历了从无到有、从直接选用国外课本到逐步以我为主与“外援合作”、不断提高和完善的过程。

1949年新中国成立后的第一本基础阶段德语教材《大学德语读本》（第一册）由北外姚可昆、唐进伦和祝彦三位老师合作编写，1956年由时代出版社出版。按当时的分工，第二册由北京大学负责。

1963年至1964年由北外德语系编写、商务印书馆出版的《德语》（共四册），是供大学德语专业一、二年级使用，教育部规划的全国文科统编教材。一、二册的编者是董光熙、李逵六、殷桐生，三、四册的编者是唐进伦、瞿则诚、俞宝泉。

1979年至1982年，北外德语系受全国外语院校文科教材会议委托编写出版了新版的《德语》1—4册（由商务印书馆出版），主编为祝彦老师，其他编者为马宏祥、董光熙、梁敏、黄国桢、钱文彩。德意志学术交流中心专家Peter Richter 校阅了全书，对教材的编写给予了一定的帮助。这套教材体现了北外一贯重视语言基本功的好传统，同时在教学内容和教学方法上都有新的突破，被全国德语教材编审组审定为全国推荐教材。此后数年间，有许多院校的德语专业都采用了该套教材。1988年，该套教材获国家教委第一届优秀教材一等奖。

从“文革”开始直到改革开放前，我们中断同外界的联系将近15年之久，对国外的语言学理论以及外语教学法的新发展和新成果一无所知。改革开放初期，百废待兴，我们的外语教学同样也需要重整旗鼓，把眼光瞄向世界，尤其是发达国家。我们外语教师也必须进行“恶补”，需要获取国外外语教学方面的信息，需要用新的语言学理论和先进的教学法知识充实自己。随着北外德语系同国外交流的增多，我有机会多次去德国短期进修、考察、从事科研和参加国际研讨会，同时在国内参加德语教学法进修班和自学。这使我在多年教学实践的基础上对德语语言学、语法学、基础阶段的教学法以及教育心理学有了更为系统的了解，为以后的教学、科研，特别是教材的编写打下了坚实的理论基础。

1985年，国家教委委托高校外语专业教材编审委员会和中国德语教育研究会成立一个研订组，着手制定《高等学校德语专业基础阶段教学大纲》。

该组由四人组成，北外、南京大学、同济、北大各出一人，我担任组长。研订组根据科学性、先进性、实用性和可检查性的要求，回顾了新中国成立30多年来德语教学的情况，就国家对德语人才的需求和德语学习的难点等问题在毕业生、在校生和教师中进行书面调查，对国内各高校德语专业历次制定的教学大纲以及国内外出版的德语教材进行了对比、分析和研究，并赴联邦德国考察半年，听取有关专家、学者和经验丰富的教师的意见。经过两年多的紧张工作，在全国20余所院校德语专业以及德意志学术交流中心和歌德学院的通力合作下，研订组完成了大纲正文以及语音语调、正字法、语法、词汇、语言技能、交际意向、题材和语篇类型等7个附件，共415页。1987年召开了《大纲》预审会和审订会。1988年4月，国家教委正式批准《高等学校德语专业基础阶段教学大纲》并转发各校执行。该大纲于1992年由北京大学出版社正式出版。我于1988年写了一篇题为《教学大纲的继承性和时代特征》的论文，作为对制定这个教学大纲工作的总结，这篇论文获得北京市教育科研优秀成果二等奖。

《大纲》的制定和执行对全国高校德语专业基础阶段教学的改革和发展、对基础阶段教材的建设、对全国德语统一测试的开展以及青年教师的培养都起到了显著的指导和推动作用。从1988年开始，遵循《大纲》的指导原则，我先后主持和参与了两套德语基础阶段教材的编写工作。

第一套教材是《德语教程》(*Grundstudium Deutsch*)，主要编者除我之外还有北京大学的赵登荣老师和德意志学术交流中心专家聂黎曦（Michael Nerlich）先生。该教材根据中德文化交流计划，得到了国家教委和德意志学术交流中心的大力支持。德国专家和中国教师（除上面提到的三位主要编者外，青年教师王师丹参加了一、二册教材的编写工作）一起全身心地投入，历经8年，经过试用和修订，于1996年最终完成1—4册（包括主教材、学生练习册、教师手册和录音资料）的编写，由北京大学出版社出

1988年，梁敏（右）同德意志学术交流中心专家聂黎曦讨论《德语教程》的编写工作

版。这套教材当时在全国40多所大学的德语专业及其他德语教学中广泛使用，受到教师和专家的好评，先后于1991年（教材1—2册）和1996年（教材3—4册）两次获得北京市哲学社会科学优秀成果奖。

一部实用性强的教材内容必须与时共进，以适应社会和语言不断发展的要求。2002年，北外德语系在外研社的全力支持下，根据新的需求着手新教材，即《当代大学德语》（*Studienweg Deutsch*）的编写和出版工作，该教材根据中德文化交流计划得到了教育部和德意志学术交流中心的大力支持。

《当代大学德语》由4部分组成，包括学生用书（主教材）、练习手册、教师手册和听力手册各4册，总共16册（配有MP3光盘）。我很荣幸地和老搭档聂黎曦先生共同担任主编并承担大部分教材的编写工作。我们相互学习，取长补短，虽然工作紧张，但合作非常愉快。此外，编写工作还得到教学第一线部分青年教师——北外的任卫东、詹霞、王静、李婧、潘颖、周海霞、徐丽莉、于芳、侯小婧和北大的佟秀英、南开大学的常和芳等的协助。他们虽然教学任务繁忙，只能参加少量工作，但他们从教学一线反馈给我们的信息，使教材的内容更丰富、更符合学生的实际。德籍教师韩皮特（Peter Hachenberg）和北外德语系具有丰富基础教学经验的穆兰、顾牧等老师，参与了《教师手册》的编写。德籍教师乌塔·艾特尔（Uta Ettel）编写的配套教材《听说训练》（1—4册），在内容和形式上都有许多创新。这套听说教材不只在词汇和语法上与主教材挂钩，训练了听力技巧和口头表达能力，而且通过有趣的故事和大量的插图扩大了对背景知识的了解，增加了学习的趣味性。

外研社德语组的领导和有关编辑，特别是李彬编辑为教材的出版做了大量细致而烦琐的工作，使我们能顺利完成编写任务。

《当代大学德语》主体教材4册于2009年完成，部分辅助教材于2011年年底完稿，然后陆续出版。据统计，全国有将近80所院校的德语专业或德语培训机构使用这套教材，对提高本科基础阶段教学质量发挥了明显的促进作用，受到师生的普遍欢迎。

《当代大学德语》分别被评为2011年北京市高等教育精品教材和教育部普通高等教育精品教材，教材主编和编者代表还上了“北京外国语大学2012年教师节表彰大会”的光荣册。

2013年5月30日，《当代大学德语》系列教材出版十周年座谈会全体合影，前排中为梁敏

我虽然已于1995年退休，但实际上是“退而不休”，一天都没有停止过工作。我感到自己能发挥余热，能为北外德语系乃至全国德语教学做一些工作是很有意义的。工作虽然比较紧张，但心情是愉快的。北外校、院领导的信任和委托，外研社对我们工作的鼎力支持和对我个人的关心，始终是一种鼓舞和动力。

2019年是中华人民共和国成立70周年，我作为有65年党龄的老党员和从教60余载的老教师，能在有生之年为党的教育事业尽微薄之力，内心十分欣慰。回首往事，我感到正是有了明确的、美好的人生目标，生活才过得充实，才有滋有味。人虽老，但心永不老。

适应国家战略需要　培养高端外语人才*

胡文仲

胡文仲，北京外国语大学英语教授，博士生导师。曾任国务院学位委员会外文学科评议组成员、高等学校外语专业教学指导委员会主任、中国英语教学研究会会长、中国跨文化交际研究会会长、中国澳大利亚研究会会长等职。出版专著10部，主编教材19部，译著11种，发表论文60余篇。1987年被评为国家级有突出贡献的中青年专家，2015年被授予许国璋外国语言研究奖——外语教育终身成就奖。

我于1950年10月响应国家抗美援朝的号召，参加军事干部学校，并于1951年1月被分配到外国语学校（今北京外国语大学）学习英语，1955年1月本科毕业。毕业后在北外翻译班和师资班进修两年半，于1957年9月开始在北外英语系任教，1982年被任命为英语系副主任，1984年被任命为北外副院长，直至1991年。此后，调至外国文学研究所任研究员、所长、《外国文学》主编等职。2014年退休。在职期间，曾任国家教委高等学校外语专业教材编审委员会副主任、高等学校外语专业教学指导委员会主任、中国英语教学研究会会长等兼职。新中国外语教学至今有70年的历史，我在不同时期作为学生、教师、学校行政领导、学术组织负责人等身份参与并见证了我国外语教学60多年的发展历程。同时，我也目睹了北外的发展与壮大。

*孙有中、蒋祖康、廖体忠三位先生曾阅读本文初稿并提出修改意见，在此谨表谢意。

一、服从国家需要是北外的一贯传统

北京外国语大学的建立与发展，一直服务于国家的需要。北外前身是1941年成立于延安的中国人民抗日军事政治大学三分校俄文大队，1944年增加了英语，发展为延安外国语学校。新中国成立后，学校归外交部领导。1954年，更名为北京外国语学院。1959年，与北京俄语学院合并组建新的北京外国语学院，1980年后改由教育部领导，成为教育部重点院校。1994年正式定名为北京外国语大学。

抗大三分校俄文大队是为了适应全国军事政治的形势而建立的。1951年年初我刚到北外时，北外只有俄文系、英文系和德法文系。1952年增加了西班牙语。1955年，又增加了罗马尼亚语。1959年两院合并后增加了波兰语和捷克语。1959年12月，周恩来总理对于外交部呈报的北外增加语种的规划亲自做了批示。从1961年至1966年，学校不断增开新的语种，至“文革”前夕，北外开办语种达到27个。1964年，我国和法国及一些法语国家建交，法语系迅速壮大。与拉丁美洲国家的建交又带动了西班牙语的大发展。总之，北外每一步的发展都与我国的外交需要紧密相连。1971年，在美国总统尼克松访华前夕，根据周恩来总理的指示，北京人民广播电台开播英语讲座，我校派出我和张冠林、孙静渊、张耘四位教师承担播讲任务。1971年10月，我国在联合国的合法席位得到恢复。外交形势的快速变化将培养外语干部的任务再一次提上日程。1971年至1972年，在周恩来总理的关怀下，因“文革”而基本停顿的北外开始恢复招生。1973年，根据毛泽东主席的指示，北外成立了《汉英词典》编写组，由吴景荣教授任主编，几十位教师先后参加了词典的编纂工作。经过数年艰苦而细致的工作，词典于1978年由商务印书馆出版，成为我国汉英词典的经典之作。

从新中国成立之初到20世纪80年代初期，北外为国家培养了大批的翻译人才和外交外事干部，满足了外交部、中联部、文化部、新华社、经贸部等部门以及高等学校等机构的需要。北外毕业生的最大特点是外语实践能力强，这不仅限于英语、俄语、法语等通用语种，也包括非通用语种的毕业生。北外学生外语基本功好，特别是口语能力突出，这为业界所公认。之所以如此，首先是因为北外有一支高水平的师资队伍；另外，在教学中重视外语实践课程、突出实践能力培养是北外的传统。

二、根据国家需要培养复合型外语人才

北外和全国其他高校一样，在“文革”中一度停顿，教学和科研都受到了很大的破坏。“文革”结束时，北外面临着十分困难的局面：教学没有大纲，上课没有教材。“文革”中使用的教材已经无法再使用。在改革开放初期，我们首先做的是制定新的教学大纲和教学方案，编写新的教材，以适应当时的需要。1980年，在青岛召开了第一届高校外语专业教材编审委员会成立大会，会上制定了教材编选计划和教学计划草案，这份教学计划是此后制定大纲的基础。当年8月在烟台通过的基础英语课程教学大纲修订稿成为高等学校英语专业基础阶段的第一份大纲。这份大纲对于“文革”后英语专业教学的恢复起了决定性的作用。王佐良教授任第一届教材编审委员会主任，其后我被任命为副主任。从1984年起，在外语专业教材编审委员会的领导下，着手编写英语专业新的基础阶段和高年级教学大纲。戴炜栋教授负责基础阶段大纲，胡壮麟教授负责高年级大纲。1986年教材编审委员会英语组通过了基础阶段大纲正文和附件，高年级教学大纲也在此后不久上报教育部并获准。两份教学大纲先后由外研社正式出版，作为这一时期全国高校英语专业教学工作的指导性文件。在制定教学大纲的同时，编审委员会还规划和组织了英语教材的编写工作。经过各外语院系的努力，先后出版了几套综合英语教材以及其他教材，供全国使用，彻底改变了原来“无米下锅”的局面。在此期间，教育部恢复了研究生教育。1981年国务院批准首批博士和硕士学位授予单位，英语语言文学博士点共设5个，即北京大学、北京外国语学院、南京大学、中山大学和社会科学院研究生院；硕士点共设28个。研究生教育的恢复和博士点的建立对于我国英语教师队伍的建设起了极为重要的作用。当年培养的英语语言文学博士和硕士已经成为今日我国英语教师队伍的骨干力量，有些还成为学术带头人。

在大纲制定和主要教材编写出版之后，外语专业教材编审委员会完成了它的原定任务。国家教委决定把外语专业教材编审委员会改为外语专业教学

指导委员会，我被任命为第一届主任。外语专业教学指导委员会进一步扩充和延伸了原编审委员会的职能，成为国家教委在外语教学方面的咨询机构，在更大的范围内发挥作用。

从1983年起，上海外国语学院开始试验在英语系开设对外经济贸易专业和国际新闻专业，北外也开始试验开设专业倾向课程。我于1984年被任命为北外副院长，负责学校的教学和科研工作。为了适应人才市场的需要，我们决定在英语系设立文学、语言学、国别研究、新闻、文化交流、翻译等专业，此外还成立了英法双语班、泰语加英语班和对外汉语专业。我于1985年5月在《光明日报》上发表了一篇短文，介绍北外的改革设想和课程设置，还和北外专家大卫·柯鲁克联名在《中国日报》上发表文章阐述北外的教学理念和做法。此后，这一试验在越来越大的范围内展开。

经过多年的试验和探讨，复合型外语人才的培养逐渐形成了一定的格局。综合性大学、外语院校和理工科大学都摸索出一套培养复合型外语人才的模式，出现了北外模式、南京大学模式、华南理工模式等。1996年，国务院副总理李岚清在视察广东外语外贸大学时肯定了这一改革方向，他明确指出：我们的方向和目标是很明确的，就是培养高层次的、掌握专业和外语的人才。

高校外语专业教学指导委员会英语组在各高校探索的基础上，于2000年制定了《高等学校英语专业英语教学大纲》，经教育部批准在全国施行。大纲规定："高等学校英语专业培养具有扎实的英语语言基础和广博的文化知识并能熟练地运用英语在外事、教育、经贸、文化、科技、军事等部门从事翻译、教学、管理、研究等工作的复合型英语人才。"这是首次以正式文件的形式确定高校英语专业的任务是培养复合型英语人才。

在培养复合型外语人才方面，我们积累了一些经验，摸索出一套培养办法，也培养出了许多届有竞争力的毕业生，得到用人单位的好评。在改革初期，我们遇到的最大问题是缺乏教其他专业的师资。为了解决这个问题，北外用了十多年时间引进和培养了一批非外语专业的教师，先后成立了商学院、法学院、国际关系学院、新闻传播学院等。在这些院系学习的学生已经不是外语专业的学生，他们毕业时拿到的是经济学、法学、新闻学学士学位。可以说，这些专业已经成功地从外语专业剥离出来，取得了独立的地位。

北京外国语大学目前已形成了以外国语言文学学科为主导，辅以经贸、新闻、外交、法律的学科格局，现有英语学院、俄语学院、日语学院、法语语言文化学院、德语学院、亚非学院、欧洲语言文化学院、阿拉伯学院、专用英语学院、高级翻译学院、国际商学院、中国语言文学学院、法学院、国际关系学院、马克思主义学院、继续教育学院、艺术研究院、网络教育学院，等等。北外非外语类（如国际商学院）的学生和其他学校相同专业的学生相比，在外语能力方面具有明显的优势，因此，用人单位对他们特别垂青。北外开设的外语语种也从“文革”前的27种增加到目前的101种，覆盖了与中国建交的全部国家。北外是目前我国外语语种开设最全的高等学府。

2007年5月，胡文仲（第二排左一）与AILA（国际应用语言学学会）国际委员会成员合影

在20世纪80年代，北外按照外交部的要求成立了联合国译员训练部，集中力量培养英汉语同声传译和笔译人才。我们在全国的几个定点城市单独招生，按照在联合国工作的实际需要培养高水平的口笔译人才。每年联合国人事部门派专家到校对学员进行严格的口笔试，选拔优秀人才予以录

用。北外在这方面积累了宝贵的经验，成为联合国译员在中国的培养基地。目前联合国译训部已经整合为高级翻译学院，培养国际组织以及国内各部委需要的高级翻译人才。在培养高端外语人才方面，北外积累了长期的教学经验，又拥有一批水平很高的教师，培养出来的学生在用人单位中享有很好的口碑。

三、新时期集中全力培养高水平复合型双语、多语人才

我国的外语教育事业在过去的70年中取得了举世瞩目的成就，尤其在过去的30多年中，外语教育的规模有了快速的发展。目前英语专业、商务英语专业、翻译专业点加在一起总计有1,476个，成为我国高等学校最大的本科专业，但随之而来的是培养目标泛化，办学缺乏特色，甚至部分学校的学生就业产生困难。

我们目前面临的情况是一方面一般外语人才数量过多，而另一方面，国家急需的高端外语人才缺乏，特别是国际组织需要的人才严重缺乏。

这里所说的高端外语人才包括在国际组织中任职的工作人员、国家各部委需要的高水平翻译人才（包括同声传译和笔译人才），以及能胜任向国外介绍中国文化、中国文学的翻译人才。

众所周知，在联合国或其他国际组织中工作，只掌握一门外语是远远不够的。早在20世纪60年代，国务院副总理兼外交部部长陈毅在对北外师生讲话时，就指出应该培养掌握双语的翻译干部。在20世纪70年代，北外院长廖承志也曾提出应该培养懂得两种外语的干部。他们都是从我国外交工作的需要出发，高瞻远瞩，提出这样的目标，可惜当时学生入学水平比较低，他们的指示难以落实。

改革开放以后，随着我国国力的增强，国际地位也随之提高。习近平总书记提出的“一带一路”倡议逐渐变为现实，与我国签署“一带一路”合作协议的国家与国际组织已经上升到130多个，我国的国际影响力逐年增强。我国在国际组织中的工作人员的数量理应有大幅度的提高，但实际情况却是中国职员的比例与我国的国际地位严重不符。据报道，在世界银行总部和各

国办公室总共大约1万名员工中，只有大约200名是中国人。中国驻联合国粮农组织代表牛盾透露，该组织在全球聘用了大约3,200人，只有约50名是中国国籍。

联合国系统的工作人员分为两类：地域分配和非地域分配。地域分配名额主要是依据会籍和缴纳的会费确定。以联合国教科文组织为例，2011年地域分配名额的上限为24，下限为15，中国实际占有名额为9，大大低于下限。非地域分配工作人员是根据工作需要的特殊性招聘的人员，没有国别限制，人员数额有限。目前中国在联合国教科文组织中是缴纳会费最多的国家，按地域分配的工作人员额度已经上升到38（下限）至63（上限），但是实际上只有12位工作人员是中国人。中国在国际组织中有数量不少的工作人员名额，而实际上却不能选派人员履职，主要原因是我们还提供不出足够数量的国际组织所需要的高水平复合型双语人才，不仅专业知识不足，外语能力也不能满足需要。

国家税务总局国际税务司司长廖体忠认为，在国际组织工作的人员应该具备四个条件。第一，工作岗位所需的专业知识，即需要具备履行职责所必需的专业知识，比如，国际红十字会人员需要具备公共健康专业知识，国际气象组织工作人员需要具备气象学专业知识，国际税收组织工作人员需要具备税收专业知识。第二，过硬的外语能力，特别是高水平的写作能力和口头表达能力。第三，较高的综合素质，包括智商、情商、美商、效率等，以上各项要求缺一不可。第四，国际组织的工作强度很高，工作人员要有健康的体魄和承压的心理准备。廖体忠说："从我个人参与国际组织工作的经验来看，外语是能力要求，专业方面是知识要求，综合方面是素质要求。纯粹外语专业毕业的公务员，其外语能力相比非外语专业的公务员，口头表达和写作能力总体还好，但多数存在知识不足的问题，需要引起重视。"

目前国内不少高等院校都在培养国际组织需要的工作人员，做法各异，但大部分院校没有对此做系统的调查研究，对于国际组织究竟需要什么规格的工作人员并不十分清楚。实际上，这是一个涉及全国外语教育规划的大问题，应该由教育部主管部门根据国家需要制订长期的规划，各校分工，从各个环节保证规划的实现。为此，我提出如下几点建议：

第一，在制订高端外语人才培养规划前，对于国际组织的需要和要求进行一次细致深入的调查研究。建议由教育部派出调查小组，拜访纽约联合国总部、巴黎教科文组织以及日内瓦联合国各机构的人力资源部门和有关领导，调研我国工作人员业务上的优缺点，并征集关于今后工作的意见，召开国际组织中的中国工作人员座谈会，听取他们关于学校教学的建议和要求，并组织问卷调查，掌握最新数据。

第二，针对国家各部委对高端外语人才的需要做类似的调查研究。

第三，为了培养双语和多语人才，在招生方面大胆改革。目前国内较好的外国语学校和侧重外语的中学已经培养出少数会双语（英法、英俄、英日）的高中生。应注意选拔这类学生以及有外语天赋的高中毕业生。另外，在招生点上注意选择一些有双语基础的城市和地区。例如，延边地区有的学生入大学时就已经有两种语言（朝鲜语和日语）的基础，在边境地区有的学生也有一些语言优势。这部分学生可以作为特殊培养对象，为他们制订特殊的外语培养方案。

第四，语言环境对于学习外语十分重要，在制订培养方案时，要充分考虑为学生提供特殊的语言环境。在欧洲一些国家（如瑞士、比利时、荷兰、卢森堡等国），很多学生在中学毕业时就已经掌握两种以上（含两种）的语言，这与欧洲国家的语言环境分不开。可选派学生在本科阶段去这类国家适应多语环境，同时学习和使用两种以上（含两种）的外语。

第五，制订灵活、弹性的教学方案。北外副校长孙有中指出，为了培养国际组织需要的工作人员，只是在本科层次开设一些选修课程已远远不够，建议制订双学位、本硕连读、国内外共同培养等特殊教学方案，使学生既学到专业知识，又通晓两种以上（含两种）的外语。

总之，在调查研究的基础上，制订一个新的适合培养复合型双语、多语人才的规划是当前的首要任务。我相信经过几年或更长时间的努力，我们一定可以培养出足够数量的国际组织和国家各部委所需要的高端外语人才。

参考文献*

胡文仲．我与中国英语教育[M]//胡文仲．胡文仲英语教育自选集．北京：外语教学与研究出版社，2006．

胡文仲．中国英语专业教育改革三十年[N]．光明日报，2008-11-12．

胡文仲．对于我国英语专业教学改革的回顾和再思考[J]．外语界，2008（5）．

胡文仲．新中国六十年外语教育的成就与缺失[J]．外语教学与研究，2009（3）．

胡文仲．无怨无悔六十载[M]//北京外国语大学校庆办公室．岁月如歌——北外70年历程回顾．北京：北京外国语大学，2011．

*本文为纪念新中国成立70周年而写，各部分内容摘自历年来已发表的多篇文章。此处列出了摘用文章，但除非明确引用，没有再列出其他参考文献。

创建中国特色大学英语测试系统的风雨历程*

杨惠中

杨惠中，上海交通大学外国语学院教授、语言学与应用语言学专业博士生导师。曾任上海交通大学外语系系主任（1985—1991年），全国大学英语教学研究会会长（1985—1999年），全国大学英语四、六级考试委员会主任（1987—2004年）。现任国家教育考试指导委员会专家组成员，教育部考试中心高级顾问，全国大学英语四、六级考试委员会顾问。主要研究领域为语言测试、语料库语言学、语言教学。

改革开放以来，我国英语教育取得了举世瞩目的成就，基本上满足了我国改革开放对外交流的语言需要。值此新中国成立70周年之际，回顾最近40年来的发展，更加清晰地认识到，是改革开放推动了我国大学英语教育的跨越式发展。

大学英语是为非英语专业大学生开设的英语课程，是一门关系到几乎每一位大学生的重要基础课。事实上，我国最大的英语使用者群体就是大学生，英语于他们也最具实际应用价值。根据大学英语四、六级考试委员会的统计数据，1987—2018年，累计有3,950多万名学生达到了四级要求（即教学目标中的基本要求），其中又有1,750多万名学生达到了六级要求（即教学目标中的较高要求）。这些学生的阅读速度分别达到每分钟70—100词（四级）和90—120词（六级），这是具有实际应用价值的英语阅读能力。他们毕业以后，在各自工作岗位上，可通过阅读英语文献获取本专业所需信息，为各行各业的发展建设服务。

*本文原载于《21世纪英语教育》301期，经授权，收入本书时略有修改。

我国大学英语教育取得如此迅速的发展，主要有两方面的原因：宏观方面，国家的改革开放是大学生迫切要求掌握英语的根本动力；微观方面，则要归功于应用语言学在我国的发展。它反映了我国一代学者和广大教师艰辛的探索和奉献，其目标就是把外语教学放在科学的轨道上。

改革开放使我国广大科技人员掌握英语的需求愈显迫切。早在1978年，我国英语教学前辈许国璋教授就发表文章指出，就全国的外语教学而言，重点应该是培养各行各业掌握外语的人才，以外语为工具学习世界上的先进科学技术，促进文化交流。我国外语教学改革的重点是公共外语教学，英语专业教学是小头，公共英语教学是大头，因为每年涉及数百万学生。

但在改革开放初期，我国高校毕业生的外语水平远不能满足需要，当时的公共英语教学并没有受到应有的重视。20世纪80年代初制定的公共英语教学大纲，对大学生的英语能力只有阅读一项要求，而且要求极低；英语教学基本上使用的是语法翻译法，教材以语法为纲进行编写，语法知识既是教学内容，又是考核重点，结果是学生学了多年英语仍不会读写，更不会听说。社科院语言研究所吕叔湘先生在《人民日报》发表文章指出，“高等学校中的公共英语课程形同虚设”，亟待改革。

正是在这种混沌困惑的时候，我读到广东外语外贸大学桂诗春教授1980年12月发表的《我国应用语言学的现状和展望》一文，深受启发。文章指出，历来的外语教学往往是经验之学，把外语教学作为一门科学来研究不过是最近半个世纪的事情，这门科学就是应用语言学。

一、改革开放的机遇

改革开放不但催生了人们学习外语的强烈愿望，也提供了学习国际上多种教育思想和教学理念的机会。正是在这一时期，现代外语教学法迅速发展，理论语言学、心理语言学、社会语言学、教育学等学科的发展为现代外语教学的研究提供了理论基础，使外语教学向着科学化、精密化的方向发展。改革开放使我国外语教学界获得了学习国外先进的教学法思想和理念的机会。实际上，当时国际上对交际法的研究也刚刚起步不久。教育部邀请英国文化委员会在推广现代英语教学法方面做了大量工作，组织了许多应用语言学研讨班，请了不少著名的应用语言学家到我国来讲学。在我的记忆里，坎德林（C. Candlin）、威多森（H. G. Widdowson）、利奇（G. Leech）、约翰逊（T. Johnson）等知名应用语言学家先后来我国讲学，这对普及交际教学法思想发挥了重要作用。教育部、外国专家局还与英国文化委员会合作，聘请大量经过应用语言学专业培训的英国教师来我国任教。他们的教学理念和实践使我们受到很大启发，觉得许多理论和提法新鲜而富有说服力，有助于我们思考大学英语课程的性质，思考教什么和怎么教的问题。

譬如当时关于“一会”和“四会”的争论非常激烈，但是对“一会”和“四会”都缺乏明确的界定。实际上言语活动是一种复杂的心理过程，涉及多种语言技能，这些技能是可以分解的，应用语言学的任务就是要寻找分解这些语言技能的方法，然后加以分类，达到一定程度的有序化，以便科学地组织教学。有的语言学家提出了微技能的概念，把听、说、读、写各种言语活动方式所涉及的微技能，从领会和表达的角度加以分类，制定了54类共260项微技能一览表，对我们有很大的启发。拿口语能力来说，其实并不是要么“哑巴英语”，要么说得像母语一样流利。从“你好我好”这样的简单交流到能用英语进行商业谈判，口语能力可以划分成许多不同等级。因此，外语教学不能满足于“基本上”“一定的要求”“以……为主”这样一些笼统的不确切的提法，而要探索新的方法，以对语言教学过程诸因素进行定性和定量分析。拿阅读能力来说，阅读不像人们通常以为的那样是一种消极的语言活动，仿佛只要掌握一定量的词汇、语法及语义知识就自动具备了阅读能力。阅读是一种积极的、交互的、建设性的思维活动。阅读能力可以从阅读速度、阅读理解、阅读材料难易度、词汇量等方面来度量，这些都可以进行定量分析。阅读能力也可以根据阅读材料难易度来进行映射式的度量。譬如，用Flesh易读度公式来计算，历年大学英语考试的阅读材料平均易读度四级为57.6，六级为49.1，比美国《读者文摘》中的文章（易读度70左右）要难得多。另外，交际功能也可以分类。因此，在课程设计阶段，必须首先通过社会需求调查、分析学生的交际需要，分析相关的言语活动，然后确定完成这些言语活动所需要的各种微技能，再从复杂程度、范围、灵活性等方面分别、具体地规定所要达到的熟练程度。这样组织教学就可以对教学过程进行定量分析，提供具体的检查手段，并且可以把整个教学过程分为若干程度固定、要求明确的教学段。这就是分级教学的思想，既有利于实行学分制，也有利于编写相对稳定的教材，对组织教学、编写教材、语言测试都有重要影响。

词频调查研究值得单独写一笔。进行词频调查是为了制定教学词表，这是语言教学中的基础工作。只有选择最必需的单词才能充分利用有限的教学时间，收到最大的教学效果。语言学家、心理学家对此高度重视。例如，桑代克（Thorndike）早在20世纪40年代就用手工抄卡片的方式完成了一百万词的统计工作，非常艰辛，提出了英语基础教学词表。从1981年开始，我们决定利用计算机进行词频调查，通过随机采样进行语言统计，采样量为一百万个英语单词，为此建立了JDEST语料库，自己编写程序，根据频率、分布率和覆盖率的统计结果，按照“定量分析为主、定性分析为辅”的原则，最后确定了能够满足课程目标所规定的交际需要的大学英语四级词汇表和六级标准词汇。这项词频调查研究后来逐渐发展成语料库语言学研究，不过这是另一个话题。

以上这些问题当时在《外语教学与研究》《外国语》《现代外语》等学刊上都进行了广泛的讨论与交流。

二、大学英语教学大纲

1982年，教育部高教一司委托当时的公共外语教材编审委员会（即后来的大学外语教材编审委员会）和当时的公共外语教学研究会（即后来的大学英语教学研究会）制定新的大学英语教学大纲，这是我国大学英语教学发展历程中的一个转折点。

制定教学大纲本身就是大学英语教学的一项重要科研成果，目标就是努力把外语教学纳入科学的轨道，提高外语教学质量。

经过几年努力，在广泛调查研究和吸收国外教学法研究新成果的基础上，起草小组反复讨论、听取各方意见，先后完成了两份《大学英语教学大纲》，分别供理工科和文理科本科生使用。教学大纲中规定的许多原则和理念，至今仍具有现实指导意义，如正确处理知识与技能的关系、准确与流利的关系，重视语言共核的教学，实施分级教学等。在调查研究基础上制定的4张附表（常用教学词表、微技能表、功能意念表、语法结构表）有利于教学目标具体化、教学过程科学化、语言测试精密化。

国家教委高教司对两份新的教学大纲给予了很高评价，认为它们体现了科学性、先进性、实用性、灵活性等特色，是我国外语教学领域的一项重要教学文件。这两份文件在颁布后受到了广泛重视和关注。

这两份教学大纲是为大学生的英语课程专设的，因此这门课程正式定名为“大学英语”课程。

为了推广和普及教学大纲的思想理念，受国家教委高教司及所属外语处委托，起草小组在1986—1988年举办过多次全国性的教学大纲培训班，介绍教学大纲的设计原理和方法。从1987年起，大学英语教学指导委员会和大学外语教学研究会也利用寒暑假，连续多年在全国各地举办讲习班、研讨班，宣讲教学大纲，举行示范教学，开展专题研究，目的都是为了帮助教师领会教学大纲的思想理念并贯彻到实际教学中去。自此，我国大学英语教学与研究出现了欣欣向荣的局面，彻底扭转了公共外语课程“形同虚设”的状态，实现了从经验之学到应用语言学指导的华丽转身，大学英语教学走上了科学的轨道。

三、英语语言测试

各级教育主管部门高度重视英语语言测试工作，因为考试与教学密不可分。有效测试是教与学之间的桥梁；没有测试，教师就难以了解教学的效果，学生也不知道自己学得如何，教学就将是不完整的。

英语语言测试在我国的发展也是改革开放催生的。早在1980年，为了科学地选拔出国留学人员，教育部高教一司自主设计了“英语水平考试”（EPT），这个项目由时任高教一司副司长蒋妙瑞领导，由广外桂诗春教授、北外刘承沛教授、上外杨小石教授负责，当时也要我参加具体工作。现在回想起来，我进入语言测试这个重要而困难的领域带有一定的偶然性。

为了推动语言测试在国内进一步发展，1982年暑期，高教一司在烟台组织了语言测试研讨班。研讨班由时任高教一司副司长傅克主持，邀请香港考试局有关专家前来讲学，有英语科负责人金（R. King）、缪锦安，香港英国文化委员会的扬（R. Young）等，系统介绍了语言测试理论和方法。这是国内第一次举办语言测试研讨班，也是我第一次有机会全面了解语言测试。这次研讨班让我对语言测试产生了极大兴趣，认识到语言测试是一门科学，是跨语言学、语言教学、心理测量学和教育测量学的综合性学科。

当时的两份《大学英语教学大纲》都列出了语言测试方面的要求，明确提出“语言测试是检查学生语言水平的重要手段，要做到科学、客观、统一和标准化”，并且规定“……其中第四、第六级结束时，应按本教学大纲的要求进行全国统一考试”。这就是后来的大学英语四、六级考试（College English Test，简称 CET）。

为此，国家教委于1985年组建了“大学英语四、六级标准化考试设计组”筹备组，1986年正式成立大学英语四、六级标准化考试设计组，负责考试的设计、组织、管理与协调；在上海交通大学设立大学英语四、六级考试办公室，在清华大学、上海交通大学和武汉大学各设立一个考试中心；四、六级考试的考务工作由各地教育厅或教委的高教处负责，从而建立了健全的考务系统，管理和实施各地高校的大学英语四、六级考试。1994年设计组正式更名为“全国大学英语四、六级考试委员会”。

CET自1987年9月实施第一次四级考试、1989年1月实施第一次六级考试以来，考试规模不断扩大。从1999年5月起，开始实施“口语考试（CET-SET）”，这标志着CET进入了相对完善的新阶段。

设计组成立时，高教司对设计组的要求是“精心设计、精心组织、精心施考”，后来又提出更明确的要求：“努力建设成有中国特色的、达到国际教育测量学专业标准的、与国际接轨的英语语言测试体系。”

CET 的设计开发严格按照国际教育测量学专业标准的要求：分数具有可解释性、分数经过等值处理具有可比性，采用科学方法命题审题（从来不采用入闱关门命题的方法），从而使试题在考前就获得难易度、区分度等数据以确保试题质量，保证考试的信度和效度达到教育测量学的要求。

（一）CET具有鲜明的中国特色

第一，作为教学考试，CET严格按照《大学英语教学大纲》（或后来的

《大学英语教学要求》）规定的教学目标测量学生的英语水平。

第二，采用尺度相关—常模参照方法报道考生成绩，即以教学大纲规定的教学要求为标准，同时根据当时的情况建立了由北大、清华、上海交大、复旦、西安交大、中科大6所重点大学构成的参照常模，用原始分经过等值处理后的标准分表示成绩。及格相当于只优于这6所大学中最低的15%的学生，优秀则相当于优于这6所大学中85%的学生，分数解释与考生所在学校无关。标准分记录了考生成绩的所有信息，而且有常模参照，使分数解释直观、便于理解。

第三，重视主观题与客观题的结合与平衡。客观题有利于保证测试的信度以及采样的宽度，主观题能测量考生的语言表达能力并有利于对教学的反馈。例如作文是我国考试的传统方式，CET从一开始就包括作文，不像有的国际著名英语考试直到20世纪90年代末才把作文列为考试项目。

第四，每次考试后将大量信息反馈给各高校，包括本校全体考生的均值与标准差、听读写各部分的均值与标准差、同类学校相应部分的均值与标准差。这些信息为各校对历年成绩进行纵向比较以及与同类学校成绩进行横向比较提供了可能。这些丰富的宏观信息可以揭示教学中的长处与不足、反映

大学英语教师在认真批阅CET作文卷

学生学习情况历年的动态变化，为各校教务处与外语院系判断所采取的教学措施是否取得预期效果提供了依据，为进一步改进教学提出了可能的方向；这种考后信息反馈是国外大规模考试不做也做不到的实事。

第五，开发了一套提高作文阅卷信度的科学方法，包括阅卷员本人评分一致性、阅卷员之间评分一致性和阅卷点之间评分一致性。

第六，广大一线教师积极参与考试过程，包括作文阅卷、口语考试等，以获得关于考试以及考生能力的第一手信息。经过严格培训的合格教师还可以成为命题员，获得语言测试方面的专门知识。

第七，在教育部高教司（后来是教育部考试中心）的领导下，在各地教育部门和院校的协助下，通过考委会的努力和广大教师的支持建立了健全的考务管理和运作系统，做到了试题编制标准化、考务实施标准化、阅卷评分标准化、分数转换与解释标准化。CET成为一项质量稳定的考试，有力地推动了我国大学英语教学，并且很快获得了社会公信力。

1993年，《大学英语考试的设计、实施及研究》项目获得国家教委颁发的全国普通高等学校国家级优秀教学成果一等奖。当年教师节，我有幸代表考委会与全国获奖代表一起在人民大会堂接受国家领导人的接见并合影留念。

在2005年教育部的一次新闻发布会上，教育部副部长吴启迪也对四、六级考试的作用给予充分肯定：一项如此大规模考试在长达17年的时间内稳定发展，这一基本事实证明大学英语四、六级考试符合社会的需要，得到了社会的普遍认同，产生了良好的社会效益，也为我国大学英语教学质量的提高做出了巨大的贡献。

（二）CET与时俱进不断改革，重视科学研究

第一，及时体现大学英语课程对学生英语能力要求的变化。随着社会的发展和中学生英语水平的提高，大学英语课程也不断提出新的、更高的要求，这些都及时体现在CET考试的总体结构设计和题型设计中，特别是2004年由金艳教授等年轻一代学者主持考委会工作后，改革的步伐进一步加快。20世纪80年代中期的大学英语课程目标是“培养学生具有较强的阅读能力、一定的听（和译）的能力、初步的写和说的能力，使学生能以英语为工具，获取专业所需要的信息，并为进一步提高英语水平打下较好的基础”。因

此，初期的CET把阅读能力作为考核重点。2016年修订版的CET考试大纲，考试内容和题型都已经发生了较大变化。目前，CET考试的听力与阅读占比都是35%，听力材料采用新闻、讲座或报道等体裁的语篇，以更好地体现英语的实际应用；阅读包括长篇阅读理解；写作（15%）采用图片、表格、情景描述、名言等各种提示信息，以丰富考试内容，并防止考生采用“套用范文”之类的应试策略。此外，2013年起新增“段落翻译”（15%），首次尝试在考试中融入中国元素，要求考生在30分钟时间内，将一段140—160字（四级）或180—200字（六级）的汉语段落翻译成英语，主题涵盖中国文化、历史、地理、经济、社会发展等方面，如丝绸之路、中国茶文化等。

第二，开展效度研究。效度是对考试质量最重要的要求，是测试的核心问题。大规模标准化考试的效度要靠实验来验证，并将证据公之于众。20世纪90年代中期，CET考试委员会与英国文化委员会合作，开展了为期3年的效度研究，通过大规模问卷调查、考试内容分析、考试数据分析、考试与外部效标（如教师评价、其他考试等）的关联、教师和学生访谈、对比考试等，分析了考试的表面效度、内容效度、同期效度（效标关联效度）等。效度论证采集了多种类的数据，运用多视角、多层面的分析方法，对CET考试进行了全面的效度论证，标志着我国语言测试效度研究进入了数据驱动的实证研究阶段。

第三，CET考试委员会重视研究测试与教学的关系，不断完善考试内容，在实验的基础上探索新题型，以期改进考试对教学的后效。

第四，为了帮助教师深入了解学生英语学习的发展模式和特点、英语口语的发展模式和特点、英语阅读理解心理过程等，建立了大批语料库，在实证研究的基础上出版了专著。这些语料库对公众开放，以供对CET所反映的学生实际英语能力及其发展规律进行深入研究。

第五，信息技术的应用。CET为了达到教育测量专业要求，在工作中形成了一套完整的制度：在试卷设计方面，从命题、审题、预测、试题分析到对比测试等都有严格的质量控制措施，保证了考试的心理测量专业水准；在统计分析及成绩发布方面，从机器阅卷、分数等值处理到成绩正态化处理等方面都有成熟的措施，保证了成绩报道的科学性和分数的可解释性；在考务组织方面，有严格的制度保证考试的严密性和公正性。以上这些工作都依靠

虽然设备更新了，但老师们阅卷的认真态度依旧

信息技术的充分运用。

21世纪初，CET考试委员会开发了主观题在线评分系统，由教育部考试中心于2006年全面推广至全国12个CET主观题阅卷点。在线评分系统提高了评分的效率，并通过在线评分质量监控，进一步提高了评分信度。

CET信息化发展中最有特色的是计算机化口语考试。1999年面试型CET口语考试实施以来，极大地推动了我国大学英语口语教学，考点和考生人数不断增加。但是，面试型口试需要投入大量人力物力，对考官要求高，限制了口语考试的规模。为此，考委会开发了计算机化口语考试，并于2013年开始全面取代面试型口试，为提高口语考试效率、进一步扩大口语考试规模创造了条件。口语机考滤除了面试型口试中考官的影响，使考试更加公平。而且由于采用了考生成组考试的形式，口语机考实现了考生与考生之间的互动交流，有效测试了考生的英语口头交互能力。此外，由于评分在考后进行，口语机考可更有效地监控评分质量并及时调整评分误差。CET口语考试的规模目前每年已超过90万名考生，将来将逐步把口语考试作为CET的必考部分。信息技术也已应用在防考试作弊中，任何具有社会权重的高风险考试都会出现作弊现象。作弊是某些能力没有达到要求而又希望轻松获得资格证书以谋取未来利益的行为，也是诚信的缺失，姑息作弊是对诚实考生的不公。防止和惩处作弊是考试实施过程中必须考虑的问题。在CET初期，抄袭是主要的作弊方式。为此，CET除了实行严格的监考和巡视制度外，还采用了排列不同的AB卷的做法预防作弊，并通过主观题答题是否雷同来进一步判断考生是否作弊。之后，高科技被用于考试作弊，作弊考生通过隐蔽的通信设备接听答案，从而导致了大规模、群体性作弊现象的发生。为此，CET自2012年起采用多题多卷的模式，每次考试采用内容、排列和组合不同的卷库，通过考生答题纸上的条形码判断其所答试卷的版本，并通过预测和等值等方式，确保不同版本试卷之间的难度等值，这一措施有效减少了高科技作弊现象。

第六，考试的社会学研究。随着CET的用途被不断拓展、考试分数被用于各种高风险的决策，CET考试委员会越来越深刻地体会到，考试的开发和使用不是在实验室做心理测量实验，考试具有极强的社会属性，考试效度与考试所处的社会环境密不可分。我和桂诗春合作出版的《语言测试社会学》一书，深入分析了大规模考试的社会学问题，厘清了考试、教学与考试使用之间的关系，分析了应试教育产生的根源，论证了考试误用产生的社会后果，探索了考试社会化、教育考试质量监控机制等方面的问题。

（三）与国际语言测试界的学术交流

CET考委会经常在国际学术会议上报告研究成果，以便国际语言测试界更好地了解CET，也使CET能紧跟国际语言测试研究的步伐。例如，2000年11月，在加拿大温哥华举行的国际语言测试年会（Language Testing Research Colloquium，简称LTRC，是国际语言测试界规格最高的学术会议），破例向CET考委会代表提供了两小时的专题报告时间。在这次会议上，我们宣读了4篇论文：《大学英语考试效度研究》《大学英语口语考试设计原理》《大学英语考试作文阅卷质量控制》和《阅读能力测试的内省法分析》。2005年7月，在美国威斯康星州的麦迪逊举办的国际应用语言学年会上，CET与雅思、托福考试的代表同台参加了"大规模考试"（The Big Tests）专题讨论，共同探讨大规模考试的改革。世界上三个大规模英语考试项目的代表各自做了陈述，由语言测试界先驱戴维斯（A. Davies）教授主持，从考试信度和效度、教学后效、测试者的道德规范和社会责任等方面对大规模考试做了深刻的点评。

与此同时，CET考委会还跟国际上重要的教育考试机构交往密切。跟美国教育考试服务中心（Educational Testing Service，简称ETS）的联系最早开始于1983年春，当时ETS副总裁所罗门（Solomon）率团访问北京，和国家教委学生司讨论关于合作开展语言测试科研的事情。我应邀出席了这次讨论，并提出了几点合作研究的建议。

1983年5月，接到组织上通知，我荣幸地获得英国文化委员会提供的霍恩比（Hornby）奖学金，前往英国做一年访问学者。经过再三考虑，我决定把研究学习重点放在语料库语言学方面，前往英国伯明翰大学访学进修，向辛克莱（Sinclair）教授系统地学习语料库语言学。这次访学收获极大，但跟语言测试没有关系。直到1984年10月3日，当时已经做好回国准备的我，忽然接到ETS从美国寄来的信函，邀请我前往ETS访问3周并且承担我的一切费用。在美国普林斯顿期间，ETS让我参观了考试开发和实施的全过程，包括参观了当时已经研制成功的基于项目反应理论（Item Response Theory）的自适应机助考试模型，跟ETS几乎每个部门的负责人见面并进行了深入讨论。现在回想起来，ETS对我的接待确实毫无保留。这是一次深入、全面地了解现代教育测量从开发、设计到具体运作全过程的难得机会，收获十分丰富，印象非常深刻。回国后我写成专门报告，供教育部有关部门参考。

1999年8月13日，ETS总裁科尔（N. Cole）博士一行在日本筑波出席LTRC学术年会后，顺道来上海访问CET考试委员会。代表团一行共四人，除总裁科尔博士外，还有负责科研的副总裁和负责行政的副总裁，以及ETS主管各种外语考试项目（包括托福考试）的官员。我和董亚芬先生在与他们的交流过程中，就CET的性质、运行机制、在我国教育中的作用以及效度研究等，毫无保留地做了详细介绍。ETS的高官们很感兴趣，认真地做了笔记，前后讨论了两个小时。科尔博士坦率地表示，“我们在ETS关心的也正是这些问题”，并且希望今后有机会进一步加强交流。

英国剑桥大学考试委员会（University of Cambridge Local Examinations Syndicate，简称UCLES）前后三任总裁都访问过CET考试委员会。1992年，雷德韦（Reddaway）教授正在上海，顺道访问了CET考委会。1995年10月，作为和英国文化委员会合作开展CET效度研究任务的一部分，我们研究小组一行两人在英国雷丁大学进行了为期两周的合作研究。UCLES特地安排我们到剑桥大学访问，其间，英方向我们详细介绍了雅思考试的设计、运行与发展情况，雷德韦教授还介绍了UCLES的性质、发展历史及科研情况。1996年上海交大百年校庆时，UCLES新任总裁霍尔斯特德（Holstead）教授应邀来CET考委会就大规模教育考试做了学术报告。2002年，随着CET考试规模越来越大，考委会高度重视考试与教学的关系，在上海交大举行了语言测试与语言教学国际学术会议，著名语言测试专家莱尔·巴克曼（Lyle Bachman）教授等应邀出席并做学术报告，美国ETS和英国UCLES等机构都派代表出席会议并发表论文。UCLES新任总裁利伯斯（S. Lebus）教授会前来信表达出席会议的愿望，经教育部批准，我们马上补发了邀请函。这些学术交流说明国际上对我国语言测试研究的动态非常关注。

1996年9月，日本英语水平鉴定学会（Society for Testing English Proficiency，简称STEP）一行八人，专程从日本来上海访问CET考试委员会。STEP是日本文部省认可的英语考试机构，从1968年开始实施考试，到1996年已达到每年360万名考生的规模。在英语标准化考试这点上，STEP和 CET很相似。我们毫无保留地回答了他们想了解的许多问题。同年11月，我应邀回访了日本东京STEP总部，就CET设计原则、CET效度研究、《大学英语教学大纲》设计等做了多次讲演。通过交流我们也学习了日本STEP的经验并且与其建立了密切的合作关系。

通过与STEP的交流产生了一个想法，为了推动亚洲国家和地区的英语教学和英语语言测试的发展，应当扩大交流的范围。于是，由CET考试委员会发起，1998年11月，在上海交大举办了“亚洲地区英语语言测试研讨会”，出席研讨会的除了CET考委会外，还有日本英语水平鉴定学会、韩国国家课程与考试研究所和中国的香港考试局、台湾大学入学考试中心。这次研讨会开得很成功，各方反应热烈。到第三年，决定正式成立学术组织，并制定了章程，定名为“亚洲英语语言测试学术论坛”（Academic Forum on English Language Testing in Asia，简称AFELTA）。迄今为止，研讨会从未间断。AFELTA的宗旨是“推动亚洲地区的英语教学和英语语言测试”，始终站在国际语言测试研究的前沿，讨论的主题涉及大规模高风险考试的效度研究、语言测试与语言教学的关系、成绩报道体制研究、新技术在语言测试与研究中的应用等。近年来的研究重点更涉及大规模高风险考试的社会学问题、形成性测试与课堂教学、网考、建立亚洲地区统一英语语言能力等级量表等重大问题。这一发展轨迹反映了亚洲地区英语语言测试工作者认识的深化：努力使语言测试更准确地测量学生的英语语言能力、更好地为语言教学服务。AFELTA在长达20年的时间内不间断地定期举行学术会议，说明它为亚洲国家和地区的英语语言测试专业机构提供了一个有价值的平台，为交流学术观点、探讨语言测试新技术和新方法创造了良好的条件。

2005年，第八届AFELTA会议在中国香港举行，前排右五为杨惠中

CET考试委员会与上述著名教育考试专业机构的交流完全是一种平等的、学者之间的、坦率真诚且毫无保留的交流，因为大家都充分意识到大规模教育考试的主事者肩负着重大的社会责任，应当交流经验、相互学习。实际上，这正是在践行国际语言测试协会的道德规范：语言测试是一个跨学科的领域，要求其从业者在研究内容和方法上不断吸收应用语言学、教育测量学、心理学等相关领域的新成果，拓展自己的专业知识与技能，提高学术素质，钻研新理论、新方法、新技术，精益求精，以推进语言测试的专业化进程，保证考试的信度和效度，加强考试对教学的正面导向作用。

考试涉及一个国家的教育主权，CET考委会30多年的发展历程表明：中国学者有能力独立自主地开发达到心理测量学专业标准的语言测试项目，准确地评价中国学生的英语能力。

（四）为我国教育事业无私奉献的精神

CET考试委员会的工作非常辛苦，考委会成员第一届只有7人，第二届起扩大到15人，但全部为兼职，加上办公室4位工作人员，组织和运行如今每年几百万名，甚至上千万名考生的超大规模考试，不能不说是一个奇迹，靠的就是拼命工作和奉献精神。例如，大规模考试中采用的多项选择题，虽然形式简单，但命题的专业要求极高，每道题从命题到成熟要经过“命题—审题—试测—计算机试题项目分析—复审—构卷”的漫长而复杂的过程，在确保每道试题在难易度、区分度等方面都达到规定要求后才能用于实际考试，这个周期往往长达一年之久。有关人员在实际工作中对多项选择题的命题、审题都抱着一种敬畏之感，兢兢业业。

试卷是用来测量学生能力的，尤其像CET这样获得社会信任的高风险考试，必须对学生高度负责，试卷上不能出现任何差错，每一个字母、每一个标点都是不能出现差错的“单位”。十多页的试卷虽然只是“一份”，但却意味着数万个不允许出现任何一个差错的“单位”。试卷在每次付印前都要经过反复仔细审校，才能签字付印。在长达30年的实际考试中，试卷上尚未发现任何差错。只有对工作持极端负责任的态度，才能做到这一点。

虽然迄今为止尚未有任何人对CET试卷的学术质量和文字水准提出过批评，但是由于大规模考试的高风险性质，CET难免受到来自各方面的不理解及出于各种考虑的非议，这种非议有时难免会影响埋头苦干的考委会成员的情绪。每当这时，董亚芬先生就常常鼓励大家说：“别管它，我们把自己的工作做好，只要对得起学生、问心无愧就可以了。”正是这种排除干扰、气定神闲的精神，支撑着CET考委会成员为我国大学英语教育事业鞠躬尽瘁、努力不懈。不但如此，CET考委会成员还必须签字承担保密责任，包括不允许利用考委会成员身份编写、出版模拟试题集或举办培训班之类的牟利活动。

CET考试是一项具有中国特色的考试。30年来，它经历了风风雨雨，但坚持改革和自我完善的宗旨不变，坚持为大学英语教学服务的初心不改。迄今为止，基本上做到了保证考试“命题的科学性、评分的一致性、组织的严密性、成绩的可比性"，从而得到了社会公认，并且引起国际语言测试界的重视。大规模考试的存在必定有其社会基础和学术环境。CET的设计基于我国改革开放对大学生英语能力提出的要求，其发展得益于我国英语教学理论和实践水平的不断提高，以及语言测试领域对效度越来越深刻的理解。

随着改革开放的深入，我国的英语教育还需要进一步提升质量，大规模考试将会继续存在。当然，考试改革和发展需要教育主管部门的支持，需要考试研究者对信度和效度的追求，需要院校领导、教师和考生的配合，也需要考试使用者理解并合理使用考试。希望我国自主品牌的考试能够更加稳步地发展，并尽早走出国门，面向世界，为中国了解世界、世界了解中国做出贡献。

新中国70年基础外语课程与教材发展

刘道义

刘道义，人民教育出版社编审，课程教材研究所研究员。曾任人民教育出版社副总编辑、课程教材研究所副所长，教育部中小学教材审定委员会英语组组长，中国教育学会外语教学专业委员会理事长。参加历次全国中小学英语教学大纲编制工作，编写和修订了12套中小学英语教材，并承担其中9套教材的主编工作；编著外语教师理论丛书4套、中学生英语读物2套、英语教学辅助丛书3套；发表论文100多篇。

一、迂回前行（1949—1977年）

从新中国成立到“文化大革命”结束这段历史时期，我国中小学的外语教育随着政治和经济形势的变化与发展，走过了一条迂回曲折的道路，动荡不定，起伏不断，犹如潮水时涨时落。这28年可分为三个阶段叙述。[1]

（一）新中国成立初期（1949—1958年）

1. 20世纪50年代的“俄语热”

新中国成立初期百废待兴，新的教育体制还未建立。教育部于1950年颁布《中学暂行教学计划（草案）》，规定中学设置一种外语——英语或俄语。由于当时建设社会主义必须向苏联学习，全国掀起了向苏联学习的热潮，草案指明，如有条件宜设俄语，但已授英语之班级，仍应继续授英语。实际

[1]刘道义．百年沧桑与辉煌——简述中国基础英语教育史[J]．中国教育科学，2015（4）：109.

上，许多学校缺少俄语教师也开设了俄语课，大批英语教师转行教俄语。这是新中国成立后中学外语教师的第一次大转行。

1951年，教育部印发了《普通中学英语科课程标准草案》，规定初中英语教学的目的是：（1）养成阅读和练习英语的兴趣，打下继续进修的基础；（2）认识1,000到1,500个常用词；（3）能练习运用常用的典型短语约200句；（4）能阅读生字不超过十分之一或五分之一的浅近英语；（5）能做清晰熟练的书写。高中英语教学的目的是：（1）养成阅读和练习英语的志趣，打下进修专科用的英语基础；（2）再加修3,000到4,000个一般通用的单词（连初中共约5,000词）；（3）能练习运用普通英语，包括简单的会话和写作；（4）能认识一种标音制（如国际音标或韦氏音标）；（5）能利用字典、词典，阅读一般性的英文书报杂志。这是新中国成立以后教育部首次颁布的英语课程标准，但实际上并没有很好地贯彻。因为当时学生普遍不想学习英语而要求学习俄语，他们认为英语是帝国主义语言，学了无用。

"英转俄"虽然解决了俄语师资不足的问题，但也导致俄语师资水平均不高。教育部为了减轻初中学生负担，又考虑外语师资不足的问题，于1954年4月发布了《关于从1954年秋季起中学外国语科设置的通知》。通知明确指示：从1954年秋季起初中不开设外语课，高中开设外语课（从一年级起授俄语课）。实践证明，初中不开设外语课不利于学生的智力发展，有碍外语教学质量的提高。教育部于1956年7月发布了《关于中学外国语科的通知》，明文规定："为了适应我国社会主义经济建设和文化建设的需要，必须扩大和加强中学外国语的教学。各厅、局除注意改进俄语教学外，还必须注意扩大和改进英语教学。从1956年秋季起，凡英语师资条件较好的地区，从高中一年级起应增设英语课。"通知还规定，从1957年秋季起，初中一年级开始恢复外国语科。各地中学俄语和英语的比例暂定各为50%。

"俄语热"不仅影响了中学教学，而且在社会上兴起了俄语广播讲座、俄语夜校、俄文学习班等，吸引了数十万人参加。此外，大量脍炙人口的俄语歌曲和苏联小说、电影及刊物广泛流传。我当年正在高中学习俄语，与苏联学生通信，穿着用苏联花布做的衣裳，和其他年轻人一样，努力学习，"向科学进军"，心中向往着我们能过上像苏联当年一样的幸福生活。

2. 中学英语、俄语教学大纲和教材

新中国成立初期，全国没有统编教材，中学一般采用以前的英语课本。我上初中时用的就是林汉达编的初中《标准英语读本》，也有丁秀峰的《新编初中英语》，高中时用过北京市中等学校英语教材编委会编的《高中英语读本》。俄语用的有从苏联引进的《俄文津梁》，我高中念的就是这本书，还有北京师范学院编的高级中学暂用课本《俄语》。

1956年，教育部颁布了高级中学英/俄语教学大纲（草案）。这两个大纲确认了外国语的学习对于年轻一代具有重要意义。由于初中未开设外语，因此从语音起始，要求较低，高中三年每周4课时，毕业时仅要求学生分别学会英语单词1,500个、俄语单词1,000个，获得必要的语法知识，并能应用这些知识进行造句、问答、翻译等练习。依据英语大纲编写的高级中学课本《英语》是新中国成立以后我国在全国范围内通用的首批自编的英语教材。编者是北京外国语学院的教师，有周谟智、刘承沛、夏祖煃、王晋熙、吴千之等。

恢复初中外语课后，1957年6月，教育部颁发了初级中学英/俄语教学大纲（草案），规定每周4课时。教育部责成北外编写英语教材，北京师范大学编写俄语教材。参与编写英语教材的有应曼蓉、范瑛、杨树勋、张冠林，由初大告、刘世沐校订。

1958年，在政治挂帅，"一天等于二十年"和"赶英超美""大跃进"的狂热风潮影响下，教育界掀起了"教育大革命"。1960年3月7日，中共中央宣传部部长陆定一在一次省市委文教书记会议上，讲到北京师范大学研究了教学上少慢差费的原因，想搞九年一贯制，就是六岁入学，学九年，毕业时的程度达到大学一、二年级水平，并表示对这样的改革精神很支持。于是，教育部委托北师大外语系编写教材，由人教社出版全套18册课本。北师大本科生提前毕业，同教师一起编写九年一贯制英语课本。他们在一无大纲、二无课本参照的情况下，采取大兵团作战方式，展开一场通宵达旦的战斗，速战速决，从1960年2月底到3月8日，一周内完成。结果编者只能顺手牵羊，东拼西凑，来了一个"选—译—注"三位一体的编法。正所谓"忙和尚搞不出好道场"，这套教材匆忙出炉后在和平门外北师大旧址图书馆展览了一番，前三册在个别学校试用，被证明内容突出政治，不符合语言教学规律，根本无法使用，整套课本变成了一堆废纸。同样，在“教育大革命”期间北师大外语系编写的九年一贯制俄语课本在学校使用了两年后也被否定了。

20世纪50年代，由于中学外语教学政策不稳定，学制变动，缺乏统一、完整的大纲依据，加上中学外语教材的编写人员不固定，致使教材不成系统，互不衔接。此种情况到了1959年以后有了改观。

（二）调整与发展期（1959—1966年）

20世纪60年代初，中共中央为扭转极左思潮，纠正“大跃进”所造成的错误，提出了“调整、巩固、充实、提高”的八字方针[1]。“教育大革命”也随之结束，学校师生恢复了正常的教学秩序，开始强调发展教育，提高教学质量。外语教育也受到了重视。在中共中央和国务院直接领导下，教育部下达了一系列促进外语教育的重要指令。

1. 加强外国语课程与教材建设

1959年，教育部深感培养高级建设人才和科学技术人才以适应社会主义经济建设是一项迫切的重要任务，针对中学的外语教学情况，于3月26日下达了《关于在中学加强和开设外国语的通知》。提出一方面要加强高中外国语科的教学，另一方面要在大、中城市有条件的初中开设外国语科，使学生在中学就打好一种外国语的基础。中学设置语种的比例，大体上规定约有三分之一的学校教俄语，三分之二的学校教英语及其他外国语。

在这个时期，世界形势的变化，特别是中苏关系的恶化严重地影响了中学的外语教育。许多中学改授英语课，俄语教师队伍不稳定，纷纷改教英语，出现了第二次外语教师大转行。“英转俄、俄转英”，使得中学外语教师在很长一段历史时期里专业水平低下，严重地制约了教学质量的提高。1960年秋，北京俄语学院有300多位原计划留学苏联的学生转到北京外国语学院改学英语。我与十多位英语系同学提前毕业，留校教授这批比我们年长的学生。

[1]国家计委党组．关于一九六一年国民经济计划控制数字的报告[R]．1960-09-30.

1959年后，北京外国语学院附属外语学校和北京外国语学校建立，先从初中后从小学三年级开始教授外语。1960年5月，中央宣传部在北京景山学校开始从小学一年级起教外语的试验，北外特派了李中、方碧辉等到该校任教。1961年4月，教育部党组向中央提出关于设立外国语学校的初步意见，建议在几个大城市筹设外国语学校。同年12月，中宣部部长办公会议决定，责成教育部提出方案尽早部署。1963年4月，周恩来总理对教育部《关于筹办外国语学校问题的请示报告》做了批示："请教育部将高、中、小三级各语种衔接的安排，包括学校、班数、学生人数、教师、教材和教学计划，订出五年进度计划送阅。"同年7月，教育部又发出《关于开办外国语学校的通知》，得到了各地积极响应，到1964年，全国开办了11所外国语学校。至此，外语教育呈现出令人欣喜的上升趋势。我正是在1961年调入北外附校教英语的。

1960年10月，中央文教小组在陆定一的直接领导下召开了全国中小学文教工作会议，会后成立中小学教材编审领导小组。为了满足十年制学校教学的需要，教育部决定由人民教育出版社编写十年制中小学教材。1962年，人民教育出版社成立外语编辑室（包括英、俄语两个组），张志公任外语编辑室主任，来自北外的应曼蓉任英语组组长。为了制定大纲，人教社编辑查阅、研究、总结了我国外语教学的经验与教训。1963年，教育部颁布《关于实行全日制十二年制中小学新教学计划（草案）》和全日制中学英/俄语教学大纲（草案）。这是新中国成立以来教学要求最高（学生需掌握3,500—4,000词）、教学内容最多、教学原则和方法阐述最为翔实的大纲。人教社依据该大纲编写教材。当时英、俄语教材的编写工作是在北外专家的指导下，

人教社外语编辑室初建时部分成员合影，前排左一为应曼蓉，第二排右三为唐钧

在比较英、美、日、苏英语教材的基础上进行的，并做了大量调查研究。这套十二年制学校的初中英/俄语教材从1963年秋季开学在全国普遍使用，受到了好评。可惜1966年高中三册尚未出版，“文化大革命”就开始了，全套教材也就中途夭折了。

2. 高考恢复外语考试

从1958年起，高考恢复了外语考试，但考试成绩不作为正式分数，只作为录取新生时的参考。从1962年起将外语考试成绩作为正式分数，这一措施促进了中学的外语教学。

3. 部分城市小学开设外语课

1962年教育部颁布《对小学开设外国语课的有关问题的意见》，提出在条件较好的小学，可以在最后两个年级开设外语课。授课时数可按每周3课时安排。要挑选外语水平较高、发音正确的教师担任小学外语的教学工作，要采取措施使在小学学过外语的学生升入中学后，能够继续学习同一种外语。那时，我国部分大、中城市在个别基础较好的小学开设了外语。1963年教育部发布的《全日制中学暂行工作条例（草案）》再次强调学习外语的重要性，指出：外语是学习科学文化知识的重要工具，应该大力加强外语课的教学，应该根据师资条件开设俄语或英语，逐步做到高中毕业生具有初步阅读外文书籍的能力。

4. 《外语教育七年规划纲要》 颁布

在周恩来总理的指示下，国务院外办、国务院文办、国家计委、高教部、教育部于1964年10月联合制定了《外语教育七年规划纲要》。《纲要》提出了我国外语发展的方针，并对中学外语教育做出了规定：加强普通中学外语教育，开设英语和俄语；1970年以前要做到40%至50%的全日制初、高中学校开设外语；学习英语、俄语的学生比例要求先调整到1：1，1970年以后调整到2：1；要求高中毕业生一般能掌握3,000个左右的单词，能阅读较浅近的外文书报，能进行简单的会话。[1]

---

[1]付克. 中国外语教育史[M]. 上海：上海外语教育出版社，1988.

（三）“文化大革命”期间（1966—1976年）

正当中小学出现了外语教育转机之时，1966年爆发的“文化大革命”使其遭受了灭顶之灾。其间，外语教育战线是重灾区。“文革”初期，所有学校一律停课，不少外语教师被带上“崇洋媚外”“里通外国”的帽子而备受冲击。

在1972年至1975年周恩来和邓小平主持中央日常工作期间，外语教育开始受到重视，不少省、自治区、直辖市相继编写了中小学教材。特别在我国恢复联合国合法席位和中美外交关系正常化以后，国际政治形势的发展对外语产生了迫切的需要。1972年，在周恩来总理的指示下，国务院口头发布了毛泽东主席“外语还是从小学学起好”的语录，全国各地掀起了一股小学开设外语课的热潮。小学不但开设英语课，有些学校还开设了日语、俄语、法语、德语、阿拉伯语等其他语种。不过，当时各地自编的中小学教材片面强调突出政治，质量低下，很难帮助学生学好外语。[1]

二、振兴繁荣（1978—2000年）

1978年12月，党的十一届三中全会冲破了长期“左”的错误的严重束缚，遵循以实践检验真理的原则，重新确立了解放思想、实事求是的思想路线，开始以经济建设为中心，吹响了改革开放的号角。

（一）改革开放形势下外语课程与教材的初步发展

为了拨乱反正，邓小平一次又一次发表讲话：“我们要实现现代化，关键是科学技术要上去。”“抓科技必须同时抓教育。从小学抓起，一直到中学、大学。”“一定要在党内造成一种空气：尊重知识，尊重人才。”“教材非从中小学抓起不可，教书非教最先进的内容不可，当然，也不能脱离我国的实际情况。”[2]

---

[1]戴炜栋，胡文仲．中国外语教育发展研究（1949—2009）[M]．上海：上海外语教育出版社，2009．

[2]邓小平．邓小平文选（一九七五——一九八二）[M]．北京：人民出版社，1983．

1. 编写通用教材稳定教学秩序

1977年秋季，中央要求教育部迅速组织班子，编写全国通用教材，替换掉“文革”期间各地编写的教材，拨乱反正，以稳定教学秩序。教育部从全国各地抽调了200多名教师和干部，以“全国中小学教材编写工作会议”的形式，负责各科教材的编辑、出版，并要求在1978年秋季开学前，向全国供应新编中小学各科教材，迅速提高教学质量。当时，编写英语教材的人员主要来自北京和上海，俄语教材编写人员主要来自东北、上海和北京。我就是那时从北外附校借调参加统编教材工作的，负责英语教材编写工作的是唐钧（原是北外英语系教师，1962年调入人教社）。由北外借调的周谟智、夏祖煃参加了初中英语教材的编写工作。

全国中小学教材工作会议英、俄语编写组受教育部委托，根据1978年和1980年《全日制十年制中小学教学计划试行草案》，编写了全日制十年制中小学英/俄语教学大纲（试行草案），并以此为依据编写了小学（六册）、初中（六册）和高中（二册）课本。此外，为了满足高中外语教学的需要，1979年秋季编辑出版了程度较低的过渡性的高中代用课本（二册）。为配合各册课本还编写了供教师使用的教学参考书。这些课本和教学参考书基本上做到了正确处理思想教育和语言教学的关系，肃清了外语教学中的极左思潮，能按照语言教学规律编写，并注意选取内容健康、有助于学生树立正确的思想和培养良好品德的材料。

1981年，教育部颁布了《全日制六年制重点中学教学计划（试行草案）》，决定恢复初中三年、高中三年的学制，每周外语课除高三4课时外各年级均为5课时。1982年9月，中小学开始使用人教社新编的英/俄语课本（小学四册，初中六册，高中三册）。这套教材在推行过程中，因受教学条件和师资水平所限，师生反映

20世纪80年代的英语教科书

20世纪80年代的俄语教科书

“深、难、重”。1986年和1990年，根据“适当降低难度，减轻学生负担”的指示精神制定和修订了全日制中小学英/俄/日语教学大纲，随即对教材做了适当的削减和调整。这套教材对当时稳定教学秩序、提高教学质量起到了功不可没的作用。而且，这套教材不乏经典课文，所用时间最长，给60后和70后留下了深刻的印象。

2. 三次外语工作会议和一项重大调研项目

经国务院批准，教育部先后于1978、1982、1986年召开过三次全国外语教育工作会议。这是有史以来少有的事，可见当时中央对外语教育重视的程度。[1]1978年，全国外语教育座谈会明确了外语教育的重要性，自此，外语教育以史无前例的速度向纵深发展。1982年，全国外语教育工作会议在肯定成绩的同时，分析了问题并提出解决问题的措施。会议提出了语种设置要有战略眼光和长远打算，以英语为主，俄语应占一定比例，根据需要适当开设日语。

20世纪80年代的日语教科书

这次会议特别促进了中学日语课程的开设。早在1972年中日建交后，我国东北部分地区及北京部分学校就自发地设置了日语课，自编了教材。1983年，在教育部的领导下，人教社组织了全国性的考察和调研，外语室增加了日语

[1]刘道义．百年沧桑与辉煌——简述中国基础英语教育史[J]．中国教育科学，2015(4)：116.

编辑，草拟了《中学日语教学纲要（征求意见稿）》，并编制了第一套全国通用的中学日语教材。

1985年，国家教委组织开展了全国15个省市中学英语教学调研工作，这是新中国成立以来规模最大的一次学科调研，采用了科学的测试和电脑数据处理方法。调查表明，中学生的英语水平有明显提高，高中生进入大学时具有约1,800个词的基础，从此结束了大学英语从零起点教学的现象；然而发现的问题也很突出：中学生英语水平低下，语言运用能力较差。其原因主要是师资水平低、教材和教法陈旧。这次调研引起很大反响，改革外语教学的呼声高涨。

1986年，国家教委组织的全国中学外语教学改革工作会议明确了工作方针，端正了教学思想。特别强调外语教学要学以致用，有了听、说、读、写能力才能为"四化"建设服务，学生运用外语的能力是检验教学质量的主要尺度。会议要求加强教学科研、改进教学方法等。三次全国外语教育工作会议不仅提高了外语学科在教育中的地位，更重要的是明确了外语学科改革的方向与措施，推动了外语教育发展的进程。

3. 高考改革对外语学科的促进作用

1977年恢复高考后，高校入学统考外语成绩仅为参考，从1979年起仅按10%计入总分，后逐年提升，1983年起按100%计入总分。现在，外语被列为必考科目之一，外语在社会上所受到的重视程度是空前的。改革开放40多年来，英语测试改革力度较大，不仅增加了听力测试，少数地区还有口试，而且测试重点由语言知识转为语言运用能力，题型由单句转为语篇，不断提高真实性和交际性。高考改革对教学的正面反拨作用日益增强。

（二）20世纪末的外语课程和教材变革

1. 教材多样化初见端倪

1986年，国家教委启动了第一轮课改，首先展开九年制义务教育教学大纲的研制工作。我有幸参与了大纲的编制工作，亲身感受到课程研究的进步。这些进步主要表现为更加科学、开放和规范。编制者学习和借鉴了外国及我国香港和台湾地区的课程研究资料，特别吸取了当时欧共体国家语言学和语言教学研究的成果，引进了交际语言教学思想；在大纲研制过程中反复征求一线教师的意见，并对实际教学进行调查、测量和分析；从调研、编制到大纲的实施、试验、评价、审查，再到修订等一系列的环节，有自上而下的领导和自下而上的发动，组织有序。1988年，全国中小学教材审定委员会审查通过了九年制义务教育全日制初级中学英/俄/日语教学大纲（初审稿）。1992年根据实验情况，此大纲修订为试用稿。为了满足各地不同的需要，国家教委鼓励根据大纲编写不同的教材，因而，20世纪90年代除了人教版外语教材，还有上海版（依据上海市的教学大纲编写）、沿海版、北师大版和内地版的英语课本，以及东北师大版的俄语课本，多用于初中。至此，教材多样化初见端倪。

1990年，中外合编的人教版初中教材在全国部分地区试用。为了解决初、高中衔接问题，国家教委单独编制了《全日制高级中学英语教学大纲（初审稿）》，于1993年发布，人教社据此编写高中英语教材，并在部分地区试用。1996年，随着各学科高中教学大纲的制定，英语学科稍做修改，制定了全日制普通高级中学英/俄/日语教学大纲（供实验用）。

2. 中外合编教材

20世纪末人教版的初、高中英语教材（Junior/Senior English for China，简称JEFC/SEFC）是人教社与英国朗文出版社合作编写而成的。这是我国首次与外国合作编写中学教材。作为该项目负责人和教材的中方主编，我和我的团队在教育部和人教社班子的领导下，坚持“以我为主，洋为中用，互为补充”的原则与外方合作，编写了受到师生欢迎的教材。教材编写采取了结构与功能相结合的方法，英语课堂教学也发生了很大改变。第一，教学从语言的实际意义出发，而不是从语言的形式出发；通过比较真实的情境进行丰富多彩的活动，特别是结合学生生活编入了（李雷、韩梅梅、吉姆等人物）连续性的故事，而不是过多地搞枯燥的、脱离实际的句型操练；要求教师和学生之间互动，并开展大量的听说实践活动，如演课本剧等。第二，要求教师在组织课堂教学时尽量使用英语，必要时才使用母语，力求改变沉闷的、封闭式的课堂教学，抛弃“注入式”，采用“启发式”，实现生动活泼的开放式课堂教学。第三，教材把以结构为主的直线式编排体系改变为循环式编排体系，把类似的话题安排在不同的教学阶段中，语言由简到繁，逐步加深，

内容新颖的中英合编教材

这样就大大增加了语言的复现率。第四，改变教师“一言堂”，形成师生“群言堂”，学生由被动转为主动。教师不再单纯扮演讲授者的角色，需要随着教学活动的变化而变换角色——示范表演者、组织者、指挥者、监督者、帮手等，以促进师生之间情感交流，营造宽松、民主、和谐的教学氛围。

由于1993年高中英语教学大纲特别强调要处理语言教学与文化的关系，SEFC选择了学生感兴趣的16个话题编入教材，使教学紧密结合当代生活，解决了教学脱离实际的问题。此外，由于教材强调听说练习，教学时不断试验听力和口语测试，最终促成了全国高考增加听力测试。

由此可见，20世纪90年代的课程与教材改革使得外语从传统的以知识结构为主的教学过渡到了以运用语言达到交际目的为主的教学。这为新世纪的深化改革奠定了基础。

三、改革创新（2001年至今）

1999年6月，《中共中央国务院关于深化教育改革全面推进素质教育的决定》提出，要“调整和改革课程体系、结构、内容，建立新的基础教育课程体系”，随即教育部正式启动新一轮基础教育课程改革。这一轮课改的突出特点是，全面贯彻国家教育方针，以提高国民素质为宗旨，以培养创新精神和实践能力为重点，促进每个学生健康发展，培养良好品德，培养终身学习的愿望和能力。为了加速提高外语教育水平，主要采取了如下措施。

（一）小学开设英语课

教育部于2001年1月印发了《关于积极推进小学开设英语课程的指导意见》，要求各地积极推进小学开设英语课程。此后，全国小学开设英语课程出现了跨越式的发展。如今，除了农村和中西部边远少数民族地区，各地基本上都在小学开设了英语课。这虽然提升了英语学习热度和英语教学水平，但也使得俄语、日语没有了初中的生源。小学生学了英语，到了初中，家长几乎都不愿让孩子改学别的语种，因此造成中学俄语、日语学生人数不断萎缩。近年来，一部分初中英语水平较低的学生到了高中转学日语或俄语，三年后参加日语或俄语高考，以获取较高成绩。这在某种程度上使得处于萎缩状态的日语和俄语教学有了新的生机。

（二）外语课程改革力度加大

2001年7月，教育部颁布了《全日制义务教育普通高级中学英语课程标准（实验稿）》和全日制义务教育俄/日语课程标准（实验稿），2003年又颁布了普通高中英/俄/日语课程标准（实验）。从2001年秋季起，开始进行义务教育新课程试验推广工作。2004年秋季开始，各省、自治区、直辖市逐步进入高中新课程。

义务教育课程标准与教材实施10年后，通过大量的调研，听取一线师生的意见，教育部修订了课标，发布了义务教育英/俄/日语课程标准（2011年版）。接着，2014年12月，教育部开始修订普高课标，并于2018年1月颁布了普通高中英/俄/日语课程标准（2017年版）。这一阶段外语课程发展有以下几个主要进步。

第一，明确了外语课程的性质不仅具有工具性，而且具有人文性，彻底扭转了外语学科仅具有工具性而忽视其教养性的片面看法。课程标准从民族素质教育的高度、从国家发展的角度明确了外语教育对人的发展的重要意义。

第二，统筹考虑义务教育阶段与高中课程设置，提出了分级的目标体系。2017年版的高中课程采用学分制，并分设必修、选择性必修和选修课程，规定必修课程为高中毕业的基本要求，完成选择性必修课程方可参加高考，选修课程为学生自主选择修习的课程。这体现了课程的基础性、多样性和选择性，彰显了以学生发展为本的课程理念。高中必修课程要求学生累计掌握英语2,000—2,100个单词，俄语1,300个单词，日语1,200个单词，选择性必修课程要求累计掌握英语3,000—3,200个单词，俄语2,000个单词，日语1,800个单词；选修课程要求累计掌握英语4,000—4,200个单词，日语2,300个单词，学会使用一定数量的短语。英语要求是新中国成立以来最高的。外国语学校的高中毕业生的外语水平普遍高于一般学校，部分外语学校还培养了德语、法语、西班牙语的学生。

第三，这一阶段的外语课程标准带来了一系列新的教学理念，例如突出学生自主性、探究性、合作性学习，采用“任务型”活动、形成性评价，开发课程资源等。课程标准指导下的教学不仅重视知识与技能，更重视学习的过程和方式、正确的情感态度和价值观的形成。2017年的普高课标为落实立德树人根本任务，提出了学科核心素养——语言能力、文化意识、思维品质和学习能力，同时还提出了“实践外语学习活动观”“完善课程评价体系”“重视现代信息技术应用，丰富英语课程学习资源”等具有改革创新意识的课程理念。

改革开放以来的外语课程发展轨迹特点主要体现在从突出双基到强调能力培养，从以学科知识为主到以素质教育为主，从以知识为本到以育人为本的变化上。

第四，外语课程的进一步改革使得教材和其他课程资源的开发发生了深刻的变化。就英语教材建设来看，其成就突出表现在四个方面：多元化、系列化、科学化、数字化。

多元化是指真正形成了教材多样化的局面。系列化不仅指由单独的课本发展为系列配套的纸质和以信息技术为基础发展的网络教学资源，还指大量丰富的供课内外使用的系列教材和多模态的教学资源。科学化主要是指教材的编写建立在理论与实践调查研究的基础上，整个教材编写的过程就是科学研究的过程。数字化是指运用信息技术使教材数字化，以适应“互联网+教育”时代的要求，建立可供学生自由选用学习的“资源超市”，满足学习者个性化学习的需要。

综观当代英语教材，可以发现以下六个特点。

第一，充分重视学生的发展，注意提高学生的素质。教材在内容、结构体系、程度分量、活动设计上力求符合学生身心发展的特点，能够激发其学习动机。语言材料富有思想性和时代气息，视野开阔，中外优秀文化交织，有助于增强学生的人文素养和文化自信，提高跨文化交际的能力。

第二，教材以主题为中心将主题语境、语篇类型、语言知识、语言技能、文化知识和学习策略，通过听、说、读、看、写等活动系统、有层次地安排，以此帮助学生理解和内化所学，并激活他们的思维，促使他们获取、处理和使用信息，提高用外语表达思想、做事和分析、解决问题的能力，使其逐步形成综合运用英语的能力。

第三，提供学习策略，引导学生自主、探究和合作学习。譬如，教材引导学生发现新知识和信息，通过调查、讨论、实验等活动，在学习的过程中感悟和体验英语，开启心智，使他们敢于想象和批判，培养创新精神和实践能力，并提升学习能力。

第四，注重学科融合。教材的内容涉及百科，主题范围广泛，如信息技术、环境保护、法制教育、航天航海、天文地理等真实语料，具有很强的时代感、人文性与科学性。

第五，系列配套的教材和多模态教学资源增强了教材的选择性、拓展性、灵活性和开放性。

第六，教材的版式设计新颖、插图精美、色彩鲜艳，足以引起学生的学习兴趣。

在庆祝新中国成立70周年之际，我们可以自豪地说，基础外语课程和教材在党的教育方针的指引下，经广大师生的不断努力、实践和探索，已在稳步前进，开创了崭新的局面，提高了教学质量！

当今时代，我国人民正在为实现中华民族伟大复兴的梦想努力奋斗，而在这项伟大的事业中，教育承载着极其重要的责任。外语是国际交流与合作的重要沟通工具，外语教育对于汲取人类优秀文明成果、传播中华文化、构建人类命运共同体有着重要的助力作用。因此，现在外语教育适逢其发展机遇最好的时候。然而，外语教育由于历史原因，基础比较薄弱，教学质量远不能满足国家发展的需要，诸多问题亟待研究解决。期望在新中国百年庆典时，国人能骄傲地向世界讲述更多外语教育成功的故事，为构建人类命运共同体做出更多贡献！

曲折行进　前途光明

——从我的法语生涯谈法语教育的发展

薛建成

薛建成，北京外国语大学法语系教授，博士生导师。1959年考入北京外国语学院法语系，1964年留校任教。1981—1983年在法国巴黎政治学院国际关系系进修。曾先后任法语系副主任、国际问题研究所所长。主编《拉鲁斯法汉双解词典》《新世纪法汉大词典》《大学法语简明教程》《法语日常用语》等作品多部，发表《法国工人阶级》《瑞士的直接民主与半直接民主》等论文多篇。

我1959年进入北外法语系就读，1964年毕业后便留校任教，兼管教学组织工作，直到近些年才走下教学岗位。我作为教育部高等学校大学外语教学指导委员会法语组成员，主编了针对大学公共法语课程的教材《大学法语简明教程》。此外，我还主持引进了新中国第一部法汉双解词典——《拉鲁斯法汉双解词典》，并参与了历时十多年的《新世纪法汉大词典》编纂工作。我的法语生涯虽局限于一定的范围，但却涵盖了新中国成立至今法语专业发展的大半程，可以说在一定程度上见证了法语教育在这数十年间曲折前进的历程。

一、身在北外法语系的日子

回想几十年前在北外学习的时光，感觉自己非常幸运，或者说我们这一批学生都非常有幸，因为尽管当时的学习条件和现在不可同日而语，但我们的师资力量、学习氛围、团结程度等却都是没得挑的。

我1959年到1964年在北外完成学业，当时是五年制，后改为四年制。入学报到时就看到学校礼堂外面写着“来了就是主人”的标语，后来我们喊得最多的口号也是“人民需要我们到哪里，我们就到哪里”，这些标语口号体现了浓郁的时代特色。那时教学设施比较差，没有像样的音响设备，听不了国外的广播，听录音用的也是放磁带的老式录音机。于是老师就想办法帮我们多找一些录音和国内的法语广播，我们还在教室里面拉起电线，装上大喇叭和扩音器，没有条件就创造条件来学习。硬件是差了点，但我们的师资队伍非常好，一年级就有水平很高、很优秀的老师带着。当时还有苏联和法国共产党的一些专家协助教学，前者居多。苏联专家在翻译方面的基础很好，我们那时的一些语法、语音知识都是他们传授的。

开始学习法语，第一步就是语音训练，每人拿一面小镜子，对着镜子练习发音、纠正自己的口型，用一个多月的时间专门训练语音、语调。因为下了这样一番功夫，所以我们的语音、语调练得相当纯正，后来语音训练也成为北外的特色之一。其他方面也抓得很紧。我们每周上六天课，周日休息一天，在北京的同学周日晚上还需要上晚自习。辅导员监管很严，老师也经常课下辅导，一周至少要来两三次。那时在课堂上要求全程用法语交流，一进教室就不能再说中文。我们还时常做一些对话演习，比如遇到购物的主题，就会代入商店的情境来练习对话，力求贴近真实的语境。要求严格是一方面，同学们自己在学习上也非常认真刻苦。我们每个班大概有12到15个人，老师就把我们分成三四个人的学习小组，每组成员之间水平参差不齐，在一起练习，好的就会主动带一下差的，遇到一些新的表达、新的想法会马上写出来贴在墙上。除学习以外，体育锻炼和劳动也很受重视。每天早晨除了朗读，还要跑步，按照严格的标准执行，定的目标就是跑到延安去。那时候没有军训，但是需要下乡参与劳动，收麦子、稻子，等等。我个人在学习过程中有比较重要的两点体会：一是阅读对提升语言水平的促进作用。我在学校时经常到图书馆借阅法语原版词典和知名小说，一本本读下来，语言提升得非常快。二是积累对提升语言水平的促进作用。同类表达该如何归纳，同一主题下各种表达用法语怎么说，对应到中文又是哪些词。这是一个积累的过程，到最后才能看得到效果。

1964届北外法语系毕业生与外教合影，前排右四为薛建成

我1964年毕业后留校任教，遇到的第一个大事件便是1964年中法建交。由于需要大量的专业人员为建交服务，学校便聘请了很多法国专家。这批法国专家对我们帮助很大，他们除了协助教学组织工作（参与备课、答疑等），还直接授课。我们当时下了番功夫琢磨如何用好法国的教材，但还没来得及研究透彻，“文化大革命”就爆发了。

“文革”开始后，北外的教师大都下乡到湖北沙洋，首要任务是通过劳动进行思想改造。我们建学校，建农场，到老远的地方扛木头、建筑材料，盖房子。两年以后，把房子、农场移交给地方，我们就回北京了。当时的条件比较艰苦，这里不再多言。尽管在乡下的这两年对我们而言困难重重、备受考验，但我们依然在艰难的条件下做了一件可贵而积极的事——坚持教学。这是其他很多学校无法做到的，也是北外后来培养出一批语言文化基础深厚、精明强干的干部的根本原因。如果这段时间里没有坚持下去，那么他们的语言和知识就要荒废掉了。实际上，老师们到了那儿，除了劳动、接受批训以外，所有的时间都放在学生身上，陪学生练。有的学生学语言确实费力，但也拿一个小板凳坐在后头听，老师反复地讲，他们就跟着练，一遍一遍地练。两年后回到北京，学生们并没有丢掉之前打下的基础，说明我们坚持教学的效果很显著。

1967年，薛建成（前排右一）在门头沟农村劳动

之后我主要在教学管理方面做了一些工作，包括探索开设各类复合型课程、开展对外交流，等等。改革开放后，我们申请了应用语言学的博士点，后来又结合对外交流的成果和法国的一些学校联合培养博士。自此，法语系成了全北外第一家同国外合资培养博士的院系，我们培养的是双博士，一人持两家的博士学位证书。

二、法语教学的经验及反思

新中国成立70年来，我们的教学方针与时俱进地做了多次调整和探索。

我在北外学习的时候，也就是20世纪60年代初，我们课堂上使用的基本都是自编教材。上文已提到我们的师资力量非常强，而实际上当时的师资结构却是比如今复杂一些，有优秀的年轻教师、非法语专业出身的留法归国人才、在法国做过律师的老师、退职的外交官，等等。这些老师的语言水平都很高，比如在法国当律师的宋老师，他对法国的古文学很有研究，文字功底非常好；老外交官曾给我们讲戴高乐的回忆录，讲得生动而精彩。当时我们的教学模式是所谓的“传统教学”，尽管比较注重朗读、背诵、对话的练习，也学习了一些文学作品，但在语言教学上更加重视语法。由于前面提到的各种条件上的限制，我们的听力和口语水平相对来说不如人意。

1964年我即将毕业的时候，我们就转向研究国外的“听说教学法”了。这种教学法不再系统地讲解语法，而是更加强调通过直接的听和说去掌握相应的语言表达方式，语法知识则是按课文里出现的例子去理解就可以了，不再按照人称、词类等进行归类。另外，该教学法要求学习者尽可能地去除母语思维的影响，也就是实现百分百纯法语课堂。“听说教学法”主要有两大优点。第一，它十分有效地锻炼了学生的听力和词汇记忆能力。通过听觉而不是纯视觉来记忆单词，效果显著；第二，它能帮助学生强化外语思维。由于教学材料中的例子都是在特定语境中进行，学生在阐述、问答中使用的表达就会变得很贴切、很地道，符合语境的要求。毕竟很多句子从语法角度来讲没有问题，但是在实际的语言运用中其实不这么讲，法国人也不这么说，这时候“听说教学法”的优势就显现出来了。但一味推行“听说教学法”也比较极端，并不切合学生的需求：一方面听完就说、看完就用是有很大难度的，另一方面很多词汇和现象，尤其是比较抽象的，只借助听说很难让学生明白是怎么一回事。更重要的是，成年学生学习语言的路径不同于孩童，他们有一定的综合、分析能力，传统教学模式发挥好的话能够使学生举一反三，更全面地掌握规则，应该好好利用而不是直接摒弃。

再到后来，在保留集体备课这一传统的基础上，我们开始探索传统教学和听说教学结合、各取所长的模式。但对于外语人才和师资队伍的培养，关起门来搞语言教学肯定是不行的。于是我主导做了两项工作：一是大力开发复合型课程，比如报刊阅读、国际政治等；二是积极开展对外交流活动，和法国、加拿大等地的学校加强联系，以相互讲学、学生交换、教师进修等方式充分利用对外资源。

三、教材编写和词典编纂工作

教学之外，我主编了《大学法语简明教程》这本教材，参与编纂了《拉鲁斯法汉双解词典》和《新世纪法汉大词典》两部词典。

编写《大学法语简明教程》是我在大学外语教学指导委员会法语组任职期间接到的任务。大学外语指的是大学生在本专业以外选修的一门外语课程，通常以公共外语、第二外语课程的形式开设。在当今国际化复合型外语人才培养需求与日俱增的情况下，大学外语教学的重要性也越来越突出。

编写这样一本面向全国高校的教材，首先需要敲定大纲，大纲里面需要规定教材的内容范围和具体要求。简单来讲，就是需要具体到词汇量的多少，哪些词汇需要出现、可以出现或不出现，讲解哪些语法内容，语法进度如何安排，等等。这样的方式也是为了解决外版教材的局限，因为外版教材存在的普遍问题是不考虑中国学生的能力范围和接受程度。所以我们要花很大工夫去制定大纲，反复讨论后才通过。实际上，根据大纲编教材的难度非常大，因为大纲规定了整体的词汇量和准入范围，多的不能进，难的也不能进，语法讲得太难也会超纲。但没有大纲指导的编写同样有弊端——没有了对内容的具体限制，就容易出现知识点讲解忽难忽易、课文忽长忽短等问题。

教材出版后发行量和反响都不错，可以说是响应了大学公外和二外的法语教学需求。后来使用者也提出了一些问题，主要是内容需要更新，以及练习不够丰富。提出更新内容这样的需求是很合理的——语言是实时发展变化的，这是外语教材普遍面临的挑战。而练习题方面，我的想法是教材中的练习仅仅是作为教师引导学生学习、掌握知识的一种参考样本，实际教学中必然是需要以类似的出题思维拓展一些练习并让学生进行反复训练的。

薛建成主编的《大学法语简明教程》

至于词典编纂的工作，我的出发点是社会效益。《拉鲁斯法汉双解词典》的法语原版词典是别人拿给我看的。我意识到中国的法语学习者极需要这样一本收词全面的法语原版词典来辅助学习，而市面上却还没有能满足这种需求的产品，于是便召集了几名干将，积极投入到这样一个项目当中。其间我们遇到了很多困难，比如原版词典存在一些错误、技术上的难题、难度大且耗时长的校对工作等。好在词典出版后好评如潮，社会效益很好，而且本身也填补了我们在法语词典上的空缺，意义重大。

《新世纪法汉大词典》不同于原版引进的《拉鲁斯法汉双解词典》，从性质上来讲是一本国内自编的词典。由于这部词典涵盖多个专业领域的词汇，我们一开始就把所有能找到的、能派上用场的词典拿到一起，每个人分几本。这里面有各种主题的专业词典，如哲学、汽车、化学、经济等，我们把法语的、汉语的、古代的、现代的都找来，一起把需要的内容弄出来，再放进编纂稿件里。但一部大词典，不仅内容要全，体例统一也要花巨大的功夫。最终，这部词典仅从时间上就耗费了十几年之久，其间还有几位编写组成员相继离世……幸而我们的努力换来的结果是喜人的，《新世纪法汉大词典》使用者的反馈非常好，后来还和《汉法大词典》联合，被开发成“法语大词典”APP，以与时俱进的形式满足了信息化时代的学习需求，影响范围更大，社会效益更加突出。

薛建成主持引进的《拉鲁斯法汉双解词典》和主编的《新世纪法汉大词典》

四、对新时代法语人才培养的展望

整体来讲，北外的法语教学特色非常突出，这得益于语音训练的传统和严抓基本功的原则，语音语调比较纯正，听、说、读、写的基础扎实。就像业内常说的，“一张口就知道是北外的学生”。但我们离国际顶尖学府的要求仍有一定的差距，因为我们培养的学生尽管应用能力很强，但科研能力却相对较弱。有鉴于此，我在育人理念方面的想法从北外范围内来讲主要有两点。第一，在注重四个基本功训练的基础上，要通过知识的讲授去引导学生培养独立的精神和自由的思想，培养学生主动学习和独立思考的能力。第二，语言教学和内容教学可以齐头并进，要把文化、政治、历史等更加丰富的内容与作为工具的语言结合起来，注重培养学生的陈述和表达能力，使学生能够有条理、有逻辑地表达自己的独立见解。

放眼国际，有两点趋势是不变的。第一，我国全方位对外开放的格局不会变。我国主张构建人类命运共同体、文化多元化，提倡并力促多边主义，因此作为世界第二大经济体和最大的发展中国家，对外全方位开放是不变的，这就需要各种外语人才。第二，中国"走出去"的战略和"一带一路"倡议不会变。经济全球化的趋势不会因为美国的保护主义而转向，但中美关系的紧张可能会持续相当长的时间，这就使得与法语国家和地区的交往尤为重要和突出，需要大量的法语专门人才，特别是大量能熟练使用法语的各类专业人士。

基于这样的趋势，我对新时代的法语人才培养有以下两点看法。第一，专业法语人才培养的主要问题不在于数量与规模，而在于质量！我们迫切需要复合型法语人才（英语很容易做到这点，法语则不然），可目前全国法语专业的课程设置、师资的专业知识结构以及相应的教材与英语专业相比都有较大差距，需要进一步完善。第二，要培养出相当数量的高精尖法语人才，即真正精通法语、知识面开阔的学生，难度非常大，需要我们努力探索新的机制。法语是一门应用性极强的学科，必须要长期不断地实践，精益求精。我们的学生常有读硕、博转向研究的情况，实际语言水平有下降的风险，有些研究生的口语甚至不及本科二、三年级学生……即使是老师也需要定期培训、进修，只是读学位对个人语言综合水平并无太大提升。什么样的机制才有利于培养高精尖法语人才？师资结构如何适应培养复合型法语人才的需要？这些都是我们亟待考虑的问题。只有实实在在地考虑专业发展方面最根本的需求，实实在在地下功夫探索、改进，法语教育才能乘上时代东风走向更光明的未来。

本文由薛建成口述、赵晴整理。赵晴，多伦多大学法语语言学硕士，翻译作品有《杀手的历史》、《象棋的故事》(漫画版)。

中国外语教学理论的创新发展
——以“产出导向法”为例*

文秋芳

文秋芳，北京外国语大学中国外语与教育研究中心教授，博士生导师，北外学院执行院长，许国璋语言高等研究院院长，国家教材委员会外语学科专家委员会主任，中国英汉语比较研究会副会长，亚洲英语教师协会副会长，《外语教育研究前沿》《中国应用语言学（英文）》主编，*System*及*Journal of English as a Lingua Franca*编委会委员。出版专著17部、编著8部、教材7部，在境内外公开发表论文180余篇。

一、引语

新中国成立70年以来，外语教育取得了巨大成就，教授语种、教学目标、教学内容、教学手段、教学方法、培养目标、研究方法、研究视野等都发生了很大变化，为社会各界培养了一批又一批优秀的外语人才。就外语教育理论来说，70年来，我国外语教育与研究经历了从集中学习国外理论与经验，到进行本土化实践，再到理论创新的过程。本文回顾创建“产出导向法”理论的背景，描述了“产出导向法”理论发展的五个阶段，并重点阐释了第五阶段再修订的理论体系，期待更多的学者从真实本土问题出发，创立具有中国特色的外语教育理论。

---

*本文原载《世界汉语教学》2018年第3期，原标题为《产出导向法与对外汉语教学》，收入本书时有所修改。朱勇副教授和我指导的多位博士生阅读了本文初稿，提出了宝贵的修改建议，在此表示衷心的感谢。

二、问题的提出

“产出导向法”（production-oriented approach，以下简称POA）由北京外国语大学中国外语与教育研究中心团队创建，旨在克服中国外语教学中“学用分离”弊端。POA继承了古代《学记》中的优良教育传统，借鉴了国外外语教学理论，体现了唯物辩证法基本理念，强调学中用，用中学，边学边用，边用边学，学用无缝对接。经过十余载努力，理论与实践日臻完善，在国内外发表了系列论文，（文秋芳，2008，2013，2014，2015，2016，2017a，2017b，2017c；Wen，2016，2017）多次成为国内外学术研讨会上的主旨报告主题。根据POA理念编写的《新一代大学英语》（*iEnglish*）（王守仁、文秋芳，2015）已在全国多所高校应用，现已取得初步成效（毕争，2017；常小玲，2017；张伶俐，2017；张文娟，2017a），在国外学界也产生了一定影响（Cumming，2017；Ellis，2017；Matsuda，2017；Polio，2017）。

从2017年6月开始，我与北京外国语大学对外汉语青年教师团队进行了多次集体研讨，并于当年9月开始POA正式教学实验，结果初步证明了在对外汉语教学中POA的可操作性和有效性（桂靖、季薇，2018；朱勇、白雪，2018）。我结合他们的教学实践和对POA英语教学实践结果的反思，对POA理论体系进行了完善，使之也适合对外汉语教学。

三、创建POA的背景

外语人才的培养为我国40年来的改革开放发挥了不可或缺的作用。然而，高校外语教育的质量还远不能满足社会的需求和学习者的期望，批评声不绝于耳。最常听到的批评是“费时低效”“高投入、低产出”“哑巴英语”等（蔡基刚，2012；戴炜栋，2001；李岚清，1996；牛升华，1999）。我认为，我国外语教学确实存在输入贫乏、交际需求不足的客观不利因素，外语教育仍有许多值得改进的空间。根据POA团队的分析和梳理，我国外语教育存在的根本问题是“学用分离”。如果采用西方术语，就是“输入与输出分离”[1]。

目前我国大学外语教学一般是每周4课时，其中综合课3课时，听说课1课时。综合课教学方式大致分为两类：“课文中心”和“任务中心”（Wen，2017）。总体上说，“课文中心”教学更为普遍，其历史长，影响广，可以进一步分为两种：“自下而上”和“自上而下”。这两种课文教学虽路径有异，但有着相似弊端，即重输入、轻输出。

“自下而上”的课文教学盛行于20世纪50年代到90年代中期，目前仍在少数偏远地区使用。所谓“自下而上”指的是教学从语言形式的小单位到大单位。一般情况下，教师把课文分成若干小部分，每个小部分包括一个或若干自然段，段落的数量取决于每个自然段的长短。教学流程大致是：首先让学生逐段朗读课文，然后攻克单词，再解释语法，最后解释难句的意思。根据每个单词的不同用法，教师会给出若干例句。为了让学生记住单词的用法，教师会让学生将中文句子翻译成外文。就语法难点而言，除了处理课文中的意思，教师往往给出更多例句，进行拓展。讲解难句最常用的方法是要求学生用自己的语言解释文中原句意思。用这样的流程处理完整篇课文后，再做课文后的练习。也有教师将课文后练习与段落处理结合在一起。课后学生复习，包括背单词、背课文、做课文后练习等。为了检查学生前次课堂教学效果，教师通常让学生默写单词、做短文听写、复述课文等活动。20世纪70年代，我做学生时接受的就是这样的训练。毕业后，我继续采用这样的方法教授自己的学生。如此教学，关注的重点是语言知识和记忆知识的能力，至于学生如何将所学知识运用到真实交际活动中，似乎不是教师的职责。教师常说“Practice makes perfect”（熟能生巧），目的是要求学生课外多练习。

“自上而下”的课文教学始于20世纪90年代中期，当下使用极其广泛。所谓“自上而下”就是教学从整篇文章的意义出发，而不是单词、句子的语言形式。根据我对多届全国大学英语教学大赛的观察发现，多数参赛教师的教学流

[1]在中文语境中，“学”通常指“接受新知识”，相当于英文中的“加工输入”，以获得新知；“用”相当于英文中的“输出”，将输入中获得的新知运用到交际中。如果将“用”翻译成英文“use”，就会产生歧义，因为在英文中，听、说、读、写、译的活动都是在运用语言。为了避免歧义，“学用分离”的英文是“separation between input and output”。

程包括：（1）预热活动（warm-up），旨在激发学生对新课文的兴趣；（2）略读和扫读（skimming and scanning），旨在让学生了解文章的概要；（3）分析课文结构（structure analysis），旨在让学生掌握课文的总体框架；（4）理解课文内容，穿插讲解少量单词和难句，旨在了解作者要表达的内容；（5）做课文后的练习。少数老师会要求学生做与课文主题有点关系的产出活动。例如，张丹丹（2012）参赛所教课文的名称是：To lie or not to lie: A doctor's dilemma（撒谎还是不撒谎——医生的两难）。课后要求学生进行创造性写作，具体要求是从下列题目中任选一个：（1）To quit or to continue—A smoker's dilemma（戒还是不戒——吸烟者的两难）；（2）To run or to stay—A thief's dilemma（跑还是留——小偷的两难），或者根据句式“To ___ or to ___—A ____'s dilemma”自我命题。很显然，这类创造性写作与所学课文中出现的语言项目几乎无关系。总体说来，“自上而下”课文教学关注课文内容，对语言形式未给予足够重视。教学中无循序渐进活动，无法让学生将课文中学到的语言知识转化为表达能力。

“任务中心”教学也称“任务教学法”或“任务型教学”。20世纪末，该法从国外被介绍到国内（夏红梅、孔宪辉，1998），但真正将这一方法全面应用到教学中的教师，相对于“课文中心”教学，还是少数。“任务中心”教学鼓励学生在完成具有交际价值任务的过程中提高自己的语言使用能力。例如，“假如你是北京市市长，你会采取哪些措施来打好蓝天保卫战？就你的设想撰写一篇不少于150字的英文作文。”就这样一项任务的完成，教学流程大致是：课堂上，教师首先将学生分成小组，开展头脑风暴，然后大班分享小组讨论结果，教师给予点评，课后学生各自写作文，可查询网络资源，也可以查看其他参考资料。如此教学能够为学生提供运用接受性知识的可能性，但存在的问题是学生只能调用已有知识，而不能有效拓展自己的知识和技能体系。虽然学生之间的讨论和课后搜寻资料或许能够提供学生互相学习或自学的机会，但这种学习的发生带有很大偶然性，因为在完成整个任务的过程中，教师未提供专业性指导，例如带领学生加工与环保相关的输入，有针对性地弥补和拓展学生的语言形式、环保知识和写作的语篇知识。与“课文中心”教学相比，“任务教学”重视输出，有利于学生盘活已有的“死”知识，但缺少有效输入。

综上，“自下而上”课文教学重视输入的语言形式，“自上而下”课文教学重视输入的意义，但两者都未给输出以足够的关注，使得有输入，无有效输出，输入与输出脱节。“任务中心”教学重视输出，忽略有针对性的输入，仍旧是输入和输出的脱节。我将这两类教学中存在的问题统称为“学用分离”，提出POA就是要解决这一问题，以提高外语教育效率。

四、POA理论体系的发展历程

POA理论体系的发展在理论—实践—诠释多轮循环互动的基础上，大致经历了5个阶段：预热期、雏形期、形成期、修订期、再修订期。表1列出了这5个阶段的时间周期、发展轨迹与主要相关论文。

表1 POA理论体系发展历程

阶段名称	时间周期	理论发展轨迹	文秋芳发表的主要论文
1. 预热期	2007—2013年	提出“输出驱动假设”	《输出驱动假设与英语专业技能课程改革》《输出驱动假设在大学英语教学中的应用：思考与建议》
2. 雏形期	2013—2014年	提出“输出驱动—输入促成”假设	《输出驱动—输入促成假设：构建大学外语课堂教学理论的尝试》
3. 形成期	2015—2016年	首次构建POA理论体系	《构建“产出导向法”理论体系》 The Production-Oriented Approach to teaching university students English in China The Production-Oriented Approach: A pedagogical innovation in university English Teaching in China
4. 修订期	2016—2017年	修订POA理论体系	《“产出导向法”的中国特色》《“产出导向法”教学材料使用与评价理论框架》
5. 再修订期	2017—2018年	再次修订POA理论体系	《“产出导向法”与对外汉语教学》

（一）POA理论预热期

2007年5月，我应邀作为主旨发言人在上海外语教育出版社举办的“首届全国英语专业院系主任高级论坛”上发言，后撰写论文《输出驱动假设与英语专业技能课程改革》（文秋芳，2008）。输出驱动假设包含三点主张：第一，从心理语言学角度，输出比输入对外语能力发展的驱动力更大；第二，从职场需要出发，培养学生的说、写、译产出技能比单纯培养听、读接受性技能更能体现社会功能；第三，从外语教学角度出发，以输出为导向的综合技能训练比单项技能训练更富成效，更符合学生未来就业需要。

依据上述主张，该文提出了以输出驱动为理念的新课程体系，其中包括技能导学课、赏析课、口头表达课、笔头表达课、口译课、笔译课；听力和阅读不再单独设课，而是融合在口笔头表达课和口笔译中。在这一课程体系中，以输出为终极形式的综合技能课总课时占到80%。有部分教师将这一假设应用到教学实践中，取得了一定成效（陈文凯，2010；方芳、夏蓓洁，2010；赵靖娜，2012）。

2013年4月，我应邀作为主旨发言人，在外语教学与研究出版社举办的全国高校大学英语教学发展学术研讨会上发言，后撰写论文《输出驱动假设在大学英语教学中的应用：思考与建议》（文秋芳，2013）。该文讨论了“输出驱动假设”与S. Krashen（1985）的输入假设、M. Swain（1985）的输出假设、M. Long（1983）的互动假设的异同，同时提出了依据“输出驱动假设”设计的大学英语课程体系，描述了课堂教学的基本流程。

同期，我在5所大学组织了教学实践研究。每位教师依据“输出驱动”理念设计了4课时教学方案，其中有综合英语课、视听说课、学术英语课。为了便于研究，各位教师的授课被全程录像。教学结束后，全体参加POA实践研究的教师一起结合录像资料对教学结果进行了分析，总结出实践中未解决的问题：为输出提供的输入不够系统，教师的帮助缺乏针对性。

（二）POA理论雏形期

随后，为解决上述实践中出现的问题，POA研究团队提出“输出驱动—输入促成假设”，并邀请资深外语教育研究者就这一假设进行研讨，后撰文（文秋芳，2014）解释了新假设的内涵，说明了实施新假设的具体步骤，回应了相应的质疑。该假设主张在输出驱动的前提下，教师必须有计划、有步骤地为学生的输出提供有针对性的输入，以促成输出任务的完成，最后对产出进行有效评价（见图1）。该文还以“中西饮食文化比较”[1]为例说明了如何在课堂教学中落实这一假设。

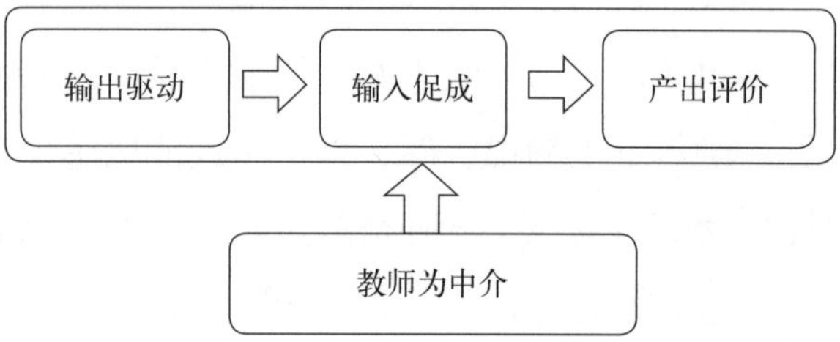

图1　输出驱动—输入促成假设

（三）理论形成期

2014年下半年，POA团队与北外长江学者、加拿大多伦多大学教育学院教授Alister Cumming就“输出驱动—输入促成假设”如何凝练成抽象的概念体系进行了多次深入探讨。经过反复斟酌，从多个英文选项中选中了“production-oriented approach”（简称POA），中文译为“产出导向法”。此后，POA这一名称一直未有改动。我（文秋芳，2015）撰写了第一篇完整阐述POA教学理念、教学假设和教学过程的论文。POA的理论体系参见图2。

2015年6月，我应邀出席了香港大学举办的Faces of English：Theory，Practice and Pedagogy国际研讨会并做主旨发言。基于大会主旨发言内容撰写的英文论文“The Production-oriented Approach to teaching university students English in China”于2016年4月7日在剑桥大学的《语言教学》（*Language Teaching*）网上刊发。其后，又一篇英文论文“The Production-oriented Approach: A pedagogical innovation in university English teaching in China”被收集在Wong & Hyland 主编、2017年 Routledge 出版的*Faces of English Education*: *Students*, *Teachers*, *and Pedagogy*一书中。这两篇英文论文的发表是POA跨出国门的初始成果。

在这一阶段，有多位学者在第八批中国外语教育基金的资助下，就POA理

[1]这一主题源自北京航空航天大学曹巧珍老师在视听说课中实施的“输出驱动假设”试验。

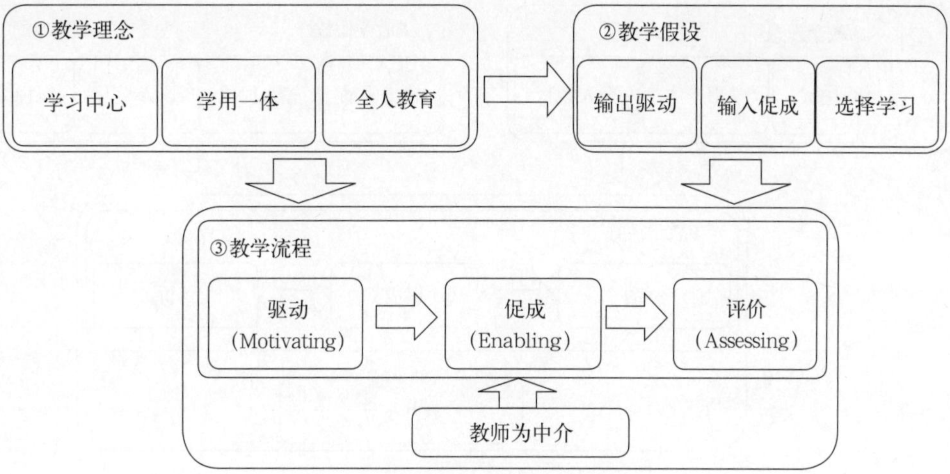

图2 POA理论体系（文秋芳，2015）

论体系在课堂教学实践中如何具体落实开展了教学研究。特别值得一提的是，2017年5月，张文娟以（2017b）"'产出导向法'应用于大学英语教学之行动研究"为题顺利完成的博士论文，为POA理论体系的修订提供了重要证据。

（四）POA理论修订期

2017年，POA团队举办了两次国际论坛，与国内外学者就POA的理论与实践进行对话交流。第一次于5月15日在北京外国语大学举办，第二次于10月13—14日在奥地利维也纳大学举办。出席第一次论坛的有10位专家，其中外国专家有Rod Ellis，Alister Cumming，Paul Matsuda，Charlene Polio，Patria Duff，国内专家有王守仁、王海啸、王俊菊、王初明、韩宝成。出席第二次论坛的外国专家有Henry Widdowson，Barbara Seidholfer，Kurt Kohn，Éva Illés，Iris Schaller-Schwaner等，国内专家有韩宝成、徐浩。POA团队从这两次对话中汲取了营养和智慧，对POA理论体系进行了第一次修订（见图3），并在对比国外理论的基础上，分析了POA的中国特色，继而撰写了《"产出导向法"的中国特色》《辩证研究法与二语教学研究》两篇论文（文秋芳，2017a、2017c）。

与2015年的POA理论体系相比，2017年进行了两处调整：增加了"以评为（wéi）学"假设；将教学流程中的单向箭头改为双向箭头，以突出教学环节的互动性和循环性。此外将"教师为中介"改为"教师主导"，为的是更符合中文表述习惯，便于一线教师理解。

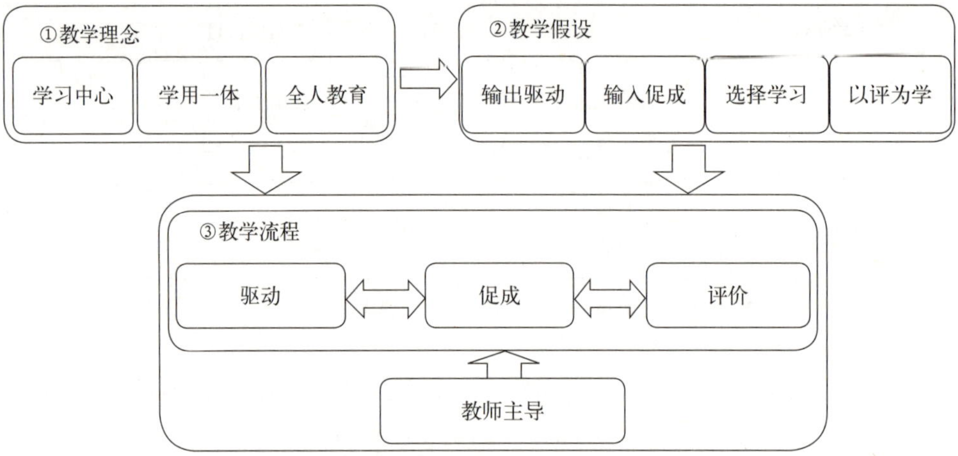

图3　修订后的POA理论体系（改编自文秋芳，2015）

（五）POA理论再修订期

图4展现了新近修订的POA理论体系。就总体框架及其内部的关系而言，新修订体系与第一次修订后的体系相同。POA体系仍旧由三部分组成：教学理念、教学假设、教学流程。这三部分的关系是：教学理念起着指南针的作用，决定着教学假设、教学流程的方向和行动的目标；教学假设受到教学理念的制约，同时也是决定教学流程的理论依据和被教学流程所检验的对象；教学流程一方面要充分体现教学理念和教学假设，另一方面教学流程作为实践，也为检验教学假设的有效性提供实证依据。

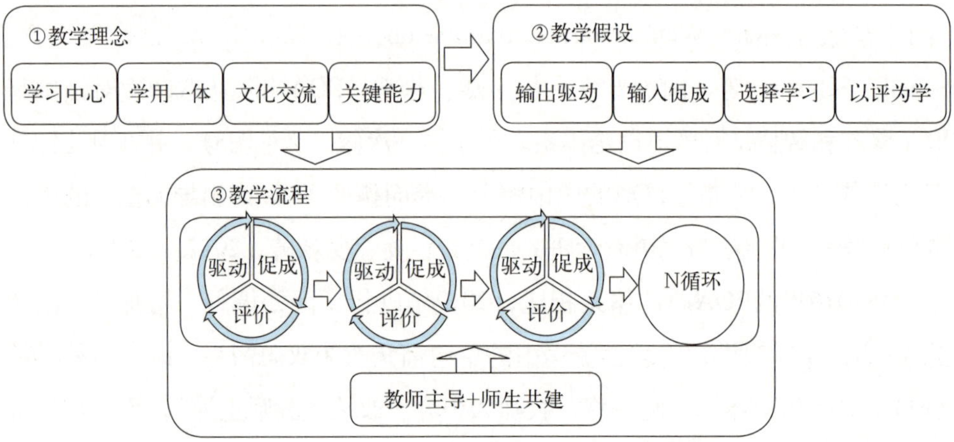

图4　第5阶段再修订的POA理论体系（改编自文秋芳，2017a）

具体变化主要体现在理论体系三部分各自的内部内容和展现形式上。教学理念部分针对教学内容，增加了“文化交流说”；针对培养目标，用“关键能力说”替换了“全人教育说”，旨在使教育目标更具化、更可教、更可测、更可量。教学流程部分将驱动—促成—评价三个环节分为内部的小循环和整体的大循环，同时在教学流程中对教师和学生的作用进行了更清晰的界定，强调教师主导下的师生合作共建的教学过程。下文将对POA理论三个部分分别给予进一步阐释。

1. 教学理念

教学理念包含学习中心说、学用一体说、文化交流说和关键能力说。“学习中心说”挑战的是“学习者中心说”。应该承认“学习者中心说”相对于“教师中心说”是一大进步。如果教师眼中无学生，教学不考虑学生的水平和需求，这样的教学就注定要失败。但如果一味强调学习者为中心，也易产生误导作用。正如赵金铭（2008：96）指出：“对‘学习者为中心’这一提法，我们认为应采取十分谨慎的态度。实际上，在交际活动实施过程中，教师在课堂上，仍在一定程度上控制着教学内容和教学方法。”我国倡导的教学原则是“教师主导、学生主体”（王策三，1983）。我认为“双主原则”更能准确反映教育的本质。在教的过程中，教师应起主导作用，如果将这一作用让渡给学生，就混淆了正规课堂教学与学生课外自学；在学的过程中，学生要发挥主体作用，教师不能代替学生学习。教师与学生是教与学中互相对立同时又相互联系的矛盾体，矛盾的主要方面不是固定不变的。在课堂教学中，总体上说，矛盾的主要方面是教师，而不是学生。这就是说，教师是决定课堂教学质量和效率的关键因素。POA提出的“学习中心说”回避了“双主原则”的复杂性，强调一切教学活动都是为了“学习发生”。只要学生学有所获，学有所成，至于谁是中心，就是表象，而不是教育的本质。

“学用一体说”与中国传统的“知行合一观”一脉相承，强调课堂教学中输入和输出一体化。换句话说，就是输入与输出之间不允许有很长的时间间隔，学一点，用一点，学用无缝对接。而在目前的英语课堂教学中，“学用分离”问题比较严重。大多数重学轻用，少数重用轻学。POA将每个教学单元产出的总体目标细化为小目标，将每个小目标中的输入与输出紧密相连，这样就能有效缩短学用之间的间隔。

“文化交流说”的提出旨在正确处理目的语文化与学习者本土文化的关系。语言与文化紧密相连，无法回避文化教育这一议题。以对外汉语教学为例，有人认为必须向学习者传播中国文化，通过语言的学习使学习者能够认同中国文化；也有人认为汉语教学要贴近学习者的思维、生活和习惯（例如许琳，2007），贴近他们的文化情境，让他们能用汉语叙述身边事、身边人，这样能够增强他们的学习兴趣。上述两种态度，一个强调中国文化的学习，一个提倡学习者本土文化的表达。与这两种态度不同，“文化交流说”主张不同文明之间相互对话、相互尊重、相互理解、相互学习（李泉，2011）。换句话说，就是对外汉语教学的目标不是要求学习者认同或者接受中国文化，而是期待他们通过汉语了解中国、认识中国，尊重中国文化，同时用汉语介绍他们自己的文化和传统，这样彼此之间可以互相借鉴。只有保持平等交流的态度，才不会让对方产生反感，甚至抵制。

需要强调的是，文化交流必须以语言为载体。从这个意义上说，在课堂教学中，语言教学始终是明线，文化学习融合在语言教学中，而不是两张皮。应该承认，多数人学习外语都以工具性目标为主，即学习外语或是为了完成学业，或是为了将来在就业市场上更具竞争力、有更好的职业发展空间。因此，POA建议外语教学可根据学习者的具体情况，采用“明语言隐文化”或“以语言带文化”策略，使文化交流和谐顺畅、水到渠成。当然也有学习者对目的语文化有着浓厚兴趣，我们也可以采用“明文化隐语言”的策略，满足这些学习者的需求。

文秋芳在首届“创新外语教育在中国”国际论坛上发言

“关键能力说”是新增理念。我认为外语教学必须培养21世纪人人都需要的关键能力，这种能力本质上指的是“在一个不确定的复杂情境中解决复杂问题的能力”（褚宏启，2016）。哪些应定为关键能力？我认为不同的授课对象，关键能力应有所不同。例如，针对我国普通高中生的英语学习，教育部（2018）提出了四种核心素养[1]：语言能力、文化品格、思维品质和学习能力。针对学习汉语的国际学生来说，这里建议关键能力包括：迁移能力、学习能力、合作能力。“迁移能力”主张课堂教学要能够使学生具有“举一反三”的能力。换句话说，就是学生在课堂上所学、所做，要能够用于解决新问题、完成新任务。要贯彻这一理念，POA教学内容要精选，教学过程要细化，除了要求学生完成预先操练过的产出活动外，还要将能力迁移到新任务的解决之中。“学习能力”指的是学生独立学习新知识、新技能的能力。这是学生终身学习、持续发展的必备能力。这里有一点需要强调：POA虽然要求教师在课堂教学中为学生搭建脚手架，帮助学生克服学习困难，但脚手架需要逐步撤离，最终让学生具备独立完成任务的能力。这就要求学生在做中学，不仅学习新语言知识、完成新产出任务，而且要学习和培养“如何学习”的元认知技能，例如，如何选取和加工输入材料、如何将输入有机融入新的产出任务中等。“合作能力”指的是相互尊重、求同存异、善于妥协、协同共进的团队协作精神。对学习能力和合作能力的培养，教师要将此融入POA学习内容的选择和学习活动方式的设计之中，让学生在学习语言的过程中，潜移默化地发展这些能力。

2. 教学假设

POA提出了四个教学假设：输出驱动、输入促成、选择学习和以评为学。“输出驱动假设”不同于“输出假设”（Swain，1985）。后者是二语习得假设，挑战的是Krashen（1985）提出的输入假设，该假设认为，学习者只要能够接触到足量的可理解性输入语言就能自然习得，输出只是学习的副产品，而不是必要条件。Swain通过观察加拿大沉浸式英法双语学习者发现，尽管他们成天浸泡在丰富的高质量输入中，二语理解能力与本族语者无明显差异，但他们的二语产出能力与本族语者相比仍相差甚远。由此她得出结论：二语学习者单靠大量输入不能保证二语习得成功，输出必不可少。POA中的“输出驱动”是二语教学假设，逆转的是“先输入后输出”的传统教学顺序，即让学习者先尝试

[1]关键能力和核心素养均译为“key competency”，这表明两者的内涵一致。本文采用“关键能力”的原因是其更常用、更易理解。

输出，使自己意识到产出的困难，然后教师针对产出目标和学生产出困难提供相关输入，帮助学生有效地吸收、消化和运用后续提供的相关输入。逆转输入—输出顺序的理论依据是，初始的输出就是为学生提供“知不足”和“知困”的机会（高时良，2006：65），有意创造“饥饿感”，激发学生学习欲望。

“输入促成假设”指的是输入要为明确的产出目标服务，它与Krashen（1985）的假设有着明显区别。首先，Krashen的假设属于二语习得理论范畴，不涉及课堂教学程序。第二，他强调接受大量、可理解的自然输入是语言习得的关键。第三，他的假设中不但无明确输出目标，而且认为输出是输入的自然产物，不需要刻意训练。POA的“输入促成假设”与“输出驱动假设”紧密相连。课堂教学中，在输出驱动后，一定要有相应的输入与输出任务精准对接，有效促成输出的顺利完成。这里的输入具有针对性、可学性、促成性。

“选择学习假设”认为以目标为导向的重点学习比“全面精学”的效率高，反对将我国“课文中心”的精读方式应用到第二语言教学中。根据我国中文教学传统，每篇课文必须是名家名篇、脍炙人口、素有定评的范文，学习时须从字到词、到句、到章，细嚼慢咽，熟读精思（教育部，1963）。这种传统方法对我国外语教学产生了深刻影响，但难以适应知识爆炸的信息化时代对人们学习的要求。同时科学证明，人脑在同一时间加工、储存和调用信息的能力有限。如将有限精力平均分散在多个新语言形式上，还不如抓主要矛盾和矛盾的主要方面，集中力量打歼灭战。鉴于上述理由，POA提出“选择学习假设”，提倡根据产出目标的需要，从输入中选择学习所需要的语言、内容和话语结构，对产出不急需的输入材料可以降低要求，例如，只要求理解，不要求产出，有的甚至搁置不学（桂靖、季薇，2018）。

“以评为学假设”认为课堂教学中评学结合比评学分离能够取得更好的教学效果。该假设的提出有两个目的：提高教师对评价的全面认识，克服传统评价存在的弊端。一般情况下，教师花费大量时间准备新课，为有效设计课堂教学方案绞尽脑汁。课堂上教师要耗费精力，想方设法让学生参与新材料的加工、练习和使用。有些人认为，与备课和授课相比，评价似乎不要花费太多力气，只要能够有东西填写学生的成绩单即可。然而，POA认为，评与学或者评与教应该有机结合，评价是学生学习强化和升华的关键节点，教师必须将此列为教学循环链中必不可少的环节。这就好比种植水稻，如果只花气力育秧、插秧，而对后期工作管理不力，最终的结果只能听天由命。同理，外语教学中，评价相当于后期管理，最接近学习成功的终点，需要教师付出更多努力。传统评价中不管评价的主体是教师、学生还是机器，评和学都出现明显断裂。主要弊端表现为：教师与学生的评价分开进行，缺少互动；教师对学生有目的、有重点的专业指导不足，评价与学习难以有机融合。

3. 教学流程

新修订的POA体系将驱动—促成—评价三阶段互动教学流程进行优化，改成了由驱动—促成—评价组成的若干循环链。改动的主要原因是POA前期理论在驱动、促成和评价三个阶段中运用了双向箭头，以强调两两阶段之间的互动性和循环性，但这样的表述不太直观明了，难以具化为实施方案。就POA教学实践而言，目前大多以单元为教学单位，通常采用平行推进式，即一个单元会设计一个大产出目标，然后将大产出目标分解为若干小产出目标，它们之间虽有前后逻辑关系，但各自相对独立，可由驱动—促成—评价一个完整循环完成，也可在内部进行微循环，以达成微产出目标。随着若干驱动—促成—评价循环的顺利完成，对应的小产出目标也相继实现，最终产出目标的实现就水到渠成了。

驱动环节的主要任务是通过产出尝试使学生认识到自己的不足，从而调动他们的学习积极性，刺激学习欲望。根据学生参与方式的不同，驱动可分为直接和间接两种。前者让学生在教师介绍交际场景和产出活动要求后，直接让学生尝试完成新产出任务；后者用微视频方式，展现与他们水平相似的学生尝试完成同类任务时可能碰到的困难。根据驱动流程的完整性，驱动可以分为复杂和简单两种。前者从教师介绍交际场景到尝试完成产出任务，再到分析产出困难，流程完整；后者可能只覆盖了前者的部分环节，例如整个流程中可能虽要求学生尝试了新产出任务，但教师并未花时间让学生仔细分析其中的困难。复杂驱动主要适用于对学生水平不够了解，难以预测学生学习困难的教师；简单驱动常用于教师比较熟悉学生特点的情况。评估“驱动环节”质量指标有三个：交际真实性、认知挑战性和产出目标恰当性。交际真实性指的是所设计产出任务一定是现在或未来可能发生的交际活动。例如朱勇、白雪（2018）要求学生用汉语在“世界青年说”中描述“马来西亚人眼中的中国人”。这项任务就具有交际真实性，因为演讲者来自不同国家，他们的听众是中国人。认知挑战性指的是所设计产出任务一方面要能够增加学生的新知识，另一方面要能够促进学生思辨能力的发展。产出目标恰当性指的是要求学生尝试产出的任务应符合学生的语言水平，不要让学生感到新任务难度太大，无法完成，因为这样的驱动不仅无法激发学生的学习兴趣，反而会起到副作用（demotivating）。

促成环节的主要任务是要帮助学生“逢山开路、遇水架桥”，有针对性地为学生完成产出任务提供脚手架（朱勇、白雪，2018）。需要指出的是，这里促成活动不再区分输入还是输出，既包括对输入的加工，也包括对输出活动的完成。至关重要的是，整个促成过程应体现“学用一体”理念。完成每项产出任务需要具备三个条件：内容、语言和话语结构。依据这三个条件，教师首先提供相应的输入材料，同时要设计系列活动让学生将这些输入材料从接受性知识转换为产出性知识。衡量这个环节的指标有三个：精准性、渐进性和多样性（文秋芳，2017c）。所谓精准性，一是促成活动对准预先设立的产出目标，二是对准学生产出中的困难。渐进性指的是促成活动沿着语言和技能两个相互联系的维度循序渐进。就语言维度而言，从词到句、从句到章，促成活动根据学生水平，逐层推进；就语言技能发展维度而言，从接受性技能（听和读）到产出性技能（说和写），最终要实现用目的语完成具有交际真实性的产出任务。这就是说，教学一定要有“过程性”，教师要带领学生爬坡过坎，一步一个脚印，最终使得学生能用目的语“做事”。多样性涵盖三方面：信息传递渠道、交际类型和活动组合方式。信息传递渠道包括输入活动（听、读、视）和输出活动（说、写、译）；交际类型以听为例，有演讲、故事、新闻、对话、讨论、辩论、访谈等；以说为例，有个人独白、角色扮演、有备演讲、即席演讲和小组辩论等；活动组织形式有个人活动、对子活动、小组活动和大班讨论。多样性的促成活动能使课堂教学丰富多彩，让学生交替使用大脑不同加工机制，以提高学习效率，而不是为多样而多样。

“评价”是POA必不可少的教学环节。本次修订的新体系（图4）中“评价”可以对促成活动进行即时评估，也可以对产出成果进行即时或延时评估。所谓即时评估，就是在教学过程中对学生产出随时做出评价；延时评估指的是，学生课下完成产出任务提交后再进行评价。POA在比较教师评价、学生自评、学生互评和机器评价的利弊之后，提出了“师生合作共评”作为其他评估方式的补充，强调学生评价必须有教师的专业指导，同时每次评估必须重点突出，抓主要矛盾，使评价成为复习、巩固、强化新学知识的机会，使学习发生质变和飞跃成为可能。由于篇幅所限，有关“师生合作共评”的详细操作流程，请参阅文秋芳（2016）和孙曙光（2017）。

五、结语

目前POA体系相对成熟、完整。虽然1991年英国应用语言学家奥尔来特（Allright，1991）提出“方法已死”，随后，美国应用语言学家布朗（Brown，2002）也多次使用类似比喻，库玛（Kumaravadivelu，2006）甚至断言，在可预见的未来不会再有新方法出现，并将这一走向称为“后方法时代”，但是我认为“只要教学原则，不要方法”的主张“不符合人们社会实践的体验，也不符合教育理论的基本原理”（文秋芳，2017a）。毛泽东（1991：140）早在1934年就明确指出：“我们不但要提出任务，而且要解决完成任务的方法问题。我们的任务是过河，但是没有桥或没有船就不能过。不解决桥或船的问题，过河就是一句空话。不解决方法问题，任务也只是瞎说一顿。”毛泽东清楚地阐述了任务和方法之间的密切关系。很显然，脱离任务、单纯思考方法没有意义；但有任务无方法，任务也肯定难以完成。从课程论角度，教学方法是任何教育成功的关键要素，正如传统课程论提出课堂教学包括四个基本成分：目标、内容、手段和方法、评价（Tyler，1949）。

我认为“教学有法、教无定法”更符合教育规律。作为中国学者，我们要立足于解决我国外语教学中的现实问题，根据不同教学对象、不同教学内容，创新教学方法，在实践中不断完善。POA的发展目前还处在起步阶段，需要更多学者们参与理论与实践的优化，使其成为二语教学的理论之一。*

*因本书篇幅所限，未收入文后参考文献，如需查看，请参考《世界汉语教学》2018年第3期《产出导向法与对外汉语教学》一文。

眼前万里江山

——参加外语教学专业委员会30年的经历与感悟

龚亚夫

龚亚夫，中国教育科学研究院研究员，中国教育学会外语教学专业委员会理事长。曾任人民教育出版社英语室主任、编审。多次参与中小学英语教学大纲及现行英语课程标准制定工作，现为国家《英语课程标准》研制组核心成员。主编、改编《走遍美国》《澳洲之旅》等多套大型英语教学片，论著有《任务型语言教学》《英语教学评估》《英语教育新论：多元目标英语课程》等，发表英语教育论文数十篇。全国政协第九届、第十届、第十一届委员会委员。

新中国成立70年来，中小学外语教育变化巨大，不论是教学理念、课程设计、教材编写、教学路径、教学方法，还是教师培养与专业发展、评价与测试，都取得了巨大的进步。作为中国教育学会外语教学专业委员会（以下简称“外专委”）理事长，我仅就外专委成立以来所做的工作和取得的成绩做一些回顾。

外专委1981年成立，秘书处设在北京师范大学外语系，当时我在北京市海淀区教师进修学校任教。外语组组长单先键老师鼓励年轻人写文章、多学习，常带我们去北京师范大学听讲座，我也就认识了马俊明、易经畲老师。后来我在《中小学外语教学》上陆续发表了几篇文章，和北师大的老师们逐渐熟悉了。我从1989年加入外专委，从理事、副秘书长、秘书长到理事长，参与外专委工作已经整整30年的时间，见证了外专委的发展历程。这期间理事会换了几届，前几任理事长、副理事长，有些已经作古，而健在的几位也已经是80岁以上高龄了。岁月悠悠，其间发生的诸多事情仍然历历在目。回首往事，我深深怀念那些为我国基础外语教育以及为外专委发展做出巨大贡献的前辈们，怀念他们可敬可颂的品行、境界与胸怀。同时，因为经历了很多事情，也有一些感悟，但愿这些经历和感悟，能对下一任理事会，对希望外专委能在中小学外语教育中发挥更大作用的学者、教师有一点启发。

一、组织机构的发展历程

中国中小学外语教学研究会成立会代表合影

外专委起初的名字是中国中小学外语教学研究会，后来归在中国教育学会下，成为二级分会，一度被称为中国教育学会外语教学研究会，后又更名为中国教育学会外语教学专业委员会。1981年，著名语言学家、人民教育出版社副总编张志公先生与北京师范大学的马俊明、易经畲老师一起商量成立中国中小学外语教学研究会。《中小学外语教学》杂志的刊号当时其实归属人民教育出版社，但是编辑部设在北师大。张志公先生建议，学会成立后，秘书处就设在北师大。那时的政策规定，学术团体必须挂靠某个单位，而且理事长和秘书长必须由挂靠单位的人员出任，于是就由北师大的一位副校长担任理事长。到了第二届，才由马俊明担任理事长，副理事长由东北师大的王武军、北京市特级教师王碧霖等担任。

第一任外专委秘书长是北师大的曹宝键。2011年，当外专委筹备30周年庆典时，他说他还记得30年前成立学会的情景。他告诉我，当时他一个人骑着自行车在北京四处寻找会议地点，反复比较不同的会场，从西郊颐和园骑车到城里，为成立第一届理事会来回奔波。第二届的秘书长是易经畲。易老师描述当时学会为“三无”：无办公地点、无活动经费、无专职人员。当时组织教学研究活动最大的困难是没有经费来源，会议费又不能收太高，会场和其他费用都需要补贴，易老师为了筹措活动经费付出了很多。

易老师后来想出一个办法——办讲座筹款，就是在某地开会，会前先举办教师讲座，收一部分费用补贴会议。1989年5月，外专委在贵阳召开第一次全国教研工作会议，易老师让我给贵阳的教师讲课。同年10月，外专委在长沙召开换届理事会时，为湖南省的教师举办了几场讲座，讲课的有人教社副总编刘道义、华东师大章兼中和朗文公司教材作者格兰特（Grant）。易老师也让我去讲课。我当时只有35岁，与这些名人同台，不仅自己有点诚惶诚恐，而且也出乎听课教师的意料。记得有一位老师对我说："龚老师，你长得还挺年轻的。"

中国教育学会是非营利性组织，作为分支机构的外专委不是独立的法人单位，也是国内同类组织中唯一没有经济实体支撑的，经济来源基本依靠自筹。《中小学外语教学》编辑部代为履行秘书处工作，人员、场地、办公费用没有单独计算。到了1993年，北师大外语系的李庭乡、马俊明、胡春洞、曹宝键等老师陆续退休，教学法教研室被撤销，易老师也即将卸任编辑部主任职务。为了学会的发展，易老师向系领导提出把外专委转为挂靠人民教育出版社，由人教社副总编刘道义担任理事长。人教社那时不仅拥有多位在国内有影响的教育家，还有一批在基础教育领域有着举足轻重的影响的著名专家，语文、数学等多个学会的理事长都是来自人教社。

刘道义接任理事长后，外专委的工作有了新的发展，人教社为挂靠的学会各分支机构每年提供一笔经费，外专委的经费是3万元。刘老师还从人教社争取到会议的专项资助。我那时已经调到人教社，担任外专委副秘书长，秘书长是汪震球。我们都是兼职，办公经费和专职人员仍然是个瓶颈，很多理事无法报销差旅费，不能参加会议。有一段时间，参会理事们的人数往往不能过半，最少的一次是在内蒙古包头开年会，闭幕式时台上台下的人数差不多。

2001年我接任理事长时，受到以经济实体为背景机构的挑战，新班子成员刚选出，马上就被任命为其他组织的相同职务。这就使得外专委理事会决策时，往往掺杂其他因素。因此在一段时间内工作难以推进，重大活动和创新动议难以达成统一意见，连发展会员有时都会受到阻挠。而商业机构却往往以出国、旅游、报销食宿差旅费以及其他一些手段吸引人参加活动。

我想，其他组织是商业性机构，虽有经济实力支撑，可以利益诱人，但因和他人是竞争关系，无法做到胸怀四海；且由于是利益驱动，活动往往和自己的产品推销相联系，很可能忽视质量；更为关键的是，学术水准很可能

第五届全国小学英语教学观摩研讨会

不高，这也正是这类组织的软肋。外专委没有自身利益诉求，可以为观点不同、竞争和非竞争的机构提供平台。此外，外专委也不需要为自己积累财富，所有结余可全部用于继续发展，可以投入资金用于有学术价值的课题，这是天然优势。只要坚持学术性、群众性、广泛性，团结各方人士，外专委就一定会比利益集团的组织做得更好。我接任后，成立了专职的办公室，有了固定的办公地点和专职人员，并积极筹措资金。从此，不仅“三无”问题得以改善，活动范围也得到了拓展，越来越多的合作伙伴认识到外专委平台的价值，大专院校教师参会人数逐年增加。外专委的工作效率也也有了明显提高，各项工作更加规范、顺畅。

2015年，外专委的年会参加人数达到1,400人，2017年的人数超过1,500人，而观摩课更是经过不断改进、优化指导程序，吸引了越来越多的教师参加，其规模最多时达6,000人。可以说，外专委已经成为基础教育外语教学界最有影响的组织。

学术团体成员的产生方法至关重要。以前常务理事会和理事长的产生主要是协商，由理事会举手表决。刘道义担任理事长后开始实施选举制度，常务理事无记名投票选举理事长和副理事长。我接任理事长后，外专委逐渐脱离了挂靠单位，直接受中国教育学会领导。2010年换届时，全体参会的80多位理事无记名投票推选常务理事，然后常务理事推选一个组委会，再由常务理事会无记名投票推选理事长、副理事长，最后名单再提交全体理事无记名投票。整个过程透明公开，5次无记名投票，每一个环节都是公开唱票，由离任的常务理事和办公室人员共同计票，由时任教育部基础二司处长乔玉全监督，卸任秘书长张国强做召集人，教育学会秘书处派一位副秘书长参加。选举前，我们将换届计划向中国教育学会秘书处做了汇报。结束后，整个程序整理成文件，向学会秘书处报批，得到了中国教育学会秘书处的充分肯定。近几年，中国教育学会逐渐加强了对分支机构的管理，外专委工作也逐渐制

中国教育学会外语教学专业委员会第八届理事会常务理事合影，第二排左五为龚亚夫

度化，被中国教育学会评为优秀分支机构。2015年本应换届，但遵循中国教育学会指示，推迟到2017年。截至发稿时，换届工作还在等待中国教育学会批准。

二、活动与贡献

外专委在创办初期，虽然受困于经费问题，但各种活动还是办得很成功。第二届、第三届学会的工作实际上主要是由易经畲出谋划策、组织实施。他在任时，创造了许多第一，比如召开首次全国教研工作会、报刊工作会、青年教师座谈会等。刘道义任理事长时，更使工作跨上一个新的台阶，1991年组织首次全国中学生英语能力竞赛，1997年组织了首次全国中学优质课竞赛，2000年举办首次小学优质课竞赛，1996年和2000年还召开了两次国际外语教学研讨会，并与国际英语教师协会（IATEFL）建立了联系，发展了中国的会员。多年来，外专委相继组织了包括俄语和日语在内的研讨会、评价与测试、教师专业发展、特级教师工作、教学设计等多种活动，尽可能多地为教师提供交流平台。

教学观摩课作为外专委的传统活动项目，已经进行了20多年，吸引了越来越多的教师参加。评课活动不断地改进，逐渐减少竞赛成分，增加研讨、培训内容。但这项活动也颇受争议。一方面有些课有表演之嫌，限于各省对教学的认知，有的课争议较大；另一方面，专家的评论和引导并不总是恰当。每次评委说什么、怎么评论，都可能会对教师的教学产生导向性作用。为了使课堂观察更加科学化和系统化，尽量避免负面影响，真正给教师以正确的指导，外专委组织研制了课堂观测工具。每次会前都要组织课堂观察方法与使用工具的培训，以便教师们能掌握科学的观察方法。多年来，副秘书长许时升为此付出了很多心血。

由于外专委的观摩课增加了很多研讨、培训内容，给予授课教师细致的指导，逐渐吸引了全国越来越多的教师关注，但是也带来了意想不到的困难。2000年在珠海召开第一次小学英语观摩课时，会前报名的教师很少，可实际比报名的多来了几百人，会场爆满，组委会不得不临时安排分会场和住处。2010年的观摩课又是比预计的超出1,500多人，导致本来已经安排在浙江举办的观摩课，最后不得不改在南京的一个体育场举办。即使这样，人数仍然大大超出负荷，能容纳几千人的体育馆座无虚席，连过道、地板上都坐满了人。近几年，外专委的管理水平不断提高，理顺了办会程序，并请会务公司协助，教师们也逐渐接受通过线上预先报名、预订宾馆的要求，情况才有所改善。2016年，近6,000名小学老师在东莞参会，秩序井然。

外专委不仅组织国内学术活动，还积极开展国际合作。刘道义任理事长期间，通过多种渠道送理事们出国交流，召开了两次国际研讨会，还与澳大利亚新南威尔士大学共同举办了国际中学生英语测试。我接任理事长一职后，继续推进国际合作，并通过英国文化委员会、日本驻华使馆等联系国外专家学者前来交流。我们先后请了Halliday，Scoval，D. Freeman，Nunan，Graddol，Benson，Littlewood，Hsui，Widdowson，Waters，S. McKay，Purpura，Kumaravadivelu，McNamara，Mitchell等专家来做讲座。这些讲座使得很少阅读原著的中小学教师有机会听到世界一流学者的研究成果，了解他们的思想。外专委学术委员会还聘请了几十位国内中青年教师，协助挑选大会发言申请，进行课题评审，推荐国际学者，还成立了教学指导委员会，几百名委员相当一部分来自师范院校和研究机构，搭建中小学教师和大学教师的交流平台。

老一代专家很注重向教育行政部门提出建议，传递学术界的声音，在中学英语大纲制定、外语教育政策等诸多方面发挥了专业团体应有的作用。在学会理事的推动下，20世纪80年代教育行政部门曾多次专门召开外语教育会议，发布了多个促进外语教学的文件。

外专委还向教育部提出制定《全国中小学英语教师专业水平等级标准及培训、考核、认证体系》（Standards for Teachers of English in Primary and Secondary Schools，简称STEPSS）的建议。这个想法是2003年提出的，几经周折，后来与高等教育学会教师教育分会、人民教育出版社一起向教育部师范司申请立项，2005年得到认可。该项目聘请了国际上数名学者做顾问，包括D. Freeman，Skehan，Nunan等，由我担任专家组组长，历时5年，先后在北京、广东、浙江、湖北、吉林、重庆等地召开座谈会和教师访谈，几十位理事以及200多位中小学教师、大学教授和学者参与讨论修改，参加调查的教师达到20,000人。2010年教育部师范司组织专家对这个项目进行评估验收，最后给出的评语是“具有开创性、前瞻性、基础性，研制方法科学规范，总体框架结构设计合理，思路清晰”。遗憾的是这个文件至今没有公布。

可喜的是，由圣智学习集团、美国教育考试服务中心、中国教育科学研究院与外专委合作研制的《中国中小学英语教师专业发展参照框架》小学版和中学版分别于2018年和2019年出版了。这个参照框架为中小学英语教师的培训课程设置提供了参照框架，各地师范院校、中小学教师培训机构和教研员可以根据这个框架，去设计自己的教师培训课程。

除了和其他团体合作，外专委还开展研究课题，通过课题方式，帮助教师提高教学科研能力。2009年暑假，外专委自筹经费，组织课题培训，培训会不但不收任何费用，还为指导教师提供项目资助。为了筹备这些课题，北外的刘润清教授、美国马里兰大学的蒋楠教授等几位教授和学术委员会成员付出了很多心血，编写培训手册，介绍研究方法。这次培训会得到教师们的积极响应，有近300名教师参加。一些参加项目的教师还获得在亚洲外语教学年会上介绍自己课题及与国际著名学者当面交流的机会。当听到参加项目的教师说通过课题学到了如何做研究的方法，而且有文章在国内外杂志上发表时，我心里倍感欣慰，觉得我们所有的付出都是值得的。

外专委不仅指导教师的研究，还资助部分农村地区教师参加学术会议，为西部地区提供义务送教的培训讲座，选派名师、专家去西藏、青海、甘肃等省、自治区义务做教师培训。近年来，外专委还对教研员进行免费培训，包括测试评价等。除此以外，还资助部分教研员参加国际会议，如IATEFL，TESOL等，尽可能地提供机会让他们了解国际上的研究成果。

我自己近年也承担了中国教育学会的“十三五”课题——“多元目标英语校本课程研究”，与试验学校一起，探讨通过英语教育将品格教育、发展学生思维能力与英语学习相结合。我从课堂观察与师生的访谈中，发现了很多很有理论价值与应用意义的成果。教师的实践，突破了传统上对于课程设计、教材的认识。实际上，一线教师有很多创新，虽然许多想法、做法可能还有待改进，但却有很高的研究价值，需要有人去发现并帮助他们从理论上进行提升。我近期在与国际上一些著名学者交流时，了解到他们也觉得这些研究对其他非英语国家的外语教育有理论与应用意义。外专委应该继续发挥作用，在理论与实践之间搭建桥梁，给教师们以帮助和指导，帮助他们了解国际相关领域的研究成果，不断追踪和研究，提升理论水平。

三、老一代人的品格与格局

几十年来，外专委老一代人的优良品格、价值观念和他们对于年轻人的热情帮助，让我终生难忘。他们对同行不排斥，不打压，对不同的观点公开讨论，互相尊重；对于流行的说法不轻信；他们不谄媚，不盲从，低调，谦和。

我曾亲眼见证老一代学者为我国外语教育的长远发展坦率直言的情景。1992年，国家准备制定九年制义务教育大纲，当时就英语学科是否列为中学必修课的问题，有两种不同意见。记得一次开大会，反对意见非常激烈，认为英语不应列入中学必修课。西南师大的张正东当着很多反对者的面，直言基础英语教育的重要性，极力主张将英语纳入中学必修课。

易经畬老师虽然是秘书长和副理事长，但他为人非常低调、谦和，开会时很少在主席台上看到过他，集体合影时也是常常站在最后一排或者不显眼的位置。但是一旦涉及外语教育政策之类的大事，他往往身先士卒，坦率陈言，表达自己的观点和建议。

陈琳教授一直关心中小学外语教学，多次参加外专委的活动。2014年，社会上出现了一些否定中小学开设外语课的舆论。陈琳老师虽已90高龄，仍然亲赴香山参加座谈会，率先发言，会后还向有关部门递交了会议纪要。记得前些年在一次会上，我发表的观点和陈琳教授的不一致，他不仅没有生气，上台讲话时，还笑称我为“我的老朋友亚夫”（因为1979年陈老师到海淀区给中学老师讲课时，我们就认识了）。

老一代人对于年轻人的培养和提携总是不遗余力。我一直把王碧霖、易经畲、刘道义、马俊明等前辈对我的提携和指导铭记于心，也经常向年轻人讲述他们的故事。年轻时，我每次向《中小学外语教学》编辑部投稿，马俊明先生和易老师都会耐心指导，和我讨论该怎么修改。1989年10月，外专委在长沙召开换届会议，我被推荐为理事候选人，从此正式参与外专委的工作。事实上，我当时只是北京市海淀区教师进修学校的教研员，30多岁，连个小组长都不是，而时任外专委理事的大都为省教研员和大学教师。由此可见，外专委选拔人才并不唯单位级别和个人资历。当时，外专委还专门召开会议，要求推荐和鼓励中青年优秀教师。

外专委一直秉承包容的传统，老一代外专委人从没有为利益明争暗斗，更不会排斥或排挤其他单位的人或与自己观点不同的人。刘道义任理事长时，始终对持不同意见的个人和单位保持开放包容的心态，而且从不借外专委的活动为人教社产品做宣传。刘道义认识了北师大的王蔷和西南师大的李力后，极力推荐他们任副理事长，希望年轻有为的人来充实外专委队伍。当年外专委挂靠人教社后，为了保持工作的连续性，易老师还请编辑部的高大芳老师为外专委义务工作了好几年。1998年向教育部推荐课程标准组专家名单和教材审查委员名单时，刘道义老师和我也尽量推荐各个单位的合格人选。我接手理事长后，也秉承这种精神，还特地请人设计了蓝色会标，以表明外专委具有大海般的胸怀，能容纳百川。

北师大的田贵森教授自担任副理事长以来，不顾身体欠佳，一直积极献计献策，提出了很多非常好的建议。2005年，根据他提出的参照国际会议的做法举办会议，外专委增加了各种讨论会，请相关专家参加讨论和现场交流。外专委的英语名字NAFLE（National Association of Foreign Language Education）也是他想出来的。田老师和我都希望对基础教育做些追踪研究，他建议设立观测点，借助外专委在全国各地的影响和优势，进行长期的追踪研究。他的这个设想非常有价值。他还身体力行，带领研究生做了大量的二语习得文献研究。

外专委的工作也有其他很多理事、常务理事的无私奉献。1997年，第一次全国初中英语竞赛在洛阳举办，全国有近2,000人参加，可谓盛况空前。陈留记老师为此付出了几个月的辛劳，却只领取了几百元的劳务费。外专委多次在江苏开会，江苏教研室的何锋副理事长为组织会议花费了大量心血，却从不领取劳务费。

刘道义在担任理事长期间，不仅积极利用人教社的优势资助外专委图书出版和协办国际学术研讨会，还坚持人教社的人员参会也提交论文和缴费，而她自己从来没有拿过学会的任何报酬。她还几次把自己的钱款捐出来，支持开展活动，或资助年轻教师和经济贫困地区的教师。在卸任理事长后，她曾捐助10万元，作为外专委的活动经费。在外专委筹备成立30周年纪念活动时，她又主动承担论文集的征稿和编辑工作。

受老一代外专委人品格的影响，后来我自己有了帮助新人的条件，也尽可能地去帮助年轻教师和农村教师，或帮他们修改论文，或推荐他们到年会上发言，或帮他们出书写序。值得一提的是，历届理事长、副理事长都是义务工作，不领取报酬，可以说是外专委的义工。

四、对未来的展望

目前外专委是单位理事制，每个省和单位分配一个名额，各单位自行决定推荐人选。这样虽能保证覆盖面广，但也可能成为工作的障碍。被推荐的理事努力参与工作也好，不配合也罢，理事会都无权选择。但是，如果外专委理事不是挂靠单位制，而是以对外语教育的贡献和真才实学为依据选举，那么，就会有更多具有高学术水准和热心投入的教师和学者参与决策，从而

龚亚夫与刘道义的合影

更好地促进外专委的发展。

如果外专委办公室能像国外类似机构那样长期独立存在，与换届和理事长更替没有联系，就能保证人员的稳定，促进工作持续发展。国外机构如TESOL，IATEFL等，均设有独立的办公室，办公人员不挂靠任何单位，不受换届和理事长更迭的影响。我认为，这样的组织架构和机制既可以保证学术机构的稳定性和可持续发展，也可以保证学术机构不会成为某个机构或利益集团的营利工具。外专委应该成为一个“第三方”组织，为各种不同观点的人提供交流平台，鼓励发表不同观点，不搞一言堂。

另外，目前对于我国外语环境下英语学习规律的追踪研究还不多，大多数课题的研究都只有一两年，投入也很少，根本无法支撑长期收集数据和大面积的研究。外专委应该发挥自己的独特作用，集合国内外各方面学者，一方面从理论上研讨，从国家宏观发展战略层面构建适合我国教育目标和国情的外语教育理论，开展语言习得规律的研究，探索中国环境下基础外语教育的途径和有效方法，为国家外语教育政策的制定提供理论依据；另一方面深入课堂进行研究，发现问题，提出新的解决方案，反映教学、教师的问题，发掘、整理和推广行之有效的教学方法，不断发现新人、新思想和新的教学法。此外，还要积极学习、借鉴国外外语教育的研究成果，创造一种包容、开放的环境。

我参加外专委至今已有30多年，经历过各种曲折和挫折，有很多的无奈和遗憾，也有太多想做而没有做或做了却没有做好的事情。回想过往，不由想起辛弃疾的词：“平生塞北江南，归来华发苍颜。布被秋宵梦觉，眼前万里江山。”我即将卸任理事长一职，相信新的理事会一定会用“眼前万里江山”的视野和志向，坚守外专委的底线与理想，继续推动我国基础外语教育事业不断发展。

新中国俄语教育发展
——搭建文明交流互鉴的桥梁

史铁强

史铁强，北京外国语大学俄语学院教授，博士生导师。曾任北京外国语大学俄语学院院长，教育部高等学校外国语言文学类专业教学指导委员会俄语分委会副主任兼俄语四、八级测试组组长，中国俄语教学研究会副会长，全国翻译专业资格（水平）考试俄语专家委员会主任等职。主持编写了《大学俄语（东方新版）》，先后获得普希金奖章、“友谊贡献奖”“俄语教学成就奖”“国际人文合作奖”。

一、俄语教育，曲折发展

1949年以前，中国的高等外语教育很薄弱，主要是英语教学，俄文系科仅在13所高校开设，分布在东北、华北和西北等地区。新中国成立后，百废待兴，急需培养一批俄语人才。于是在20世纪50年代初相继成立了北京俄专、上海俄专、哈尔滨外专等7所俄文专科学校，并在中国人民大学、北京师范大学等综合性大学和师范类院校开设了俄语专业，仅1953—1956年，全国俄文专修学校及综合性大学俄文系就招生12,477人，而当时全国英语专业的学生人数只有2,500余人。这个时期的俄文教学为国家解了燃眉之急，向国家各条战线输送了大批俄语翻译，也为中小学及高校俄语专业培养了师资，后来成长起来的一些著名的俄语语言文学研究者和俄语教育家，很多都是在这个时期开始学习俄语的。

20世纪50年代末期中苏关系降温，中国俄语教育也受到影响，学习俄语的人数开始减少。然而直至1964年，全国高等外语院系在校学生中俄语专业的

青年时代的史铁强

比例仍高达46%，英语和其他语种占54%。“文革”时期，中国高等教育全面瘫痪，俄语教育更降至冰点。1978年以后，随着国门敞开，国内掀起了外语教育热潮，但主要是英语、日语、德语、法语等语言，俄语教育仍处于低潮，直到1989年中苏关系正常化以后才逐渐升温。特别是1996年中俄建立战略协作伙伴关系后，俄语教育步入了快车道，1999年高校俄语专业点约40个，在校学生达到了3,000人。

进入21世纪，中俄在政治、经济、科技、文教、军事各个领域展开全面合作，带动了对俄语人才的需求，2004年全国高校俄语专业点增加到65个，在校生人数达6,000人。此后高速发展的态势没有改变，2009年俄语专业教学点超过百个，在校生人数猛增到15,000余人。现在，俄语专业在校生人数早已突破了两万人，俄语学科进入了稳定发展阶段。

二、偶识俄语，缘定一生

我个人的成长经历以及与俄语的缘分，既有偶然的因素，也与国家大势有关。我出生在沈阳，1969年春随父母下放到吉林省榆树县一个偏远的小村子。当时我在读初一，每日往返8公里去公社中学读书，生活条件比城市差多了。即便如此，这段短暂的“幸福时光”也仅持续了几个月，当年秋季我便因家庭困难辍学了，回乡当了农民。两年后，家境略有好转（父亲被聘到公社中学校办工厂做技术员），我又回到中学继续读书，正是此时我第一次接触到了俄语。当时学校里只有一个外语老师，就是教俄语的宣老师。宣老师是个中年男子，发音很好听，这让我对这门语言产生了莫名的好奇和兴趣。一年后我们家搬到了县城，我转到榆树二中学习直到毕业。县城中学的学习条件和氛围比农村好多了，但是俄语课基本上没人听，我差不多成了教俄语的张老师课上唯一的聆听者。一年半的时间里在课堂上仅学了名词单数四、六格等简单的语法现象，但此时我已开始了自学，把能够借到的高中、大学俄语教科书读了个遍，到中学毕业时已掌握了上千个单词和基本的语法

史铁强与国际俄语教师联合会前主席科斯托马罗夫一起参加会议

体系。毕业后，我先后在建筑工地、火车货场、街道工厂等处打工。在极其繁重的体力劳动中我仍没有忘记学习俄语，兜里总揣着密密麻麻写满生词的小本子，有时间就拿出来背一背。自学俄语成了我唯一的心理慰藉，我也因此觉得青春没有虚度，不过却从未想过有上大学的一天。

做梦也想不到的事情后来变成了现实：1977年国家恢复高考，我成为第一批考试入学的"幸运儿"，报考的专业就是我最喜欢的俄语，从此幸福的大门为我敞开了。大学四年我如饥似渴地学习，毕业时以优异的成绩考上了研究生，后来又读了博士，成为高校的一名俄语教师。我学习俄语的经历与改革开放息息相关，没有改革开放这一英明决策，我不可能上大学，更不可能得到以后的发展。中国俄语教育的发展和我所在的北京外国语大学为我学术上的成长提供了巨大的舞台。

三、四代教材，经典传承

我很幸运，能够见证中国俄语教育的发展并投身其中，能够见证俄语教

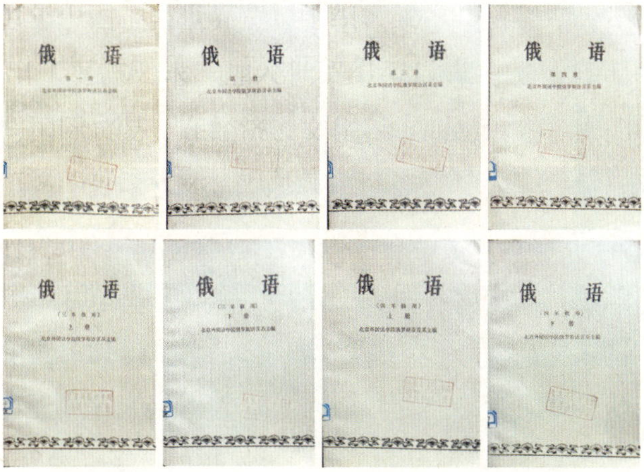

20世纪60年代北外俄语系主编的《俄语》教材

材的更新换代、经典传承并为之贡献自己的一份力量。北京外国语大学是我国重要的外语教材编写和研究基地。70年来，北外俄语学院出版了数十部俄语教科书，以核心主干课"精读"来讲，产生了四代较有影响的教材。

新中国成立初期，俄语教育蓬勃发展，却没有一本可供全国统一使用的教材，各校所用的教材基本上都是由各校中外教员自选自编的。直到1961年，中宣部部署高校文科教材编写工作，外语教材组组长由北京外国语学院教授担任，许国璋主持全国统编教材《英语》的编写工作，赵辉主持俄语教学大纲和教材的编写工作。1962年，《俄语》第一册问世，1964年，8册全部出齐。这套精读教材的出版，在中国俄语教育史上具有划时代的意义，得到了广泛的赞誉。这不仅因为它是国内第一部统编教材，还因其拥有强大的编写队伍，选材精美，体例严谨。这套教材的优点是语言地道、系统性强。课文主要是文学作品，大多选自经典名家。它的缺点在于经院式教学，教学法方面主要体现了语法翻译法，忽略了生活语言。遗憾的是它问世不久，"文化大革命"便开始了，这部经典的教材并未能发挥出其应有的作用。

"文革"结束后，俄语教育逐步回到正轨，教材建设也提上了议事日程。1986年，北京外国语学院丁树杞教授主编的《基础俄语》1—4册问世，1986—1987年又相继出版了《中级俄语》和《高级俄语》。这套教材是为有基础的俄语学生编写的，以中学掌握500个单词的学生为教学对象。它继承了20世纪60年代《俄语》的优良传统，全书语言体系严谨，练习充足合理，并结合当时外语教学法的发展形势，融入了交际法和鲜活的口语材料。

20世纪80年代北外俄语系编写的《基础俄语》教材

20世纪90年代末期，中国俄语教育发展很快，生源也发生了变化：开设俄语的中学数量呈下降趋势，零起点生越来越多。与此同时，因苏联解体，对象国国情发生了剧变。为顺应形势需要，1994—1998年北外俄语学院与俄国普希金俄语学院合作编写了《大学俄语（东方）》1—8册，仍由丁树杞教授主编。与《基础俄语》相比，这套教材简化了不少，在保留原有专题的基础上减少了课文、对话、练习的数量，主要是考虑了零起点新生的特点以及课时缩减的变化。编写原则仍以交际法为主，课文和对话贴近日常生活。

20世纪90年代北外俄语系和普希金俄语学院共同编写的《大学俄语（东方）》

进入21世纪，国内外形势发生很大变化：一是社会变革和互联网等科技革命使俄罗斯国情发生了重大变化；二是随着中俄关系的升温和我国高等教育进入大众化教育阶段，俄语专业招生人数成倍增长。在此背景下，我们开始编写《大学俄语（东方新版）》，2008年出版了第一册，以后几年陆续出齐了8册。新版教材继承了前几代教材的传统，仍坚持交际法原则，突出语言

2008年以来北外俄语学院主编的《大学俄语（东方新版）》

训练，同时借鉴了《基础俄语》严谨的语言体系，保留了专题教学的模式。这套新教材把语言学习与国别研究相结合，特别重视学习知识与能力培养的结合，使俄语教学的结构由单一的语言主线转变为语言、文化、国别知识三位一体，着力培养具有扎实语言技能、宽广国别知识、创新研究能力的新型俄语专业人才。

四、测试改革，影响深远

有教学就有考试，这是常理，就像产品生产和出厂时的产品检验一样。俄语专业四、八级考试的目的是检验俄语专业本科学生在基础阶段结束和全部学业结束时的学习结果，也使参加考试的学校对自己的教学情况有个客观的评估。由于地域、生源、学校、师资等多种因素的影响，各校的教学水平存在着差异。通过考试，各学科点可以了解自己的所长和所短，从而有针对性地制订教学计划。比如，有的学校认识到学生的翻译能力较弱，就相应增加一些汉俄互译的实践教学；有的学校则着力于训练口语和听力等弱项。就全国而言，统测的目的还在于调研，通过测试，教育决策部门可以了解全国高校俄语教学点的分布情况、各年级的人数，掌握各校教学的基本状况和学生水平等。

外语专业四、八级考试率先由英语专业发起，随后俄语、日语等语种也相继进行。俄语专业四级统一考试和统一阅卷始于1998年（此前曾在多所院校设置试点），正式颁发证书是从2001年开始，两年后又启动了八级考试。自此，北外多年负责全国俄语专业四、八级考试，我本人担任俄语专业四、八级测试组组长，主持制定、修订了两个考试大纲。

20年来，四、八级考试对外语教学起到了积极的促进作用，同时也有不少尚待改进的地方。社会上和外语学界对于四、八级考试能不能测出真实水平一直存有疑虑，这是可以理解的，毕竟检查一个人的语言能力不像检测产品，不能用精准、客观的测量机器来检测。总体而言，我认为测试结果与实际水平呈正相关性，即语言好的学生得分就高，反之亦然。如果把四、八级考试与班级考试相比，前者肯定不如后者准确、真实，原因在于统测中有许多客观选择题，这是大型考试的通病。我们知道，客观选择题的优点在于试题覆盖面广、题量大、评分简便，可以由机器阅卷，省时省力，便于分析统计；缺点在于较难测量学生的语言输出能力，测试结果有一定的偶然性，也为猜测答案提供了可能，还有些学生实施题海战术，积累了“丰富”的做题经验，但实际语言运用能力并不一定过关。但是大规模的统一考试不可能像课堂测验那样进行，其原因就在“统一”二字上，要组织数以万计考生同时测试，不借助机器阅卷是难以想象的，托福、雅思、GRE无不如此。

客观地说，俄语专业四、八级考试的特色在于它较好地保持着检测“真实水平”的题型，除传统的作文、听写、翻译外，还有人机对话和口语表述。从实际效果看，这类题型能够比较真实地反映受试者的口语表达能力。此外，考试内容还包括言语礼节、历史地理、文学文化以及当代社会等多方面的知识。也就是说，俄语专业的学生不仅需要掌握对象国语言，还应该充分了解对象国的国情。这类试题的比例虽然不高，但起着导向引领的作用。

当然，考试的主体部分仍然以语言能力测试为主，也就是我们常说的听、说、读、写基本功。高等学校俄语专业四、八级考试已实行多年，但还在不断改革和完善，许多现代化科技手段已经运用到测试的全过程，如网上报名、网上阅卷和网上查分，今后还要过渡到网上机考。

五、面对挑战，理念创新

教学理念与时俱进，教材持续更新换代，测试改革深入推进——经过多年的发展，我国俄语教育已经取得了巨大的成就，然而，问题依然存在。中国俄语教育（包括基础俄语教育和大学二外俄语教育）在新时代面临的主要问题，是快速发展的形势与原有教育体制和教学模式之间的矛盾。

基础俄语教育面临的最大挑战是与大学的衔接问题。俄语考生进入大学后，如果所学的专业不是俄语，就要学公共俄语。然而，现在开设公共俄语的大学越来越少，原因在于生源大大萎缩了，一所大学里多则几人少则一两人，甚至没有学俄语的学生。于是便出现了有老师没学生和有学生没老师的现象。久而久之，有的俄语教师转了岗，有的学校聘请临时教师代课，有的干脆取消俄语课，让学生“自学”，更有不少院校在高考和考研时只招英语考生，这就从根本上掐断了学生学俄语的愿望。内蒙古自治区满洲里市所有的中学在20世纪90年代中期以前几乎都开设了俄语，然而到了2000年，初中阶段的俄语教学停止，2005年，高中阶段的俄语教学停止。黑龙江省绥芬河市初中学俄语的学生最多时人数达2,002人（2006年），占当时全市初中学生总数的45%，目前全市仅有232名初中生学俄语，占全市初中生总数的7.6%，这还是在学校开设英、俄双语教学的前提下获得的数据。中学不重视俄语教育的原因在于大学取消了俄语课，大学不开设公共俄语是由于没有生源，由此形成了恶性循环的怪圈。

高考是指挥棒，问题的关键还在于大学。随着慕课等新型教学形式的出现，这个困扰俄语教育多年的问题有望解决。有实力的大学俄语院系可以做一批慕课课程，甚至可以把教学大纲规定的全部俄语课程制作出来，并配备练习、检查、考试等各个环节，使之丝毫不逊于真实课堂，供那些缺少俄语师资又有意愿的学习者使用。相信现代科学技术的发展不难解决这些问题。更为重要的是，要激发学习者的热情，点燃他们对俄罗斯的兴趣之火。现在许多学校的俄语教师，除了能讲俄语外再无其他学术兴趣，而一个好的俄语教师本身就应该是俄罗斯问题专家。他若能用生动、形象的方式把自己对俄罗斯文学、历史、文化、语言、社会、生活习俗等任何一个方面的研究传达给学生，就可能激发起学生对俄语和俄罗斯的强烈好奇心，促使他们走上探寻之路。

引导学生探索性学习不仅是中学和公共俄语教师要做的，更是大学俄语专业教师的本分。专业教育在教学目标、课程设置、训练方法、课时等诸多方面有着公外无法相比的优势，使得学生得以在四年里熟练地掌握俄语。然而外语专业同样面临着各种挑战，最为突出的是学生创新意识和研究能力不足，这是我国高等教育普遍存在的问题，只不过在外语专业中更加突出。如果说过去我们培养的学生以熟练的俄语口、笔译能力见长的话，那么今天仅仅能讲俄语和能读懂原文就不再是什么了不起的优势了，人工智能和机器翻译已在很大程度上解决了交际和阅读问题，现今社会更需要能够发现问题和解决问题的创新型人才。当今世界，科技进步一日千里，知识更新的周期明显加快，教会学生什么才能让他终身受益？授人以鱼还是授人以渔？答案不言而喻：除了让学生掌握俄语这个工具外，还要培养他们的“问题意识”和解决问题的能力。当然，这是一个长期的、艰巨的任务，不可能一蹴而就，但我们应该朝这个方向努力。目前师生中普遍存在着“短平快”“实用主义”的现象，写文章或做学位论文时，宁愿选择材料易找、少花力气的空泛题目，也不愿潜下心来做扎扎实实的基础性研究。相信随着教育改革的深入，思辨性、探索性学习方式将逐步取代传统的灌输式教育，并最终形成一个更有利于学习者个性发展的教育体制和教学模式。

六、岁月如歌，温暖记忆

北外是我国外语教育的高地，蜚声中外。俄语是北外的奠基学科，也是中国共产党创建的第一个外语专业。我们北外有一句流行语，叫作“有五星红旗飘扬的地方就有北外人”，说明我们的毕业生遍布世界各地。从驻外大使到最高领导人身边的翻译，到处都有北外人的身影。我作为一线教师，参与了培养优秀北外人这项光荣的工作，与同事们一起培养了数以万计的俄语专业学生，看他们活跃在祖国建设的各条战线上，从事着对俄合作的各类工作，成为发展两国友好关系的践行者，感到非常欣慰。我还与同事们共同编写了俄语教材，和校外专家共同制定了全国俄语教学大纲、考试大纲。

这些工作得到中俄两国学界和政府的认可，给我带来很多的荣誉，包括普希金奖章、“友谊贡献奖”“俄语教学成就奖”“国际人文合作奖”等多个国际奖项。但我始终认为，这些荣誉不是给我个人的，我只是一个代表，这些荣誉应该属于北外和中国俄语教育。我在北外求学和工作30多年了，我的青年、壮年乃至老年都在这里度过，我为北外奉献了自己的力量，北外也为我的学术成长提供了巨大的舞台，使我得以实现个人的奋斗理想和人生价值。

北外俄语学院师资力量雄厚，涌现出不少国内外知名学者，要讲的人和事很多很多，由于篇幅所限，我只介绍我院的几位普希金奖章获得者，他们也是对我成长帮助最大的几位先生。王福祥教授是我国第一个获得普希金奖章的人，是著名的俄语语言学家，在话语语言学、功能语言学等领域建树颇丰。王老师在国际俄语学界享有很高的声誉，他是进入国际俄语教师联合会核心领导层的第一位中国人，他的学术思想和学术生涯被载入俄罗斯出版的《语言学词典》。王老师也是我的博士生导师，我跟他读博士那些年他正担任北外校长，需要管理的事务异常繁多，但他每周仍抽出一个下午为我们授课或抽时间与我单独见面，听取我的读书汇报和论文设想。王老师严谨的治学态度、对科学的奉献精神、高效率的工作节奏，乃至他对我个人和家庭的种种关怀，让我至今不能忘怀。每每想起王老师那严肃外表下透露出的和蔼、亲切，想到恩师如今已驾鹤仙去，我的心仍难免有灼痛感。

李莎教授是我党早期领导人李立三的夫人，是著名的俄语教育家。李莎教授20世纪50年代就来北外工作，为北外和中国俄语教育奉献了一生。我读博士时李莎教授因为年事已高，很少来学院授课了，只是每周有一两次答疑。记得有一次我去向她请教问题，解答完后她和我攀谈起来，问我来自哪里、在哪儿学的俄语，还表扬了我的口语表达能力，肯定了我所提问题的深度。后来我留校任教，又担任了俄语学院院长，此时李莎教授已经退休，但每逢她生日我们都陪同有关领导去看望她。李莎教授很博学，是一位教育大家，她亲自审定了数十部教材、词典、重要文献的翻译，她主编、主审的许多书至今仍是我案头必备的工具书。她和她那一代俄语前辈奠定了新中国的俄语教学体系。

史铁强（后排左二）读研时与李莎教授等合影（前排左起：付克、李莎、赵辉）

白春仁教授、汪嘉斐教授都是我院知名的学者。白老师曾多年担任北外俄语系系主任。在他主持工作的那些年，俄语系的教学和科研蓬勃发展。作为第一届外语教学指导委员会俄语组组长，他领导和参与制定的《高等学校俄语专业教学大纲》至今仍然是全国俄语专业教学的指导性文件。白老师多年从事俄语语言文学的教学和科研，研究领域涉及词汇学、修辞学、文学修辞、翻译、诗学、汉俄语比较等学科。他对维诺格拉多夫、巴赫金、洛特曼学术思想的研究和引进，为我国文学修辞学和符号学的发展做出了重大的贡献。汪嘉斐教授是我国俄语界知名的学者，他的学术领域涵盖修辞学、演讲术、口语学、翻译学等多个学科。多年来，汪老师为研究生教育殚精竭虑，形成了自己的特色和传统。他对准确、得体、生动、富有感染力、尽善尽美的俄语表达孜孜以求，为中国人学好外语树立了典范。他将理论和实践完美结合，凡是和他接触过的同事和学生，无不叹服。

北外名师中与我共事最久、合作最多的是李英男教授。李老师出身名门，系李立三和李莎之女，却没有一点儿架子，待人亲切和蔼。她长期从事俄语教学和俄罗斯文化研究，培养了多名博士。李老师从小在俄语环境中长

史铁强（右二）和李英男（左三）一起接待俄罗斯代表团

大，加上她聪颖好学，使得她的俄语语感十分地道、精准。年轻时她就参与了多部俄语教材的审阅工作，后来我主编 8 卷本的精读教材时更是请她做最后的把关。经她修改过的文字更加准确、鲜活，可读性更强了。我主持四、八级考试那些年，最后定稿的试题基本上都请她过目，从她对文字的修改提炼中我学到了很多。

我是一个“幸运儿”：在人生最困难的时期我有幸接触到了俄语这个美丽的语言，自学俄语为我艰苦的生活增添了无比的快乐；在青春岁月迷茫的时候我迎来了中国改革开放的春天，成为我国恢复高考后的首届大学生；此后的求学和工作生涯可谓顺风顺水，也取得了一定的成绩。回顾个人的成长经历，我由衷地感谢时代赋予我的机遇，感谢北外为我搭建的平台，更要感谢培养了我的前辈们以及与我朝夕相处的同事们。

新中国建设发展进程中的大学外语教学

王守仁

王守仁，南京大学人文社会科学资深教授，博士生导师，中国外国文学学会副会长，曾任教育部高等学校外语专业教学指导委员会英语组副组长、大学外语教学指导委员会主任委员等职。主编《新一代大学英语》等教材，出版著作多部，发表论文150余篇。曾获教育部高校人文社会科学研究优秀成果二等奖、第一届中国出版政府奖、国家级教学成果一等奖和二等奖，首届国家级教学名师奖获得者，入选首批国家高层次人才特殊支持计划。

马克思曾说：“外国语是人生斗争的一种武器。”无论是个人提升国际素养，还是国家增强软实力，推动中外文化交流，都离不开外语。在全球化时代，掌握外语能使我们直接了解前沿的科技进展、前沿的管理经验、前沿的思想理念，特别是在参与国际竞争、捍卫国家利益、提升国际话语权的斗争中，外语是一种必须掌握的“武器”。外语教育因其“工具性教育价值”“人文性教育价值”和“国际性教育价值”[1]，在我国国民教育体系中一直占有十分重要的地位。众所周知，现代大学制度起源于西方国家，在清末民初被引入中国。在内忧外患的年代，中国大学不仅担负着传承文明、探求新知的重要职责，还承载着救亡图存、振兴国家的历史使命。作为高等教育不可或缺组成部分的外语教育，与民族复兴、国家强盛息息相关。回顾新中国70年外语教育历程，高校大学外语教学对我国高等教育事业发展起到了重要促进作用，为人才培养做出了突出贡献。

[1]曾天山，王定华．改革开放的先声——中国外语教育实践探索[M]．北京：外语教学与研究出版社，2018：17.

外语教育是近代中国在现代化进程中学习外国先进思想文化和科技知识的产物。民国时期我国高校本科课程均设有大学外语课程，语种有英语、日语、德语、法语、俄语等，但以英语为主。中华人民共和国成立后，由于受到以美国为首的西方国家封锁，与苏联建立友好同盟关系成为不二选择。在全面学习苏联的高潮中，大学外语教学相应做了调整，大学俄语教学受到重视和支持。1954年，政务院批准颁发《关于全国俄文教学工作的指示》，明确要求“高等学校应开设俄语课”[1]。与此同时，英语等西方语言的教学被削弱，不少高校少开甚至取消大学英语课程。

20世纪60年代初，中苏关系交恶，受政治气候影响，高校大学外语教学语种布局又有调整，开始从以俄语为主转向以英语为主。1964年，高等教育部制定《外语教育七年规划纲要》，规定“高校共同外语课的语种有英语、俄语、德语、法语、日语，以英语为第一外语，同时也可以因学科的性质和需要的不同，由学校确定其他一种外语为第一外语”。[2]就在高校外语教育按照规划向前发展之际，1966年“文化大革命”爆发，大学停课，高考停止，大学外语教学进入停滞期。20世纪70年代初，我国对外交往开始活跃。1971年10月，中华人民共和国在联合国的合法席位得到恢复；1972年2月，美国总统尼克松访华，同年9月中日恢复邦交。这些外交上的突破促进了我国对外语特别是英语和日语的重视。从1970年到1976年，全国295所大专院校招收工农兵学员，学制为3年。这一时期的大学里，共同外语课普遍为英语，少数高校还开设了大学日语或大学德语课。

1976年10月，我党一举粉碎“四人帮”，从危难中挽救了党和国家。1978年春天，中央先后召开全国科学大会和全国教育工作会议。教育部为贯彻落实全国教育工作会议精神，于1978年8月28日—9月10日在北京召开全国外语教育座谈会，当时关于真理标准问题的大讨论正在全国范围内展开。全国外语教育座谈会研究了加强外语教育、提高外语教育质量的办法和措施，确定了今后一个时期发展外语教育的方针。会议结束之后，《人民教育》1978年10

[1][2]李传松，许宝发．中国近现代外语教育史[M]．上海：上海外语教育出版社，2006：195，213.

月号刊登了题为《大力把外语教育搞上去》的评论文章，把科技人员掌握外语这一工具提到很高的位置："一个科技工作者如果不能利用外文资料，直接而迅速地汲取外国的先进科技知识，就不可能跟上现代科学技术发展的步伐，更谈不上赶超世界先进水平。科研人员不懂外语，不但尖端的工作做不了，做次尖端的工作也会遇到困难。"文章对大学外语教学专门提出了要求："要充分重视、大力办好大学公共外语教育和各种形式的业余外语教育，培养既懂专业又掌握外语的科技人才。特别是理工科的大学毕业生，如果没有较高的外语水平，就不能说是教学质量高。"[1]《人民教育》同期还刊登许国璋先生的文章《谈谈新形势下外语教学的任务》，文章的中心思想是外语教学的重点要转移到面广量大的大学外语教学上来。许国璋先生认为，外语教学多年来的主要任务是培养翻译干部和培养师资，新的历史时期提出了新的任务，即"培养汲取各国先进科学文化知识的人才"[2]。他呼吁："把外语教学应担当的首要任务——培养各行各业既懂专业又懂外语的科学文化大军——担当起来。"[3]

新中国成立后我国高校大学外语教学经历了语种布局调整的起起伏伏，但始终不变的是服务国家社会主义经济建设和社会发展这个目标定位。在很长一段时间里，我们面临美国以及其他主要西方国家孤立、封锁和敌视社会主义新中国的国际环境，普通百姓基本没有机会与外国人展开人际交流，阅读成为获取信息的主要甚至唯一渠道。就大学英语课程而言，"教学目的很明确，就是使学生掌握一种武器，以吸收英语国家的科学成就。从这一目的出发，任务也就很清楚，那就是要培养学生在英语掌握上的'一会'——会读"。要求"一会"，并不是说在教学过程中可以完全忽视听、说、写、译方面能力的培养，但"四会"本身不是教学目的，只是"教'一会'的手段"："我们必须在一定程度上借助于其他'四会'来达到'一会'。"[4]在特殊的历史时期，大学外语教师从实际出发，采取行之有效的教学方法，如在课堂教

---

[1]大力把外语教育搞上去[J]．人民教育，1978（10）：10-12.

[2][3]许国璋．谈谈新形势下外语教学的任务[J]．人民教育，1978（10）：22，25.

[4]郭秀梅．公共英语课的教师怎样培养学生的独立工作能力[J]．西方语文，1958（4）：408.

学中运用中外对比的翻译教学法，注重词汇和语法学习。将“会读”确定为外语课程的教学目的和主要任务，是为了满足当时国家、社会和学生的实际需要。1949—1978年新中国前30年大学外语教学形成了自觉为国分忧、为实现现代化做贡献的优良传统，积累了许多成功的经验做法，为后40年的发展奠定了厚实基础。

1978年12月18—22日，党的十一届三中全会在北京举行，这是新中国成立以来党的历史上具有深远意义的转折点。十一届三中全会做出了实行改革开放的伟大决策，使国家走上复兴之路。改革开放40年，中国发生了天翻地覆的深刻变化，外语教育也发生了巨大变化。改革开放为外语教育发展提供了契机，外语教育参与和助力改革开放。习近平总书记指出：“我们党领导人民进行社会主义建设，有改革开放前和改革开放后两个历史时期，这是两个相互联系又有重大区别的时期，但本质上都是我们党领导人民进行社会主义建设的实践探索。”[1]大学外语教学的前30年和后40年是有机衔接的：全国外语教育座谈会提出的《加强外语教育的几点意见》是在1979年3月，即党的十一届三中全会之后，经国务院批准，印发全国执行的。

20世纪80—90年代，高校大学外语教学进入比较平稳的发展期。1980年，改革开放以来第一份大学英语教学大纲《高等学校理工科本科四年制试用英语教学大纲（草案）》颁发。20世纪80年代中期，教育部印发了《大学英语教学大纲（高等学校理工科本科用）》（1985）和《大学英语教学大纲（高等学校文理科本科用）》（1986）。1999年，《大学英语教学大纲（修订本）（高等学校本科用）》把原理工科和文理科两份教学大纲合并成一份。大学俄语（1987）、大学德语（1989）、大学日语（1989）和大学法语（1992）也相继完成了教学大纲的研制和修订工作。教学大纲的实施，催生了多套全国性大学外语系列教材，促进了大学外语教学的进一步发展。20世纪80年代，在大学外语教学发展历史上的重要事件是大学英语四、六级考试开考。为了检查教学大纲的执行情况，1987年9月，大学英语四级考试在全国各地首次举

---

[1]习近平．在发展中国特色社会主义实践中不断发现、创造、前进[EB/OL]. http://cpc.people.com.cn/n/2013/0106/c64094-20101215-2.html.

行，考试规模约为10万人，大学英语六级考试于1989年1月开始实施，第一次考试规模约为6万人。如今大学英语四、六级考试规模已发展到每年1,350万考生。大学俄语（1990）、大学日语（1993）、大学德语（1996）和大学法语（1996）的四级考试也陆续在全国范围内开考。为测量我国在校大学生外语能力而开发研制的大规模标准化考试旨在检测大学生经过大学外语课程教学后的外语水平，“可以为教学提供良好的反馈，帮助教师和学生了解教学效果，改进教学方法，提高教学质量”[1]。

从1999年起，高校持续扩大招生，以满足社会经济和科技文化发展对高层次人才的需求，我国高等教育开始进入大众化阶段。2001年7月，北京申奥成功，同年11月中国加入世贸组织，标志着我国以积极的姿态参与经济全球化的进程。世纪之交，这些新的形势变化为外语教育发展提供了机会，同时也提出了新的要求，特别是高校连年扩招对教学产生了深远影响。这时高校的共同外语课主要是教授英语，其他语种的教学则由于师资、课时、需求等原因，逐渐减少。随着在校学生数量激增，高校形成了一个规模极大的英语学习群体，学生交流能力较弱的问题也因规模效应而引起教育部领导和社会各界广泛关注。2002年8月27日，教育部高教司在北京召开了大学英语教学改革座谈会，教育部副部长周济到会并讲话。这次座谈会主要讨论大学英语教学存在的问题、改革的方向和需要采取的措施，对大学英语教学改革进行部署。我应邀参加座谈会并发言，从此开始与高校大学英语教学改革逐步建立直接的工作联系。同年12月，教育部高教司下发《关于启动大学英语教学改革部分项目的通知》，启动大学英语教学改革项目，项目一是制定《大学英语教学基本要求》，要求“结合我国高等学校实际，加强实用性英语教学”；项目二是大学英语网络与多媒体教学体系建设。根据教育部的安排，“大学英语教学基本要求”项目组于2003年2月正式成立，我担任副组长，除了参与起草文件，还负责撰写《大学英语教学改革研究报告》。经过将近一年的工作，项目组完成《大学英语课程教学要求（试行）》的制定工作。教育部

[1]王守仁．高校大学外语教育发展报告（1978—2008）[M]．上海：上海外语教育出版社，2008：86.

于2004年1月正式印发该文件，随后确定180所高校参加大学英语教学改革试点工作。

21世纪初，高校大学外语教学迈入改革期。2006年，新一届大学外语教学指导委员会成立，我担任主任委员，立即着手修订《大学英语课程教学要求（试行）》，巩固大学英语教学改革与发展的成果。同年11月修订项目组成立，由我担任组长。项目组先后在北京和南京开会，并于2007年5月完成修订工作，教育部办公厅于7月正式印发修订后的《大学英语课程教学要求》。与以往大学英语教学大纲相比，《大学英语课程教学要求》设定的教学目标发生了变动，包含了三个方面的内容："培养学生的英语综合应用能力，特别是听说能力""增强其自主学习能力""提高综合文化素养"。[1] 教学目标中"特别是听说能力"的表述意味着要加强听说练习，这是针对当时不少大学生英语听不懂、讲不出这一状况提出来的。21世纪的中国，英语学习的环境发生了很大变化。纸质教材作为接触外语的唯一途径已成为历史，人们可以通过电视、网络、电影、多媒体等多种途径、多种方式接触和学习英语，面对面交流、直接使用英语的机会日益增多，听说能力日益显得重要，教材也从单一的纸质媒介向多媒体、立体化方向发展。当然，把听和说放在英语教学较为突出的位置，并不意味着削弱语言教学的其他方面。其实，加强听说是在"培养学生的英语综合应用能力"的前提下提出来的。就听、说、读、写技能而言，不能忽视阅读，因为在外语学习中阅读是听力、口语和写作的前提和基础，是语言知识和文化信息输入的主渠道。在修订《大学英语课程教学要求（试行）》过程中，有人提出"听说领先"的主张。经过充分讨论，项目组达成共识，认为听、说、读、写是相互关联的，不应分割对立。《大学英语课程教学要求》遵循语言教学与学习规律，注意听、说、读、写能力的协调发展。

大学英语网络与多媒体教学体系建设是21世纪大学英语教学改革的重要内容。《大学英语课程教学要求》坚持这一改革方向，明确要求"各高等学校应充分利用现代信息技术，采用基于计算机和课堂的英语教学模式，改进以教师讲

[1]教育部高等教育司．大学英语课程教学要求[M]．北京：外语教学与研究出版社，2007：1-5.

授为主的单一教学模式"。当时提出"把网络信息技术与外语课程整合"的理念具有前瞻性，依此理念设计的"网络环境下的英语教学新模式"[1]取得明显成效。2013年，大学外语教学指导委员会换届，我继续担任主任委员。按照教育部要求，新一届教指委成立之后，启动了《大学英语教学指南》研制工作。同年8月4日，教指委主任委员、副主任委员（英语）、秘书长在浙江大学召开《大学英语教学指南》研制工作启动会，讨论项目组的组建方式和项目实施的工作方案。项目组随后根据任务分工，组织广泛调研，科学论证，扎实推进。教育部高教司将"研究制定《大学英语教学指南》"列入2014年工作要点。经过近两年紧张、有序的工作，项目组数易其稿，完成任务。项目组全体成员以高度的使命感和极其认真的态度投入研制工作，力求使这份文件能体现方向性、前瞻性、科学性和可操作性。《大学英语教学指南》注意处理好与《大学英语课程教学要求》的继承与创新关系，注重在保持相对稳定的传统内容的基础上，有新的突破和超越。

党的十九大开启了建设教育强国的新征程。"建设高等教育强国最具标志性的内容就是要培养一流人才。"[2]就一流人才的标准而言，我们要着力培养符合国家需要、推动科技进步、引领社会发展、适应国际竞争的创新创业型人才。一流人才应该具有全球竞争力，其要素包括专业知识和本

2015年，教指委主任委员、副主任委员合影，中间为王守仁

[1]王守仁．总结经验，深化改革，开创大学外语教学新局面[J]．外语界，2009（1）：7.
[2]吴岩．一流本科 一流专业 一流人才[J]．中国大学教学，2017（11）：4.

领、国际视野和跨文化沟通能力，而较强的外语能力是其重要组成部分。在全面振兴本科教育进程中，外语教育不可或缺，高质量的大学外语教学在一流人才培养工作中要发挥重要作用。大学外语教学工作可从以下方面继续深入推进。

第一，构建多语种协调发展的大学外语课程体系。目前高校大学外语教学的语种较为单一，出现英语一家独大的局面。但是，英语教学并不等同于外语教学。对外开放是我国的既定国策，所谓对外开放，不仅是指对美、英、澳、加等英语国家实行开放，也包括对俄、德、法等欧洲国家以及亚洲、非洲、拉丁美洲的非英语国家开放。我们要重视大学法语、俄语、德语、日语教学，采取有效措施扶持多语种外语教学，特别是国家实施“一带一路”倡议，教育部2016年印发的《推进共建“一带一路”教育行动》文件中，明确提出的促进沿线国家语言互动，“逐步将沿线国家语言课程纳入各国学校教育课程体系”[1]。因此，从国家战略发展、社会需求和学生的实际情况来看，一方面，我们要努力打造大学英语“金课”，满足非外语专业大学生对高质量第一外语的需求；另一方面，鼓励更多的高校创造条件，以积极的态度发展多语种大学外语教学，满足部分高校培养“一精多会”“一专多能”的高素质国际化复合型专门人才的需求。我们要着力构建和完善有中国特色的多语种协调发展的大学外语课程体系，促进大学外语教学从英语“一枝独秀”向多语种“群芳争艳”转变。

第二，优化多元化、多层次大学英语课程。近年来，随着我国高等教育国际化水平以及学生英语水平的提升，高等学校对大学英语教学的需求呈现多样化趋势，尤其是部分高校对专门用途英语教学的需求有所增加，有人因此主张取消通用英语课程。我国高等教育无疑要培养“具有国际视野、通晓国际规则、能够参与国际事务和国际竞争的国际化人才”[2]，但国际化人才培养任务并

[1]教育部，关于印发《推进共建“一带一路”教育行动》的通知[EB/OL]. http://www.moe.gov.cn/srcsite/A20/s7068/201608/t20160811_274679.html.

[2]中共中央，国务院．国家中长期教育改革和发展规划纲要（2010—2020年）[M]．北京：人民出版社，2010：49.

不是单单由本科教育来承担。本科教育是使学生掌握基础理论、基本知识与技能，具有基础性特点。以学术英语为主要内容的专门用途英语应该是部分高水平学校本科教育、普通高校硕士生和博士生教育的教学重点。对大部分高校而言，大学英语教学应从广大学生的实际水平、能力和需求出发，培养和发展大学生一般学习和社会场合进行沟通的语言能力，并为一部分可能成为国际化复合型专门人才的成长奠定外语基础。另外，通用英语的一项重要内容是跨文化教育。从跨文化领导力的角度看，我们培养的学生要具有全球视野，善于跨文化沟通，能用外语讲好中国故事，传播好中国声音，阐释好中国立场和价值观，能发挥语言的力量去说服人，引领团队，在未来参与全球"治理"的进程中，成为领导者而不是跟随者，在国际事务中发挥感召力、塑造力和影响力。因此，我们在大学本科阶段仍然需要完善而不是削弱通用英语的教学，专门用途英语是大学英语教学内容的重要组成部分而不是其全部。我国有本科院校1,245所[1]，这些高校地处不同区域，类型不同，层次不同，对外语的需求不同，课程改革的着力点也应不同。专业院校可结合学科专业特点，重点建设专门用途英语类课程；"985""双一流"高校可在"精"字上下功夫，加强旨在进一步提升英语能力的写作、演讲、辩论等通用英语课程建设。总之，高校大学外语教学应体现"分类指导、因材施教"的个性化教学思想，优化多元化、多层次的大学英语课程，为学生提供多种选择。

第三，促进信息技术与外语教学的深度融合。当今世界，信息技术与互联网发展日新月异，"互联网+"深刻影响着我们的生活习惯、思维方式、经济模式等，促使知识学习、获得、产生的方式发生变化，给高等教育带来冲击、挑战和机遇。21世纪前10年，教育部启动的大学英语教学改革以推进教育信息化进程为特征，十分重视计算机网络技术在教学中的应用。现代信息技术，特别是人工智能、数字化、网络化等计算机技术的发展，成为推动教学模式改革的技术因素，使大学英语教学面貌一新。目前，许多高校以新型在线开放课程（慕课）建设与应用为抓手，推动现代

[1]教育部. 2018年全国教育事业发展统计公报[EB/OL]. http://edu.cnr.cn/list/20190724/t20190724_524703944.shtml.

信息技术与外语教育教学的深度融合，取得了可喜成绩。教育部于2017年启动国家精品在线开放课程认定工作，清华大学、南京大学、东北大学、国防科学技术大学、电子科技大学、东南大学、北京科技大学等高校开设的大学外语类在线开放课程相继入选，为实现优质外语教育资源跨校跨区域共享、推进大学外语课程教学改革、推动课堂教学革命创造了条件。将现代信息技术应用于外语课程，应把提高教与学的效果放在首位。教师在科学合理利用信息技术的同时，还要处理好传统课堂教学和现代化教学手段的关系。课堂教学有着计算机不可替代的优势和特点，在计算机上学习与传统课堂教学是相互补充、相互促进的关系，应倡导优秀的教师和先进的网络技术相结合，建设线上线下混合式“金课”。

大学外语是大学生修习的公共基础课。我国高校有一个规模极大的外语学习群体，大学外语教学涉及面广，影响大。在新中国70年建设与发展进程中，大学外语教学始终与时代同呼吸，与国家共命运，取得了巨大成就。不忘初心，继往开来。回顾过去，更着眼于未来发展。大学外语教学的目的是使我们数以千万计的大学生具有较好的外语能力，为实现中华民族伟大复兴的中国梦，为有效参与全球治理、推进构建人类命运共同体做出自己的贡献。新时代新征程，我们要加强和改进外语教育，主动适应新形势新变化，坚持目标导向和问题导向相统一，抓住新的发展机遇，开创大学外语教学更加美好的明天。

第四章

风云之声：外交家评外语教育

工欲善其事　必先利其器

——从外交角度谈外语教学

梅兆荣

梅兆荣，德语翻译家，1951年进入外国语学校（今北京外国语大学）学习英语，1953年赴东德学习德语，1956年进入外交部，先后在中国驻东德使馆、中国驻西德使馆、外交部苏欧司和西欧司工作，历任副处长、处长、副司长、司长和中国驻德意志联邦共和国大使。第八届全国政协委员、中国人民外交学会会长兼党组书记，曾任中国国际战略学会副会长等职。曾获德意志联邦共和国星级大十字勋章、汉堡中欧峰会中欧友谊奖、中国翻译协会资深翻译家荣誉证书。

当今时代，世界多极化、经济全球化、文化多样化和社会信息化的潮流不可逆转，国与国之间的联系和相互依存日益加深。这对中国既是机遇也是挑战。在实现中华民族伟大复兴和构建人类命运共同体的伟大事业中，外语教学的重要性越来越凸显。我在半个多世纪的外交生涯中，曾为国家两代核心领导人做过翻译，从事官方外交工作41年，民间外交工作6年，退休后以学者身份继续参加一些中外学术交流活动。长期的外事经历使我体会到，外语是对外工作的重要工具。除了政治坚定、掌握政策、与时俱进地补充各方面的知识之外，外语是我为祖国和人民服务的“重器”。在迎接新中国成立70周年之际，我想以个人的切身经历，从外事工作的角度，就外语教育和掌握外语的重要性谈些粗浅认识。

一、为建设新中国而学习外语：我与北外的相识

坦率地说，当初学外语不是我个人的自主选择，而是服从国家的需要和组织的决定。

1950年年底，随着以美国为首的所谓“联合国军”越过朝鲜半岛“三八线”向我国东北边境挺进，轰轰烈烈的抗美援朝、保家卫国运动在全国各地展开，我响应祖国号召从上海缉椝中学报名参加军事干部学校。当时军干校分四批招收青年学生，头两批是空军和海军，对身体素质要求很高，一般人难以达到要求。第三批炮兵只吸收工程专科学生，我是普通高中生，无缘参加。第四批学外语招收普通高中生，我当时16周岁，是新民主主义青年团团员，家庭出身贫困，因而被优先录取。我们这批上海参干生先在南京接受短期军训，当时还不知道学哪门外语。我内心深处与其他一些学员一样，希望学俄语，因为苏联是帮助中国的“老大哥”。我无意学英语的想法很幼稚，美帝国主义已被赶出中国了，为什么还要学它的语言？

1951年1月底，我们奉命北上，进了外国语学校，组织上宣布让我们学英语。当时的北外位于靠近颐和园的西苑，周围是农田，宿舍是木结构的两层楼房，新中国成立前曾是国民党的兵营，比较破旧。刚到北外，我们受到了热烈欢迎，首先获得一大碗热豆浆暖身。第二天一早分班进入各教室，黑板上一条醒目的标语跃入眼帘：“掌握英语，同帝国主义斗争！”标语很有针对性，不仅符合当时抗美援朝的战争形势，更主要的是针对我们不大愿意学英语的思想。这是北外给我们上的第一堂课，告诉我们，为了同帝国主义斗争，要学好英语！以今天的视角看这条标语，显然有片面性，但在当时它却成了激励我们努力学好英语的强大动力。

从1951年1月到1953年8月，我在北外总共学习了两年半。那时北外的学制不像今天这样正规、完善，学生按工作需要随时调动。在我的记忆中，同学中有的去了朝鲜战场做战俘管理工作，有的进入外交部，有的调往驻外使领馆。当时北外只有两个系，一个是英语大系，另一个是德法文小系。英语系又分甲乙两级，甲级水平比乙级高，每级又分若干个班，我所在的甲级最多时有十个班。每个学期结束后，根据学习成绩重新分班，把水平差不多的放在一起，便于掌握教学难易度。

两年半的北外学习使我受益匪浅。首先是为我打下了英语基础。那时候，英语教材除一本苏联教科书外，大部分是学校编写的讲义，内容的时效性和实用性较强。老师的英语水平很高，有些还是当时英语界的权威。教我们班的教授据说曾做过国民党外交部的高级翻译，另一位青年教师是一位投诚过来的国民党将领的女儿。他们工作态度都很认真负责。英语是主课，但思想政治教育所占分量很重。政治课上，我们先后学习了社会发展史、联共（布）党史和新民主主义革命史。通过这些学科，我们对人类社会从猿到人、从奴隶制度到封建制度再到资本主义制度的发展史，对社会主义将取代资本主义的前景，以及国际共产主义运动的历史和毛泽东主席关于中国革命的理论和实践，有了基础性的了解。学校还组织了一些时事报告会，记忆中最难忘的是时任公安部部长罗瑞卿关于镇压反革命运动的情况报告和伍修权同志关于在联合国大会上控诉美帝侵略的情况报告。这两个报告使我懂得：为了巩固一个新的革命政权，必须镇压被推翻的阶级敌人的反抗和破坏，并同帝国主义、反动派的侵略、颠覆做坚决斗争。学校还组织我们学习“三反”“五反”运动的内容，包括反对官僚主义和贪污浪费，以及反对资产阶级不法分子腐蚀干部，通过学习建立一心一意为人民服务、永远不得贪污腐化的革命人生观。此外，学校还强调思想改造，每个学年结束时要做个人思想总结，通过思想斗争、批评与自我批评，深挖和批判非无产阶级思想。总的来看，母校当时对我们的教育与培养贯穿了“又红又专”的路线方针，不仅要掌握英语，而且要树立革命的人生观和世界观。

二、“牢记使命，学成归国，为国服务”伴随我终身

1953年夏初，新中国向民主德国派出第一批公费留学生，共31人。其中有5名学语言，是从北外德语系和英语系挑选出来的，我是其中之一。记得当时派去学语言的国家有波兰、匈牙利、捷克、罗马尼亚和民主德国，组织上征求志愿时我表示去波兰、匈牙利、捷克都行，唯独未提民主德国，想法也很简单：德国在二战中已被破坏得不成样子，还去干什么？但组织的决定却是要我去民主德国，我毫不犹豫地服从了。出国前，高教部在中南海怀仁

堂组织了一个欢送即将赴东欧的留学生大会，请周恩来总理和刘少奇副主席讲话做指示。这是我第一次近距离见到两位国家领导人，心情非常激动。两位领导人勉励我们好好学习，学成归国。周总理的苏北口音给我留下的记忆尤其深刻，他讲到新中国成立不久，百废待兴，需要大量的建设人才，派我们出去留学是为将来国家的建设和发展培养人才，因此出国学习肩负重要使命。概括两位领导人的讲话精神，深深地印记在我脑海里的是三句话："牢记使命，学成归国，为国服务。"这三句话不仅成为我在民主德国学习期间的座右铭，而且伴随我终身。

我在莱比锡卡尔·马克思大学从零开始学德语，总共学了三年。第一年纯粹是牙牙学语。老师是有经验的专业教师，但不懂汉语，我们靠带去的两本德汉辞典查词义。学校给每个中国学生配一个德国同学做室友，便于我们随时请教并练习口语。顺便提一下，德语的语法比英语复杂，一个动词使用不当，别人就听不懂你的意思。英语是即使语法错了，凭着单词还能听出个大致意思。不过，第一年单纯学德语相对顺利。第二年开始上大学日耳曼语言文学本科一年级，与德国本科一年级学生一起听文学史和中古德文大课。当时我的德语水平充其量只相当于德国小学生的水平，却要听学问高深的知名教授的专业大课，还要学必修的拉丁文，难度和压力可想而知。开始听大课时，云里雾里地只听得懂几个单词，根本不明白老师讲了什么，只好下课后靠助教开小灶讲解并抄写德国室友的笔记，再逐步消化，几乎天天熬到深夜。就这样刻苦努力，直到上大学本科二年级时，才基本能听懂教授的大课。

1956年9月，也就是大学本科三年级开始前夕，突然接到通知，调我们学德语的三个男生参加工作。我被分配到中国驻民主德国大使馆秘书组工作，担任大使专职翻译，兼管使馆礼宾工作并处理外交文书。做大使翻译要求很高，除随同大使外出活动做翻译外，还要把大使的重要活动或交涉情况起草言简意赅的电报发回国内或写成谈话记录。这意味着必须要有政治头脑，了解两国关系情况和国内外政策。但从我的简历不难看出，我高中和两个大学均未毕业，无论德语、英语还是知识面，均属"先天不足"。因此，我不得不靠勤学苦练来"后天弥补"。我每天早晨要读《新德意志报》，晚上补学德语，对当天的翻译做自我总结。有时，随大使活动结束后在返回使馆的路上，我就要思考如何写谈话记录或电报。读中外报刊看到重要内容时，我就试着把它译成中文或德语，遇到译不出来的单词或内容，就马上查阅字典，直到译成满意的中文或德语为止。看电视和电影时，我也边看边练同声传译，只动嘴唇但不出声音。经过长年累月的苦练，我终于能较好地胜任给大使做翻译的重任。

我先后两次被派驻民主德国使馆工作，就两国关系而言，可以分为两个阶段。从1956年到1960年，双方关系发展顺利，高层来往密切，1959年两国友好合作达到高潮。自1960年起，随着中苏矛盾公开化，民主德国对华态度也随之恶化，1963年关系恶化到了极点。作为翻译，双边关系好时工作就高度繁忙，关系恶化时就更是处在激烈斗争的风口浪尖。身临尖锐复杂的面对面斗争场面，翻译必须高度集中注意力，把领导的意图准确无误地传译出来。记得1963年伍修权率中共代表团参加德国统一社会党第六次代表大会时，苏联的赫鲁晓夫先是大肆攻击我党，随后建议立即停止论战，这显然是为了不给我方机会，不允许我党代表回应。当伍修权遵照中央指示在致辞中阐明我党立场予以回击时，主持会议的德党政治局委员竟摇铃打断伍修权的讲话，台下的德党代表立即有组织地敲桌子、跺脚和发嘘声。伍修权镇定自若，稍停片刻后大声予以呵斥，说：“干得好，这就是你们德国的文明!”担任同声传译的德方译员不予翻译，坐在德方译员旁边的我便抢过话筒，把这句话大声译了出来，达到了敲打德方的效果。

在这之前，我作为翻译经历了两次严峻的考验。1959年1月，我正在国内休假，领导通知我要为毛泽东主席会见民主德国总理奥托·格罗提渥做翻译。我任大使翻译虽已有三年时间，其间也曾为访问民主德国的国内部长级代表团做过翻译，但要为毛主席做翻译，我的心情还是很紧张，怕完不成任务。时任外交部苏欧司

1972年，中国和联邦德国在波恩举行建交谈判，左排左二为梅兆荣

司长的王雨田看出了我的心事，他竭力鼓励我大胆上阵，不要有任何顾虑。既然领导已经决定，我就只能迎接挑战了。后来到现场进入角色之后，倒也不那么紧张了。只是为毛主席做翻译有两个难点：一是他的湖南口音浓重，有时不易听懂；二是毛主席语言凝练，极具中国口语特色，要跟上他的思路做好传神的翻译难度很大。记得当时毛主席用了“引蛇出洞”一词，我愣了一下，这是什么意思啊？从所谈问题判断，我把它译成“把蛇从洞穴里引出来再打”，符合毛主席的意思。首次为毛主席翻译“过关”并得到格罗提渥认可，是我翻译生涯中的一个转折点。另一次考验是：1959年10月7日，国家文委在全国政协礼堂为民主德国建立10周年举办庆祝大会，邀请了民主德国党政代表团出席，并请朱德委员长讲话，却未安排现场德语翻译，只为外宾准备了俄语的书面译文。周总理发现问题后立即让人把我从后台叫来，并把他手里的朱德委员长的讲话稿给我，要我立即上台为已开始念稿的朱德委员长做现场口译。我事先毫无准备，只好边听朱德委员长念稿，边看书面讲稿逐段翻译。虽然高度紧张，用词也不一定精准完美，但总算完成了任务。从此，我就被确定为副总理级以上中央领导人的德语首席翻译。回顾我的翻译生涯，我先后服务过的中央领导人有毛泽东、周恩来、朱德、董必武、邓小平、李先念、彭德怀、贺龙、陈毅、华国锋、乌兰夫、习仲勋、谷牧、陆定一、伍修权等，这不仅是我一生的荣幸，更重要的是我从他们的言谈举止中学到了终身受用的优秀品德。

半个多世纪的外交生涯，也使我有机会经历不少历史性事件，其中包括参加中、西德建交谈判。双方谈成的建交公报只有一句话，即：“中华人民共和国政府和德意志联邦共和国政府1972年10月11日决定建立外交关系并在短期内互派大使。”但为了达成这个可能是最简短的中外建交公报，双方在波恩进行了八轮谈判，历时一个多月。谈判开始比较顺利，后来遇到的主要难题是西德方突然提出西柏林地位问题，要求中方确认西柏林及其公民的利益对外由西德政府代表，并就此签署一个议定书。这是当时以苏联、东德为一方，与美、英、法和西德为另一方之间有争议的复杂问题。我方指出，建交谈判无先决条件是双方事先商定的，两国建交与西柏林的特殊地位无关，更无须签议定书。“但今后我们在处理有关的具体问题时，将会考虑到西柏林已形成的实际情况。”西德方对我方后一句表态表示“满意”，但仍坚持要签个书面文件。我方坚持不同意，经过几个来回之后，西德方建议在草签建交公报时由西德方宣读中方上述表态的实录，中方不予否认。就这样，这个主要难题得到了解决。

西德方在正式谈判框架之外，还提出了一个“德意志联邦共和国”国名的中文译法问题，由外交部翻译处长向我提出。他说中方把联邦德国的国名译成“德意志联邦共和国”不符合德语原文，因为“德意志”是形容词，而原文“Deutschland”是名词，正确的译法应是“德国联邦共和国”，这样就同东德的国名“德意志民主共和国”区分开来了。否则，按中方现在的译法，把联邦德国的国名反译回去就成了“Deutsche Bundesrepublik”，容易与东德的国名混淆。针对德方这种对汉语一知半解的态度，我严肃地指出：“德意志联邦共和国”这个译法完全正确，不仅符合中国语言的特点，而且早已为国际公认。“Deutschland”可以译成德国，但在国名里译成“德意志”更恰当，“德意志”在这里不是“形容词”。译文应尊重中国语言的特点，中文里国名不能出现两个“国”字，如中国的国名叫“中华人民共和国”，而不能叫“中国人民共和国”，美国的国名叫“美利坚合众国”，也不能叫“美国合众国”。这位处长搬出一本广州某大学出版的《简明德汉辞典》，辩称中国辞典也把“Deutschland”译成“德国”，而把“deutsch”定性为“形容词”。我说：“这是简易词典，注解不全，不能以此为准。‘德意志联邦共和国’这个译法由来已久，已载入各类文献，不能更改。”这位处长无言以对，便提出一个新的译文方案，但口气不像之前那么自信。他说中文里“荷兰”“芬兰”“爱尔兰”都把“land”译成“兰”，那么可不可以把联邦德国的国名译为“德意志兰联邦共和国”？对这个令人哭笑不得的方案，我也予以否定，并针对西德方提出这个国名译文修改意见背后的政治考虑，婉转地补充说：“如果译成德意志兰联邦共和国，外界会以为世界上出现了第三个德意志国家，这恐怕也不是你们希望看到的！”次日，我向西德外交部东亚处处长再次就这个问题全面陈述了意见。之后，西德方谈判代表在正式会议上主动表示：基于梅先生的解释和说明，我们放弃修改联邦德国国名中文译法的要求，但希望中方今后在正式文件中用德语提到“德意志联邦共和国”时，按照西德《基本法》的标准书写。联系到西德方在整个谈判中的一些表现，我深感西德方在细节问题上非常执着，有时甚至到了吹毛

梅兆荣和德国前总理科尔合影

求疵的地步，这也告诉我语言措辞的精确性是多么重要。

中西德建交谈判结束后，我留在波恩建馆，组织关系也转到驻西德使馆，这意味着我要熟悉新环境，研究新问题，从主要关注东德、东欧转向西德、西欧，但主要的语言工具仍是德语。1975年10月，我奉命回国陪同施密特总理访华，并从此留在外交部西欧司工作。我先是搞综合调研，后来接任处长一职，主管西德、奥地利和瑞士的相关工作，仍兼国家领导人的德语翻译，直到20世纪80年代初新一代德语高级翻译接替我的翻译工作。1988年出任驻西德大使之后，德语对我而言又有了新的意义。不论是参加外交活动、向驻在国进行交涉、同西德各界交流对话、应邀做报告、讲中国故事，还是接受媒体采访、上电视台做节目或现场应对挑战等，我都直接使用德语。长期的观察和经验告诉我，外语沟通能力在一定意义上决定了一个外交官的对外活动能力和效果，而能否自如地进行思想交流对深交朋友更是至关重要。我在西德和统一后的德国结识了不少政要和高官，特别是成为可以与施密特、科尔、施罗德三位联邦总理坦诚交流的朋友，除了两国关系良好和三位领导人对华态度友好之外，我们能用德语自由地深入交换看法也是一个重要因素。在此意义上，能流利地运用德语对我的工作效果功不可没。施密特在他的《与中国为邻》一书序言中写道："黄华（1976—1982年任中国外长）和梅兆荣（1988—1997年任中国驻德大使）是我多年的对话伙伴，我获得的许多重要感悟，都归功于他们二位。"科尔总理1995年面临党内要他会见达赖的要求时，指示他的外事顾问私下征求我的意见，我在毫无思想准备的情况下急中生智，做了晓之以理、动之以情的明确表态之后，他做出了不见达赖的决定。几年以后，在瑞士同这位外事顾问相遇谈及此事时，这位外事顾问说："科尔当时让我征询你的意见，最后接受你的忠告，是他对你信任的表现。”1997年1月，科尔在接受我辞行拜会时，语重心长地对我说：“今后不论是你来德国，还是我去中国，我都希望能见到你。”

现在回想起来，当年是组织上决定让我按国家需要学英语，之后又选派我去民主德国学德语，才使我在几十年错综复杂的环境中得以完成领导交给我的任务，为祖国做出微薄贡献，并在服务祖国的工作中实现我的人生价值。我要衷心感谢党的教育和精心培养，也深切怀念在母校北外度过的美好时光。

三、面向未来，从国际形势和祖国发展需要谈外语教学

当今世界处于百年未有之大变局。国际形势和大国关系错综复杂，全球性挑战层出不穷，不稳定、不确定因素增多。但经济全球化潮流势不可挡，我国改革开放不断深化和扩大。大势所趋，不论从事什么行业，都需要睁大眼睛看外部世界的发展变化，以各种形式在各个领域开展对外交流与合作，取他人之长补自己之短。而在与外部世界的接触中，既有合作也有竞争，乃至摩擦、斗争。在此过程中，掌握外语的重要性和提高外语水平的紧迫性愈加突出。虽然新中国成立70年来我国外语水平总体上有了很大提高，但相对于国家发展的需要和国际形势的复杂严峻，我国外语人才的数量和质量尚需进一步提升，从而与我国日益走近世界舞台中央的国际地位匹配。尤其需要注意的是，当前国际社会对中国文化的了解严重缺失，如何推进中国文化“走出去”，借助语言沟通使外部世界对中国文化有更多的了解、理解和尊重，已是摆在我们面前的一项紧迫任务。做好这项工作并非易事，因为中国文化不仅历史悠久，而且博大精深，唯有扎实的中外文功底和对双方历史文化

梅兆荣在德国汉堡《时代周报》社拜访德国前总理施密特

的深度掌握，才能卓有成效地做好这项工作。

基于上述原因，我衷心祝愿素以“新中国外交官摇篮”著称的母校培养出更多适应时代要求的外语人才，为祖国实现“两个一百年”奋斗目标，为实现中华民族伟大复兴的中国梦，做出新的贡献。

不久前，上海交通大学有人向我提出一个问题：“怎样成为一名优秀的国际事务工作者?”对此我无法提供一个标准答案，只能根据我在不同时期、不同岗位上与不同社会政治制度的国家打交道的过程中积累的感悟，谈几点想法，希望对外语专业的“教”与“学”会有所启示。

第一，长期的外交实践使我深深体会到，外交不是一般谋生的职业，而是为国家、为人民献身的崇高事业。外交是国与国之间打交道的工作，体现国家和民族的整体利益，关乎国家的安危与兴衰。而学习外语的目的就是通过与外国的交流与合作，为国家的发展和人民的福祉服务。外交官必须始终忠于祖国，坚定地维护国家的主权、安全、领土完整和发展权益。为此，须有坚定的政治定力、高超的政策策略水平和精湛的业务知识，并敢于担当、实干苦干和严守纪律。虽然这是对外交人员的明确要求，但在当今时代，中国要发展、繁荣和强大，必须不断地扩大开放，在合作与竞争的相互激荡中前进，而不能关起门来搞建设。这就意味着，各行各业都在同外部世界接触、交流和合作，上述为外交人员拟定的要求对各行各业的人群原则上也同样适用。

第二，对中国的国情要有清楚的认识。特别要明白中国是一个非常有特色的国家，其主要特征是：(1) 中国是一个正在从站起来向富起来和强起来快速发展、在国际上具有重要分量和影响力的负责任大国；(2) 中国仍是一个将长期处于社会主义初级阶段的发展中大国，人均GDP还处于世界第70位左右，发展仍是第一要务；(3) 中国是一个坚持共产党领导、走中国特色社会主义道路、坚持独立自主的新兴大国。

第三，要对中国的外交政策有基本了解。党的十八大以来，以习近平同志为核心的党中央把握国际形势的新变化，着眼于中国发展的新要求，在保持对外大政方针稳定性和连续性的基础上，积极推进外交理论和实践的创新，提出了一系列新思想、新理论和新举措，使中国在国际上的话语权、影响力和规则制定参与权明显提升，特别是确定了中国特色大国外交理论体系的基本架构，即：追求目标是实现中华民族伟大复兴和打造人类命运共同体，基本路径是坚持走和平发展道路，核心原则是合作共赢，重要手段是建立伙伴关系，价值取向是践行正确的义利观，“一带一路”倡议是体现上述原则的具体措施，其核心原则“共商、共建、共享”也是中国的全球治理观。

第四，要培养一定的调研能力。处在大发展、大变革、大调整时期，尤其需要学会把握形势的发展变化，分析其原因及对我国的利弊和我国该如何应对的政策策略。在当前错综复杂的形势下，尤其要有坚定的政治定力，学会独立思考、求真务实，切忌以主观愿望解读外方言论，更不能成为贩卖西方价值观的买办知识分子。

第五，要有敢于担当的素质和善于斗争的艺术。在国际关系中，既有友好合作的顺境，也难免出现尖锐复杂的逆境，甚至会面临需要当机立断进行回击的场景。那种认为只要笑脸相迎或逆来顺受就可以相安无事的想法是错误的。西方的统治精英大多不认可中华文化中的“谦让”美德，认为不为自己的正当权益力争是“窝囊”或“理屈词穷”的表现。他们只尊重“讲理的强者”，只有以无可辩驳的理由据理力争，坚定地维护国家的正当权益，对方才会对你产生敬畏感，才不敢欺侮你。

以上五点，与过去常讲的“又红又专”一脉相承，与我对外语是“工具”和“利器”的认识，以及“工欲善其事，必先利其器”的古训一起，是我几十年对外工作的重要感悟，供外语专业的“教”与“学”参考，也可视为努力的方向。这些要求乍听起来似乎高不可攀，但只要有志于为祖国命运和人民福祉献身，在党的领导下，一步一个脚印地踏实努力，都是可以做到的。

2019年3月，国家主席习近平访问意大利时，意众议院议长菲科问习主席：您当选中国国家主席的时候，是一种什么样的心情？习主席回答说：这么大一个国家，责任非常重，工作非常艰巨，我将无我，不负人民。我愿意达到一个“无我”的状态，为中国的发展奉献自己。习主席还说：一个举重运动员，最开始只能举起50公斤的杠铃，经过训练，最后可以举起250公斤。我相信可以通过我的努力，通过全中国13亿多人民勠力同心来担起这副重担，把国家建设好。我有这份自信，中国人民有这份自信。习主席的“我将无我”“不负人民”“为中国的发展奉献自己”的胸怀和壮志，是我们学习的光辉榜样。

兼容并蓄　臻于至善
——我对北外外语教育的一点思考

张幼云

张幼云，英语翻译家，1957年考入北京外国语学院英语系，1960—1973年执教于北外。1974—1984年就职于外交部。1985—1990年任中国驻英国大使馆政务参赞，1992—1999年先后任劳动部国际合作司司长兼国际劳工研究所所长、国际劳工组织女工问题特别顾问。1999年任国际劳工组织性别平等局首任局长，后任全球就业议程理事会理事、中国就业促进会副会长等职。2018年起任北京外国语大学实践导师。

回到母校，谈及外语教育，我始终怀抱着三个“敬”的心态：对严谨治学、立德树人的老前辈的敬仰，对多年来一直奋斗在外语教育领域并做出优异成绩的同辈的敬佩，以及对“学而后知不足”的外语专业的敬畏。外语教育关乎中外文化的传承，关乎国际化人才的培养，是一个意义重大而影响深远的工作。我离开学校已经多年，对这些年外语教学领域的改革和发展缺乏深入了解，不敢妄谈，仅从自己的外语学习和职业生涯的经历与大家谈一些个人感受，以期共同探讨。

1957年，我进入北外英语系学习。那是北外在全国公开招生的第一年，此前北外的学生都是通过保送入学的。我高中毕业时，因深受我的偶像化学老师的影响，一门心思积极备考知名的天津大学化工系。但因为北外提前招生，我的外语老师，也是我的班主任积极动员鼓励我报考北外。最终，我改变了报考志愿，从工科跳到文科，经过不到一个月的突击准备，最后以中南五省第一名的成绩被北外录取，走上了与外语结缘的人生之路。20世纪

50年代，绝大多数中学教的外语都是俄语，我所在的中学也不例外，所以我的英语启蒙和学习从真正意义上讲是从北外开始的。那时我作为一名17岁的中学生，对外面的世界、对外语的了解少之又少，与今天的年轻人相比不可同日而语。我听说法国浪漫，于是第一志愿就报了法语，整个暑假还兴致勃勃地练会了小舌音。可到北外报到时得知，因为英语系报考人数不多，就按我的第二志愿把我分配到了英语系，我的英语学习之路就这样开始了。在英语系我度过了紧张而愉快的三年。我的启蒙老师是祝珏，三年级主课老师是胡文仲教授。除了教授我们英语，他们对教学高度负责的敬业精神以及对学生的关爱，也深深地影响了我们。六十多年过去了，每当我回首往昔在北外学习和工作的情景时，心中总是充满了对母校和老师们深深的感激之情。虽然我在英语系学习的时间不长，学习期间又正值一个运动接着一个运动，但是在那个大的历史背景下，在北外，特别是在英语系，我觉得我们受到了当时条件下能够得到的最好的教育，为我们后来终身的学习打下了比较扎实的基础。1960年中苏关系恶化，原计划派往苏联学习的留学生大部分留在北外改学英语专业。一时间系里急缺师资，于是就从四年级抽调了十来个同学，再加上我们几名从三年级抽调出来的学生，经过短期培训便派到教学第一线工作，我们就以这种方式开始了教学生涯。当时国家正处在困难时期，教学和生活条件都比较艰苦。对我来说，自己学习英语的时间不长，底子薄，要完成好教学任务，需要克服不少困难。但我和其他同志一样，听从组织分配，刻苦学习，努力工作，在工作中锻炼成长。那些年虽然艰苦，但过得十分充实。正如校歌里唱的："我们勇敢地走向岗位，永远为人民服务。人民需要我们到哪里，我们就到哪里。"现在回想起来，那些年真是激情燃烧的岁月。

当时的北外英语系可谓是群星灿烂，有王佐良、许国璋、周珏良等老一辈大师，还有一批英语语言实力雄厚、年富力强的中年讲师和出类拔萃的青年教师。毫不夸张地说，当时英语系师资队伍的结构和水平在全国外语院系中是最好的。能在这样的环境下学习和工作的确非常幸运，非常幸福。

我们的英语学习是从为期六周的语音阶段开始的。课上老师耐心指导和纠正学生发音，课下一个班十几个人围着笨重的老式录音机一遍又一遍地反复跟读模仿，每人还持一面小镜子进行口型练习。有些同学受乡音影响大，矫正起来非常吃力，常常练得唇干舌燥嘴巴起泡。但这是基本功，必须苦练。此外，老师还教我们掌握单词重音、逻辑重音、语调、意群节奏等，精读课上的语法、句型训练都非常严格。这一套教学模式很有成效，基本上从北外出来的学生，外语的语音语调都比较标准，听起来比较舒服，听、说、读、写的基本功也都比较扎实。后来在一些外事场合，听到一些年轻人讲英文，没听几句就大致能辨别出是不是北外培养出来的。当然现在形势发生了很大变化，外语的普及程度和水平、教学质量都不同于往日。如果说20世纪50年代的外语教育是1.0版，那么现在可能是3.0版，并向4.0版过渡。在新形势下，我们如何继续发扬北外的传统优势，与时俱进地打造新特色，在更高水平上担负起外语教学和国际化人才培养的历史使命，确实值得进一步深入探讨。

1974年，我结束了在英国的学习。回国后组织上调我到外交部翻译室工作。此前，我从未接触过外交业务，对外交工作并不了解。虽然工作都是用英语，但外交与教学有很大不同。记得刚到翻译室时，我听到两位同事谈翻译“颂词”一事，大惑不解，心想外交部怎么还要翻译“唐诗宋词”。后来才了解到是我误把“颂词”当成“宋词”。“颂词”是外交术语，指的是建立外交关系的国家之间互派使节时，派遣国大使向驻在国元首或政府首脑呈送的友好祝愿词。这件事情让我意识到，要做好外事翻译，就需要从头学起，外事无小事，不得有半点马虎。

1982年到1984年我有幸参加了中英两国政府关于香港问题的谈判，担任主翻，见证了这段已成为永久经典的“世纪谈判”。我还清楚地记得邓小平同志与撒切尔首相进行首次会谈的情景。以“铁娘子”著称的撒切尔夫人说，只有英国的管治才是香港继续繁荣的保证，如果中国收回香港，将会有灾难性的后果。面对撒切尔夫人的强硬态度，邓小平同志当即回应说，保持香港繁荣稳定的关键是中国政府1997年后对香港施行的政策，中国在主权问题上没有回旋的余地，如果真的出现像夫人所说的灾难性的后果，那么我们对收回香港的时间和方式将重新考虑。“中国在主权问题上没有回旋的余地。”在现场我亲耳聆听了邓小平同志掷地有声的回应，目睹了邓小平同志作为政治家的气魄和胆略，作为一个中国人的自豪感在心中油然而生。如今，香港谈判已

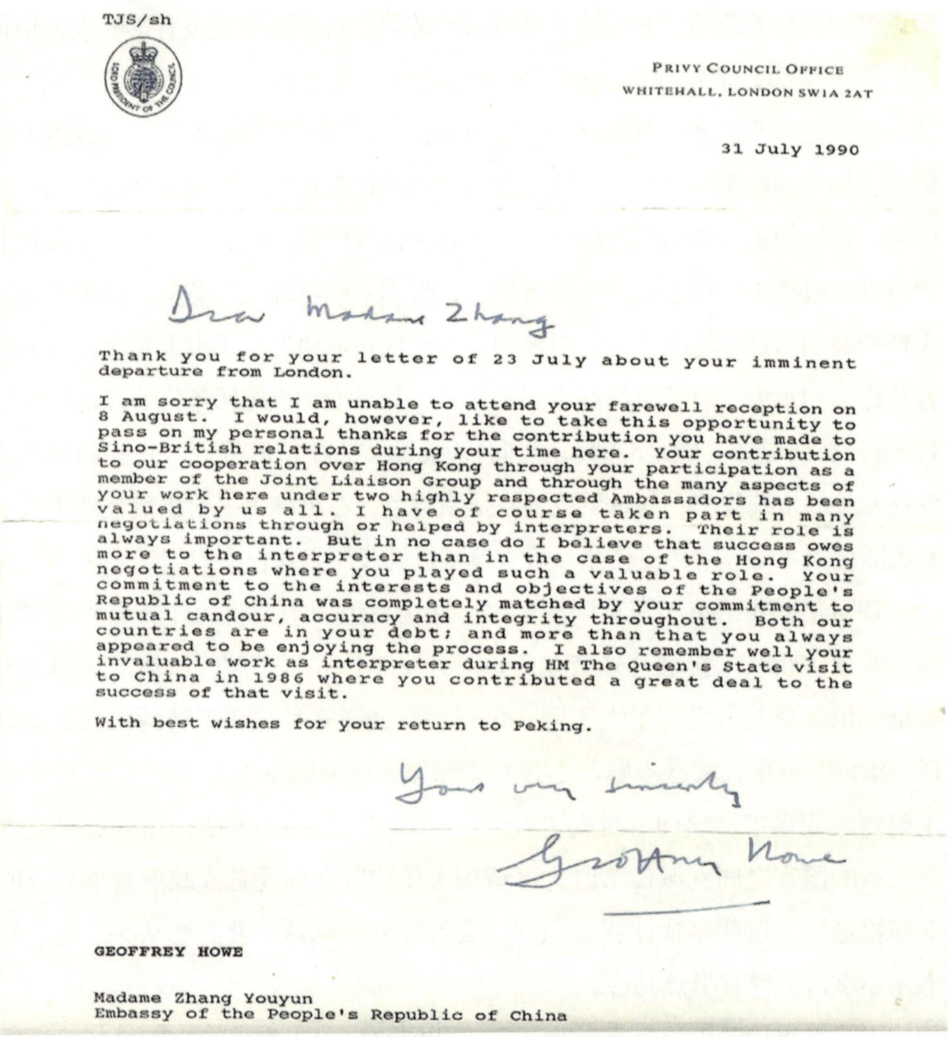

TJS/sh

PRIVY COUNCIL OFFICE
WHITEHALL, LONDON SW1A 2AT

31 July 1990

Dear Madame Zhang

Thank you for your letter of 23 July about your imminent departure from London.

I am sorry that I am unable to attend your farewell reception on 8 August. I would, however, like to take this opportunity to pass on my personal thanks for the contribution you have made to Sino-British relations during your time here. Your contribution to our cooperation over Hong Kong through your participation as a member of the Joint Liaison Group and through the many aspects of your work here under two highly respected Ambassadors has been valued by us all. I have of course taken part in many negotiations through or helped by interpreters. Their role is always important. But in no case do I believe that success owes more to the interpreter than in the case of the Hong Kong negotiations where you played such a valuable role. Your commitment to the interests and objectives of the People's Republic of China was completely matched by your commitment to mutual candour, accuracy and integrity throughout. Both our countries are in your debt; and more than that you always appeared to be enjoying the process. I also remember well your invaluable work as interpreter during HM The Queen's State visit to China in 1986 where you contributed a great deal to the success of that visit.

With best wishes for your return to Peking.

Yours very sincerely

Geoffrey Howe

GEOFFREY HOWE

Madame Zhang Youyun
Embassy of the People's Republic of China

1990年7月31日，英国外交大臣杰弗里·豪给张幼云的信。豪在信中写道："翻译的角色永远是重要的。但我认为，没有哪一次的成功能像香港谈判这样在如此大的程度上归功于翻译，而你在其中起了十分宝贵的作用。你的翻译维护了中国的国家利益，也体现了公正性、准确性和完整性。"

过去37年了，我依然感恩时代给了我这个机遇，使我受到了一次深刻的"国家利益高于一切"的爱国主义教育，对家国情怀、历史责任和时代担当有了切身的体会。参与香港谈判的经历也成为激励我永远前行的力量源泉。

1985年，我被外派到驻英使馆，负责议会和党派工作，同时担任中英香港问题联合联络小组中方五人小组成员。1990年秋，我接到外交部指示：就英国下院要对香港居民持英国护照问题进行辩论一事同英方交涉，向英方表明香港问题是中国内政，英国无权干涉，更无权在议会进行辩论，力争打掉“debate”（辩论）这个表述。我接到指示后随即约见英国下议院英中议会小组主席。在交涉中我了解到，如果英国下院对某个问题要列入议会议程，不管党派之间对议题所持立场是否有分歧，分歧有多大，还是立场相近，只要问题列入议会议程，一律使用“debate”一词，别无它选。这是英国议会历史沿袭的传统，这个传统延续至今，不能改变。本着实事求是的态度，我将交涉的情况如实向部里做了汇报。这件事表明，做任何工作，了解相关的历史和社会背景很重要，涉外工作尤其要注意不同文化的差异，在此基础上开展工作，才能收到更好的效果。

英国巴斯大学授予张幼云荣誉硕士学位

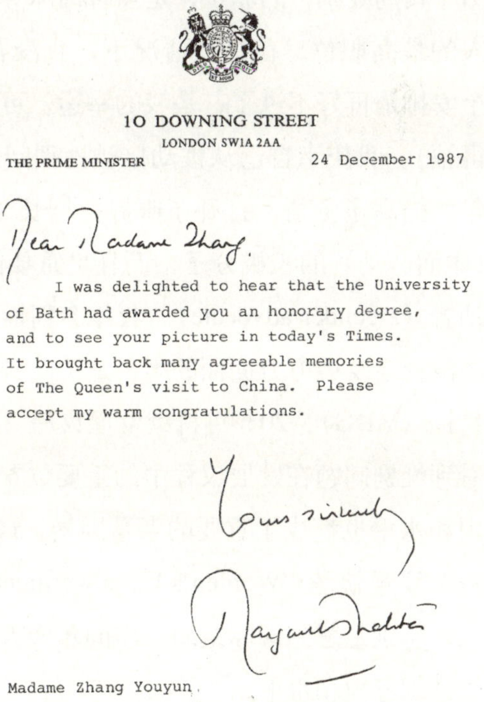

10 DOWNING STREET
LONDON SW1A 2AA
THE PRIME MINISTER
24 December 1987

Dear Madame Zhang,

I was delighted to hear that the University of Bath had awarded you an honorary degree, and to see your picture in today's Times. It brought back many agreeable memories of The Queen's visit to China. Please accept my warm congratulations.

Yours sincerely

Margaret Thatcher

Madame Zhang Youyun

1987年12月24日，英国首相撒切尔夫人给张幼云写信，祝贺张幼云获得巴斯大学荣誉硕士学位。

1991年，组织上调我到劳动部国际合作司工作，准备过渡一段时间后推荐到国际劳工组织任职。从外交领域一下转到劳动领域，这个职业转换可谓不小。当时劳动领域正在进行力度很大的改革，涉及《劳动法》的制定和就业领域的各个方面，急需学习和借鉴国际经验。为了做好工作，我必须尽快熟悉劳动领域的业务。除虚心向业务司局同志请教外，我还请求参加他们的实地调研，以便更好地把国际交流与业务司局的工作结合起来。这期间，每年我还要两次率团代表中国政府参加国际劳工组织理事会。当时国际劳工组织同中国关系很不好，每次参会都要就所谓的“中国案例”进行交涉。原先在外交部工作积累的经验在这些场合也都派上用场了。在劳动部工作三年，我有机会接触到实实在在的国情，接地气，受教育，对我后来的工作，无论是在国内还是在国际上，都大有裨益。1994年国际劳工组织总干事给我一个offer，任命我为女工问题特别顾问。这是个“big surprise”（大惊喜）。能到国际组织工作我当然高兴，但我不愿意做“妇女工作”。我虽然身为女性，但从未想过在我54岁的年纪，还要转到国际上去做什么“妇女工作”。这是个D1（相当于司局级别）的职位，是当时国际劳工组织，包括其他联合国机构给中国人的最高职位。在这种情况下，我没有任何选择，必须接受。后来证明这个安排是再好不过了，是我的幸运，可以说是“a blessing in disguise”（因祸得福）。我庆幸自己从被动接触性别问题开始，通过在国际劳工组织工作十年，提高了觉悟，打开了眼界，增长了才干。我不仅成为推动Decent Work（体面劳动）的积极分子，而且更重要的是，我成了一个性别平等的积极推动者（a gender advocate）。我体会到性别问题不仅是女性的事，而且是事关经济社会发展方方面面的事，是关系到能否可持续发展的大事。从千年发展目标（MDG）、2030可持续发展议程（SDG）等许多重要国际议程中都可以看到性别问题在发展议程中的重要位置，现在联合国在招聘人员时，性别意识和水平也都成了重要的考量因素。最近在日本大阪召开的G20峰会上，有一个议题就是“Women's Empowerment”，即妇女赋能。我希望越来越多的人，特别是想到国际组织工作的年轻人一定要重视社会性别问题，提升自己的性别意识和水平。

虽然都是身处国际环境，但在国际组织工作与在使馆工作很不一样。在国际机构工作，首先要清楚自己的身份是国际公务员，要承认和遵守《联合国宪章》和所在组织的章程，不代表任何国家、任何政府和任何组织。这与我们是一个中国人并不矛盾。作为一个国际公务员，忠于自己的祖国是每个公务员必须具备的品德。但做了国际公务员，如何体现家国情怀呢？我认为首先要做一个称职的国际公务员，遵纪守法，以自己的敬业请神、专业水平和工作成绩赢得组织机构里上司和同事的认可，得到成员国的赞许，以实际工作为全球治理、为构建人类命运共同体做出贡献，为中国人争光，为国家争光。现在国家积极培养和鼓励年轻人到国际组织实习和任职，我希望有更多的年轻人走出国门，到国际舞台上参与全球治理。我相信北外，特别是2017年成立了北外学院以后，一定会培养出越来越多的复语型、复合型高端国际化人才，去参与全球事务，做出更大贡献。

国际劳工组织和其他联合国机构一样，文山会海，内部沟通往往以书面文字和邮件形式进行，对读写能力要求很高。此外，会议多，口头发言讲话的场合多，对听说能力要求也很高。我每年要到纽约参加妇女地位委员会会议，在会上代表国际劳工组织就讨论议题发言。如何在规定的五分钟时间里，完整清楚地表明劳工组织对讨论议题的立场和看法，如何给与会代表留下深刻印象，都需要下功夫琢磨。此外，在国际组织里工作期间，我还经常应邀做专门小组的panelist（发言嘉宾），同听众进行现场互动，回答问题。这些对议题把握能力、专业能力、组织表达能力以及现场把控应变能力都有着很高的要求。由此，我认为在大学阶段加强培养学生在这方面的综合素质和能力是十分重要的。

联合国是多边国际机构，是不同文化、不同历史的汇聚地，其成员横跨五大洲，且处在不同的历史发展阶段，秘书处工作人员来自五湖四海，具有不同的文化背景。我所在的性别平等局的同事们就来自德国、法国、美国、荷兰、挪威、加纳、澳大利亚、瑞典、加拿大、尼泊尔等十几个国家。因此在国际组织里工作，了解和尊重不同的文明，提高文化多样性的敏感度就显得尤为重要。国际劳工组织人事司每年组织的培训中有一门就是关于跨文化主题的，对劳工组织人员的素质要求中也有一项是强调对多样性敏感（sensitivity to diversity）的重视。多样性除了文化的多元外，还包括性别、宗教信仰、年龄、性取向、婚姻状况、身体健康状况、政治信念等的多样性，范围很广，它所强调的基本原则是公正地对待、尊重每一个人。

我感谢国际劳工组织给我提供了工作机会，同时也给了我许多挑战和锻炼，让我开阔眼界，打开思路，接触新理念，掌握新知识。在这个过程中，特别是在初期，我也遇到了不少困难和挫折，但我没有退缩过，没有放弃过。我知道在国际劳工组织里，我的身份虽不再代表中国劳动和社会保障部，但我是中国人的一个代表，所以我必须努力，必须优秀。这一直是我心中的支撑力量。我到劳工组织后的第一项工作就是负责劳工组织参加联合国第四次世界妇女大会的全部组织和协调工作。联合国系统内别的机构负责性别工作的同事准备世妇会的工作都处在百米冲刺的阶段了，而我这个新手还站在起跑线上，时间紧，任务重，困难可想而知。我决定集中精力打攻坚战，在仔细阅读相关文件和资料的基础上，结合劳工组织的专业领域，从国际社会关注的问题中挑选了家庭责任这一方面进行更深入的学习和思考。随后，我提出了“Every woman is a worker, whether at home or in the work place”（每个妇女都是劳动者，不论是在家里还是在工作场所）这个表述，得到了上司和劳工组织内部相关司局和专家的认可。最后这个表述提炼为“All women are working women”（所有的妇女都是劳动者），作为国际劳工组织参加第四次世妇会的立场表述，旨在对女性从事无报酬劳动的价值予以承认，指出女性由此而受到的歧视是不公正的，呼吁对男性和女性为家庭责任而承担的无报酬工作价值化，并在GDP（国内生产总值）中体现出来。我们这个口号在世妇会上很醒目，受到参会者的热烈欢迎，英、美几家报纸都做了报道，美国的希拉里还在以这个口号为背景的劳工组织展台前接受了CNN（美国有线电视新闻网）的采访。世妇会后，劳工组织理事会要求提交针对劳工组织性别问题的后续战略文件。在没有得到上司任何指示和支持的情况下，我独自一人应对。当时我所在的办公室是劳工组织里最边缘化的机构，除了两个实习生和一个秘书外，没有任何性别问题专家，没有人可以商量和交换意见，那三个礼拜是我永远不会忘记的一个煎熬时期。最终我以胜利告终，在规定时限内完成了任务，提交了文件，还得到了会议司文件处处长（英国人）的赞许，说我写的文件简洁、清晰、切题，比某些母语是英语的人写得还好。这当然是过誉，我把这看作是对我的鼓励，是对我这个中国人英语表达规范的肯定。我还被告知，我是第一个用英文写劳工理事会文件的中国人。

世妇会后，经过两年的艰苦努力，我在劳工组织内部推动成立了跨部门的性别团队（gender team）。有了团队，情况就很不一样了。我们成功地推动国际劳工组织成为联合国系统内第一个制定性别纳入主流战略的专门机构，开发并实施了第一个社会性别审计项目。劳工组织还率先在联合国机构内成立了性别平等局，我被任命为局长。劳工组织首位性别平等局局长是一位中国人，我对此感到自豪。

我在国际劳工组织前后工作了十年，体会最深的是，只要是工作，就不可能一帆风顺，遇到困难是常事，在文化多元的国际组织里尤其如此。重要的是，自己要有定力，在困难面前不退缩，在克服困难的过程中增长才干，使自己变得强大。最后，困难和挫折都会变成宝贵财富。

综上，我主要从外语教学和素质培养的角度简单回顾了自己几十年的学习和工作经历。我认为北外教育最突出的特点就是学生的基本功扎实。那么，在新时代该如何继承、发展，做得更好？学校这些年来也进行了许多尝试和探索，有很大的发展，并取得了骄人的业绩。在此，我谈三点想法，同大家一起探讨。

第一，我认为北外就是通过提供精英教育，为国家培养复合型的高端国际化人才。这里说的精英教育不是单指外语学习，而是指严格的、高水平的教育和培养，使学生在德育、智育、体育、美育、劳动教育方面得到全面发展，成为时代所需要的高端国际化人才。精英教育首先要求在精神思想层面培养学生的家国情怀、责任意识和社会担当，使他们具有深厚的科学素养和人文精神，了解中国，了解世界，具有广阔的视野和胸怀。在知识和能力的智育层面，精英教育是让学生在人类智慧和知识的海洋中徜徉，陶冶情操，丰富和健全人格，具有厚实的人文科学基础，具备严谨的学风和治学能力、理性的思考和分析能力、良好的沟通表达能力和协调能力，为走向社会或在专业领域深造和发展奠定坚实的基础。在体育方面，正如已故的清华大学知名学者马约翰教授所说：培养人的社会品质——公正、忠实、自由，带给人勇气、坚持、自信心、进取心和决心。通过严格、科学的体育教育，使学生具有强健的体魄、顽强的意志和健全的人格，能够为国家和人民健康工作50年或更长。

第二，在精英教育的大框架下，对外语教学的总体规划和各科的具体安排需要做全局通盘考虑。对精读和泛读、课上和课下、必修和选修、校内和校外等教学活动之间的关联和协调，要进行总体的设计和安排（take a holistic integrated approach），从而形成一个有机整体，产生整体效应。培养出来的学生具有vision（视野）、passion（激情）和profession（专业精神），引导学生打开思路、拓宽视野、放眼全局，广泛学习古今中外知识和汲取文化中的精华，兼容并蓄，培养历史思维、辩证思维、系统思维和创新思维，培养面对困难一往直前和面对专业永怀敬畏的精神，持续学习，臻于至善。这对编选教材也提出了更高的要求。

第三，为了让学生有机会参加更丰富、更有开创性的实践活动，还应培养学生的领导力、协调力、沟通力。我在此提出一个建议：是否可以考虑打造“北外论坛”，在学校的领导和专家的指导下，以学生为主体，通过设计、组织、实施论坛来锻炼和提升学生的综合能力和素质，发现人才，培养人才。还可以充分利用北外校友的丰富资源和其他资源，把“北外论坛”打造成精品论坛。主题和内容不断更新、不断丰富的论坛活动具有时代感，能够引导学生把握形势发展，明确自己的使命，有助于培养对时事、外交的敏感度，激发辩论和思考，培养critical mind（批判性思维）。同时，也有利于拓展学生对文化多元化的认知。

以上是我基于自身经历对外语教学的一些思考，谈不上全面和系统，但我很高兴能借这个机会从自身的角度回顾几十年来外语教学的历程，和大家一起共同探讨新时代的中国外语教学。

崇德立志　博学笃行

——谈中国外语教育助力“走出去”

尹　卓

尹卓，军事专家，现任海军网络安全和信息化专家咨询委员会主任、研究员，少将军衔。第十一届、十二届全国政协委员，中国国际战略学会高级顾问。先后毕业于巴黎大学、北京外国语大学。历任陆军28军司令部参谋、海军装备论证研究中心室主任、海军军事学术研究所副所长、海军装备研究院综合所所长、海军装备研究院科技委副主任。长期从事海军战略、战役及发展战略研究工作。

新中国成立70年的风雨历程，是不断推进社会主义现代化、增强人民福祉的伟大征程。在这70年间，我国的经济、科技、民生等领域都呈现出令人振奋的新风貌。回顾与新中国同行的几十年，我有些话想同大家分享。

一、留法经历：成为我人生的重大转折

1964年前后，国际局势风云变幻。美国策动了多场政变，意图扰乱国际秩序，其中阿尔及利亚军事政变和印尼政变对我国的外交活动影响较大，国家急需一批外交人才来处理外交事务。在此背景下，我们作为首批被派往发达资本主义国家的新中国留学生，开启了进入西方世界的大门。

当时，国外的生存环境让我们“大开眼界”，特别是让第一次走出国门的我们了解了发达资本主义国家的真实国情，包括它的繁荣，也包括它的不公正。我们专门到贫民窟去看过，来自阿尔及利亚、意大利和葡萄牙等地的

外籍劳工，都在当地的北非劳工市场遭受着极其不公正的待遇。我们所看到的“法国的繁荣”，一方面来自对廉价劳动力的压榨，另一方面依靠在经济结构上对第三世界的剥削。

凡是法国本土生产的东西都非常昂贵，如蔬菜。因为蔬菜是法国当地人自己生产的，价格奇高；而所有从国外进口的水果都非常便宜，比如橙子、香蕉这些大量从非洲进口的水果，以及拉美出口过来的物品，都很廉价。所以说，我们亲眼所见的资本主义国家的富裕，完全是建立在其他国家贫穷的基础上的。

除了对资本主义国家经济结构的真切认识，对我产生巨大冲击的还有当地的军事建设。那是在我第二次留法期间，我陆续走访了法国近40处海陆空军事基地，包括当时的北约总部及法国大西洋舰队、地中海舰队指挥所，参观了法国各军种的军事训练，包括陆上大规模演习、战役级演习，并且获得了进入航母参训的机会。这些经历都在一定程度上丰富了我的人生阅历，在不经意间改变着我的世界观。

当然，在法国求学的那段时间，我们也经历了“外交斗争”。比如，法国对我们的窃听——中国大使的官邸、留学生宿舍、留学生大巴里都被安装上了窃听设备。同时，还有来自国民党的策反。当时台湾国民党当局派特务对留学生及使馆年轻工作人员进行长时间、不间断的策反。比如，某个同学正在外出活动，就会有人敲门送一束花进来，花里夹着一张纸条，写着“希望你投向光明，背弃黑暗，你跟谁谁谁有什么矛盾，我们会帮你解决这个问题”，等等。如果对方通过情报窃听掌握了我们的一些内部情报，也会安排情报人员来挑拨离间。我记得非常清楚，当时我们在食堂排队吃饭，一个姓秦的光头走过来说：“法国多好啊，回去后国内那么穷，你还不如留在法国。”这种情况是经常发生的，它不仅考验了我们政治上的成熟度，也锻炼了我们的组织纪律性。

当时课堂上经常有台湾问题要谈，老师和同学们有意无意就会用到“两个中国”“国民党中国”“大陆中国”这样的词。遇到这种情况，我们会马上起身纠正——中国只有一个，台湾是中国的领土。偶尔遇到那种偏执的老师不肯改口，我们就跟他拍桌子，逼着他改，不改我们就不上课，另聘老师。

在知识增长方面，我们不仅关心中国的历史、地理，也会更多地去了解与世界其他国家和地区有关的知识。我对世界地理比较感兴趣，那时所有的国家及其首都我都知道，不论是大国还是小国。有一次，很多法国前殖民地的留学生跑到我们那儿聊天，没聊一会儿我就判定其中一个人来自海地，并说出了海地的位置。他很高兴，说："我们这么个小国你都知道？"我说知道，我们中国不分大国小国，一律平等对待。当时他很高兴，我们相互之间很快就产生了亲切感。

二、北外记忆：为我打开一扇知识的大门

1978年，我离开部队，进入北外，攻读研究生学位。对于我来说，北外两年半的学习时光为我打开了一扇知识的大门。

首先是大量的阅读。因为法国使馆的图书馆对我们研究生开放，所以我借阅了很多书。我在北外两年半的时间差不多有一年多每天都看一本书。在这样大量的阅读中，我接触到了很多鲜活的语言，并在无形中学会了运用这些语言。过去我很少写作，但通过大量阅读后，写作变得得心应手，3万多字的法语论文写起来非常顺畅，一点都不吃力。

其次是知识的汲取。比如语言、艺术、音乐之间的关系我在来北外之前的学习、生活中鲜少触及，来到北外之后，我加强了这方面知识的学习。例如对"存在主义"的认识，是我抱着极大的好奇心，去研究那些法国文坛巨匠在二战结束后对法国政治产生的巨大影响而获得的。研究透了，不仅对马克思主义的认知变得更加清晰，也逐步理解了19世纪20—30年代的法国，包括19世纪初法国在诗歌、音乐、绘画领域，为什么会涌现出那么多名人——这是一种以"文艺复兴"为代表的文化"大融合"的结果。

通过这种源源不断的知识获取，我对诸如此类的社会现象、哲学现象兴趣倍增。不得不说，对于某些社会运转方式、评价体系及个体思维方式的深层次了解，加深了我对马克思主义辩证唯物主义、历史唯物主义的认知——这是一个非常有意义的过程，为我在各类文化，特别是哲学和艺术方面的认知，打开了一扇门。这扇门的开启让我能够更加接近并得以观察西方世界，受益匪浅。

再次，在北外读研期间，大家很团结，师生之间、同学之间关系都非常好。我们的老师大多是外教。虽然老师们教授的内容不大相同，但大家都能够非常融洽地相处，偶尔也会聚会。亚投行首任行长金立群是我们的同学，关系很好。他是1978级的学生，在当时的英语班里是最好的学生之一。

北外读研的这段经历，对我的影响很深。因为在国内，我没有读本科的经历；在法国巴黎大学，学生比较分散，大家很难建立感情联系；在格勒诺布尔大学时间较短，虽然同学间关系相对密切，但在那儿我只待了不到一年的时间。所以，在情感上，北外就是我的母校，从我踏进校门的那一刻起，就与我的人生有着千丝万缕的联系。

三、外语教学：倡导更加科学的系统教学方法

1964年到1965年，对我们这些留法学生来说，是一个深刻的教育时期——它让我们在政治上很快成熟，在知识上完全打开视野，特别是有关语言的学习，与在国内时有很大不同。

在国内的语言学习中，学生往往要经过母语的转换——先弄清楚单词的中文意思，再到法文句式的构成，最后转换到法文句子的意思。这不仅降低了学习者的反应速度，也很难让人体会到真正的语义。那些或是幽默，或是讽刺，或是挑衅，或是含有宗教背景的表述，经过中文转换，它们原本的含义往往就被曲解了。

而在当时的法国，已经开始应用语音教学法——按儿童学语言的基本规律，将图像与学习者的理解直接勾连起来——也叫视听教学法，形成一种语流，大家从语流里逐步学习语言。

语流是什么呢？举个例子，一开始我们在课堂上是没有课本的，只是通过视听去理解老师大概的意思。两个月后，我们才有自己的课本，而课本上也并没有文字，都是幻灯片的组合。老师每天的课程就是放映幻灯片，然后再播放相应的句子，大家根据幻灯片来猜句子的意思。这就是语流，是一种当时比较先进的语言学习方法。

我们当年的语言老师绝不允许学生使用法汉字典这类的工具书，谁用了老师就会马上把字典从窗户扔出去。学生必须直接学习法语，然后理解法语这个语流是什么含义。用这种方法学习了四个月后，老师才允许我们接触文字，学习拼音规则，了解句子原本的含义。所以，这也就不难理解，为什么在法国即使是“文盲”也能拼写句子，因为掌握初级的语法就可以理解句子的含义。

这种视听教学法后来在国内也进行了推广。它被应用在高等院校的教学中，鼓励学生提问，为学生提供大量阅读的机会，提升学生的思维能力，是非常成功的。

四、人才培养：爱国主义是一切教育的根基

外语专业培养国际化人才，第一条就是爱国主义，这是根基。爱国主义说起来很抽象，但实际上是非常具体的——想国家之所想，急国家之所急，不能以个人利益凌驾于国家利益之上，个人的好恶不能取代民族的需要。要有理想和信仰，在大学本科、硕士和博士研究生期间逐步建立起这种意识，并且要越来越坚定，不能有丝毫动摇。爱国主义教育应该理智而踏实，而非狂热而浮躁，它是思想政治教育的重要内容，是一面具有最大号召力的旗帜，是中华民族的优良传统，需要坚持不懈，一以贯之。

对于爱国主义教育，我有以下几点建议。

第一，加强多学科融合。就外语学科教育而言，建议把国际关系作为一个重要学科，以国际关系所需要的理论知识为主，取代以语言教学为主的教学模式，培养多能的人才。什么是多能的人才呢？就是既要有外语这样的基础训练，掌握语言这个基本工具，又要涉猎多学科、多领域，在学术问题上进行交叉探索。这是自主创新的重要基础，而自主创新是一个国家崛起的筋骨，是国家竞争力的核心。可以研究文学，研究哲学，研究艺术、绘画、诗歌、音乐，涉猎越广泛，就越能优化思维方式，增强科研实力，促进知识互补，成为创新人才。

尹卓工作照

第二，深入国际关系研究。学习了国际关系，政治上的一些见解要通过学科的研究把它固化，这样它才不是一个虚妄的东西。因为只学习语言，是很难将爱国主义表达清楚的。爱国主义表现在哪儿？这需要在研究国际关系的过程中去发现。国际关系有各种学派，不同的学派有不同的学术观点，利用这些观点我们可以去分析世界各国的问题，为我们的爱国主义行动服务。以爱国主义为核心的民族精神和以改革创新为核心的时代精神，都是当代学生乃至学者应率先具备的。

但是研究国际关系要特别注意一个方法论的问题。比如麦金德的地缘政治理论，虽然在国际关系的基础教学中就有所涉及，但在进行观点分析的过程中，我们绝不能完全采用麦金德的理论来观察现在的世界。举个例子来说，美国总统特朗普就是一个麦金德理论的信奉者。特朗普的国际安全报告随处可见地缘政治论调，如“中俄是地缘政治里的修正主义”“中国企图在地缘政治里排除美国的影响力”“中国正在利用自身影响力取代美国的影响力”等。他是通过麦金德的理论观察世界，在这种理论的影响下，妄图争霸世界。那中国要不要争霸？中国不争霸。我们从来不争霸，我们没有这个野心。但是麦金德的这种理论，可以让我们看清楚美国的很多作为，看清楚当时德国为什么提出生存空间理论，以及日本如何利用麦金德地缘政治理论在二战期间发动侵略战争。当年，日本通过武力攫取东南亚作为“后院”，作为资源供应地，也正是麦金德理论在起作用。

所以我想，在学习这些国际关系基本理论的时候，可以把马克思主义信仰和自己在政治上的一些见解融入这些理论，再通过这些理论将知识固化。无论将来从事什么职业，这些国际关系理论都将让人终身受益。

五、中国文化"走出去"：要交锋也要包容

中国文化是非常多元的。在走向世界的过程中，我们必须要练好内功：保持爱国主义，秉承包容主义。

中国文化具备典型的多元化特征。中国作为一个多民族国家，我们要对其民族历史的形成、发展与贡献等方面进行充分的研究，并广泛传播。中国文化发展的一大独特性，集中反映在这一文化体系内部形成的一种汉民族文化和各少数民族文化之间的特殊关系结构上。人们常用"多元一体"来概括这一特殊关系结构的特征。

有本书叫作《另一半中国史》，讲的就是"多元一体化"的问题。书里讲到，中国的历史并不仅仅是汉文化，还有与羌族、藏族、蒙古族等民族文化的交锋。这就意味着，我们必须对这些民族的文化发展有一定的掌握，了解这些独立思想产生的历史渊源。与世界其他国家文化相比较而言，中国一方面融汇了众多民族文化，另一方面长期保持了国内各民族的文化特色。在形成多元而又一体的民族国家文化体系方面，中国文化显示出独特的历史发展特征。

在法国学习的时候，关于藏族的问题，我就和不了解中国国情的人讲，我们中华民族是一个大家庭，藏族是中华民族的一个组成部分。而且为了讲清楚这个问题，我还举了很多例子说明藏族原来并不是一个统一的民族，而

尹卓（左一）在中央电视台新闻频道担任嘉宾主持

且它没有形成国家形态，所谓的“统一的民族文化”，是在汉民族和当时中央政府的影响下逐渐形成的，藏民族本身的文化形成跟汉民族是紧密联系在一起的。

所以说，要做好宣传，特别是外宣工作，一方面不要有大汉族主义，另一方面要有脚踏实地的文化研究，从而让你在宣传中能够有理有据地说话。

再一个就是要有文化包容性。我们中华民族在对待外域文化上向来是敞开博大的胸怀，长期吸收周边少数民族的优秀文明，兼收并蓄诸家学说。这是一种包容会通的精神，赋予了中华文化非凡的融合力。

我们国家的疆域面积大部分是通过与少数民族融合的方式形成的。虽然也有战争，但主要是融合。蒙古族在元朝时统治中国，作为当时最高统治者的蒙古族把整个内蒙古和蒙古国都带了进来——这是忽必烈的贡献。同时，忽必烈还派助手对南海岛礁进行了现场勘察、测量，确定了岛礁的位置，首次把南海岛礁列入中国版图。而藏族、维吾尔族等民族，则是通过丝绸之路，经过很长时期的文化融合和经济融合，才逐渐成为中华民族的一部分。这些问题，我们都要用包容的心态来看待。

值得强调的是，中国文化走向世界，千万不要裹挟过多的意识形态色彩。美国乃至西方国家对中国的戒心和打压，都源自我们的综合国力增长，国家变得强大，从而成为他们的“假想敌”。国家和国家之间的关系，并不主要出于政策和意识形态，所以我们在对外文化交流的时候，首先要坚持自己的标准和价值观，不受他国价值观念的影响；同时，我们也不会以进攻的姿态，把理念强加给别国，而是通过更多地讲文化、文学、艺术、音乐，进行人文方面的交流。

中国“一带一路”倡议的提出顺应了全球化的大趋势，将内陆城市由过去改革开放的大后方变为前沿阵地，对外、对内正在形成能持续20—30年发展的推动力。“一带一路”倡议提倡的是“政治互信、经济融合、文化包容”的中国方案，致力于构建人类命运共同体。它是在大家达成意见一致后，再逐步发展到命运一致，是在共商、共建、共享的实践中焕发璀璨光芒，用兼容并蓄、文明互鉴的方式，促进全人类文化大融合。这是可持续的国际交流方式，是中国文化“走出去”的科学的正确之路。

学以致用　时刻准备迎接新挑战

孙振宇

孙振宇，1964年入北京外国语学院学习。1973—1985年在外贸部工作，先后任副处长、处长。1985—1990年任中国粮油食品进出口总公司副总经理。1990—1994年任对外经济贸易部美大司副司长、司长。1994年11月任对外经济贸易部副部长。2002—2010年任中国常驻世界贸易组织首任大使。2011年起任中国世界贸易组织研究会会长。第十一届全国政协委员。

一、求学生涯

我初中和高中都在北京三十九中学习，校舍就在著名的北京西什库天主教堂内。我上高中时，学校成为北京市重点的半工半读试验学校。我们的校长同时担任学校旁边的低压电器厂副厂长，他们的厂长担任我们学校的副校长。我们各个年级的学生每周在低压电器厂劳动两天，我主要在电表组装车间工作，关键工作是把每一个螺丝钉都拧紧，不能马虎。我们每个月可以领取8元劳务费，对我这样的贫困家庭的孩子来说，可以够一个月的伙食费了。

高中毕业后报考北京外国语学院是我的夙愿。我从初中一年级就开始学习英语，一直到高三毕业。高中的英语老师叫王玉栋，是一位资深英语教师，他帮助我们打下了较扎实的英语学习基础，尤其是指导我们加深对英语语法的理解和进行反复的基本功练习，对我们以后的学习提高至关重要。中学英语课本中许多富有哲理的外国故事，如《点金术》《布鲁斯和蜘蛛的故事》等，也激发了我对英语学习的极大兴趣。1964年高考录取考生特别强调家庭出身，作为1953年才从农村进城的贫农子弟，我被当时的北京外国语学院录取了，感到十分幸运。

在北外求学期间，我得到许多老师的悉心培养，印象深刻的有王光宗老师、丁往道老师、郑荣成老师、张载良老师和蓝宝春老师。

我入校之后被编入附中班，直接学习二年级的课程。我遇到的最大挑战是听力跟不上。我在三十九中的课堂上从来没有像外国语学院附中那样的录音听力练习机会，所以每次老师放英语录音我都感到非常吃力。班主任王光宗老师牺牲自己的休息时间特地为我开小灶，义务给我课外补习。在补课过程中，他又发现我的英语发音也不够规范，尤其在重音、节奏和语调的掌握上还存在很多问题。经过他的细心调教和我的反复努力练习，数月之后，我不仅听力和发音水平显著提高，总体成绩也逐渐达到了班里的平均水平。是王老师的悉心教导，指引我走上英语学习的正路，并在今后的工作中发挥外语的一技之长，我至今对他心存感激。

丁往道老师是我们入学后二年级的班主任。他和王光宗老师同样治学严谨，英语功底深厚扎实。他对我们的学习要求严格，尤其在提高英语写作方面对我们帮助极大。丁老师要求我们平时大量阅读英文原著，扩大知识面并开阔眼界。我至今难忘他强调的一句话："You must know something about everything and everything about something."（学习要博更要专。）他经常提醒我们学无止境，只有不断扩大知识面，才可以触类旁通，才能有深厚的积淀。当然，也不能成为万金油，不能成为"Jack of all trades, master of none."（样样粗通，样样稀松。）要有自己的专长，对自己选择的、特别感兴趣的领域要下更大更深的功夫。丁老师特别强调英文写作首先要有idea（思想），不能无病呻吟，通过写作表达某种理念或诉求，或对国内外及身边发生的事情做出评论并提出建议。他也经常给我们开小灶，把同学叫到家中，对我们写作中的内容、逻辑、修辞进行评论，令我们受益匪浅。

1966年，在我本科三年级的课程结束之后，"文化大革命"开始了。先是经历了三年的"停课闹革命"，之后，我们北外的全校师生浩浩荡荡地转移到湖北沙洋农场参加劳动锻炼，接受贫下中农再教育。直到1972年，我们才又回到北外继续深造。当时中国已经恢复了在联合国的合法席位，国家急需外语人才。所以我们这一批在学校里待了9年的"太学生"受到格外重视。这一年的"回炉"对我们适应日后工作的挑战至关重要。

我们“回炉”这一年的班主任是郑荣成老师。郑老师知识渊博，具有丰富的教学经验，他指导我们比较系统地学习国际知识与翻译技能。郑老师的授课从英美历史风俗到文学名著，从国内外时事评论到翻译工作者面临的挑战等等，涉及面很广。他鼓励我们参加各种报告会，对我们适应日后的工作帮助极大。

在最终结束学业、分配工作之前，我意外得到一次到上海吴淞实习的机会。当年我国赠送几内亚和塞拉利昂数艘炮艇，由海军东海舰队外训大队负责培训他们的海军专业人员，以便他们掌握炮艇的机械装备、电子通信、火炮系统以及艇上各种设备的使用、保养和维护。我们北外十几位即将走上工作岗位的同学接受了培训的翻译任务。领队是张载良老师，他带领我们度过了一个多月难忘的海军生活。张老师不仅帮助我们以最快的速度掌握相关的知识与英文词汇，还教导我们要认真学习海军教官和战士们团结、紧张、严肃、活泼的宝贵精神。

在北外期间，对我影响最深的是我们的年级辅导员蓝宝春老师。他既是一位良师益友，也是我们崇拜的对象和学习的榜样。他与我们朝夕相处，对我们日常的学习、生活关怀备至。他平时自我要求非常严格，为我们树立正确的人生观、世界观做了大量耐心细致的思想工作。他离校后担任了湖北黄冈中学的校长，为我们国家培养了无数优秀人才。

在北外学习期间，除了学习，我也喜欢体育运动和文艺活动。我喜欢打篮球和乒乓球，我还参加过北京大学生环城赛，比赛全程10多公里。我在文艺方面更擅长一些，当年表演相声在学校小有名气。因为这一特长，我被选入学校学生会。在那里，和高年级同学共事的一段时间和经历使我开阔了眼界。这些同学后来都成为我国外事战线上冲锋陷阵的高端人才：宋淑真后来担任了天津市外办主任，郭全收担任了河北省外办主任，张宝生后来成为外交部美大司的领导，还有孙本志、乐秀永等同志都成为各个单位对外独当一面的台柱子。

二、工作历程

在北外的学习经历对我后来的工作影响巨大。首先是外语基础对我在工作中的进一步提升起了关键作用。当时外贸部精通英语的领导很多——外贸部部长李强不仅是电子工程师，而且英语水平也相当高；出口局局长邹斯颐是美国哈佛大学的博士；三局的老处长李树德是上海圣约翰大学的高材生。我作为刚刚走上工作岗位的新手，经常要给他们做翻译，挑战性极大，好在他们都非常包容，经常以鼓励为主，有时会谈结束后还给我做些点评，指出翻译中出现的错误和不足，对我日后外语水平的不断提高大有益处。

由于有了一定的外语和外贸专业基础，我在外贸部与中粮公司工作期间得到不少专业培训机会，包括在对外经贸大学、南开大学、曼彻斯特大学、加拿大英属哥伦比亚大学以及中央党校的短期培训。这些培训使我认识到“活到老，学到老”的重要性，各行各业新知识层出不穷，必须与时俱进。所以尽管工作繁忙，我仍坚持每天阅读英文报刊，如《泰晤士报》和一些英文原著。外语教学与研究出版社出版的《英语学习》和商务印书馆出版的《英语世界》也是我经常在出差时带上的读物。我特别关注答疑解惑的内容，也喜欢那些短小精干的好文章，如2006年第7期的“How to deliver a speech or presentation?”，就对我提高演讲能力很有帮助，并且促使我在实践中争取做到“言之有物，言之有序，言之有据，言之有趣，言之有节”。

北外是外交官的摇篮，在我们年级表现尤其典型。140名同学中出了10多位大使、将军、公使。杨文昌、周伯荣、查培新、张直鉴、王春贵、张义山、李恩恒等是其中的佼佼者。我想在这里重点谈谈老同学李恩恒，他与我同年进入北外，是附中班的学霸（他在九班，我在十班），不仅英语呱呱叫，而且多才多艺。他对中国戏剧颇有研究，一手京胡堪称专业水平。我们在北外文艺宣传队中共事多年，曾经一同到北京良乡、平谷，河北保定、唐山农场等地演出。除了歌舞、说唱节目外，还有京剧《沙家浜》片段。在宣传队中他是我的领导。毕业后，我们一同分配到外贸部工作。后来他在中国常驻世贸组织代表团任公使，现任中国世贸组织研究会副会长。

当年北外各系1964年和1965年入校的两届毕业生，有将近100人被分配到外贸系统。工作后正值1973年广州出口商品交易会即将开幕，我们这批同学先集中到广州三元里接受培训，然后直接上岗担任广交会翻译。广交会结束后，再被分配到外贸部各个司局以及贸促会和各专业外贸公司。当年被分配到外贸公司的林锡忠、徐烈钧等后来成为外贸专业公司的负责人。李恩恒被分配到国际司，主要从事多边贸易谈判。我被分配到地区政策三局，主要涉及对欧美国家的双边贸易关系。

1995年，孙振宇（前排右一）参加中美知识产权谈判签字仪式

李恩恒到外贸部工作时间不长就被派到驻牙买加使馆商务处工作。1975年，贸促会在牙买加举办了中国出口商品展览会，我的老伴陈若薇（她是1965年考入北外的校友，毕业后在贸促会工作，一辈子从事展览行业，曾任中国国际展览中心集团公司副总经理，并任总部在巴黎的国际展览业协会UFI副主席）作为展团工作人员赴牙买加参展，得到李恩恒的鼎力相助。说来真巧，由外贸部组团并由时任陕西省委书记宋平率领的中国政府代表团赴牙买加主持展览会开幕式并访问牙买加，受到迈克尔·曼利总理的热情接待。我有幸担任了代表团的英文翻译。在完成任务之余，同妻子和朋友在牙买加度过了一段难忘的时光。

回顾我们在外经贸部共同度过的日子，有许多记忆不能忘怀。1979年，我和李恩恒在贾石副部长率领的赴英国考察团一起担任翻译，代表团包括邹斯颐、沈觉人等重量级专家和北京、天津、上海外贸局局长；1982年，我们一起参加了维也纳的国际会议，担任“国际贸易销售合同公约Incoterm”谈判的同声传译；1983年，我们一起作为中国代表团成员赴曼谷出席了联合国亚太经济社会委员会理事会（UNESCAP）会议；1993年，我作为访问学者参与了联合国贸易和发展会议（UNCTAD）的一些活动，当时李恩恒在我国驻联合国日内瓦经济代表处工作，他的住所也成了我的栖身之地。我们在日内瓦共同度过了一周时间。

整个20世纪90年代，李恩恒都在多边舞台上为恢复中国在关贸总协定的席位而奔波。他当时在沈觉人、佟志广、谷永江等外经贸部老一辈领导的率领下，与龙永图、易小准、张向晨等同志一道，为我国加入世贸组织做出了重要贡献。我在外经贸部美大司主要与美国人打交道多一些，为每年一次的美国国会威胁取消给中国的最惠国待遇问题绞尽脑汁。在老一辈领导的指挥下，就市场准入、劳改产品以及知识产权保护等议题与美方进行了许多回合的谈判。

2001年年底，中国成功加入世贸组织。我没有想到会派我去日内瓦担任中国驻世贸组织的大使。当时心里真的没有底，因为我长期从事双边经贸工作，多边贸易谈判的经验十分有限。不过我还是愉快地接受了这项工作，因为当时在日内瓦常驻的老同学李恩恒正在主持我们世贸团的筹备工作。他既有丰富的多边贸易谈判经验，又有在国外常驻的经历，有他作为世贸团公使担负起团里的管理与业务工作，我身上的担子就轻了许多。加上代表团有来自外经贸部、外交部、财政部、农业部、海关总署、质检总局的许多高素质专业人才，我们克服了重重困难。按照副总理吴仪的要求，“学习规则，熟悉规则，运用规则，逐步过渡到参与制定规则”，较好地完成了各项任务。在妥善应对入世带来的各种挑战的同时，积极参与制定规则的新一轮多哈回合谈判，我从一个新成员逐步进入世贸组织决策的核心圈。

孙振宇（左一）在世贸组织会议厅留影

三、外语学习感言

2019年是新中国成立70周年，70年来，中国发生了翻天覆地的变化。过去的70年，尤其是改革开放以来的40多年，中国人民在中国共产党的领导下，把社会主义制度的优越性与市场经济的基本理论有机结合，为中国经济的腾飞提供了无穷的动力。这是中国志士仁人经过上百年的奋斗摸索，以无数代价换来的。70年来，中国共产党坚持不懈地从这一前无古人的伟大事业探索过程中吸取教训，不断提高自我纠偏的能力，并且以开放包容的胸怀认真学习其他各国成功的宝贵经验。这也是我们今天能够有底气、充满自信的源泉。只要我们继续高举改革开放的大旗，坚持走和平发展的道路，坚持维护经济全球化，坚持反对单边主义和贸易保护主义，坚持科技创新，打好防范化解重大风险、精准脱贫和污染防治三大攻坚战，多做惠及民生、提高人们生活水平的事，我国经济发展将前途无限。

有的同志说，我们这一代人吃了两代人的苦。但我认为，我们是最幸运的一代人，我们亲眼见证了中国由一个积贫积弱、一穷二白的国家日益强大起来，人民生活水平蒸蒸日上，中国国际地位不断提高的历程。我们有幸亲身投入这一伟大事业，无怨无悔。

必须承认，现在我国外语教学的条件比20世纪60—70年代不知道好了多少倍。熟练掌握英语甚至多门外语的人何止千万。现在每年有60多万名学生赴国外留学，1亿多中国游客到国外旅游。许多长期在国外生活工作的专业人才回国效力，他们的外语水平与英美的native speakers（母语使用者）已经相差无几。所以，现在对外语老师的要求越来越高，挑战也越来越大。

谈到外语学习，我觉得学习外语要从实战出发，重视口语，听说领先这一点很重要。有些学生是应付各种书面考试的高手，但是张不开嘴。听力练习也是一大难关。陈毅元帅曾经强调，外交官要能听懂“八国英语”，即不仅要能听懂英美标准的英语，也要能听懂各种不同口音的英语，如印度英语、非洲英语、北欧英语、澳新英语、东南亚英语等。

北外的老师经常强调，语言更多的是技巧，关键在语感和模仿能力。当然，首先还是要把正规的英语学好。另外，大量阅读英文原著也是必不可少的。最后，我要感谢北外校友会多年来为加强校友之间的交流所做的重大贡献！

外语教学和国际人才培养

金立群

金立群，1980年北京外国语学院英语专业研究生毕业，后至美国波士顿大学经济系进修。历任世界银行中国副执行董事，财政部世界银行司司长、副部长，亚洲开发银行副行长，中国投资公司监事长、党组副书记，中国国际金融有限公司董事长。2016年1月起任亚洲基础设施投资银行首任行长。2016年入选《时代周刊》“全球最具影响力人物”，2018年入选“中国改革开放海归40年40人”榜单。

党的十一届三中全会确定了改革开放的大政方针之后，全国各行各业掀起了巨大的改革浪潮，中国人民振奋精神，撸起袖子，投入到事关中华民族复兴的宏伟事业之中。40多年之后回顾这段历史，恐怕没有人能够预见到中国竟然能够创造出如此不可思议的奇迹。当初人均收入只有280美元，在世界上的排名100多。今天，中国的国内生产总值直逼美国，人均收入高于中等收入国家平均水平，在国际上的影响力举足轻重。这个过程中，中国教育事业，包括外语教育事业的发展，发挥了重要的作用。

我记得在《外语教学与研究》的复刊号中，许国璋教授发表文章阐述了外语教育应当为民族复兴服务，也谈到了日本外语教育的经验。许老的文章很有前瞻性，他提出了当时中国外语教学与研究所面临的挑战，提出了中国的外语教学如何应对新的国内外形势的要求的问题。一般人只是为教学体系的恢复而振奋，并未想到其本身的改革和适应新时代要求的关键问题。新中国成立70年来，中国对外交往的广度和深度都有长足的发展。中国外语教学特别是英语教学的普及程度空前提高。英语的掌握不再是英语教学工作者、科研人员、外交官、英语翻译人员等独享的技能，事实上，英语已经成为具有一定教育程度的人都拥有的专业知识。我国各行各业专业人员的英语水平，有了根本的改观。这是十分可喜的现象。

回顾自身的经历，体会尤为深刻。1978年，中国恢复研究生考试，我很荣幸地成为许国璋、王佐良、刘世沐三位教授的学生。经过两年的学习，临近毕业，三位导师决定让我留校任教，我非常激动。从事教育和研究是我的梦想，我将一辈子乐在其中。但是，就在此后不久，许国璋教授告诉我，他到美国出访期间，遇到中国财政部负责外事的一位司长，请许老推荐他的学生到财政部工作，因为中国刚加入世界银行和国际货币基金组织，需要一批英语水平良好的专业人员到世界银行工作。我听闻觉得很恐慌，且不说要彻底改行，就是想到我满屋子的书架将要变成满屋子的文件柜，也觉得很不适应，因此也不想接受。许国璋教授见状，对我说：中国将来有200名高端英语文学教授差不多就够了，但国家急需懂经济金融的国际人才，所以推荐我去。许教授安慰我，说相信我能够顺利改行，如果实在感到不适应，可以回来，反正学校任何时候都会欢迎。

于是，我下了决心。1980年年底完成学业，我就到财政部报到，随即飞赴华盛顿，到世界银行中国执行董事办公室上任。当时，中国刚步入国际金融机构，对此所知甚少，可谓形势紧迫、刻不容缓，专业知识和英语水平兼备的人才确实稀缺。我读过《资本论》，虽未通读，多少了解一点，但是对现代西方经济学几乎一无所知。中国和外界隔绝了那么久，对当代经济、金融、管理、商业和市场各个领域的动态自然知之甚少，所以我只能当尚未开窍的学生，努力学习。我一边工作，一边在乔治·华盛顿大学选修经济学课程。

那是我在世界银行当学徒的年代。从某种意义上来说，中国在国际经济和金融领域里也处在学徒时代。但是，中国是个好学生。中国人向来勤奋好学，中国五千年的伟大文明并未使我们的民族形成惰性，影响学习当今世界先进国家成功经验的积极性。回顾过去这40年的经历，中国跳跃式的发展不仅仅体现在综合经济实力上，更体现在能够在国际经济和金融领域的舞台上发挥一个负责任大国的作用。如今的中国，能够有所作为，迎着挑战而上，发起成立亚洲基础设施投资银行这样的国际多边机构，而且其成员数量直逼布雷顿森林机构。世界银行有180多个成员国，亚投行目前已经有100个成员，是仅次于世界银行的全球第二大多边开发机构。中国用了不到40年的时间，就从一个失学多年的学生到完成学业，通过了全部应修的课程，并且迅速地创造出一个以中国为主导的国际多边机构，这是一个非常了不起的跨越。亚投行三年半来的业绩，得到了国际社会的普遍赞誉，使得原来心存疑虑，甚至公开反对的那些人，也不得不认可其国际水准。亚投行严格按照国际标准办，达到了国际一流水平，体现了中国在国际上的感召力、凝聚力、影响力。很多国家对中国羡慕不已，深感只有中国才能够办成这样的大事。

在一定程度上，这是和培养外语兼专业人才分不开的。财政部从招聘我这第一个“文革”之后的研究生开始，多年来坚持不懈地培养国际人才，派他们出去学习深造，并到国际机构实习锻炼。

今天的中国，在国际舞台上举足轻重，这对我们培养适应国际形势的新一代复合型外语人才提出了更高的要求。同时，随着现代科技和人工智能的发展，外语教学也面临着前所未有的挑战。一是教学方式本身的改革，二是如何确保学生掌握必要的知识、技能和提高人际交往能力。但我认为，在外语教学方面无论如何改革和创新，都必须盯住最根本的目标不放松，即培养具有爱党爱国情怀、品行高尚、胸襟宽广、目光远大的青年学子，使他们将来能够在国内或国际重要机构担当重任。

金立群和印度总理穆迪合影

我认为，尽管我国外语教学取得了可喜的成果，但中国的外语人才缺口仍然较大，特别是缺乏具有较深外语功底的各级领导干部。从1980年到现在，财政部已经培养了100多位具有国际机构工作经验的干部，包括五六位部级领导干部。外交部、商务部和其他涉外的部门更需要懂外语的干部。中国每年有比从前多很多的外语人才毕业走向社会，但是国家的事业在拓宽，国际活动的数量和频率也在急速增加，所以对有外语功底的各级领导干部、高端国际人才的需求仍非常大。曾经有位部级领导对我讲，他参加国际会议时发现几乎所有国家的代表、部级官员都能说英语，唯有中国的官员只会说中文，需要翻译。一般来说，在国际场合，大家都普遍使用英语，而在双边会晤中，都用本国的官方语言，通过译员进行交流，即使双方的官员都懂对方的语言，这是出于对本民族语言的尊重。但是，在双边或多边会谈中，如果一方能掌握对方的语言，则绝对占有优势。大家知道，口译容易出错，无论是同传还是交传，都需要译员对所交流的内容非常熟悉，要具备两种语言——始发语言和归宿语言——的深厚的功底。一般来说，同传时所传递信息的丢失，往往比交传要多，总体上取决于译员的水平。高级官员或企业高管在谈判中如果能够理解对方所表述的全部意义，甚至是言外之意，则会处于游刃有余之势。此时，翻译只是一种形式，甚至可以给予优势一方更多的思考时间。

翻译有时会引发误解，产生问题，好的翻译可以化干戈为玉帛，不好的翻译会造成不必要的误解，影响互信，甚至产生严重后果。当然，如果问题大了，对方也会提出异议，要求澄清。比如，有一次我参加一个很重要的活动，对方是一名美国知名教授，中国官员一句赞美的话“You are very eloquent.”（你口才很好），在传递的过程中，“eloquent”被误译为“arrogant”（傲慢的）。美国教授保持了一阵冷静，但是，过了一会儿还是忍不住对中方领导说：“I’m not arrogant. I’m humble.”（我并不傲慢，我很谦卑的。）这是因为发音不够准确和清晰所引起的问题。我在参加各种外事活动和国际交流中，养成了一个习惯，认真听译员的翻译。结果还真能发现不少问题，不容小觑。有些译员的想象力非常丰富，随译随编，把听不太明白的内容都含糊其词地应付过去，虽然表达得很漂亮，但其实很危险。最大的问题其实不是完全的误译，那样反而会使得一方或双方感到不合情理而及时要求澄清。在很多情况下，则是因为外语功底有限、句子结构混乱、用词不当、分寸把握不好而导致翻译质量的欠缺。一般来说，人们对译员或外国人使用自己母语的表达能力的缺陷已经有心理准备，一旦发生误解，虽不会公开抗争，但心中也会感到困惑、疑虑、误解或不快，影响彼此的融洽和谈话的气氛。有一次，在一个重要的会议上，我听到译员把“我们对于反腐败就是任性”这句话译为“We are capricious in anti-corruption”。把“任性”译为“capricious”在这个语境里使得意思刚好相反。这句话当然是完全译错了。我们对反腐不是朝三暮四（“capricious”）而是“执着”，甚至是一种“狂热”。这是现场的应急翻译，年轻译员一时对付不过来，情有可原。比较好的表达是“We indulge in a passion for anti-corruption”，或者在情绪上或语气上更强烈一些，译为“Anti-corruption is just our obsession”。在口头表达上，要能够真正做到游刃有余，得心应手，不是一朝一夕可以达到的。

人工智能和机器翻译的进展速度之快，迫使我们要考虑外语教学的革新和前景。我的判断是，在今后相当长的一段时间内，机器翻译还不能完全取代专业译员的工作。高级别的双边政治对话、复杂的商务谈判、国际社会的人员交流等，还是需要专业的翻译才能保证不出差错。就像驾驶波音公司737–M8飞机那样，完全依赖计算机软件会出大事的。人机争夺主导权的事情也一定会发生在双边或多边谈判、交流或对话中。因此我们还是不能放松翻译人才的培养。不过，培养一般的翻译人才已经不是外语教学的主流任务，恐怕这个判断也不会有大错的。

关于学外语的合适年龄及其与母语学习的关系，争议已久。近年来，我听说有关部门有人提议小学取消外语教学，原因是外语教学会影响汉语教学。对此，我表示反对，相信广大家长也不会支持，这倒不是因为家长把外语看得高于汉语。汉语的重要性是毋庸置疑的。随着中国国力的强大和国际地位的上升，汉语将日益重要。但是，要使汉语在国际交往中成为主要工作语言，甚至取代英语，即使不是绝对不可能，也要相当长的时间。在今后的几十年内，外语特别是英语的教学是不容忽视的。我认为学外语要从娃娃抓起。在一些欧洲国家，比如瑞士，小孩三四岁就可以在英语、法语、德语几种语言间自如切换。这种技能是成年人学习外语无论如何也达不到的境界。语言是一种技能，就像拉小提琴、弹钢琴、参加竞技运动一样，过了某个年龄段就将终身失去完善的机会，无论如何努力，也无法达到极高的水平。据我观察，中学即去国外学习的孩子，外语能够达到极好水平，去国外大学上本科的学生，外语水平也不错，而到了研究生阶段再去国外学习的，熟练运用外语就比较困难了，特别是口语，几乎是要挣扎一辈子了。我比较幸运，十岁读小学五年级时就学英语了，此后进入中学，在农村插队落户参加劳动，一直到现在，始终没有放弃过英语的学习。现在，我每周都会浏览五六种英语和三四种法语杂志，这样不仅能掌握国际上的时事动态，还能跟上语言变迁的步伐。几十年来，我也始终重视汉语的修养，我能够读中国的各种古籍，经史子集都喜欢涉猎。我不认为学外语会影响汉语。再比如钱锺书先生，精通六七种语言，他的汉语功底也是非常了不得的，翻阅他的《管锥编》和《谈艺录》就知道了。国学大师梁启超、王国维、鲁迅、胡适、陈寅恪、郭沫若等，无不是学贯中西的大学问家。受到西学的启发，他们的视野更为宽阔，研究方法都有创新，从而在某些方面超越了前人。在跨国交流频繁、学术切磋繁荣的今天，即使是中国文史哲领域的学生，花点时间学习国际上的主要语种，也肯定是值得的。那些学习英语影响汉语水平的论调是无稽之谈。

金立群和美国前国务卿基辛格合影

关于外语学习，还有一个值得探讨的问题，即语音语调与文字功底是否能接近使用母语的人的水平。我认为，如果要达到纯正的发音，字正腔圆，必须要在这种语境中成长，一般来说，十岁以下有这种学习环境，就可以到母语的水平。而文字功底则不同，就好比并非每个中国人都能写漂亮的中文文章一样，以英语为母语的人也不是都能写出像样的文章。笔语和口语不一样，口语与生俱来，而笔语是一定要后天下功夫的。我们也不要迷信以英语为母语的人的写作水平。在亚投行，有来自44个国家的工作人员，一些母语是英文的人写的备忘录、文件，拿到我这里照改不误。所以关于写作，我认为必须在教学中狠下功夫，文字功底是可以培养的。

学习外语，特别是对于那些主要从事外交和国际政治与经济事务的高级人才来说，我更要强调的是打好英美文学语言功底对从事涉外工作的重要性。改革开放以来，我国一大批专业人员在涉外政治和经贸活动中，在各种国际交往中，凭借娴熟的英语和其他主要语种的沟通能力，有效地开展工作，也有很多中青年进入联合国和其他国际机构工作，甚至担任要职。尽管如此，不少中国人能够获得要职在很大程度上还是凭借国家的影响力，说实话，如果完全按实力去竞争，不一定能胜出。不能否认，外语水平欠缺仍然是路障，影响不少涉外工作人员在国际舞台上的表现。我认为，要培养一大批高素质的复合型外语人才，仍然是任重道远。

金立群和俄罗斯总统普京合影

在外语教育中，有两个问题非常关键：一是师资建设，二是教材选编。

第一点，教师是非常重要的。我很有幸，从小就接受了良好的教育。我记得五年级我开始学英语时，我们的英语老师水平就非常高。而在当时的师资队伍中，为小学开设英语课配备英语教师是很困难的，更何况是好的老师。进入初中，给我们班级上课的英语老师看到我喜欢英语，给了我很多辅导。这位英语教师是复旦大学英文系的，是徐燕谋和葛传椝的学生，家里藏书很多。他给我讲解如何使用英英词典，劝我尽量不要用英汉词典，向我推荐英语工具书如 *Concise Oxford English Dictionary*，*Webster's Collegiate Dictionary*，*Fowler's Dictionary of Modern English Usage*，*Merriam-English Pronouncing Dictionary*。这些工具书对于一个中学生来说，难度之高可以想象，但是，我的英语老师认为起点就得高，否则进步不会快。他还向我介绍了英国文学的来龙去脉，给我开的书单可以让我一直读到大学都读不完。我眼界大开，在老师的指导下，从初三开始就硬着头皮阅读原著，用现在的通用语来说，叫作闯关。他说，读英语原著，不必强求都懂，应像陶渊明那样，好读书不求甚解，囫囵吞枣，有朝一日会豁然开朗。一个中学英语教师对一个初中生讲这些，很多人都认为老师是对牛弹琴，学生是好高骛远。但这种超乎常规的教学方式，使我确实受益匪浅。初中一年级，我的班主任是历史老师，英语水平同样很高，记得他借给我一些英国文学名著。他至今健在，将近百岁。他是清史专家戴逸的同学，对于我学习中国文史指导甚多。他对我说，读中国的历史不能仅仅读二十四史等所谓的正史，还要读笔记小说，否则你的历史知识是不完备的。在他的启发之下，多年之后，我购置了中华书局出版的全套唐宋元明清笔记小说，随手翻阅，颇有收获。在一次课上，他拿了一幅《蒙娜丽莎》，给我们介绍达·芬奇，细细地分析、讲解了这幅画，指出画家的手法如何代表了文艺复兴时期艺术的特点。25年以后我在巴黎卢浮宫，站在《蒙娜丽莎》前，足足站了两个小时，久久不忍离去，一直在回想当初我的老师传授给我的知识和对我的启发。我中学的地理老师讲到英国，就给我们讲狄更斯的作品《双城记》，并批判了作者对法国大革命的立场。老师上课时讲到的很多内容，都是在课堂上即兴而来，并非来自事先备课的笔记。他们也未必指望我们都能理解他们传道授业解惑之真谛，但是，年轻的学生自有吸收能力和悟性，这些知识在启蒙时期尤为重要，因为这些内容并不只是一个信息、一点知识，而是点拨，是开窍，是促使学生去探索无穷尽的未知世界。浮士德博士拿灵魂和魔鬼梅菲斯托费勒斯做交易，以换取无限知识的故事，也是那个时候不知道从哪个老师那里听说的。我在这里所谈到的中学时期有幸遇到的老师们的辅导，并非完全与外语教学有关，但是，我感到非常重要，因为他们诲人不倦的精神、循循善诱的指导，极大地丰富了我的知识，增加了我学习的兴趣。优质师资对于青年学子实在是太重要了，就我个人而言，我强烈的求知欲由此而来，至今毫不衰退。

后来，我更加有幸，师从许国璋先生、王佐良先生。他们的许多教诲让我受益终身。比如，我仍记得许国璋教授告诫我们，写文章，任何一个观点或论断（statement）都必须注明出处，除非是你自己的思想，否则就是抄袭。王佐良教授教导我们，中国人学习和研究外国文学，必须有自己的视野，不能完全照搬。他举法国学者勒古依（Legouis）和卡扎米昂（Cazamian）的*History of English Literature*（《英国文学史》）为例，指出他们从法国人的视角来研究英国文学，颇有新意。此书1930年初版，此后多次修订，我至今藏有Sir Arthur Quiller-Couch（亚瑟·奎勒·库奇爵士）作序的1961年重印本。李赋宁教授告诉我们，要经常浏览当代期刊，不要让自己的语言僵化；陈嘉教授教导我们，必须大量读书才能获得丰富的表达形式，而且只有真正动手写，才能将阅读的知识转化为自己的写作能力。常常是，许多老一辈教授仅是只字片言，就使我震撼，促使我思考和体会，他们真的做到了用人格的魅力和学术的严谨教育我们，指引我们不断进步。

第二点，我主张引进教材和自编教材相结合，取长补短。这涉及国外书籍意识形态的问题，我认为对此我们不应该完全排斥，而应该借此培养学生的批判能力。外语专业的学生总要走出国门，总要接触到外界的各种思潮，因此必须具有政治免疫力和鉴别力。

我曾经在20世纪80年代的一期《外语教学与研究》上发表过一篇书评，介绍诺顿出版社的教学参考书：*The Norton Reader: An Anthology of Expository Prose*（《诺顿读物：阐述性散文选》）。当年我在美国大学作为汉佛莱学者（Hamphrey Fellow）进修时，发现这是美国大学里非常流行的参考读物，无论是文科还是理科专业的学生，几乎是人手一册。我怀着巨大的好奇心通读了全书，深感此书编得好。有一天我回到北外去拜访王佐良教授，他对我说："你写的那篇书评我读了，我想去把那本书找来读一读。这说明你写得很成功。"受到王公鼓励，我很激动。但我确实感到，需要介绍一些优秀的读物给国内的青年学生。要是他们能够下功夫认真汲取好书的养分，英语写作水平定有长进。确实，诺顿出版社的一系列教材质量都非常好，是面对全世界的英语学生的，对中国学生同样有益。即使某些书籍存在一些意识形态的问题，相信我们的大学教师也是可以给予正确的引导的，更要相信我们的年轻学生有分析和判断能力。否则，很难想象学生毕业之后进入西方国家的政治和文化氛围之后，何以能保持他们对国家的忠诚和政治生命的活力。中国学生对于西方的意识形态和有毒文化的抵抗力和免疫力，来自对我们国家的制度自信、文化自信、道路自信和理论自信。一个国家欣欣向荣，日益繁荣昌盛，人民生活越来越好，青年人憧憬着他们美好的未来，我们不必担心他们的价值取向和政治立场。相反，当今世界，西方自由民主制度深陷困境，失业率高，青年人前途渺茫，看不到路在何方。那种现实就是很好的反面教材。

2019年4月，我到哈佛大学参加“哈佛大学中国论坛”，并做讲演。这是我第二次参加这个论坛，第一次是在2001年，当时我讲的内容是“中国：加入世贸一年回顾”。这一次，我谈的是创办亚投行的理念和使命，以及我们取得初步成功的原因。哈佛大学费正清中国问题研究中心主任宋怡明（Michael Szonyi）送给我一本新出版的书，这是汇集了很多中国问题的专家或关注者的文集，书名为《中国问题：透视一个崛起的大国》（*The China Questions: Critical Insights into a Rising Power*）。翻到其中一篇文章，作者Roderick MacFarquhar（罗德里克·麦克法夸尔）写道：“当然，今天的中国学生和‘文革’之后开海外留学先河的那些人相比，有很大的不同。当时，有些人面向西方，期望了解新的治国思想……今天，中国的学生来自一个自豪地崛起的民族，深感其经济和外交的影响力。大多数人都很爱国，也许只是把接受西方的教育作为给自己的事业打下一个基础而已，而不是去体验民主的理想。”文章中的很多观点我不敢苟同，但是，这几句话说得还是很中肯的。

总之，要相信我们的莘莘学子是有政治觉悟的，有鉴别力的。选择适当的国外教材，作为他们打好外语功底的基础，是必要的。

同时，我们也要下功夫编写优秀的、跟上时代的新教材。当年，许国璋教授编写的《许国璋英语》影响了好几代人，很多人都是从这套教材入门，并进而深造的。今天，外语院校的专业和课程设置增加了很多，我们要不断编写涉及更多学科的各类英语和其他语种的教材，满足中国学生的需要。

国家的发展要求高校通过外语教育培养大批国际人才。国际人才要具备多方面的能力，北京外国语大学推出的国际人才英语考试对国际人才的描述主要有三点：跨文化理解与表达能力、国际视野与协商合作能力、分析问题与解决问题的能力。我非常认可这个描述与其蕴含的理念，总结起来，国际人才需具备以下几点能力。

第一，要有高度的政治觉悟。爱国爱党，决心为党、为祖国、为人民做出贡献。在国际场合树立中国人的光辉形象，展示大国人才的风范。

第二，要有国际视野。摆脱狭隘的民族主义，要处理好中国的利益和国际责任之间的关系，处理好眼前利益和长远利益的关系。习近平总书记指出，通过共商、共建、共享推动“一带一路”建设，就是强调双赢和多赢，而不是只考虑中国的利益。习总书记发起创办的亚投行之所以得到世界上那么多国家的热烈响应，就是因为中国虽然是最大的股东，是主导，但不霸道，不以老大自居，平等待人，一切按照国际规则运作。

第三，要有渊博的知识。要了解世界各国的历史、文化、教育背景等。在实际国际交往的闲暇之余，能够通过在文学、艺术、音乐等方面的交流，建立良好的友情，增进双方的了解，广交朋友，促进国际关系的发展。

第四，要敢于斗争，善于斗争，在斗争中交朋友。我们和很多国家在意识形态上有本质的区别，和他们在文化上也有很大的差异，但是这并不妨碍我国和其他国家的政治交往、经贸往来和合作。有时候，争论是难免的，也会有非常激烈的交锋。但是，要有度，拿捏好，求大同，存小异，斗而不破。

第五，要有国际主义精神和献身精神。我们的外交人员和中资企业人员到国外工作，免不了会涉及危险的国家和地区。遇到这种情况，不能退缩，不能贪生怕死。

对国际人才的培养须关注方方面面，但最首要的是要教育他们爱国爱党，要有高尚的情操，绝不能贪污腐化。我们亚投行有一个基本核心价值观：Lean,clean and green，即精干、廉洁、绿色。我们对腐败保持零容忍度。我们希望中国一代又一代的国际人才有娴熟的外语能力，有高尚的道德情操，有宽阔的胸怀，有气质和风度，能够立志维护中国良好的国际形象和声誉，立志为中国在国际政治、经济和文化领域发挥应有的作用。我认为，这些就是国际人才所必须具备的核心素质，也是当前中国外语教学中最应该着力思考和重点关注的。

第五章

名士之音：文化出版人士观外语教育

漫谈英语学与教

李赋宁

李赋宁（1917—2004年），外国语言文学家，教育家，翻译家。1941年清华大学外文系研究生毕业。1946年赴美国耶鲁大学读英国语言文学研究生，获硕士学位，1950年回国，历任西南联大外语系讲师，清华大学外语系副教授，北京大学西语系和英语系教授、系主任，被聘为英国语言文学首批博士研究生导师，国务院学位委员会学科评议组成员。著有《英语史》《漫谈英语学习》《李赋宁论英语学习和西方文学》《英国文学论述文集》等。

一、我的外语学习经历及体会

我在西安上小学时没有学过英语，后来到北京和天津上中学，英语课仅能勉强及格。初中二年级暑假，我自学了商务印书馆出版的一本英语语法书——《英文典大全》（*A Complete English Grammar*）。这本书条理清楚，叙述扼要，还有一个特点，就是利用图解（diagram）说明语法关系，使读者一目了然，并且印象很深。读完了这本书，做了大量练习，我的英语造句和写作能力有了明显的提高。在南开中学初中毕业时，我的英语成绩是90多分，我的英文作文写得很通顺，几乎没有语法和拼写错误。在高中学习阶段，我在英语学习上没有下很大的功夫，只是在课外看了一些浅易的英文文学名著。这些文学名著的简写本和英译本文字较为平易，但优美、流畅、生动、自然，容易模仿，便于吸收。我从这些浅易的英文作品里汲取了丰富的营养，这些作品也帮助我形成了通畅、明晰的英文文体。

我在大学学习阶段，选修了西洋通史、西方哲学史、英国史等外系课程。教师指定了许多部用英文写的参考书，每周每部书要求阅读数十页。教师还要求用英文写读书报告。这种阅读和写作训练是极为有益的，因为阅读和写作的内容有一定的深度，有利于培养学生直接用英语思考问题和表达思想的能力，也就是能使学生获得所谓的交流能力（communicative competence）。除历史和哲学书外，我还喜欢读文学批评类的书籍和文章。我体会到要把英语学好，就必须阅读有深度、有丰富内容的作品，这样才能做到用英语这把钥匙打开西方文化的宝库。

在大学学习期间，我还学了法语和德语。在第三年法语课上，我们学习莫里哀的喜剧，课外阅读巴尔扎克的短篇小说，教师要求我们用法文写读书报告，这也是有益的训练。使我获益极大的一种学习方法是将英语和法语进行对比。我的体会是通过对照分析法（contrastive analysis），有可能学会并且学好两种外语。

我于1946年赴美国耶鲁大学读研。其间，我的法语、德语和拉丁文都大有长进。我选修了16、17世纪英国戏剧，老师要求我们每周阅读四部戏剧，并选一个题目写一篇课程论文，向师生汇报。我利用中学时就养成的快速阅读的习惯，一目十行，感恩节一周假期里阅读了大量的参考书。在修习“古英语和中古英语方言”课时，老师布置了大量的笔头作业，我夜以继日地钻研，达到了废寝忘食的程度。在耶鲁读博期间，我旁听了本科生大一的英文课，教师要求学生每周写一篇作文，报告自己的学习心得。我很欣赏这种教学法，因为无论学什么专业都要学会如何表达自己的学习和研究心得，为将来的研究打好基础。

李赋宁1947年于美国耶鲁大学

我还试过一种学习方法——翻译法。为了更好地学会用英文写文学批评论文，我曾下过笨功夫，就是读了一本《意大利文艺复兴时期文学批评史》，这书原文是英文，有人把它译成中文，我试着把这本书的中文译文再译成英文，拿我的英文译文和该书的英文原文比较、对照，然后修改自己的译文，再和原文对照。这样通过对照、修改、反复练习，来提高自己的英语笔头表达能力。

我的体会是在初中学习阶段要打好基础，养成良好的学习习惯，学会科学的学习方法，为以后的学习铺平道路。我认为听和说的训练应放在初学阶段，而读和写则是提高阶段的主要训练方式。要把英语学好、学通、学精，必须大量阅读有内容、有深度的书刊，还必须落实到笔头。要想精通英语，必须做到精确掌握、灵活运用。要想达到这个目标，必须狠抓阅读和写作，尤其是要加强用英语写读书札记、学习心得和论文提要的训练。关于如何学英语，我想从以下两方面谈一点看法。

第一，中学生怎样学好英语？对于中学生来说，首先要上好英语课，熟读英语课的教科书，认真做练习，勤于复习和巩固。但是只读教科书是远远不够的，必须要阅读大量的课外读物。读物的内容可以故事为主，兼及传记、游记、科普等，最好的读物还是文学名著的简写本。课外阅读应养成速读和默读的习惯。阅读时不要查字典，生词出现率以每页书不超过一个为宜，因此不要看过于艰深的书籍。要学会抓大意，记住故事的主要情节，切忌见树不见林。听、说、写也可以和课外阅读结合起来。例如，某个故事先听一遍，再阅读一遍以加深理解，然后用英语口语和笔头复述这个故事的内容。如果把听、说、读、写的练习结合起来，效果就一定会好。遇到的新词汇、新句型，通过这样反复的练习，也一定会得到很好的巩固。

怎样学好英语语法呢？语法包括词法和句法两个方面。对于词法形式，不仅要能辨认，而且要会用，要用得准确。词法固然重要，但句法更为重要，因为不掌握句法就无从造句；不会造句，就不能表达思想。因此学习句法是语法学习的重点。句法的重点是句子的结构，我们要学会英语常用的基本句型。我在天津南开中学上初中二年级时，每周都有1小时造句练习课。老师出10个单词或短语，让学生在课堂上造10个句子。通过这样经常的、持之以恒的练习，使学生掌握英语句子的结构。我认为这是一种很有用的练习，是练好英语基本功的有效方法。

我特别强调，学习外语要落实到笔头，因为只有这样才能学得准确，学得牢靠。中学生学习外语时，必须做到眼勤、口勤、手勤和心勤。这是一句老话，但也是外语学习经验的结晶。眼勤就是勤于阅读；口勤就是勤于朗读、练口语和听录音（口勤也包括耳勤）；手勤就是勤于抄写课文和其他读物，勤于造句、写作文或其他笔头练习；心勤包括两个方面：一方面要把所学的知识牢记在心，适当做一些背诵练习也是有益的；另一方面，心勤意味着勤于动脑筋、想问题，锻炼逻辑思维和抽象思维能力。学习外语，绝不可鹦鹉学舌，而应是学会用外语来充分表达自己的思想。

第二，大学生怎样学好英语？大学生要学好自己的专业，光靠母语是不够的。英语已成为世界通用语言，大多数专业学科都用英语作为发表论文和举行国际会议的工具。因此对大学生来说，必须能读懂用英语写的所学专业的教科书和参考书。在大学学习期间，青年学生需要吸收大量的有用知识，必须学会浏览和快速阅读。大学生用汉语进行浏览和快速阅读不大成问题，问题在于如何帮助他们同样也能用英语浏览和快速阅读。有了这种阅读能力，对学好自己的专业将会起到很大的促进作用。

大学英语学习的初始阶段，我认为语法比词汇更重要，尤其是句法，更是重点中的重点。在学习句法和练习造句的同时，也复习、巩固和扩大了常用的英语词汇。词汇要经常用才能记得牢靠，死记硬背是记不住的。公共英语教与学都要纠正一种偏差：死抠语法条条，烦琐地分析语法关系。学习语法，贵在能用。语法知识本身不是目的，而是一种手段，要为阅读和写作服务。

阅读的单位不是单词，而是句子，因此句法知识是培养阅读能力的基础。但是只有单句，仍不能构成段落，必须有一系列相互紧密联系在一起的句子，才能连贯地表达思想。因此要把学习的重点放在语段（discourse）上面。

语段分析法只适用于精读和慢读。它可以为泛读和快读（rapid reading）打下准确、牢靠的基础。但是大学生的英语阅读能力主要应体现在快读和浏览（skimming）上面，既要读得快，又要理解得准确，并且要学会抓大意的本领。如何培养快读和浏览的能力？首先应选适当的读物，由浅入深，由易到难，循序渐进。在开始阶段，读物里出现的词汇应加以控制，生词量要控制在每页不超过一个，否则就会妨碍阅读的速度。阅读的材料要有故事性，内容要有吸引力，使读者迫切要求一口气读完，因此挑选一些文学名著的简写本作为读物，在开始阶段是适宜的。练习快读时，不允许停下来查字典。遇见生词时，要根据上下文猜测它的意思。如果彻底理解了所读的内容，就往往能猜出生词在上下文中是什么意思。还有一种培养快读的方法就是培养阅读当中的预见能力（power of anticipation），即在读到第9页时能够猜到第10页的内容。当你读完一页，准备要翻页的时候，自己可以测验一下是否能够预见到下一页的内容。若发现自己已开始具有这种能力，那就说明自己的阅读能力有了很大的提高。如有可能，最好随后能读一些近代和现代著名的文学原著。有了阅读文学作品的能力，阅读其他学科的专著就不会那么费力了。我相信大学生通过上述语段分析的训练和大量快速阅读的实践，一定能把英语学好，从而促进自己专业学科的学习。

我个人学英语的第一条经验就是要学会用英语造句。把重点放在句法上，学习句法规律，然后按照规律大胆地造句。通过实践和运用来掌握英语句法规律。在学习句法时，特别要学会运用英语的结构词（structural words），因为学会了结构词的用法，也就学会了各种不同的英语句型。只会造句而不能说整段的话或不能写文章，仍不能达到交流思想的目的，更不要说讨论学术问题了。因此，必须学会用英语说整段的话、写成段的文章。

作为大学生，我们学习外语主要是为了充分理解别人的思想和感情，同时也学会用外语充分表达自己的思想和感情。日常生活用语固然重要，但就大学生来说，更重要的是通过外语来掌握自己所学的专业，能够用外语说明自己所学专业的内容，并且能够用外语和别人讨论自己所学专业的问题。无论是学习自然科学还是社会科学，都要以上述目的作为学习外语的奋斗目标。

哈佛大学著名美国文学教授Daniel Aron曾说过，当时在美国大学文科研究院里学习的中国留学生、研究生或进修教师最大的困难是不能参加研究生的课堂讨论。原因有二：一是他们的知识面太窄，二是他们不能用英语连贯地表达思想，即便他们对所讨论的问题很有发言权。为了弥补这两方面的缺陷，我们必须大力加强英语的听、说训练，扩大我们的知识面，尤其重要的是必须尽量多地结合英语或通过英语来学习我们的专业。我建议不论理科或文科，各系所开设的必修课和选修课都必须指定若干种用英语写的教科书和参考书，规定每周的阅读量，并通过考试、写读书笔记、课堂讨论（用英语进行）等方式来检查，逐渐形成一种制度。从长远来看，这对提高大学教学质量和科研水平是大有好处的。在专业学习中，过分重视外语、重视外国的文献和科研成果，是否会影响我们自己学科的独立性？关于这个问题，我想说明三点。第一，我们必须在学好汉语的基础上来学好英语，我们进行的一切学术活动，仍应以汉语为主。第二，我们坚决反对奴化教育，必须建立并大力发展每门学科的中国学派，保证我们每门学科的学术独立性。第三，我们反对闭关自守、抱残守缺，使学科停滞在数十年前的水平上。当前国际学术交流是不可抗拒的趋势，不积极迎上前去，就必将掉队很远。

二、如何培养英语人才

在耶鲁读书期间，我和当时在英国牛津大学留学的王佐良、许国璋学长以及在美国芝加哥大学留学的周珏良学长相约：学成后回清华外文系教书。1950年回到清华，我的志愿是尽自己的力量帮助办好清华大学外文系，在外国语言和文学方面为国家培养优秀的人才，使他们有能力从事各方面的外事工作，使少数有志之士在研究外国语言和文学时，能够向国际研究水平看齐。

我经常骑自行车去北京外国语学院，和王佐良、许国璋、周珏良几位学长讨论教学问题。我们的看法比较一致，就是要让学生学会地道的英语，因此要学范文，要学英美文学作品中的名篇。同时要加强笔头训练，写出好的英文作文，也就是说，要学会全世界知识分子通用的英语。

1952年暑期，学校派杨周翰学长和我去参加亚洲—太平洋地区和平大会翻译工作，把大会文件从英文译成中文。后来，钱锺书先生又推荐我把法文文件译成英文。参加这次翻译工作让我接触到了许多英语人才，比如北外的许国璋学长、英国专家David Crook、燕京大学的吴兴华、清华大学的方矩成

20世纪80年代初，李赋宁与许国璋一起讨论问题

学长等。我开始认识到英语是一种多功能的工具，不仅能为教学和科研服务，而且有很多实用价值。我的任务是在大学把英语教好，帮助学生练好基本功，培养合格和优秀的英语人才。

1952年实行院系调整后，我到了北大工作，当时我国教育制度从学习英、美、德、法转为学习苏联。实际上，学习苏联，只学到重视实用英语，而未重视科研方法。在这种情况下，我要求学生每周写一篇英文作文，使他们能够利用笔头连贯地表达思想。另外，我训练学生学会paraphrase（释义），口头训练用不同的方式表达类似的思想。这种教学方法很有用。学生学习很努力，加上基础也不错，培养出不少英语方面的人才，一般用人单位都称赞北大毕业生“有后劲”。1954年秋季，我开设了一门新的“外国文学”课，学生初次接触西方文学，充满好奇与激情。这门课深受学生欢迎。

我始终认为，大学一、二年级要打好听、说、读、写的基础。从三年级开始，要读英文文学作品原著，四年级要开始学一点语言、文学研究方法。总之，大学要教学和科研并重，既要造就外语实用人才，也需要培养研究人才，二者不可偏废。本科阶段的教育要照顾到各方面的需求。

1956年，北大开始招收英语硕士研究生。我为他们开了“古英语”和“英国文学史”两门课。吴兴华为他们开了“莎士比亚”课。这是新中国成立后最早招收的英语研究生。可惜一年后，教育方针有所改变：教育必须为无产阶级政治服务，教育必须与生产劳动相结合。这批研究生未能完成学业。

到了20世纪60年代，外语教学变得非常实用，提出“真刀真枪”的口号，让学生边学边用，以求达到速成的目的。这种教学法效果并不好，外语水平差的学生受益甚微。

1961年，中宣部副部长周扬主持编写高等院校文科统一教材。外文组讨论制订英语专业四年制培养规划，定出各年级阅读书单，并要编出一到四年级的统一教材，供全国高校英语专业使用。许国璋先生主编了一、二年级英语读本，俞大絪先生主编了三年级英语读本，徐燕谋先生主编了四年级英语读本，我是审稿人之一。这套教材有它的科学性和实用性，从此高校英语专业学生的培养有了统一的标准。许多青年自学英语也是用的这套教材，这套教材一直使用到改革开放。

1977年，高等教育招生制度得以恢复，以培养建设国家的有用人才，使国家建设后继有人。1978年，我被任命为北大西语系系主任。1978年冬，我自英国考察归来后，开始了10年繁忙的教学、科研和社会活动。后来，国务院学位委员会计划设博士学位，我成为第一批外国语言文学方面的博士生导师。

通过我的留学经历、教育考察经历和对哈佛大学、耶鲁大学、康奈尔大学等国外知名大学特点的观察，对于如何让国内大学的外文系达到国际一流水平，我归纳了几个要点：一要从国际最有成就的学者中聘请教授，进行教学，指导研究生，使学科的发展达到前沿；二要有一流的学生来继承教育事业，使学科不断发展；三是图书和期刊的积累。其中，人的因素最为重要，通过讨论、争辩、互相启发，才能把学科推向前沿。本科生由教授讲大课，由助教负责答疑。研究生采用小班上课方式，第一个月由教授主讲，示范讲课和研究方法。教授把讲授和研究的内容分配给每一位研究生，请他们预先准备，轮流向同学报告，然后由研究生相互评论，教授加以总结。这样的教学可以调动研究生的主动性和积极性，是培养人才的一个好途径。而且，除实用英语以外，

李赋宁与杨周翰（左一）和王佐良（左二）合影

还必须学习英美文学，不仅能欣赏，还要学会分析、评论。要学会用科学方法来研究文学作品。另外，我国大学中文系和外文系若能互相合作，也能够培养出更为全面的文学人才。过去清华大学就有很好的经验，中文系和外文系的学生相互选课，相互讨论，效果很好。所以，外文系培养出了曹禺那样用中文创作戏剧的杰出人才，中文系培养出了钱锺书先生那样中国文学和西方文学都非常熟悉的人才。中文系和外文系还培养了不少杰出的翻译人才，如卞之琳、穆旦等。

三、对外语教学的几点建议

对小学生来说，使他们学会另一种语言的最好途径是尽可能地创造一种自然、逼真、不勉强的外语环境。教材必须反映正常的儿童生活的情景；必须使儿童学会完整的外语句子，以对口头的或情景的刺激做出反应；必须尽可能地避免语法分析。

对于中学生，阅读和写作可以被看成是语言学习的主要活动。另外，在中学阶段，用英语进行其他学科的教学能对英语学习起极大的促进作用。中学打好英语基础，对提高大学各学科的教学质量将起关键作用。中学英语教学，我认为应汲取各种教学法之所长，弃其所短，兼容并蓄，为我所用。

大学的外语教学进度可以更快一些，阅读量可以更大一些，用外语连贯表达思想的能力应该得到更大的提高。

本文由申丹修改、整理，资料主要来自《学习英语与从事英语工作的人生历程》（李赋宁著，北京大学出版社，2005）和《英语学习》（李赋宁著，北京出版社，2018）。申丹，本科就读于北京大学西语系，研究生就读于英国爱丁堡大学，博士毕业后一直在北京大学外国语学院英语系任教，现为北京大学博雅讲席教授。

译林梦与真

许渊冲

许渊冲，北京大学教授，翻译家。1943年毕业于西南联大外文系，先后在清华大学和法国巴黎大学攻读研究生学位。出版《诗经》《李白诗选》《西厢记》《莎士比亚选集》《包法利夫人》等译著120余部，是中国诗词英法韵译的唯一专家。1999年被提名为诺贝尔文学奖候选人。2010年获中国翻译协会“翻译文化终身成就奖”。2014年获“北极光”杰出文学翻译奖，系首位获此殊荣的亚洲翻译家。

一、人生“三部曲”

我从小并没有展露出特别的语言天赋，但我喜欢美的东西，喜欢“曹冲称象”这种有别于常人、充满智慧的故事。能够想出别人不能想到之处，成为我翻译之路上追求的极致和快乐。

1932年，我升入江西南昌第二中学。我喜欢的功课是国文，朱自清的散文、赵元任的诗歌，使我体会到了中国文学“赋比兴”手法的妙处。

1936年，我升入高中。在高中二年级乙组（即文科组）的英文课上，老师选了包括美国总统林肯在战场上的演说词等30篇短文，要求大家背诵并模仿造句作文。林肯演说词最后一句提到“of the people, by the people, for the people”（民有、民治、民享），英文只用了三个简单的介词，就说明了“民主”的精神。我觉得比中文三个动词（有、治、享）好记多了，只读几遍就记住了，而且后来我还活学活用，结果考试考了全组第二名。这大大提高了我学习英语的兴趣，奠定了我一生事业的基础。

1938年，我考入西南联大外文系。在西南联大读书的这段时间是我一生的重要阶段。联大诸多良师益友都对我的翻译事业及人生价值观产生了影响，我是吸收百家之长，哪家有用吸收哪家。吴宓先生是第一位改变了我的翻译观念的老师。上联大以前，我坚持鲁迅的“信”。那时候鲁迅刚出版《死魂灵》。我喜欢他的杂文和散文。他在杂文中批评别人的翻译，通常都很犀利。但是他过于坚持“直译”，《死魂灵》就是字对字翻译的典型。

上联大之后，我的第一课是听吴宓讲翻译。吴宓主张意译，跟鲁迅意见相反。他为外文系讲翻译时说：真境与实境迥异，而幻境之高者即为真境。他的观点是，翻译是对真境的模仿，要通过现象看本质。吴先生讲课时喜欢讲柏拉图的one & many（“一”与“多”）。他说“一”指理想，如方或圆；“多”指实物，如方桌圆凳。方桌无论多“方”，四边总有不够直的地方；圆凳无论多圆，也不可能做到圆周每点都和圆心距离相等。翻译也如此，译文和原文很难处处相等。西方语文多是拉丁语系，对等之处较多；中西语系不同，对等之处就少得多了。因此在中西互译的时候，就不可能像西文互译时一样应用对等原则。也就是说，直译用得少，意译用得多。

除了吴先生外，钱锺书先生对我也影响深远。钱先生有一点很厉害，他能化平常为神奇。他这一点对我影响很大，我一辈子都在学钱先生这一点。关于翻译问题，钱锺书先生在给我的英文信中说译诗有两种方法：一种是无色玻璃般的翻译法，一种是有色玻璃般的翻译法。前者会得罪诗，后者会得罪译。两难相权择其轻，他宁愿得罪诗。我却认为无色玻璃翻译法追求的是真，是柏拉图的“一”；有色玻璃翻译法追求的是美，是柏拉图的“多”。原诗是真而美的，译文如果真而不美，不能算是传真；译文如果美而不真，那有可能是失真，但也有可能是超过了原文的美。究竟应该如何处理呢？后来我读到钱先生的结论：“艺之至者，从心所欲而不逾矩。”后面这句话是从《论语》第二章中引用的。我的理解，“从心所欲”就是发挥主观能动性，在文学翻译上就是求美；“不逾矩”就是不超越客观规律，在文学翻译上就是求真。换句话说，求真是低标准，是必需条件，是消极要求；而“从心所欲”是高标准，是充分条件，是积极要求。以上是我从吴、钱二位先生处得到的启发。

1941年，太平洋战争爆发，因为美国援华志愿航空队来华参加对日作战，教育部就要求全国各大学外文系三、四年级的男学生参军，联大三十几个同学都报名了，其他大学加起来也有三十几个。我们七十几个人先到翻译训练班学习两个月，训练班的课程有英文、翻译、会话、天文、地理、航空常识等等。在一次欢迎"飞虎队"队长陈纳德的招待会上，"三民主义"这一翻译难倒了全场。我灵机一动，"of the people，by the people，for the people"脱口而出，从而化解了宾主双方的尴尬。这也是我第一次尝到沟通中西文化的喜悦。我当时的外文水平并不是最出色的，但已经出了风头。之前提到我在高二时背了30篇英语短文，从此外文成绩跃居而上，其中就有林肯"民有、民治、民享"的表达法。那次翻译便派上了用场。

1944年，我考入清华大学研究院外国文学研究所读研究生。1950年获得巴黎大学文学研究文凭。大批留学生响应号召回国，1950年年底，我就随大家一起回国了。我回国后到了北京，被分配到北京外国语学院（今北京外国语大学）任教。1951年秋，北京市号召知识分子下乡参加土地改革工作，与农民同吃同住同劳动，我被分到了四川省永乐县。回京后，越南的抗法斗争需要翻译，我于是被调到香山外国语学院去了。

1951年到1980年，由于历史原因，我并无太多译作问世。1983年我回到北京，任北京大学国际政治系兼英语系教授，从此笔耕不辍，译通英法。

二、译贯中西

我70岁从北大退休，可以说是退而不休，翻译的快乐对于我就像水和空气。我的翻译作品涉及中文、英文、法文三个语种，涵盖了诗词、杂剧、散曲、哲学经典以及外国小说等。中译外的主要作品有《论语》《道德经》《诗经》《楚辞》《汉魏六朝诗》《唐诗三百首》《唐五代词选》《宋词三百首》《元曲三百首》《宋元明清诗选》《西厢记》《牡丹亭》《长生殿》《桃花扇》《中国古诗词选》等，外译中的主要作品有《一切为了爱情》《水上》《飞马腾空》《昆廷·杜沃德》《雨果戏剧选》《红与黑》《人生的开始》《高老头》《包法利夫人》《哥拉·布勒尼翁》《约翰·克里斯托夫》等。其中，中译英的《楚辞》被美国学者誉为"英美文学领域的一座高峰”，《西厢记》被英国智慧女神出版社评价为可以和莎士比亚的《罗密欧与朱丽叶》媲美。钱锺书先生在看到我的《李白诗选》（1987年）英译本后曾说：如果李白能活到今天，一定会和你成为莫逆之交！

虽然如此，但从过去到现在，翻译界对我的争论从来没有停止过。这种争论，只要是不同流派之间的正当学术讨论，我都很欢迎。只要是提出建设性意见的，我都接纳。我在翻译上打破了很多框框，对此国内有些争议，认为我的翻译与原诗差别较大，意译的成分较多。按照他们的观点，忠实原文逐字翻译最好，翻不好也没关系。但我认为，翻译的忠实不仅要忠实于形式，更要忠实于内容。内容形式统一时，我不离开形式；内容形式矛盾时，我选择内容。如果我的表达形式比逐字翻译的形式更能传达原文的内容，那我会选择我的表达方式。

我觉得文学翻译应该成为翻译文学，也就是说，翻译作品本身要是文学作品。有一位西方语言学家说：翻译就是两种语言文字的统一。如何统一呢？把一个国家的语文转换成另一个国家的语文就是统一。在西方国家之间，这一点不难做到，因为据电子计算机统计，英、法、德、意、西班牙等国的语文，约有90%可以找到对等词，所以翻译比较容易。但是在中国语文和西方语文之间情况就大不相同了。同样是据电子计算机统计，中西之间只有不到50%可以找到对等词。那不对等的一大半怎么办呢？那不是源语占优势，就是译语占优势。一般说来，占优势的多半是源语。因此中西互译的时候，尤其是翻译文学作品时，应尽量避免劣势，争取均势，如果找得到对等词，那并不是不可以用；如找不到，那就要尽可能选用优于原文的表达方式，发挥译语优势，使译文能和原文一样成为文学作品。换句话说，西方国家之间的翻译基本上可以用对等译论，而中西互译，尤其是文学翻译，就要用优化译论，甚至是创译论了。

对等译论和优化译论的区别可能需要举例才好说明。我想举毛泽东的《为女民兵题照》的最后一句“不爱红装爱武装”为例。这一句美国诗人恩格尔（Engle）夫妇的译文是：They like uniforms，not gay dresses。这个英译文如果还原成中文大约是：女民兵喜欢军装（或制服）而不是艳装（或浓妆艳抹）。从字面上看，译文翻出了原文的意思或内容。但是鲁迅说过，中国文字有三美：意美以感心，一也；音美以感耳，二也；形美以感目，三也。就说这一句诗吧，意思是表现女民兵的英雄主义思想，具有意美；声音上重复了"爱"和"装"，具有重复的音美；形式上"红装"和"武装"对称，具有对仗的形美。英译文有没有表现这三美呢？首先，英译文的制服或军装并不能表现女民兵的英雄主义；其次，译文没有重复的音美；最后，译文没有对仗的形美。这就不可和原诗同日而语了。由此可见，对等法的英译文和原诗是不可相提并论的。怎样才能使译文和原文可以媲美呢？那就需要选用更好的译语表达方式，例如下面的优化译例：They love to face the powder and not to powder the face。译文还原，那和原文可就大不相同了。原文说"不爱红装"，译文说是不爱涂脂抹粉，那就是把红装特殊化、具体化了。原文说"爱武装"，译文却说是敢于上战场、敢于面对硝烟，那就是把武装特殊化为"上战场"，又把"上战场"具体化为"面对硝烟"。如果说"上战场"是更好的表达方式，那"面对硝烟"几乎可以算是最好的表达方式了。这两种方式表达了原诗英雄主义的意美。原文有重复两个"爱"字、两个"装"字的音美，但两个"爱"字都是动词，两个"装"字都是名词。译文也有两个face，两个powder。但是一个face是名词，当"面孔"讲，另一个是动词，当"面对"讲；一个powder是名词，当"火药"或"硝烟"讲，另一个是动词，当"涂脂抹粉"讲。从音美的角度看，译文和原诗一样有重复的音美；而从意美的角度看，则使诗句更形象化、更富有诗意了。最后，原诗有"红装"和"武装"对称的形美，原文有两个"装"字，两个不同的修饰语"红"和"武"；译文更进一步，使词语既有重复的音美，又有对仗的形美，和原文一样具有"三美"了。由此可见，译诗不能只用对等的方式，而要用最好的译语表达方式。最好的译语表达方式就是英国诗人柯尔律治（Coleridge）说的the best words in the best order（把最美的表达方式放在最好的地方）。

傅雷先生说过："理想的译文仿佛是原作者的中文写作。"他又说："即使是最优秀的译文，其韵味较之原文仍不免过或不及，翻译时只能尽量缩短这个距离。过则求其勿太过，不及则求其勿过于不及。"过与不及，可能各人看法不同，但首先要求译者自得其乐。"知之、好之、乐之"的读者越多，译文取得的胜利就越大。根据傅雷先生的标准，我自己翻译或者读别人的翻译作品时，心里总要问：原作者的中文（或外文）写作会是这样的吗？译文是太过还是不及呢？

中国学派的译论主要源自儒家和道家思想。“从心所欲不逾矩”这一儒家思想是文学翻译的艺术论。而孔子提出的“学而时习之，不亦说乎”可视为文学翻译的实践论。老子的“信言不美，美言不信”提出了文学翻译中“信”与“美”的矛盾，这可视为文学翻译的本体论或矛盾论。同时，老子所言“道可道，非常道；名可名，非常名”可以解决这一矛盾。前半句之意“道理是可以说出来的道理，但不一定是我们常常所说的道理”，应用在文学翻译上，即翻译之道是可以知道的，但不一定是大家常说的对等之道，而可能是创新之道、优化之道。后半句之意为“天下的万事万物都可以有个名字，但名字只是符号，并不等于实物”。用它来解释文学翻译，一层意思是原文文字是描写现实的，但文字并不等同于现实，两者仍有距离；另一层意思是译文是反映原文的，但并不等同于原文，有可能比原文更贴近现实。

儒家思想对我影响很大，特别是《论语》。如第一句：“学而时习之，不亦说乎!”如果把“学”理解为“学习”，把“习”理解为“温习”，虽然不错，但是意义不大。如果把“学”理解为“得到知识”，把“习”理解为“付诸实践”，那意义就大多了。甚至可以说，我这一生最重要的就是不断取得知识，不断付诸实践，这样才能对人做出贡献，自己也得到乐趣。译成英文就是：It is delightful to acquire knowledge and put it into practice。《论语》第六章中有一句：“知之者不如好之者，好之者不如乐之者。”意思是说：知道不如喜欢，喜欢不如体会乐趣。这话可以用来说明文学翻译的标准。就是说，翻译要使读者知道原文说了什么，这是低标准；要使读者喜欢译文，这是中标准；如果能使读者体会到乐趣，那就是高标准了。所以这句话可以根据具体情况翻译为：

1．To understand is good，to enjoy is better and to delight is best．

2．To know the truth is good，to love it is better，to delight in it is best．

3．To make the reader understand what the original says is good，to make him enjoy the translation is better and to make him delight in it is the best．

“学而时习之”是文学翻译的实践论，解决理论和实践的矛盾，也可以算是翻译的认识论。“从心所欲不逾矩”解决主客观的矛盾，是文学翻译的矛盾论或本体论，也可以算文学翻译的方法论。“知之、好之、乐之”是文学翻译的目的论。《论语》三句话就可以概括文学翻译的五论了。

中国文化是博大精深、独一无二的。两千多年前的孔子、老子思想充满着哲学智慧，为中国翻译理论提供了源头活水。建设文化强国，建设翻译强国是其中应有之义。而后人应当铭记的是继承古典，不忘过去。同时，既要继承，也要发展；既要古为今用，又要洋为中用。中华文化博大精深、源远流长，应对人类做出更大贡献。我们在继承中华优秀传统文化的同时，也要使之发扬光大，造福人类。换言之，翻译是文化交流的桥梁，其作用理应受到广泛重视。而要成为一名好翻译，首先要学好自己的优秀文化，进而从中不断汲取丰富的营养。翻译要深深扎根于中华文化的沃土中。

三、超越美梦

回忆1938年考取西南联大时，有同学问我的梦想是什么。那时我的表叔熊式一在英美演出《王宝川》和《西厢记》，引起轰动，名利双收。父亲每次谈到表叔的名字闪亮在英国、美国百老汇的霓虹灯箱上时，就兴奋不已。当时我觉得表叔的成就不可企及。我就回答说：想做表叔那样的著译家。后来我译的《西厢记》读者认为胜过熊译，这就是梦想成真了。

1999年，北京大学、南京大学、南开大学、浙江大学等学校的10位教授，联合提名我为诺贝尔文学奖的候选人。诺贝尔文学奖评委会的评委、女诗人瓦尔奎斯特（Vallquist）特地给我写了信，称我的翻译是“伟大的中国传统文学的样本”。我回信说“诺奖一年一个，唐诗宋词流传千年”。诺贝尔奖只说明他们十几个人喜欢这个作品，我不把这个看得很高。如果我获奖，也是奖给中国文化的。如果读者看了我的书觉得人生更美好，我觉得更有意义。

小时候听到过的话，后来对我一生影响比较大的，可能是“七十二行，行行出状元”了。93岁时，我在七十二行中的一行，居然得到了一项国际大

2014年，许渊冲获"北极光"杰出文学翻译奖

奖，也可以算是中了一次状元吧。2014年，中国翻译协会把我译的《诗经》中的"千古丽句"（昔我往矣，杨柳依依；今我来思，雨雪霏霏）的英、法译文作为译例送报国际译联，得到了国际译联的最高文学翻译奖——"北极光"奖，这就超越我的梦想了。

中国古代诗词可以影响世界。学好古诗词，把中国古代诗词借用当代的表现形式，为现代所用，为中国所用，为世界所用，建设一个更加和平而幸福的世界，是我们的文化使命。

而诗词英译是中国文化走向世界的重要一步。中国人翻译《诗经》《楚辞》、唐诗、宋词、元曲等证明了徐志摩的话，只有中国人能译好中国诗。西方对中国文化了解得很不够，中国的文化博大精深，世界独一。现在世界上有13亿多人用中文，有大约8亿人用英文，中文和英文都是世界上用得最多，也是最重要的语言。因此，要在全世界宣扬中国文化，使中国成为文化强国，首先要把中文译成英文。翻译是关键，正确的翻译能打破文化隔阂，能让人看到我们真正好的东西。翻译不是只翻译形式，而是要翻译内容。文学翻译要变成翻译文学，因为翻译本身就是文学。

2015年"中华之光——传播中华文化年度人物"授予了我。在授奖会上，中央电视台记者要我把"老骥伏枥，志在千里"译成英文，我说：这是曹操的诗，说老马待在马房里，但是还想日行千里。原诗骥（jì）、枥（lì）、里（lǐ）三字富有"三美"，所以译文也要富有"三美"。所以我翻译如下：

An old steed in the stable may stay,

But still it longs to go a long, long way.

原诗用了三个i音，译文就用三个st（steed骥，stable枥，stay伏）。译诗第二行还用了三个long，第一个long是动词，是“想要”的意思；第二、三个long是形容词，是“长”“远”的意思。这句意思是：老马还想日行千里，走很远、很远的路呢。“路”的译文way和“待”的译文stay押韵，富有音美；long一词重复，富有形美，这样译文就富有“三美”了，也算不辜负“中华之光”的嘉奖吧。

过去这九十多年，如果按照但丁《神曲》的分法，我的人生可以分为《青春》（1921—1950年）、《炼狱》（1951—1980年）和《新生》（1980年至今）三部曲。概括起来就是，50年代教英法，80年代译唐宋，90年代传风骚，21世纪攀顶峰。

20世纪英国诗人艾略特说过，一个艺术家的发展过程就是不断地为了更高的价值而做出自我牺牲。物理学家李政道也说过，发现前人的弱点并超过他们，就是突破。我这一生，先是不断超越自我、学习别人、提高自己，最后做到超越前人、攀登高峰。

生命不是你活了多少日子，而是你记住了多少日子。我不管还能活多久，认真享受每一天，做自己喜欢的事情就好。人生最大的乐趣是发现美、创造美，这个乐趣别人偷不走。我的翻译也有很一般的，也有糟粕的。精华也是受前人的启发。精华留给后来者，我也是中华文化的一环，把美一代代地传递下去——这是我的中国梦。现在大家正在实现中国梦，但愿我翻译的这些诗文，能为中华文化大厦添上一砖一瓦，使世界文化更加光辉灿烂！

中国电视外语教育的经典与辉煌

冯存礼

冯存礼，1975年上海外国语学院毕业。历任中央人民广播电台新闻部编辑，中央电视台社教节目中心副主任、教育专题部主任。中央电视台科教节目的开拓者、推动者和领导者之一，全国电视科教节目发展的领军人物，第八届“韬奋新闻奖”获得者。组织策划与创办《跟我学》《星期日英语》《希望—英语杂志》《法语入门》《标准日本语》等众多外语教学节目和《百家讲坛》《走近科学》《科技博览》等多个科教类栏目。

一、广播电视助力恢复中国外语教学

20世纪70年代末，在十年“文革”结束后，中国文化教育领域百废待兴。1977年年底，中央电视台根据中央指示，进一步加强广播电视教育。当时我恰好在中央人民广播电台做编辑，由于电视台需要人手做电视教学节目，我被调到中央电视台电教办公室。

为促进外语教学的复兴和发展，中央电视台策划了一系列教学节目。我们策划的第一个外语教学节目是北京外国语学院教授陈琳和吴青主持的《英语讲座》（又称《电视英语讲座》）。当时高校外语教学尚未完全恢复，仍处于比较低迷的状态，但北京外国语学院对推动外语教育事业的发展十分重视，投入极大的资源组建了一支庞大的队伍，以保障节目中英语教学的权威性。这个由教育部、中央电视台和北京外国语学院三家合办的英语教学节目开启了大众化英语教学的新时代。

在这次合作中，北外教授们认真负责的态度令人十分钦佩。他们对工作倾注的责任心和热情，让电视普及英语迈出了扎实的一步。除了在电视上播出的英语讲座，一些企业、厂矿和科研院所里还建立了教学点。比如北京制版厂每个月都会邀请陈琳和吴青两位教授到工厂里给年轻人辅导英语；北京核二院有很多曾经学习俄语的老大学生，那里负责职工学习教育的孟英老师多次主动联系我们，邀请节目组和专家们去做讲座。正是这样一批执着而负责任的知识分子，使得“文革”之后的文化补课卓有成效，令外语教育渐露春色。

1982年，中央电视台从英国广播公司引进了国内第一部情景会话英语教学节目Follow Me。北京外国语学院教授胡文仲和英国教师凯茜·弗劳尔（Kathy Flower）对其进行了改编，并译为《跟我学》。该节目播出时达到了万人空巷的盛况。据统计，《跟我学》全国收视人数达到1,000万，与当时的电视机持有量基本持平。节目教学用书发行上千万册，成为20世纪80年代中国人学习英语的重要途径和难忘回忆。作为国内第一部情景教学节目，中国版《跟我学》不仅提供了英语语言教学，还为观众提供了一个窗口，让观众透过节目观察外部世界，了解海外文化和风土人情。参与节目讲解的胡文仲教授长期从事英语教学和研究工作，具有丰富的教学经验，深受广大英语学习者的欢迎。而英国主持人凯茜女士，以其热情亲切的主持风格和丰富的电视教学经验吸引了大批英语爱好者，成为当时在中国知名度最高、最受喜爱的外国人之一。《跟我学》节目取得了巨大的成功，掀起了中国人学习英语的热潮。

《跟我学》录制前，（左起）主持人袁士槟、导演徐雄雄、编导冯存礼和主持人凯茜一起商量脚本

除了家喻户晓的《跟我学》，这段时期，中央电视台还推出了一系列具有社会意义和影响力的电视英语教学节目。比如，自编自排的情景教学节目《玛丽在北京》，讲述了一个华裔美国女孩利用暑假来北京探亲过程中的各个

生活片段。该节目也获得了不小的社会影响力，不少观众就是通过《玛丽在北京》学习英语的。

电视作为20世纪80年代末至90年代初中国老百姓获得信息的重要媒介，在各个方面响应并满足着人民的需求。在刚恢复高考的头几年，参加高考可以说是“千军万马过独木桥”的局面，其中相当一部分人是通过电视来掌握知识、提高自己的。但是在80年代，国内电视机的普及率很低，三百多元的高价让普通家庭望而却步。如果谁家有一台9英寸的电视机，都会引得邻里一群人围过来一起观看。然而，物质条件虽然十分艰苦，但却挡不住人们高涨的求知欲望。央视每个月都会收到大量观众来信。有些观众来信说，专门为了看电视教学节目用攒了十年八载的钱购买电视机，令人十分感动。有些来信中甚至还夹有很破旧的毛票，五分、一毛、两毛，希望能够通过央视的渠道购买到书，因为很多英语教材一书难求。在北京王府井的新华书店，读者为了购买电视英语的配套教材，队伍一直排到了东单路口。而刊登《跟我学》教学内容的《电视周报》，也因此增加了50万订户。

改革开放之初，数以百万计的知识青年和知识分子萌生了走出国门、掌握国外先进技术和管理方式的愿望，外语水平的提高变得极为重要。但学习外语，需要语言环境以及形声的有机结合。在外语师资明显不足的年代，在其他形式的外语教育尚未大规模开展之际，电视外语教学作为新鲜事物，凭借其特有的传播方式迅速进入中国百姓的家庭。那个年代的人们都有十分执着的学习精神，希望通过补上“文革”期间耽误的课程，追上时代的发展步伐。在促进中国外语教学的恢复和发展方面，广播电视和北京外国语学院共同努力搭建的这支特殊“教师队伍”起到了不可低估的作用，做出了突出贡献。

二、携手外研社，策划精品电视英语教学节目

随着改革开放的不断深入，国家对外语人才的需求越来越大，业余时间学习外语的人愈来愈多，人们的需求也随之不断增加。到了20世纪90年代，电视外语教学已经成为远距离外语教学的重要手段。

与20世纪80年代相比，90年代的电视外语教学发生了很大变化，开始进入“百花齐放，百家争鸣”的蓬勃发展阶段。在电视节目不断丰富的同时，同行业外语教育节目和不同外语教学形式的竞争也大大加剧。仅以电视台为例，全国各省、自治区、直辖市和一些大中城市的70多家电视台基本上都开通了电视外语教学节目。为了搞活节目，策划者、制作者可谓“八仙过海，各显神通”，单就主持人的选用就可见一斑：有的利用名人效应，请名人做节目主持人；有的请会讲汉语的外国人做主持人；有的请中外专家同台唱戏。但“巧妇难为无米之炊”，主持人选得再好，也要以好的节目作为基础。观众对精品的期盼非常强烈，市场的争夺也更加激烈。

1992年，中央电视台与外研社、瑞士希莫兹咨询公司合作推出了一档英语教学节目《维克多英语》。该节目风靡全球，被誉为“全世界亿万电视观众速成英语的捷径”，在欧美20个国家电视台播放或重播。该节目自推出以来，先后获得1986年戛纳电影节奖、1989年全球“日内瓦语言文化国际展”杰出（贡献）奖等奖项。后来，外研社出版了节目配套教材，获“全国优秀畅销书奖”。这套教材当年共发行了25万套，共计75万册，销售十分火爆。现在我还依然记得在南京新华书店，由于这套书供不应求，书店只好提前收款，交给顾客一张盖章的纸条，上面写着：欠《维克多英语》一套，请到货后领书。

《维克多英语》又一次点燃了全国英语学习者的热情，取得了巨大成功。这一成功与协作三方的强强携手密不可分。在与外研社的合作中，对方坦诚、大气的合作态度给我们留下了良好的印象，我和李朋义社长也结下了深厚的友谊。我与李社长都经历过“文革”，接受过那个年代的风雨洗礼，都有着强烈的责任心与使命感，都心怀为观众和读者制作更精良的学习节目、为改革开放事业做出贡献的理想。因为我们志同道合，所以合作自然很顺利。

1994年，中央电视台与外研社再度联手，推出了《许国璋电视英语》，成功地将《许国璋英语》这套经久不衰的经典教材搬上荧屏。在20世纪80—90年代，外语教学界有“南王北许”的说法，“王”是指中山大学的王宗炎教授，“许”即北京外国语大学的许国璋教授。许国璋教授主编的《英语》自问世以来一直广受欢迎，拥有庞大的读者群体，影响了中国几代英语学习者，为中国外语人才的培养做出了突出贡献，为中国走向世界铺路架桥。《许国璋电视英语》是在外研社1992年出版的《许国璋英语》一至三册的基础上改编修订而成的视频教程，共100集，由北京外国语大学教授侯毅凌、章晓英和外籍专家朱莉·梁（Julie Liang）、特里·沃恩（Terry Wawn）主讲。在许国璋教授的指导下，中央电视台和外研社聘请了部分英语专家对原书进行了改编，使这一经典教材更具特色，更适合20世纪90年代英语学习者的需要。配套教材由外研社出版，全二册，共印43万套，被奉为外语教材中的经典之作。同时，这也是许国璋先生的谢世之作，是许先生留给广大英语学习者的宝贵精神食粮。

随后，中央电视台又与外研社、加拿大制作方合作推出了加拿大政府投资拍摄的《随大山商访加拿大》。该节目从孕育、策划到1997年年底正式播出，历时三年多的时间。这部教学片有两大特色，一是选择加拿大籍主持人、演员大山为主角拍摄。作为中外文化交流的使者，大山在中国家喻户晓。以他与朋友的一系列活动为线索拍摄教学片，能够让观众迅速进入不同文化的语境之中，激发他们的学习兴趣。此外，大山精通汉语，通过节目，他把自己学习汉语的成功经验分享给中国的英语学习者，也能为观众的英语

1996年，（左起）编导田勇、外研社编辑室主任徐建中、加拿大籍主持人大山、央视科教部主任冯存礼商谈《随大山商访加拿大》的录制

《随大山商访加拿大》封面

学习带来一些启发。该片的另一重要特色是以加拿大社会、文化为背景实地摄制，内容涉及加拿大社会生活的诸多方面，有很强的知识性、文化性与实用性。

节目播出后，我们收到了很多热情观众的来信。他们认为这套节目在短小的教学单元里，场景突出，交际功能突出，又辅之以文化背景知识介绍，是一套难得的语言教学节目。外研社出版了该节目的配套用书、音带及光盘，市场反响积极，产品非常畅销。2000年，《随大山商访加拿大》获得了新闻出版总署“首届国家电子出版物奖”。随后，我们又进一步通力合作，推出了续篇《随大山万里行》。这一节目延续了《随大山商访加拿大》的节目特色，在真实的交际场景中展现加拿大传媒、体育、休闲、环保等方方面面的社会点滴和文化现象，让英语学习者在真实的文化社交场景中学习地道的英语。

这一时期，优质的电视外语教学节目在全国各地纷纷涌现，如1993年外研社引进出版的《走遍美国》(*Family Album U.S.A.*)。这是美国麦克米伦公司和美国新闻署历时8年、耗资700余万美元拍摄的一部美国英语教学片，围绕纽约斯图尔特（Stewart）一家人的生活展开故事，生动、形象地展示了普通美国人的生活习惯、思维方式和情感表达，让国人在充满温情的家庭生活中掌握地道的英语口语表达、了解美国社会的风土人情。《走遍美国》在全国20多个电视台播出，收视率一直居高不下，并获得了“全国优秀畅销书奖”“全国高校出版社畅销书优秀奖”“全国图书金钥匙奖”等一系列奖项，成为20世纪90年代最具代表性、影响最大的英语教学节目之一，掀起了中国英语学习的又一高潮。随后，外研社又与中央广播电视大学联合引进改编了大型多媒体英语教学系列课程《走向未来》，1995年年底在全国各电视台播出，为广大英语学习者提供了又一部内容出色、语言地道、文化浓郁的优质电视英语教学节目。

除了英语教学节目，这一时期还涌现出了种类繁多的多语种电视教学节目，如中央电视台与外研社合作的《电视俄语》、中国教育电视台与外研社合作的《日语，你好》等，满足了中国外语学习者的各类需求，受到广大外语学习者的热烈欢迎。

三、突破创新，打造品牌，新世纪依然发光发热

从20世纪90年代中后期开始，中国电视外语教学的热潮逐渐降温。细思其原因，既包括本行业市场竞争的加剧，也包括很多外部因素的影响。一是我国的出版行业在这一阶段得到了前所未有的发展，各类外语教材批量涌现，令读者目不暇接。二是越来越多的普通高等院校和成人院校开设了外语专业，为培养外语人才提供了良好的学习环境。三是各类外语培训机构纷纷成立，吸引了大量的外语爱好者，转移了观众的注意力。四是随着科技的发展，传播渠道逐渐从单一的广播电视途径发展到录像、光盘、互联网等多种媒介，新技术为外语学习者提供了更多的选择。

面对时代的发展、环境的改变、技术的冲击，面对外语学习资源的不断丰富和渠道的不断拓宽，如何实现自我突破、继续做大做强、重拾收视率，让电视外语教学节目继续发光发热，是每个节目制作人都在不断反思和研究的课题。尽管面临各种挑战与冲击，但中国电视外语教育在这一阶段依旧取得了许多振奋人心的突破与成就。其中，《走遍美国》实现了与民间资本力量的联合，它的热播也为中国电视外语教学节目的发展提供了新模式。1999年，吉林科学技术出版社从中国台湾引进了《空中英语教室》杂志，受到了广大英语爱好者的喜爱。该杂志是台湾地区发行量最大的英语教学杂志。吉林科学技术出版社引进后，还推出了完全讲解版MP3、录音带、教学VCD、网络版CD-R等音像制品，其配套的教学节目也在全国多家电台、电视台热播，满足了消费者的各方面需求。

另一个成功的例子，是北京电视台和北京东方友人经济信息咨询有限公司联合制作的大型英语系列教学节目《洋话连篇》。这档节目形式新颖，为电视外语教学节目注入了新的活力。该节目由美国、加拿大等外国语言专家和中国的资深教师共同参与编辑录制和后期制作，抛弃了传统的演播室和一板一眼的教学腔调，取而代之的是主持人在黄土高原上用英语侃侃而谈，或是在乡村公路上介绍美国最新流行的口语。《洋话连篇》播出后，其别具一格的形式很快在电视外语教学节目中脱颖而出，观众逐渐由北京辐射到全国，成为北京电视台的一个名牌栏目。

2002年10月4日，中央电视台科教频道获第19届儒勒·凡尔纳大奖，冯存礼在法国埃菲尔铁塔接受采访

世纪之交，各电视外语教学节目都在通过创新节目形式与融合各种资本、技术和营销手段等方式不断寻求突破。中央电视台也顺势发力，在汲取各方的成功经验后，于1999年推出了一档英汉双语文化教育栏目《希望英语》。栏目以“寓教于乐”为理念，用轻松活泼、新颖有趣的方式，向大众特别是青少年传播知识、介绍中西方文化，使观众在生动轻松的氛围中学习地道英语、了解中西方文化。节目在结构安排上，仿照杂志的编辑方式，采用板块状的结构，将半小时的节目划分为“我看世界”“我的朋友”“绿地漫步”“你说我说”“点点滴滴”五个子栏目，从而实现节目内容的最大覆盖面，丰富电视教学的内容。从1999年到2001年，《希望英语》在央视二套和一套播出，每周一期，在英语学习者中引起了很大反响，成为沟通中西方文化的一座桥梁。

2001年7月，《希望英语》进入央视十套科教频道，从原来的每周一期增至每周六期，以全新的面貌吸引了更多的观众。改版后的《希望英语》有两个突出的亮点：一是引入了更多国外最新的流行电影和音乐；二是每周增加了英语真人秀比赛，在迎合流行文化的同时开启了媒体商业化的操作模式。由栏目衍生的大型英语电视比赛——“希望之星”英语风采大赛，自2000年起开始举办，其深远的影响受到了社会各界的广泛关注。十几年间，大赛组委会先后与第29届奥林匹克运动会组织委员会、世界自然基金会（WWF）、上海世博局等机构合作，传播奥运精神、环保理念、中国声音。除了“希望之星”英语风采大赛，《希望英语》还组织了英语夏令营、儿童英语风采大赛等活动，不仅吸引了更多观众，提高了收视率，还成功地促使栏目和观众形成良性互动，使品牌更加深入人心，进一步推动了电视外语教育的创新和发展。

回首过去，中国电视外语教学节目有过辉煌，有过低谷，也遭遇过来自各方面的挑战，但每个阶段都能在不断的创新中实现突破与发展，最终创造一个又一个经典与辉煌。从早期单调的“我教你学”不断发展、突破、创新，增强互动，到打造品牌、在激烈的节目竞争与外语教学竞争中占有一席之地，中国电视外语教学陪伴了中国几代人的学习与成长，为国人打开了了解世界的窗户，在外语教育史上留下浓墨重彩的一笔，为实现改革开放和中华民族的伟大复兴做出了重要贡献。

我从事科教节目工作30余年，作为科教节目的一名开拓者和推动者，我亲历了改革开放40年来中国经济和社会发展取得的辉煌成就。中国经济的发展，离不开中外经济往来与文化交流，离不开中国外语教育的发展，离不开具有国际化视野的外语人才的培养。中国要想在世界“发声”、取得更大的国际影响力和话语权，在自身强大的同时，更应该推动中国文化进一步“走出去”，用英语讲好中国故事，传播中国声音！回首过往，中国电视外语教育为中外文化的传播与交流谱写了一曲曲绚丽的乐章；展望未来，中国电视外语教育必将乘风破浪，为中国走向世界创造新的辉煌！

七十载风雨兼程　新时代砥砺前行

——新中国外语教育出版70年

李朋义

李朋义，1980年北京外国语学院英语系毕业，后取得英国利兹大学硕士学位、牛津布鲁克斯大学荣誉博士学位。历任外语教学与研究出版社社长兼总编辑、北外副校长、中国出版集团党组书记兼副总裁、高等教育出版社社长、中国教育出版传媒集团党委书记兼总经理以及中国编辑学会副会长、中国翻译协会副会长等职。曾获“韬奋出版奖”“中国出版政府奖——优秀人物奖”等奖项。现任中国出版协会副理事长、亚太出版商联合会副主席等职，享受国务院政府特殊津贴。

从新中国成立到现在，我国外语教育出版走过了70年。我于1977年进入北京外国语学院（今北京外国语大学）学习英语。此后42年间，前4年作为学生接受外语教育，后38年作为出版人参与外语教育出版，也曾主持外语教学与研究出版社、高等教育出版社、中国出版集团和中国教育出版传媒集团的工作，既是新中国外语教育出版事业的见证人，也是改革开放后外语教育事业蓬勃发展的参与者。

本文首先回顾新中国外语教育出版的发展历程，一方面对我国外语教育出版在各个发展阶段的情况做介绍，另一方面联系我在外研社、高教社和中国教育出版传媒集团的工作经历，对一些关键问题做出分析；其次，概括性地阐述新中国外语教育出版事业取得的重要成就及意义；最后，总结阐述新中国外语教育出版工作的经验与启示。

一、新中国外语教育出版的发展历程

我国的外语教育出版大体分为四个阶段：新中国成立后的初级阶段、改革开放后的蓬勃发展阶段、进入21世纪后的改革与调整阶段，以及信息智能时代的多元化阶段。

（一）新中国成立后的初级阶段（1949—1977年）

新中国成立初期，我国出版事业的根本任务是普及文化教育。1950年，党中央决定成立人民教育出版社，为全国中小学生出版教材，由著名教育家、出版总署副署长叶圣陶先生担任第一任社长。1954年，高等教育出版社作为教育部直属的综合性出版社在北京成立。1955年，我国第一家高校出版社——中国人民大学出版社成立。1957年，华东师范大学出版社成立。

新中国的外语教育出版起步于1950年，因当时还没有统一和通用的外语教科书，各家出版单位对新中国成立前一些较受欢迎的外语教科书进行了修订，出版了一些俄语和英语教科书。1956年，教育部发布《关于中学外国语科的通知》，随后委托北京外国语学院编写了初高中两套英语教科书，由人教社出版，是新中国成立后在全国通用的英语教科书。

李朋义和许国璋先生在一起

1958年以后，人教社出版了教育部组织编写的《全日制十年制学校初中课本英语（试用本）》和《全日制十年制学校高中课本英语（试用本）》，自1961年起陆续在全国一些条件较好的学校使用。1962年，人教社编制了一套十二年制外语教科书，从1963年起在全日制中学初中一年级开始使用，至1966年全套教材被停用。

商务印书馆于1962年出版了北京外国语学院许国璋教授主编的《英语》教材，这是新中国历史上第一套重要的高等教育英语教材。同时，商务印书馆还出版了《日汉词典》《汉法词典》《汉德词典》《西汉词典》和张道真的《实用英语语法》，以及薄冰、赵德鑫的《英语语法手册》等一批耳熟能详的英语工具书。

“文革”期间，外语教育出版陷入停滞状态。1973年，北京外国语学院根据毛泽东主席和周恩来总理的指示，成立了汉英词典编写组，由吴景荣教授主编了《汉英词典》，并由商务印书馆于1978年出版。这本词典成为我国汉英词典的经典之作，也是这一时期我国外语教育出版领域少有的一个成果。

（二）改革开放后的蓬勃发展阶段（1978—1999年）

党的十一届三中全会拉开了改革开放的序幕，我国外语教育出版全面复苏，迎来了历史性的发展机遇。

1. 改革开放初期，外语教育出版复苏

1978年，党的十一届三中全会做出把工作重心转移到经济建设上来的决定。在邓小平同志的领导下，教育部召开全国外语教育座谈会，对新的历史时期的外语教育提出明确任务，指出搞好外语教育是具有战略意义的长远计划。

在改革开放的历史大背景下，外语教学与研究出版社、上海外语教育出版社、北京大学出版社、清华大学出版社、复旦大学出版社、北京师范大学出版社等一批高校出版社应运而生。这批出版社成立后，立即投入到支援教学科研中，出版了一批优秀的外语教材，有力地支持了我国外语教学的复苏与发展。

外教社1985年出版了复旦大学董亚芬教授主编，复旦大学、北京大学、中国人民大学、华东师范大学、武汉大学、南京大学等几所高校联合编写的公共英语教材《大学英语》。这套教材是这一时期公共英语教材的优秀代表。在此之前，没有一套非英语专业教材有这么大的规模体系。

在英语专业教材方面，外教社在1985年推出了李观仪教授主编的《新编英语教程》，而后又于1987年出版了李筱菊教授编写的《交际英语教程·核心课程》。外研社在这一时期推出了《英语》（许国璋、俞大絪、徐燕谋主编）、《高级英语》（张汉熙主编）、《大学英语教程》（胡文仲、杨立民、徐克容编）、《英语初级听力》《英语中级听力》《英语高级听力》（何其莘等编）、《现代大学英语》（杨立民总主编）、《英语初级口语》《英语中级口语》《英语高级口语》（吴祯福主编）、《英语视听说教程》（吴青、杨立民等编著）《高级英语》《综合大学英语》等多套教材。另外，外研社和外教社还相继出版了《英语语法纲要》《新编英语语法》《简明英语语言学教程》《美国英语应用语音学》《英语语音学引论》《英国文学史》《英美文学选读》《英语文体学引论》等学术著作。这些教材的编写和出版，极大地推动了英语专业教材建设，缓解了“文革”后教材短缺的状况。

在基础英语教育领域，人教社先后代表教育部主持或参与拟定2000年以前历次中小学外语教学大纲和课程标准，先后编写出版了多套全国通用的中小学英语教材。根据1978年颁布的《全日制十年制中小学英语教学大纲（试行草案）》，人教社编写了《英语》教材，这套教材一直用到1998年，是新中国成立后使用时间最长的英语教材。1988年《九年制义务教育全日制初级中学英语教学大纲（初审稿）》颁布后，由联合国开发计划署提供资助，联合国教科文组织任执行机构，人教社与英国朗文出版集团有限公司合作编写了九年义务教育初中英语教材，影响也十分广泛。

除了英语之外，各出版社也出版了相应的多语种教材和工具书，其中以人教社的《中日交流标准日本语》、外研社的《日语，你好》《日语新干线》《韩国语入门》《大学俄语（东方）》《目标：强化德语教程》和商务印书馆的《大俄汉词典》《汉语波斯语词典》等为突出代表。

2. 确立市场经济改革目标，行业向优质高效发展

1992年，邓小平同志发表了视察南方重要谈话，当年秋天召开了党的第十四次全国代表大会，改革开放力度明显加大，经济和社会发展速度明显加快。

外研社在深入学习邓小平重要谈话和党的十四大报告后，理论联系实际，于1992年出台了《外研社改革与发展综合方案》。《方案》明确提出以邓小平重要谈话和党的十四大精神为指导，牢牢把握“以经济建设为中心”的思想，将生产经营放在一切工作的首位。在《方案》的指导下，外研社实行了一系列的改革措施，焕发了前所未有的生机和活力。1992年成为外研社发展史上一个至关重要的转折点。

随着改革开放后出版生产力的发展，人民群众对图书的基本需要得到了满足，然而片面抢夺市场造成的潜在问题也充分暴露，主要表现为出版质量滑坡、滞销出版物大量堆积。面对这一现状，外语教育出版行业转换思路，朝着“控制总量，调整结构，提高质量，增进效益”的方向发展。

外研社适时提出了“压缩品种、优化选题、提高质量”的精品战略。1997出版的《新概念英语》就是精品战略指导下的代表作。这套教材是外研社携手英国培生集团，请《新概念英语》作者亚历山大（L. G. Alexander）与中国专家联袂为中国英语学习者专门修订出版的。我本人在北外读书期间，第一本教材就是《新概念英语》，只不过我见到的是复印的单页。在课堂上，教师播放录音磁带，搭配单页教学。时至今日，我还能背诵出《新概念英语》的部分内容。1980年，我进入外研社工作，编辑的第一套教材就是《新概念英语》。1992年，我担任外研社社长后，做的第一个国际合作大项目也是《新概念英语》。当时有多家出版社盗版《新概念英语》，为了能使正版早日面世，我多次力邀作者亚历山大来华考察并反复申明一个理由：“每年一百万的中国读者没有道理再继续使用30年前为德国人编的老教材。”被外研社恳切的态度和中国英语学习者的热情打动，亚历山大慨然应允为中国读者修订《新概念英语》，并从我推荐的诸多中方学者中选择了何其莘教授为合作者。1997年11月，《新概念英语》出版，这是这套书30年来在全球范围内唯一的一次修订。从此，《新概念英语》既有了“纯正血统”，又有了新鲜活力与“合法身份”。这套教材陆续覆盖了大江南北，成为至今众多英语学习者的不二选择。

1997年，《新概念英语》首发照，右一为李朋义

在同样实行优质高效的出版策略下，外教社出版了“外教社大学英语阅读文库”“中学生英语阅读文库”“英美文学名著导读详注本系列”“外教社英美文学名家生平系列”，商务印书馆出版了《欧洲文学史》《新时代汉英大词典》等畅销读物和工具书。

（三）进入21世纪后的改革与调整阶段（2000—2010年）

进入21世纪之后，我国进入全面建设小康社会、加快推进社会主义现代化的新发展阶段。一方面，为完善社会主义市场经济体制，我国全面推进文化体制改革；另一方面，教育部推行全面落实素质教育，为教育出版带来新契机。同时，随着中国加入世贸组织，外语教育出版行业进入全方位、多层次、宽领域的对外开放阶段，面临一个更加广阔的国际市场。

1. 深化出版业体制改革，完善社会主义市场经济建设

2003年，党的十六届三中全会通过《中共中央关于完善社会主义市场经济体制若干问题的决定》，指出要深化文化体制改革，文化产业单位要创新体制，转换机制，面向市场，壮大实力。2004年，根据中央关于文化体制改革的总体部署，除人民出版社、民族出版社和盲文出版社外的绝大部分出版单位转制为企业，成为“自主经营，自负盈亏，自我发展”的市场竞争主体。

2003年6月，中央召开了全国文化体制改革试点工作会议，外研社被列为首批改革试点单位。2010年，外研社改制工作完成，正式更名为“外语教学与研究出版社有限责任公司”。同期改制的出版社还有北京大学出版社、清华大学出版社、北京师范大学出版社等一大批高校出版社和中央、地方的绝大多数出版社，它们的改制为教育出版行业的发展进一步提供了动力。

通过文化体制改革，一批出版社取得了令人瞩目的成就。2010年12月，中国教育出版传媒集团有限公司成立；2011年3月，中国教育出版传媒股份有限公司成立。集团公司与股份公司同步组建，共同发展。由人民教育出版社、高等教育出版社、语文出版社、中国教学仪器设备总公司、中国教育图书进出口公司等几家单位组成的中国教育出版传媒集团，被业界誉为“中国出版业航母”。

2. 素质教育工程带来外语教育出版多样化发展

1999年，国务院批转教育部《面向21世纪教育振兴行动计划》，提出实施“跨世纪素质教育工程”，实行大学扩招。同年6月，中共中央、国务院印发《关于深化教育改革全面推进素质教育的决定》，提出建立新的基础教育课程体系。2001年，新闻出版总署、教育部、发改委发布了《中小学教材出版招标投标试点实施办法（修订）》和《中小学教材发行招标投标试点实施办法（修订）》，一直被垄断的中小学教材市场由此开始逐步放开。

在大学英语教学领域，国内的应试教育导致了学生的实际语言应用能力与分数存在较大差距，不能适应新时期的发展需要。1999年，外研社提出“以教育服务为中心”战略，进军高等教育市场，推出了一套以学生为中心、全面提高听、说、读、写能力的《新编大学英语》教材。该教材通过精选贴近大学生活又具备趣味性的话题素材，创造了“以学生为中心的主题教学模式”。随后，响应教育部《关于实施新世纪网络课程建设工程的通知》，外研社又推出了《新视野大学英语》。这套教材结合现代信息技术，为教学提供多渠道、全方位的网络教学资源，被教育部作为“大学英语教学改革”教材向教改试点院校推荐。从出版至今，《新视野大学英语》已经修订3版，占据全国大学英语教材市场的半壁江山。

外研社《新视野大学英语》（第三版）

在大学英语教学改革的大背景下，得益于教材市场的放开，其他高校出版社出版的英语教材也呈现出百花齐放的状态。复旦大学出版社与高教社合作，出版了《21世纪大学英语》，外教社出版了《新世纪大学英语》《通用大学英语》《大学目标英语》《新起点大学英语》，高教社出版了《新编大学基础英语》《综合英语教程》，中国人民大学出版社出版了《新思路大学英语》《新实用英语》。

在英语专业教材方面，外教社推出了新世纪高等院校英语专业本科生系列教材《综合教程（1—4册）》《新编英语教程修订版（1—8册）》《交际英语

李朋义（右一）和麦克米伦教育集团总裁白德信及夫人、陈琳和于春迟合影

教程·核心课程修订版（1—4册）》，北京大学出版社推出了《英语》教材，高教社也为英语专业编写出版了一套《综合英语教程（1—6册）》。

2001年，教育部颁布《全日制义务教育普通高级中学英语课程标准（实验稿）》和《关于积极推进小学开设英语课程的指导意见》，允许教材编写由原来的“一纲一本”转变为“一纲多本”。在这一精神的指导下，外研社、人教社、外教社、北师大出版社等纷纷集中外学者的智慧，出版了各具特色的中小学英语教材。外研社与麦克米伦出版集团联合编写出版的《新标准英语》，人教社与加拿大Lingo Media国际集团合作编写的小学英语教材《PEP小学英语》、与美国圣智学习集团合作编写的《新目标英语》，以及北师大出版社编写的义务教育教科书《英语》等都是杰出的代表。外研社出版的《新标准英语》还是我国第一套“一条龙”式的从小学至高中再到大学的完整系列教材。全国各地区也纷纷按照当地的实际情况选用合适的教材，大大提高了我国基础英语教育的教学水平。

与此同时，我国大力发展职业技术教育，提出了《普通高等专科英语课程教学基本要求》。高教社率先响应，用两年时间编写出版《实用英语》系列教材，打破了高职高专“套用本科教材”的状况。进入21世纪，教育部高教司制定了《高职高专教育英语课程教学基本要求》。在《基本要求》的引领下，形成了各大出版社竞相出版高职高专教材的可喜局面，影响较大的有外研社的《新视野英语教程》《希望英语》《新技能英语》，外教社的“新世纪高职高专英语系列教材”“新标准高职高专公共英语系列教材”，复旦大学出版社的《21世纪大学实用英语》等。

2019年6月16日，中国职业外语教育发展研究中心在外研社成立，中心旨在引领和促进职业外语教育领域的综合改革，助力我国职业外语教育真正达到现代化水平。

3. 经济全球化形势下的国际合作

2001年，我国加入世贸组织，这是我国应对经济全球化的一项重大举措。在经济全球化的新形势下，外语教育出版与国际出版界开启深度合作，专门针对中国读者需求合作定制本土化产品成为主流。外教社的《朗文国际儿童英语》、高教社的《剑桥英语（青少版）》、外研社的《新标准英语》等都是这一合作模式下的典型代表。

同时，中国加入世贸组织和成功申奥也带来了“汉语热”，对外汉语显示出巨大的市场潜力。外研社的《汉语900句》、《中国文化读本》、《李岚清教育访谈录》（俄文版、英文版）、《突围——国门初开的岁月》，高教社的《体验汉语》，人教社的《快乐汉语》《跟我学汉语》，中国人民大学出版社的《大国的责任》《人民币读本》等纷纷以多个语种走出国门，传播中国文化。外语教育出版还通过海外建点、联合创办实体、成立中国主题编辑部等方式在海外落地，在国际视角下出版优秀产品。我将这一系列“走出去”举措概括为“借船、造船、买船三步走战略”：借船出海，让产品走出去；造船出海，让实体走出去；买船出海，让资本走出去。

（四）信息智能时代的多元化阶段（2011年至今）

近年来，随着信息技术的飞速发展与全社会信息化、智能化潮流的爆发，各行各业都发生了日新月异的变化。我国教育出版行业进入了一个多元化发展的新时代。

“十二五”期间，国务院提出《文化产业振兴规划》，强调坚持以结构调整为主线，加快推进重大工程项目，扩大产业规模，增强文化产业整体实力和竞争力。随着由政府主导产业结构调整的大力推进，出版数字化全面加速，资本市场的影响持续加剧，出版业步入一场深刻的变革中。

面对新形势，外语教育出版企业纷纷寻求转型：清华大学出版社提出由教育出版到教学资源研发、服务的转型战略；商务印书馆提出加快由传统出版向数字出版的转型步伐，以资本和业务为纽带实现跨行业经营、跨地区发展战略；外教社提出以出版为主体，以科研、教育为两翼，为广大客户提供科学、高效、经济的外语服务解决方案战略；外研社提出了“坚守主业，发展教育，探索并布局文创，建设国内领先、国际知名的教育文化企业”战略，努力将外研社打造成为国际化的教育文化集团。

二、新中国外语教育出版的主要成就

新中国成立70年来，我国外语教育出版界始终坚持党的领导，坚持党的出版方针，为中国外语教育发展，为培养国际化人才、培养社会主义事业的合格建设者和可靠接班人做出了重要贡献。

（一）不忘初心，艰苦奋斗，为我国外语教育事业提供保障

外语教育出版行业在70年的发展中，始终认真贯彻“为人民服务，为社会主义服务，为教学科研服务”的出版方针，在不同的时期，出版了符合我国外语教学实际、满足人民群众需求的优秀外语教材、学习辅导书、工具书、参考书和学术专著。

新中国成立初期，人教社、高教社与商务印书馆站在历史的新起点，以编译俄语教材起步，一方面借鉴国外教材，一方面对新中国成立前的外语教材展开修订，“抢”出了几套大中小学外语教材。1978年以后，以外研社、外教社、北京大学出版社、清华大学出版社等为代表的一批高校出版社陆续成立。它们针对外语教育领域教科书缺乏的局面，策划出版了一批外语教材和学术专著，实现了外语教材的“从无到有”。

进入21世纪，人教社、高教社、外研社、外教社、北京大学出版社、清华大学出版社等积极响应素质教育号召，陆续推出了“以学生为中心”和结合现代化信息技术的高校外语教材，为高校外语教学提供了丰富的教材选

择。在基础教育领域，人教社、外研社、北师大出版社等共计出版了40余套中小学英语教材。这些教材充分重视以学生为主体，促使学生的学习方式发生变革，在版式设计和印刷质量上也有明显的提高。外语教育出版实现了“从有到好”的飞跃。

同时，我国外语教育出版界与英美等国家在外语教学方面开展积极交流，将先进教学理念引入教材编写，加强了课堂听说实践，改变了过去用汉语教英语的做法，使学生能够同步接受国际化教育，为培养国际化人才提供了有力保障。

（二）以人为本，服务人民，推动外语教育事业科学发展

我国外语教育出版始终坚持为教学科研服务，培训了一批又一批大中小学外语教师。从1999年起，外研社首开先河，对大学英语教师开展暑期义务培训。20年来，义务培训中小学教师60余万人次，大学外语教师十余万人次。在当时国家教育经费不足、学校办学经费有限的情况下，外研社、外教社、人教社、高教社等为提升我国外语教师的教学水平和学术地位，为外语教学事业的可持续发展做出了应有的贡献。

我国外语教育出版坚持“以学生为中心”的教育理念，为一批又一批英语学习者搭建交流和展示的舞台，培养了大量国际化人才。自1997年以来，外研社举办了“外研社杯”全国英语辩论赛、“CCTV杯”全国英语演讲大赛、“外研社·朗文杯”新概念英语大赛等多项赛事，为很多没有机会去国外学习的外语学习者提供了一个英语交流环境，也提升了他们的跨文化交际能力和思辨能力。作为国内最大的外语教育图书出版基地和外语图书市场的领跑者，外研社真正践行了办社的目标：促进全民外语教育，推动社会文明进步。

（三）牢记使命，对接时代，为中外文化交流做出贡献

外语教育出版因其“外语”的属性，始终站在中外文化交流的前沿。以外研社为代表的一批出版社通过引进版权出版了一大批国外优秀图书，为国人打开了世界的大门，通过文化、产品和版权的输出，让成千上万种国内优秀图书走出国门，成为我国文化与国际文化交流的载体，为国家的文化传播能力建设做出了突出贡献。

党的十八大以来，以习近平同志为核心的党中央高度重视国际传播能力建设，指出“要努力提高国际话语权，加强国际传播能力建设，精心构建对外话语体系，发挥好新兴媒体作用，增强对外话语的创造力、感召力、公信力，讲好中国故事，传播好中国声音”。这对作为中外文化交流前沿阵地的外语教育出版界来说，既是责任，也是使命。外语教育出版界借助自身的外语优势和国际合作经验，为国家战略和企事业单位“走出去”提供文化服务和信息支持，对培养具有国际化视野的高素质外语人才发挥了积极作用。

（四）继往开来，改革创新，为实现中华民族伟大复兴提供强有力的支持

新中国成立70年来，包括初期的外语教育出版起步、十一届三中全会后面向市场经济做出的战略调整、改革开放之后的对外合作交流、经济全球化形势下进行文化体制改革、与时俱进推进素质教育，等等，外语教育出版事业发展的每一步都与中国特色社会主义建设事业的步伐紧密相连。外语教育出版事业发展的70年，既是坚持在中国特色社会主义理论指引下进行的改革探索，又用自身的累累硕果丰富了中国特色社会主义建设在外语教育出版领域的实践，更为实现中华民族的伟大复兴提供了强有力的支持。

经过70年的发展历程，尤其是经过改革开放的洗礼，一批外语教育出版社从无到有、从小到大，形成了一支成熟的外语教育出版队伍。它们把握住了我国外语教育的每一次发展契机，在市场经济体制下快速发展。这批出版社是我国外语教育出版领域的“国家队”和生力军，它们的发展壮大为我国外语教育出版事业的发展奠定了坚实的基础。

就外研社而言，它从建社时的6个人、十几种图书和百万元的销售码洋，已经发展成为拥有3,000人、每年用80多种语言出版图书5,000多种、年销售码洋38亿元、资产50亿元的大型出版社。从名不见经传的小社到获得中国出版界全部荣誉的大社、强社，外研社已经成为中国外语教育出版行业的一面旗帜。从发展规模看，外研社用40年的时间走完了剑桥大学出版社400年走过的道路。可以说，外研社的发展是我国外语教育出版行业发展的一个缩影，是我国社会主义建设事业在外语教育出版行业具有研究价值的个案。

三、新中国外语教育出版的经验与启示

新中国70年外语教育出版事业的发展，归根结底，得益于坚持党的领导，坚持党的教育方针和出版方针；坚持社会效益第一、经济效益服从社会效益的原则；坚持改革开放，坚持为经济建设服务、为培养国际化人才服务；坚持解放思想、实事求是，按教育和出版规律办事。

（一）坚持党的领导，坚持党的教育方针和出版方针

人教社、高教社、外研社、外教社等一批外语教育出版社自成立之初，就把坚持党的领导同办社方向紧密结合起来，无论是面向市场经济的优质高效发展模式、紧跟素质教育的教育出版战略、转企改制下的多元化发展，还是产业结构调整后的战略转型，无一不是党的路线、方针、政策与外语教育出版实践相结合的产物。

外语教育出版坚持"立德树人、为社会主义现代化建设服务、为人民服务"的教育方针，在新中国成立之初出版紧缺的外语教材、支持外语教育事业恢复与发展的同时，也为自身的发展积蓄了力量。改革开放后，为培养适应国家经济和社会发展的国际化人才，中央和教育部陆续颁布了《面向21世纪教育振兴行动计划》《关于深化教育改革全面推进素质教育的决定》《关于基础教育改革与发展的决定》《关于实施新世纪网络课程建设工程的通知》等文件。在政策的指引与支持下，外语教育出版界积极响应国家的号召，投入大量人力、物力、财力，出版了各具特色的大中小学优秀外语教材，在为教学科研服务、为国家的外语教育事业做出贡献的同时，自身迅速发展壮大。外语教育出版坚持正确的出版方针，严把选题关，做到对读者和历史负责的同时，也对自身长远发展负责。

（二）坚持社会效益第一、经济效益服从社会效益的原则

教育的根本任务是立德树人，为社会主义事业培养合格建设者和可靠接班人。外语教育出版是为外语事业服务的，坚持社会效益第一，是外语教育出版行业自身发展的需要。

改革开放以来，党和国家陆续提出实施"跨世纪素质教育工程""推进基础教育改革与发展"等多项教育改革措施，要求教育行业重视教学质量，力

争实现更好的发展以适应社会需要。根据时代发展的需要，对出版行业提出“控制总量，调整结构，提高质量，增进效益”的出版发展思路，明确指出我国出版业不仅要更快还要更好地发展。落实到外语教育出版行业，就是要经济效益服从社会效益，以高质量出版带动行业发展。

社会效益与经济效益两者本身是相辅相成、互相促进的。20世纪90年代，因为计划经济积弊的凸显和片面抢夺市场的风气，一度造成出版行业普遍质量下滑、库存积压、利润下降。外语教育出版界做出了由数量增长型向优质高效型转型的决定，坚持社会效益第一，实施“精品”战略，彻底改变了“广种薄收”的出版方式，在取得良好社会效益的同时，也取得了良好的经济收益。

据不完全统计，2018年我国图书零售市场规模达894亿元，其中外语学习类占到了16.89%。我国外语教育出版工作在坚持党的出版方针的前提下，实现了社会效益与经济效益的最佳结合。

（三）坚持改革开放，坚持为经济建设服务、为培养国际化人才服务

作为社会主义现代化建设的一部分，我国的外语教育出版始终坚持“以经济建设为中心”的基本路线，面向市场经济，不断破除体制机制障碍，不断解放和发展生产力。例如：外研社在坚持社会效益的前提下，以生产经营为中心，锐意改革，于不同时期先后实施了“精品战略”“以教育服务为中心战略”“规模效益战略”“信息服务战略”等，生产规模不断扩大，实力不断增强，逐渐成为中国外语图书市场上真正意义的产业领导者。

我国外语教育出版事业还以普及文化教育作为根本任务，在70年的发展历程中，大量出版了外语教育所需的各类教材、学术著作，培养了大批外语师资队伍和大量国际化人才。我国外语教育出版业已经成为中国出版业的重要组成部分，为我国培养国际化人才做出了重要贡献。

（四）坚持解放思想、实事求是，按教育和出版规律办事

解放思想、实事求是，是毛泽东思想的精髓。我国外语教育出版事业的发展，同样坚持了解放思想、实事求是、按规律办事的原则。

新中国成立初期，当务之急是普及外语教育、解决教材短缺的问题。根据这种实际情况，人教社、高教社与商务印书馆等单位选择了对国外和新中

国成立前的教材进行编译，使外语教学能够快速起步。1978年后，为了给被耽误的一代人补课，人教社编辑出版了程度较低的过渡性英语教材，对稳定教学秩序起到了重要的作用。20世纪90年代的《许国璋英语》和《新编许国璋英语》因其既遵照外语学习规律，又实事求是地按照中国人的语言习惯和学习外语的思维方式编写而备受推崇，造福了千千万万的英语学习者。同时，针对20世纪80年代兴起的英语热与电视教学热，我和时任中央电视台教育专题部主任冯存礼共同策划了包括《许国璋电视英语》在内的一批电视外语教学节目，获得了很高的收视率。《许国璋英语》《新编许国璋英语》《许国璋电视英语》这三套英语学习教材符合时代要求，符合教育和出版的规律，在20世纪90年代初为外研社赢得了每年至少2,000万元的利润，取得了社会效益与经济效益的双赢。

进入21世纪以来，我国对外开放进一步扩大，全面推行素质教育。外语教育出版行业及时根据形势与国家政策的转变，把握外语学习规律，转换编写理念，出版以学生为中心，全面提高听、说、读、写、译能力的外语教材，满足了社会经济发展和国际化人才培养的需要。

进入新时代，党的十八大和党的十九大都强调把立德树人作为教育的根本任务，发展素质教育，推进教育公平，培养德智体美劳全面发展的社会主义建设者和接班人，要求以培养担当民族复兴大任的时代新人为着眼点，发挥社会主义核心价值观对国民教育、精神文明创建、精神文化产品创作生产传播的引领作用。外语教育出版行业积极按照这一要求，将“学生发展核心素养”和“外语学科核心素养”落实到基础教育阶段教材和高等教育外语课程教材的修订中。我们有理由相信，在党的十九大精神指引下，外语教育出版行业必将不忘初心，牢记使命，开辟发展的新空间，开启繁荣的新征程。

越过语言的边界　走向广阔的世界

杨　澜

杨澜，资深传媒人士，阳光媒体集团联合创始人、董事长，阳光文化基金会联合创始人、主席。唯一一位两次代表北京申奥的陈述人，曾任上海世博会形象大使，联合国儿童基金会首位中国形象大使，国际特殊奥林匹克全球形象大使及全球董事、中国慈善联合会副会长。曾获中华慈善奖行为楷模奖、全国三八红旗手标兵荣誉、佩利媒体中心授予的女性“开拓者”荣誉，入选“中国改革开放海归40年40人”，被福布斯评为全球最具影响力的100位女性之一。

语言是人类文明的象征，它既是一种交际工具，也是一种思维工具。它是连通不同国家之间的桥梁，是我们通往广阔世界的一扇大门。

我与外语的缘分，算起来也有几十年了。随着中国的改革开放，在我小学三年级的时候，学校开设了英语课。那时的我特别喜欢英语，而身为北外英语系教师的父亲却并没有过多地给我“开小灶”。唯有一点，他对我的英语发音很较真，这为我之后的英语学习打下了很好的基础。中学时期我的英语成绩一直是班上拔尖的，填报大学志愿时，我拿不定主意。父亲说：“国家改革开放了，各行各业都需要外语人才，你就学英美语言文学专业吧。”后来我考入了北京外国语大学英语系，当时我的成绩在北京地区报考北外的学生当中排第一。进入大学后我发现，跟同学们相比，自己的英文听力不够好。于是我就经常收听英语广播，不断地加强练习。毕业考试时，我的笔试、口语和听力成绩总分是全年级最高的。1990年，我从北外毕业，幸运地成为中国中央电视台《正大综艺》节目的女主持人。再后来，我辞去公职，去美国哥伦比亚大学学习。我放弃来之不易的一切，就是想要去看看外面更大的世界。这种简单、强烈的想法让我迈出了人生关键的一步。“辛苦”二字可谓一直贯穿于我在哥伦比亚大学的整个学习生涯，但我也非常感激这段生活，它让我在国际政治、外交、经济、传媒等各个领域都打下了更为坚实的学识基础，使得我的视野和心胸进一步被打开，对于不同的观点能有更加包容的态度。这种观念的碰撞和思辨模式的开启，让我在面对问题时的思考方式更加开放。可以说，是英语学习开启了我的人生之路。

语言学习带来的不仅是方法和认知层面的提高，更关键的是思维和沟通方式的提升。学一门外语能为我们开启另一个世界，能让我们无障碍地进行一种深度的交流。于我，对英语的坚持让我步入了全国最棒的语言类大学，而一贯的语言积累对我的职业发展更是起到了非常重要的作用。1990年，我考《正大综艺》时，既不是北京广播学院毕业生，也不是艺术院校毕业生，但却占了一个“便宜”。当时制片方要找一个懂点英语的主持人。那是改革开放以后中央电视台第一次在社会上招聘主持人，而且不以播音和传媒专业为限。经过了七轮竞争，到最后一轮决赛时，就剩下我和另外一个女孩子了。考官要求我们在门口准备五分钟，然后用英语介绍自己和讲讲为什么喜欢这个节目。若干年后，当时的制片人辛少英导演与别人谈起那段往事时说：“当时杨澜给我留下了一个很深的印象就是，虽然每个女孩子都非常希望自己能得到那个主持人的位置，而且每个人只有几分钟的时间准备，但当我路过时发现杨澜还在辅导另外那个女孩子英语，所以当时就觉得这个女孩很特别。”其实这是因为当时我对自己的语言能力很有信心，心有余力，才能去帮助别人。这些年来回头看看，我非常感谢父亲当年为我做出的这个决定。

英语对我而言，不仅仅是个工具。利用它，我不仅可以做采访，搜集更多的资料，更重要的是，它让我进入一种文化的比较，对不同世界的一种比较。在多元文化的熏陶下，我学会了独立思考，更加敢于直抒己见。记得在《正大综艺》的第一次面试中，辛少英导演谈到要找一个很清纯、善解人意的女主持人。轮到我介绍时，我反问她：“为什么在电视上女主持人总是处于一个从属的地位？为什么她就一定是清纯、可爱、善解人意的，而不能够更多地发表自己的见解和观点呢？”这个问题给她留下了深刻的印象。后来

《杨澜访谈录》存照

我被通知去参加第二次、第三次、第四次面试……直至第七次面试后走上《正大综艺》的舞台。后来的《杨澜访谈录》作为中国电视上第一个深度访谈栏目，从1998年到2018年，走过了20年的历程，其间我采访了上千位各国各界的领军人物，有四分之一左右都是用英语采访的。

有很多年轻人问我该如何学习英语。其实任何成功的经验都是不能完全复制的，正如世界上没有两片完全相同的树叶，每个人的自身条件和所处的环境都不同。但是我们可以借鉴，从本质上去把握一些规律性的东西，然后结合自身的特点加以整合，走自己的特色之路。第一，要看你想学到何种程度。如果仅仅是希望自己的日常会话水平有所提高，会打电话、点个菜，那就一定要跟外国人接触，通过实战来提高。学习口语不能仅仅依靠教科书，而是要亲身去语境中体会和运用。如果你希望提高自己的语感和整体英文水平（就如同中国人都会说中国话，但大家的“中文水平”却能相差甚远），那么就一定要多读报纸和英文文学作品，体会其中的节奏感，琢磨用词的精准性。等找到目标后，最重要的就是坚持，英语水平不是速成的，十年磨一剑，坚持是不断进步的不二法宝。第二，要敢于表达。表达是人的一项重要能力，它不仅限于代表一个城市、一个国家去做申奥陈述，更是你学习的一个过程。当你能够像小老师一样跟大家表述出对书上某个单元的看法时，你的理解一定是非常深入的，所以表达是加深学习和提高学习效率的一种非常有效的方法。第三，要不断扩大自己的知识面。比语言能力本身更重要的是谈话的内容。语言的交流并不神秘，除了一些技巧，更重要的是一颗好奇心、同理心。1994年我到美国读书时，先在纽约大学继续教育学院参加了三个月的纪录片电影工作。中午同学们喜欢三三两两地坐在教学楼旁边联合广场的阶梯上吃饭。有一天，我看见三四个同学正谈得火热，不禁凑上前去：“May I join you?”（我能加入吗？）“Yes, of course!”（当然！）他们朝我一笑，挪出个位子，又继续热烈地讨论起来。我就先听着，想着什么时候合适插话。你猜怎么着，整整四五十分钟，就听他们在那儿滔滔不绝，我竟然一句话也没插上！因为他们谈的那些纪录片电影和导演的名字，我一个也没听说过！学了四年英语专业，做了四年央视主持人，却不知道要说点什么，别提多挫败了。这是因为我当时的知识面还十分有限。第四，对历史也要做多维度的了解。在我们成长的环境中，关于历史的讲述有时是单一而刻板的，有时并没有展现出历史的全貌，这影响了我们对事物的判断。而所谓真才实学，我认为是不满足于被灌输的单一理念，更不以此来对这个世界做简单的道德评判，而是从不同的视角去进行了解。这就要求我们平常要从细处开始，从广处涉猎，逐步做到广而精。最后跳出外语学习这一话题，我想说的是，年轻人要保留自己身上的一点学生气，不要因社会的磨砺而失去棱角。我觉得，人在年轻的时候容易比较极端地看待这个世界的好和坏、美与丑。在学校的时候，我们喜欢用简单的方法来解决问题，这时的我们比较性急，却有一种可贵的勇气，对美与丑有一种更加直接的情感。真正到社会上的时候，我们会对背景进行复杂的判断和梳理。因此，年轻人进入社会以后，应该保留一点自己身上的学生气，不要变成一个随波逐流、没有独立观点的人，要珍惜自己的梦想，也许在年轻的时候除了梦想你什么都没有，但它才是真正的无价之宝。

有人说我是新时代成功女性的代表。在我看来，成功的首要意义在于做自己。新时代对成功的诠释已经悄然改变，它是活力与健康，而不是规模和权力；是自我的觉醒和接纳，而不是屈从于他人的期待；是多元包容的，而不是单一刻板的。我想正是外语学习从某种程度上开拓了我的视野，引导我去认识了一个多元的世界，让我学会去观察和不断提问，从而走上了访谈之路。而外语能力以及它带来的思维模式的不断更迭无疑是我持续前进的基本动力。在采访他人、探索世界的同时，我也在更好地认识自己，努力地做最真实的自己，这于我来说是一件非常幸福的事情。

而更幸运的是，我没有想到，自己会成为唯一一位两次代表北京申奥的陈述人。我的职业生涯，从《正大综艺》的“看世界”到《杨澜访谈录》的“问世界”，似乎都是为了“沟通世界”而做准备的。2001年北京申奥，让中国有了机会邀请世界来认识中国，一个真实的、丰富的、热情的中国。而语言正是其中最重要的那架桥梁。我们如何通过地道准确的语言来传达我们想要表达的意思、来代表中国发出最诚挚的邀请，这是一个非常严峻的考验。我记得当时我的演讲稿改了20多遍，因为每个词的情感色彩是不一样的。比如说，“保证”这个词，是用ensure？用assure？还是用guarantee？虽然中文意思都是保证，但是它强调的程度都不一样。还有，在我的陈述稿里，有一句话是“我们保证各利益相关方的利益不会因为国际汇率的变化而受到影响”，这句话怎么说？是说没有汇率风险？还是说你们的利益不受影响？还是用很长的一句话说在我们的申办报告里我们已经有了这样的陈述？最后我们的原则是，精简，这是我们所有陈述的一个评判标准，简洁就是美，但是每一个词都必须是准确的。可以说，是语言，是外语教育帮助我们逐渐消除中西方文化之间的隔阂，加深不同文化间的相互理解。1993年，北京第一次申办奥运会，当时在蒙特卡洛，那次我经历了一次文化冲击。当时我们对于国际社会的了解和国际社会对我们的了解都是非常欠缺的。那个时候我们觉得搞一个万人上长城的集体活动能很好地表明我们申奥的意愿。但是人家恰恰不太看中这个——他们觉得，反正中国人很多，所以做这种很大声势的造势活动并不一定得分。第二次申奥的时候，我们的重点是展示我们的承办能力，我们希望在能力上得到认可，所以当时选择花较多的时间去陈述我们的整个发展理念和办赛能力，而且也付诸情感，这种情感更带有一种历史使命感和责任感。同时大家也可以看到，我们有一半的陈述人是女性，我觉得，这能展示我们整个社会一种综合的进步和发展的程度。又如，我们每个陈述人的个性差异都是比较鲜明的，每个人的职业背景也不一样，我认为这种组合和布阵是最重要的，它首先就赢得了一定的好感。这些都得益于我们对文化差异的吸收和深入了解，这也正是外语教育的一个重要目的。

到了2015年申办2022年冬奥会时，中国则更多地在思考：我们能为世界做些什么？我们能够为推动奥林匹克运动做些什么？透过改革开放这扇门，整个世界的精彩扑面而来。中国人的眼界打开了，我们不仅想好好看看这个世界，也想把一个真实丰富的中国讲给世界听。外语教育给一代代中国人带来了力量，它可以帮助我们去影响世界、去改变世界，从文明传承到科技创新，从不同角度向世界传递中国智慧。只有当人的思想得以解放、人的创造

北京奥申委代表团在莫斯科欢庆申奥成功，前排右二为杨澜

力被充分挖掘时，社会才会不断地往前走。在此次申奥期间发生了一个小插曲，在吉隆坡的正式陈述前，申奥代表团先在瑞士洛桑国际奥委会总部做技术陈述。大家商量的时候就说，最好有人用部分法语进行陈述，因为法语和英语是国际奥委会最主要的官方语言，而且又是现代奥林匹克运动创始人顾拜旦的母语，法语在国际奥委会的地位非常高。即便是身为德国人的巴赫主席，做任何国际奥委会演讲都是先从法语开始的。2001年北京申办2008年夏季奥运会时，是何振梁先生用法语和英语来做陈述和主持的，因为他当年是学法语的，但这一次我们团队里没有这样背景的人。后来大家就说："杨澜，你可能最有条件了，你来努力一下。"我当时其实还不知道我会面临什么样的困难，但既然大家都觉得应该做，我就来做吧，所以我就开始练习。我一个音节、一个音节地练习，努力寻找法语的语感，几乎到了做梦也在说法语的状态。在那次陈述后，国际奥委会的法国委员在过道里找到我，一上来就叽里咕噜跟我说了一大通法语。这让我既得意又尴尬，只好用英语对他说："先生，抱歉我目前刚刚开始学习法语，这真是一门优美的语言，但语法也真够复杂的。我向您保证，如果北京这次能赢得举办权，2022年我一定用您的母语与您交谈。"他略带惊奇地说："可是你的发音已经相当标准了。太棒了，我们一言为定。"从那时起到现在，我每天自学20—30分钟法语的习惯一直保持着。因为，2022年的冬奥会，中国与世界又定下了一个Rendezvous（约会）。其实说法语并不是为了展示某种语言技巧，主要是表达一种沟通的诚意，而这种诚意是能够被人感受到的，我想这也正是语言的力量所在。因此可以说，是外语教育帮助中国人走向了世界，让世界进一步了解了中国。而今天，我们可以更骄傲地说，中国正在深刻地影响着世界。

2015年，杨澜在北京冬奥会申办会上留影

作为一名传媒人，我亲眼见证了从“世界认识中国”到“中国影响世界”的变化。如今在新时代构建人类命运共同体的目标下，我想我们的国家需要更多具有爱国情怀、国际化视野，同时也能熟练运用英语和其他外语的人才。要实现这一目标，培养更多的复合型人才，首先就是要解决教育公平的问题，这也是我们现在能看到各方都正在努力去做的。不仅保证城市里的孩子能有接受外语教育的机会，更重要的是让欠发达地区的外语教育有所发展，让中国960万平方公里上的每个孩子都能享受到良好的外语教育，因为他们都是未来的希望。此外，更重要的一点是，以前我们的外语教育多是外来语言文化的输入，而如今中西方文化在进一步加深交流，今后更多的应该是我们中国的文化“走出去”，去世界舞台上发挥我们的影响力。这就需要我们的外语教育进一步实现本土化发展，让中国人学会用英语和其他外语来讲述中国故事，传播中国声音，从而让世界更好地、全方位地了解中国，在体现全球化进程下文化多样性的同时，去展现我们的文化自信，真正提高我们的文化软实力，让中国进一步赢得世界的尊重和赞许！

结语

奋进之笔：中国外语教育走向未来

曾天山

曾天山，博士，研究员，博士生导师。现任教育部职业技术教育中心研究所副所长，曾任中国教育科学研究院副院长等。入选国家百千万人才工程，获得有突出贡献中青年专家等荣誉称号。主要论著有《教材论》《教育科研的视野与方向》《新中国教育科研通论》等，主编《改革开放的先声——中国外语教育实践探索》《民族复兴的强音——新中国外语教育70年》等图书10余部，发表学术论文150余篇。先后参与多项国家教育政策规划研制工作，获得全国教育科学研究优秀成果奖等多项奖励。

中国的外语教育有一个漫长的过去，却只有一个短暂的历史。回顾70年的历程，梳理外语教育发展轨迹；总结70年的经验，探索外语教育发展规律；见证70年的辉煌，增强外语教育的自信；致敬70年的英才，挖掘感人素材激励后人。当今时代，随着社会生活和经济活动日益全球化，外语已经成为世界各国公民必备的基本素养之一，外语能力已成为国家参与全球事务的战略资源，成为国民文化的基本素养和跨文化交际能力的关键。进入新时代的中国，已成为全球化的积极推动者和贡献者。新一轮科技革命带来了教育模式和教育流程的重大变革，外语教育面临着重大机遇和严峻挑战，担负着更为重要的使命：着力培养具有中国情怀、国际视野和跨文化沟通能力的社会主义建设者和接班人，培养人类命运共同体的建设者。展望外语教育未来，前景广阔。

一、外语教育只能加强不能削弱

外语教育在改革开放对外借鉴学习时期很重要，承担着破冰任务；在新时代互学互鉴阶段更为重要，担负着桥梁作用。随着经济全球化的发展，外语能力日益成为一个国家助推经济发展、科技创新、参与国际事务、开展国际合作等方面的关键要素，成为国家竞争力的重要指标，是世界强国的重要标志，也是中国“走出去”的强大支撑。

第一，加强外语教育是建设教育强国的需要。在跨文化交流中，外语能力是核心素养和关键能力，外语教育是核心课程，良好的外语能力有助于学习先进技术与经验，培养申辩思维，提高创新能力，增进跨文化国际理解，增强中华文化的吸引力和凝聚力，推进“走出去”战略。加强外语教育不能把外语与母语对立起来，当代公民应具备双语或多语能力；也不能把外语教育只看作外语能力的训练，更应注重培养公民的跨文化交流能力和全球意识；更不能把外语教育看作是对少数人的教育，而应将其看作是当代社会普遍的公民素质教育。

第二，加强外语教育是经济全球化的需要。西班牙文学家威廉·费舍尔曾经这样解释学习外语的最大意义——“学习一门新的语言就像打开一扇通往新世界的窗户”。在国际经济、文化、学术、军事和政治交流中，外语越普及，交流越频繁，人心越亲近，经贸越畅通。以英语为例，英孚英语熟练度指标显示，英语能力与众多经济发展关键指标呈现强关联，如国家或地区的物流绩效指标、经商便利度指数、人均收入及当地劳务输出等。目前，全球以英语为官方语言的国家超过70个，100多个国家将英语列为外语教学中的第一外语，英语成为国际交流活动中不可缺少的工具。中国多个行业从业者的英语熟练度高于世界平均水平，这与中国对外开放以来经济全球化的快速发展密切相关。目前，我国已成为全球第二大经济体、世界第一大贸易国、世界第一大吸引外资国、世界第二大对外投资国，吸引投资魅力不减。北京、上海、广州、深圳等城市已成为国际化都市，来华旅游人员逐年增加。据统计，2017年入境旅游人数为1.39亿人次，同比增长0.8%；外国人入境市场同比增长3.6%。日本把国际化奉为21世纪的既定国策，甚至要把英语作为第二官方语言。在经济全球化时代，多学一种语言，就多拥有一种思维方式。在互联网时代，语言成为加速全球一体化的工具，外语能力是国际化人才的关键能力，只有加强外语教育，才能适应经济全球化的需要。

第三，加强外语教育是大外交的需要。中国是个世界大国，既要面向世界，也要担当国际责任。改革开放、加入WTO、奥运会、“一带一路”建设、人类命运共同体构建等，要求培养大批具有中国情怀、国际视野、通晓国际规则、精通国际谈判的专业人才。据统计，“一带一路”沿线的众多国家和地区有着复杂多元的语言文化环境，官方语言及民族语言等多达2,400余种。在目前与我国建交的178个国家中，非通用语种有95种。我国“外国语言学”一级学科各层次学位授予人数逾20万人，外语类本科专业覆盖语种突破100种，有力地支撑了“一带一路”建设对于“政策沟通、设施联通、贸易畅通、资金融通、民心相通”方面的人才需求。不过，我国外语教育中仍存在英语“一家独大”的局面，外语高考语种只有英语、俄语、日语、德语、法语、西班牙语六个语种，中考外语语种基本上只有英语，中小学外语目前可供学生选择的只有英语、俄语和日语，且开设俄语和日语的学校稀少，选学这些语言的学生人数也在不断下降。同时，我国语言服务面临三大问题——小语种人才不足、语言与专业结合不足以及市场化欠缺。这些问题都需要继续调整改进，结合国家对外战略需求以及区域及边境地区外语教育实际统筹考虑，适当拓展外语语种。

第四，加强外语教育是维护国家安全和社会稳定、增强全球竞争力的需要。近年来，世界主要国家纷纷实施外语战略，从中小学开始提升外语整体能力。美国“9·11”事件后实施的“关键语言战略”，就以维护国家安全、要求尽快掌握假想敌国的“关键语言”为目标，可供高中学生选学的外语不仅有西班牙语、法语、德语，还包括阿拉伯语、汉语、波斯语、日语、韩语、俄语和乌尔都语。2009—2015年，美国教育部公布的关键语言有78种，分布于中东、非洲、南亚、东亚、中亚、东欧和拉美7个地区，教授的语言有153种，仅哈佛大学就能为学生提供70多种外语课程。英国在21世纪初出台了新的“国家外语战略”，推出“为了下一代”的《国家语言标准框架》，并于2012年6月宣布，所有儿童从7岁起必须从推荐的7门外语中选学一门。根据英国GCSE（General Certificate of Secondary Education，普通中等教育证书）考试的要求，外语是必考科目。澳大利亚各州可以根据国家语言政策和本地区的需要确定中学开设哪些外语课程，可供学生选学的外语达到8种，包括法语、德语、日语、汉语和印尼语等。法国于2014年在小学开设英语，学生外语语种选择余地很大，大部分学生会学习两门外语，学生参加高中毕业考试可以在44门外语中选择。欧盟国家也要求中学生至少学习两种外语。韩国政府出台了国家管理的“韩国人出国就业计划”，为外语能力强的年轻人与70个国家的“优质岗位”牵线，2018年共为5,783名毕业生找到海外岗位。[1]新加坡前总理李光耀曾撰书《我一生的挑战——新加坡双语之路》，并在公开演讲中提到：双语政策是新加坡成功的基石。相比之下，我国外语能力还不够强，处理国际事务的语言能力有限。在改革开放新的发展阶段，要最大化地参与国际竞争与合作，不仅需要优化技术，还要有国际化的人才与团队，因此，我国外语教育只能加强，不能削弱，只能改革创新，不能因循守旧。

2019年6月30日，国际教育专家高层论坛在北京举行

二、外语教育多语种化

多学一门外语，多得一个世界。世界是由多民族构成的，有6,000多种语言，外语教育应当是多样化的，但从使用范围和重要性上则应当有所侧重，突出通用语种，覆盖重要语种，兼顾其他语种，遴选其中有影响力的语言并加以推广。我国外语教育长期英语一统天下的局面已经不能适应经济全

[1]国内就业机会少 韩国年轻人海外就业忙[EB/OL]. https://baijiahao.baidu.com/s?id=1633480488114708203&wfr=spider&for=pc.

球化、国际政治多极化、世界文化多元化的发展趋势，也不适应我国国际地位提升与多元化外交战略的需要。因此，应当从国家战略的高度出发，重视学生个性发展需要，从基础教育开始推进以语种多元化为核心的外语教育改革以及增强各省份外语教育选择的自主权，并将外语教育与国际教育结合起来。

受政治经济影响，我国的外语教育从1949年以前以英语为主的外语教育，转为新中国成立之初的俄语“一统天下”，20世纪60年代开始探索多语种、高质量、“一条龙”教学改革，在全面开放大背景下，日益重视主要语种的“一条龙”建设，全面开放进一步增强了对非英语教育的需求。目前，“一带一路”倡议正在逐渐改变中国高校的外语教学，对多语种专业知识、外语技能和文化常识的巨大需求，不仅使得中国各外语类高校增加新的非传统语言教学项目，还使其更专注于开展与社会、文化等人文学科相关的教学，外语教育多语种化的局面正在形成。以北京外国语大学为例，目前该校已经成为学习“一带一路”国家和地区语言的先锋[1]，仅在2017年，学校的课程表中就新增11门语言，现在总计开设101种外语。目前全国统考科目中的外语有英语、俄语、日语、法语、德语、西班牙语6个通用语种，非通用语种招生扩大到意大利语、越南语、瑞典语、葡萄牙语、豪萨语、普什图语等语种。

三、培养“语言+X”高素质复合型人才

据察哈尔学会、中译语通·译世界以及语言大数据联盟共同发布的学术报告《“一带一路”语言服务市场全景式分析与行业及政策建议》显示，我国高校每年外语类毕业学生约20万人，其中翻译硕士（MTI）专业学位研究生约1.5万人，但是大多数外语专业学生不能适应当前语言服务行业的发展，懂专业、懂技术、会外语的“三通”语言服务人才非常稀少。在目前培养的外语人才中，有部分学生跨学科跨专业学习少，行业背景知识了解少，专业知识欠缺，

[1]港媒：“一带一路”倡议推动中国外语院校改革[EB/OL]. https://baijiahao.baidu.com/s?id=1634996147675552876&wfr=spider&for=pc.

而且缺乏团队合作、吃苦耐劳、责任担当等综合素质和能力，毕业后很难适应“一带一路”国家和地区复杂、艰苦的工作环境。语言专业课程体系多停留在关注学生的语言基础知识、语言转换能力和学术研究能力的培养上，而且语言专业课程与行业和市场结合的模拟实训及实践类课程较少，专业知识学习不足、实务实操少导致学生动手能力和应用能力普遍偏弱。针对以上情况，建议外语人才培养融入更多的实践与实训，建立复合性、应用性、创新性、创业性“四位一体”的语言服务课程体系，加强大数据和“互联网+”环境下的语言服务教学方法探索，并扩大与“一带一路”沿线国家和地区的教育与文化交流，建立海外实习、实践基地，通过“联合培养”“合作办学”等方式培养高水平多语种语言服务人才[1]。大学外语专业要加大复合语种教育，特别要重视“外语+专业”的改革，由“学外语”向“用外语学”转变。

大类招生与培养是高校教学改革的大势所趋，对于外语类高校来说，大类招生对其复合型人才培养有着多方面的优势，但同时也面临着巨大的挑战，这就需要外语类高校适应时代和社会发展对高素质复合型人才的需求，创新人才培养模式。

四、外语教育智能化

1978年10月，中央电视台和中央人民广播电台共同播出由陈琳教授编写并主讲的《广播电视英语课程》。1997年9月20日，中央电视台英语国际频道试播，并于2000年9月25日正式播出，2010年4月26日升级为英语新闻频道。2004年10月1日，中央电视台开办了西班牙语、法语两种语言混合播出的西法语频道（CCTV–E&F），受到了西班牙语、法语国家和地区观众的欢迎，目前已在36个国家和地区落地入户，用户总数达到400万。2007年10月1日，中央电视台正式开办法语国际频道和西班牙语国际频道，2009年7月和9月开设阿拉伯语频道和俄语频道。

---

[1] “一带一路”急需复合型外语人才[EB/OL]. http://unt.cssn.cn/gx/gxjxky/201709/t20170915_3641794.shtml.

2019年5月16日，国家主席习近平向国际人工智能与教育大会致贺信，指出人工智能（AI）是引领新一轮科技革命和产业变革的重要驱动力，正深刻改变着人们的生产、生活、学习方式，推动人类社会迎来人机协同、跨界融合、共创分享的智能时代。把握全球人工智能发展态势，找准突破口和主攻方向，培养大批具有创新能力和合作精神的人工智能高端人才，是教育的重要使命。中国高度重视人工智能对教育的深刻影响，积极推动人工智能和教育深度融合，促进教育变革创新。充分发挥人工智能优势，加快发展伴随每个人一生的教育、平等面向每个人的教育、适合每个人的教育、更加开放灵活的教育，是中国教育当前面临的重要命题。

当翻译遇上人工智能，是威胁还是机遇？人工智能时代还需要学习外语吗？答案是肯定的。外语学习软件与翻译软件看上去很美，其实不然。语言服务业从开始坚信人工翻译无法替代，到接受人机结合并纷纷试水，中间经历了抵触、恐慌、接纳的各种转变。

AI不是人类的对手，而是人类的助手。如今人工智能技术进步迅速，正在越来越深刻地影响各个行业。而语言服务业涉及的自然语言处理有"AI中的AI"之称，一直被认为是人类最后一块智慧高地，AI王冠上的宝石。以前人们学习时遇到不认识的单词只能查阅纸质词典，现在利用APP查阅更加方便，而在不久的将来可以直接咨询机器人。以前人们学发音用磁带，现在有美剧和外籍私教班，以后学外语语音还能利用机器人。语音合成技术运用于语音教学的强大潜能也不容小觑，机器人内部设定的语音多种多样，如华裔二代口音、澳洲放羊娃音、伦敦女王音……，还能对你的发音及时反馈，分析你的发音问题，用数据和图表显示你的发音与合成标准音的差距。总之，智能技术在外语教育领域的运用将越来越广泛，越来越深入。

五、外语教育多样化

外语教育越来越强调"为用而学"，以"应用教育"取代"应试教育"，以交际外语取代"哑巴"外语，克服"高分低能"现象。从2018年高考起，英语听力分值保持30分不变，与统考笔试分离，实行机考。从2021年起，英语将增加口语考试，分值20分。2018年6月，教育部、国家语言文字工作委员会正式发布《中国英语能力等级量表》，这是首个面向中国英语学习者的英语语言能力测评标准，它以语言运用为导向，建立了多层级的能力指标体系；依据我国学习者和使用者英语能力的实证数据，同时充分考虑各学段需求，分“基础、提高、熟练”三个阶段，共设九个能力等级（包括语言能力总表，以及听力理解能力、阅读理解能力、口头表达能力、书面表达能力、组构能力、语用能力、口译能力和笔译能力等各项能力总表）。其中，一、二级大致对应小学水平，三级对应初中水平，四级对应高中水平，五、六级对应大学水平，七级对应英语专业水平，八、九级对应高端外语人才水平。

与之相应，国家英语能力等级考试计划在2020年前逐步推出。这个能力测评标准可以满足不同教育阶段的不同需要，符合教育现代化的时代需求。等级考试的建立将增强我国主要教育阶段英语考试的科学性、体系性、选择性，为学生外语能力的发展提供一个连贯有序的阶梯。

有什么样的考试评价制度就有什么样的教学方法。应试制度导致呆板的“填鸭式”教学模式，老师枯燥地讲，学生被动地听，缺乏对英语学习规律的认知，几乎没有教学互动过程，效果事倍功半。搜狐调查显示，在中国，56%的非英语专业在校大学生把大部分时间花在英语学习上，然而仅有不到5%的大学生能真正实现无障碍英语交流。忽略英语作为交流工具的本质导致中国人的听说能力远远落后于读写能力[1]。考试评价制度的改革将推动教学方法的改革，将长期以来的“听、说、读、写”语言能力改为“听、说、读、看、写”，扩展了语言能力的范畴，符合语言认知规律和学习规律。国家英语能力等级考试的推出，不仅为英语考试建立了一个统一的“标尺”，还给国人的英语学习方式带来巨大的转变，把英语教育从单纯的学校教育中解放出来，并使之成为一种面向公众的社会化教育。在此建议国家英语能力等级考试向所有人群开放，无论年龄、职业，想考就考，谁都可获得权威的水平评价，尤其对那些已经从学校毕业的英语爱好者和应用者来说，具有相当积极的指导意义。与等级

[1]中国成人英语熟练度连续6年缓慢但稳定地提升[EB/OL]. https://www.eol.cn/english/kuaixun/201311/t20131108_1037580.shtml.

考试对应的课程标准也要与时俱进，全面培养听、说、读、看、写的综合运用能力，比如把现场演讲、日常会话、场景交际引入口试，或者把信件、公告等英语应用文引入写作，这些都是可探索的方向。外语教学工作者要走出把教学当作知识传授的误区，认识到外语首先是技能，然后才是知识，技能与知识的传授方式有着本质的区别，技能的传授主要靠学习者的大量操练来实现；而知识的传授主要靠教师的不断讲解来完成。一个优秀的外语教学工作者，应该是一位想方设法指导学生进行操练的“教练”，而不是光讲不练的教师。

六、外语教育全面化

发展学校外语教育需要良好的社会环境支持，提高全民外语能力需要加强学习型社会建设。外语教育资源不仅仅只有学校教育，还包括社会资源，如20世纪80年代风靡全国的《广播电视英语课程》“在全国掀起了一个英语学习的高潮，开启了大众英语教学新时代”。1981年创办的新中国第一份全国性英语报纸《中国日报》（*China Daily*）虽是一份新闻报纸，但却为当年渴望恢复英语学习的各界人士提供了一份每日伸手可得的学习资料。目前，新媒体的发展为外语学习提供了极大的便利，网络成为外语学习的重要渠道，能够提供全天候、个性化的学习服务。随着我国经济的稳步发展、交通出行的日益便利以及我国与各国旅游合作的不断深入，出境游正在成为越来越多普通消费者的出行选择。近年来，我国出境游人数几乎一年一个台阶，高居世界出境旅游人数的第一位，中国游客正在用足迹点亮全球。而随之出现的“随身WiFi+语音翻译”服务，在很大程度上解决了出境游人群的两大痛点，即上网和“说话”，满足了游客在境外旅游途中的语言服务需求，增强了旅游者对外语学习重要性的认识，使他们与外国人面对面交流成为可能。

七、外语教育国际化

随着全球化步伐的加快，教育国际化已是历史发展的必然趋势。外语教育既然姓“外”，就要遵循外语的教学规律，学习借鉴国外地道的外语教学方法，与国外合作编写适用的教材。外语教育既要原汁原味，与母语国交流合作，又要体现中国特色，探索中国人学习外语的适切方法。我国教师在课堂教学中，已从长期以来实施的"语法翻译法"转向尝试国外的教学方法——直接法、听说法、功能法、交际法等。如今广大教师逐步认识到"聋子英语""哑巴英语"的弊端，开始在课堂中增加听说实践内容。广大教师也正在从过去用汉语上英语课的做法逐渐转向主要用英语上课。目前，进一步加快我国英语教育与国际交流合作的步伐，全面推进我国英语教育的国际化水平，建立符合中国国情和国际水准的英语教育体系，不仅是全球化发展的需要，更是时代赋予我们的重任。

从20世纪60年代末到80年代初，新加坡实行了以英语为本的双语教育机制，后又侧重于教学法改进和教学模式改革，引入交际教学法和"以学生为中心"的课堂教学模式。在双语教育推行之初，新加坡政府采取了一系列措施来保证这项政策顺利、高效地实施，如重金邀请国内外名师进行双语教学，提高国内师资水平；通过分流，使学生逐步接受以英语为教学语言的高等教育。这些措施为新加坡培养了大批具备国际化视野的人才，为新加坡社会经济的快速国际化提供了有力支撑。这些措施对我国外语教育国际化的探索也有一定的借鉴、启发作用。

外语教育的国际化主要表现在教师、教材、教法、留学等多领域的交流合作。过去，我国引入10多万名英语为母语的外教，有效地提高了学习者的口语水平和交际能力。以中小学教材领域为例，国际合作有人民教育出版社与英国朗文出版有限公司、美国圣智学习出版公司、日本光村图书出版株式会社等国外出版机构合作，聘请外方专家共同编写外语教材；大学外语教材的国际合作如高等教育出版社、外研社和部分大学出版社与国外出版机构的合作。其中，外研社与培生教育出版集团合作引进的《新概念英语》为中国学生学习地道的外语提供了便利。这套教材是为亚洲英语为非母语的国家成人自学英语而设计的，课文都是摘录英美国家的原版短文，语言地道，词汇量大，语法点较全，并且中英互译，一度成为各英语培训班的推崇教材。《新概念英语》的引进是一个具有重大意义的创举，是英语教育"对外开放"的一个重要体现，不仅大大有助于教学方法的改革，而且使交际教学法被逐步接受。今后，我国依然需要加强外语教育的国际交流与合作，继续推动外语教育的国际化进程，缩小与世界先进教育水平的差距。

未来已来，日生不殆。70年来，尤其是受改革开放、“一带一路”建设和构建人类命运共同体的直接推动，我国外语能力发展迅速，国家外语能力的提高既体现在国际事务中，也体现在日常生活中，但我国外语能力仍然有待进一步提高。国际英语专业机构调查表明：世界上堪称投入最大、耗时最长的中国英语教育，却未能获得与之相应的令人满意的外语熟练度。中国作为英孚英语熟练度指标报告的持续参与者，2017年得分为52.45，排名第36位[1]，2018年得分为51.94，居第47位。外语教育一刻也不能松懈，目前我国虽然已开展百余种语言教学，但与全世界6,000多种语言相比，数量仍然很小。要维护国家安全，就要涉及大量的非通用语种甚至方言土语，这些仅靠学校外语课程是无法满足的，还需要进行“语言战备”，推动“关键外语战略”。要实现上述目标，一是要做好国家外语发展规划，从国家的“外语生活”出发，充分考虑国内外需求和科学技术发展水平，针对公民外语教育、语种配置、人才培养、翻译服务、语言智能、特殊领域的外语需求等做出统筹规划和长久谋划；二是要加强外语人才开发储备，通过人口普查和专项调查，搞清国家外语人才储备情况；三是要建立国家外语人才库以备随时调用，组建国家语言服务团以满足国家各种外语需求；四是要根据外国来华人员情况，适时对从事“国内外事”的社区服务人员进行外语培训；五是要制定各种优惠政策，鼓励军队、外交、安全等特殊领域的工作人员掌握国家安全所需的外语语种；六是要推进外语教育改革，改变中小学外语教育语种比较单一的状况，鼓励中小学因地制宜开设非通用语种课程，大学外语专业加大复合语种教育，特别要重视“外语+专业”的改革，由“学外语”向“用外语学”转变；七是要重视公共外语教育，认识到非外语专业学生的外语水平直接关系到国际公务员及国际组织、国际会议相关人才的培养，关系到国家的国际话语权。[2]

---

[1]持续开放经济 中国多行业英语熟练度高于世界平均水平[EB/OL]. http://zjnews.china.com.cn/yuanchuan/2018-11-02/152667.html.

[2]提升国家外语能力任重而道远[EB/OL]. http://theory.people.com.cn/nl/2017/0206/c40531-29059693.html.

附录

新中国外语教育70年大事记
（1949—2019年）

1949年

6月 隶属中共中央外事组领导的外国语学校在北京成立。

10月 附属于中共中央俄文编译局的北京俄文专修学校正式成立。

11月 东北民主联军总司令部附设外国语学校在哈尔滨成立。

12月 华东人民革命大学附属上海俄文学校成立。

12月 北京人民广播电台与北京市中苏友好协会联合举办教学节目《俄语广播讲座》。

1950年

4月 中国人民解放军西南军区军政大学俄文训练团在重庆成立。

5月 教育部颁布《关于高等学校1950年度暑期招考新生的规定》，其中规定外国语为各系共同必考科目，允许免试。

8月 教育部颁布《中学暂行教学计划（草案）》，其中针对初、高中外国语课程应开设语种、总学时及周课时安排做出规定。

9月 教育部颁布《高等学校文、法、理、工学院课程（草案）》，这是新中国第一份科类比较齐备、全国统一执行的课程标准。

本年内，中国人民大学等19所高等学校相继设立俄文系、科。

1951年

9月 第一次全国俄文教学工作会议在北京举行。

10月 《俄文教学》杂志创刊，毛泽东主席为该杂志题写了刊名。

本年内，全国设立俄文系、组的高等学校计有：北京大学、清华大学、中国人民大学、北京师范大学、南京大学、浙江大学、复旦大学、山东大学、武汉大学、中山大学、南开大学、西北大学、兰州大学、山西大学、东北师范大学、东北人民大学、哈尔滨工业大学、河南大学、南昌大学、南华大学、东北商业专门学校、苏南文教学院、广西西江学院、正阳学院、成都西南学院、大川学院、东北工学院、东北农学院、东北航海专科学校、哈尔滨铁路学院、湖北教育学院、广东文理学院、华北工学院、延边大学。

1952年

1月　教育部全国俄文教学指导委员会正式成立。

3月　政务院和中央军委联合颁布《关于全国俄文专科学校的决定》。

3月　教育部颁布试行《中学暂行规程（草案）》，其中针对初、高中外国语课程应开设语种及周课时安排做出明确规定。

3月　天津人民广播电台与天津中苏友好协会举办俄语广播讲座。

11月　西北俄文专科学校在西安建校。

1953年

6月　高等教育部、教育部联合颁布《关于全国高等学校1953年暑期招考新生的规定》，规定外国语为统一考试的科目。

7月　教育部颁布《关于高等师范学校教育、英语、体育、政治等系科的调整设置的决定》。

7月　教育部颁发《中学教学计划（修正草案）》，其中针对初、高中外国语课程应开设语种及周课时安排做出明确规定。

8月　第二次全国俄文教学工作会议在北京召开。

11月　中苏友好协会总会在北京召开第一次全国业余俄文教学工作会议。

本年内，高等外国语学校计有8所：北京俄文专修学校、北京外国语学校、哈尔滨外国语专科学校、沈阳俄文专科学校、上海俄文专科学校、西南俄文专科学校、西北俄文专科学校、新疆俄文专科学校。此外，还有11所综合大学设有外语专业：北京大学（俄语、英语、法语、德语、东方语）、中国人民大学（俄语）、南开大学（俄语、英语）、南京大学（俄语、英语、法语、德语）、复旦大学（俄语、英语）、山东大学（俄语）、厦门大学（俄语）、东北人民大学（俄语）、武汉大学（俄语、英语）、中山大学（俄语、英语）、西北大学（英语）。

1954年

4月　政务院颁发《关于全国俄文教学工作的指示》。

4月　教育部下达《关于从1954年秋季起中学外国语科设置的通知》，规定从1954年秋季起，初中一律不设外国语科，高中设外国语科。

5月　高等教育部、教育部联合发布《关于全国高等学校1954年暑期招考新生的规定》，其中规定两大类专业都必须考外国语。

5月　全国高等学校招生委员会编制的《1954年暑期高等学校招生升学指导》出版发行，其中规定，本年高等外语学校（系）共有9个专业招生，分别是俄文、英文、德文、法文、西班牙文、日本语、朝鲜语、印地语和阿拉伯语。

8月 北京外国语学校更名为北京外国语学院，成为新中国第一所多语种外语高等学府。

11月 教育部颁布《关于初中不设外国语科的说明的通知》。

1955年 6月 高等教育部在北京召开制订俄语专业统一教学计划座谈会。

7月 高等教育部发布高等俄语学校三年制俄语专业教学计划和高等俄语学校及综合大学四年制俄语专业教学计划。

1956年 4月 高等教育部在北京召开俄语专业各课程的统一教学大纲审定会议。

4月 高等教育部、教育部联合发布《关于全国高等学校1956年暑期招考新生的规定》，其中提出各类考试科目中均取消外国语，仅文科类中的外语各专业须加试俄语或英语。

7月 教育部发出《关于中学外国语科的通知》，其中提出必须扩大和加强中学外国语的教学。

11月 高等教育部综合大学教育司在《高等教育》1956年第13期刊登了《关于综合大学及财经、外语院校今后一年内应进一步研究的几个问题的说明》，其中具体提出了有关外语专业的培养目标、理论课与实践课的比重等问题。

本年内，教育部发布《高级中学俄语教学大纲（草案）》和《高级中学英语教学大纲（草案）》。高中英语课的教学面有所扩大。

本年内，上海俄文专科学校增设英语、德语和法语专业，并更名为上海外国语学院；哈尔滨外国语专科学校增设英语专业，并更名为哈尔滨外国语学院。

至年底，开设英语专业的学校增至23所；设立法语专业的学校有5所，设立德语专业的有4所，在北京大学、北京外国语学院等少数院校还设有西班牙语、波兰语、阿拉伯语等14个专业。

1957年 2月 高等教育部在《高等教育》1957年第2期刊登署名文章《对培养外语干部的几点意见》。文章就外语院校培养目标、课程设置及高中生学习外语的问题发表了意见和建议。

6月　教育部发布《关于1957—1958学年度中学教学计划的通知》，其中提出必须增设的学科包括外国语科。

6月　高等教育部发布《关于俄语、波语、捷语、东语各专业学生转学、转专业的具体办法》。

7月　教育部发布《初级中学英语教学大纲（草案）》。

1958年

3月　教育部发布《1958—1959学年度中学教学计划》。改进外国语科的教学是这次调整中学教学计划的主要内容之一。

7月　教育部发布《关于高等学校1958年招考新生的规定》，规定各科考生均要考试外国语。

本年内，教育部、外交部共同制订了《培养高级翻译十年规划》和《培养初级翻译五年规划》。

本年内，西北俄文专科学校更名为西安外国语学院，增设英语专业；沈阳俄文专科学校与沈阳师范学院、东北财经学院合并成为辽宁大学，设俄语、英语、日语专业；哈尔滨外国语学院更名为黑龙江大学，设俄语、英语、日语专业；新疆俄文专科学校停办。

1959年

3月　教育部发出《关于在中学加强和开设外国语的通知》。

9月　教育部颁发《关于高等学校外语课程设置问题的意见》。

10月　教育部在北京召开中学外语教材座谈会。

本年内，西南俄文专科学校更名为四川外国语学院，增设英语专业；北京广播专科学校扩建为北京广播学院，其中外语系设有英语、波斯语、西班牙语、葡萄牙语、土耳其语、意大利语等专业。

1960年

5月　教育部发布《关于1960年暑期高等学校招考新生的规定》，其中规定外语考试成绩作为全国重点学校和外语专业录取根据之一。

10月　中共中央发布《关于增加全国重点高等学校的决定》。新增加的高等学校共44所，其中有北京外国语学院、北京对外贸易学院。

10月　上海对外贸易学院成立。

10月　教育部召开全国中小学教材编审干部会议，同时成立了中小学教材编审领导小组。

本年内，北京、上海一些学校在小学进行开设外国语课的试验。

1961年

4月　在全国高等学校文科和艺术院校教材编选计划会议期间，制订了五年制英国语言文学专业教学方案。

12月　教育部发布《关于从1962年起高等学校招生外国语考试成绩作为正式分数的通知》。

本年内，全国文科教材编选工作办公室成立，按专业成立了14个教材编选工作组。

本年内，外交学院分院成立，设有英语、法语、日语等专业。

1962年

3月　中共教育部党组、内务部党组联合发出《解决学校外文师资的意见》。

6月　教育部发布《关于1962年高等学校招考新生的规定》，其中指出报考全国重点高等学校和外国语专业的学生不得申请免试外语。

6月　教育部颁布新中国成立后第一个高等工业学校本科五年制各类专业适用的《英语教学大纲（试行草案）》。

7月　教育部发布《对小学开设外国语课的有关问题的意见》。

10月　经国务院文教办公室批准，外国留学生高等预备学校在北京成立。

1963年

3月　中共中央发布《全日制中学暂行工作条例（草案）》，其中指出，应大力加强外国语课的教学。

4月　教育部召开改进中学外国语教学座谈会。

4月　教育部发出通知，试行《高等学校培养研究生工作暂行条例（草案）》，在研究生培养目标中规定须掌握两种外国语。

5月　教育部发布《关于高等学校外语专业联合招生的通知》。

7月　教育部发布《关于实行全日制十二年制中小学新教学计划（草案）》的通知。新教学计划适当提高了外国语课程的教学要求。

7月　教育部发布《关于开办外国语学校的通知》，要求两三年内共建10所外国语学校。

8月　教育部发布《关于开设世界语课程的通知》。

9月　教育部发布《关于在扩大开设英语比例的同时注意稳定俄语教师队伍的通知》。

1964年

2月　国务院发布《关于对改行的闲散在社会上的外语人员进行调查登记和调整、录用工作的通知》。

3月　中共中央批转国务院外事办公室、高等教育部党组《关于解决当前外语干部严重不足问题的应急措施的报告》。应急措施包括招收高中毕业生举办外语专科；对高等外语院系在校学生，制订预先分配的方案；大量派遣留学生，举办外语训练班等。

4月　国务院外事办公室批准教育部关于1964—1966年派遣外语留学生的三年规划。

6月　高等教育部发布《关于外国语学院和综合大学外国语专业联合招生的通知》。

8月　教育部发布《关于调整和精简外国语学校课程的通知》。

10月　陈毅副总理到新建的北京第二外国语学院向师生员工做《关于外国语院校的教学方针问题》的报告。

11月　中共中央、国务院批准《关于外语教育七年规划问题的报告》和《外语教育七年规划纲要》。这一规划在我国外语教育史上是一个里程碑，它为全国的外语教育提出了宏观的指导方针，在学校教育中确定英语为第一外语，同时，对于其他语种的发展也提出了明确的方针。

本年内，北京第二外国语学院成立，广州外国语学院开始筹建，外国留学生高等预备学校更名为北京语言学院。

本年内，秦皇岛外国语专科学校、大连日语专科学校、济南英语专科学校、杭州外国语专科学校、北京外国语专科学校、哈尔滨外国语专科学校、武汉外国语专科学校相继成立。

1965年

1月　高等教育部召开外语院（校）系外语教学改革座谈会。

3月　高等教育部发出《关于准许外语教材选用毛主席著作的通知》。

6月　高等教育部在北京召开高等外语院系教学工作会议。

本年内，先后在武汉、天津、南京、长春、唐山、杭州、哈尔滨、旅大等地开办外国语学校。

至年底，有74所高校开设英语专业。

1966年

“文化大革命”开始后，外语院校陆续“停课闹革命”；外语教育遭到破坏，停止招生达五年之久。

1967年 高等学校“复课闹革命”，大批外国古典文学作品被封存，外文原版电影和外台广播被列为禁区。

1968年 大批外语专业学生被集中到农场去劳动，等待分配外语工作。

1969年 全国外语教学陷于停顿。

1970年 7月 北京大学西语系开始试点，招收工农兵学员。

11月 周恩来总理做关于外语教学的谈话，指导外语教学工作。

本年内，国际关系学院停办。

1971年 4月 北京语言学院被撤销，并入北京第二外国语学院。

8月 北京外国语学院等高等院校相继恢复招生，开始招收工农兵学员。

1972年 3月 上海人民广播电台与华东师范大学外语系开办英语初级班广播教学。

5月 国务院科教组在北京召开综合大学和外语院校教育革命座谈会，会上就外语院校如何加强基本功训练进行了广泛深入的讨论。

10月 北京市教育局同北京人民广播电台举办的业余英语广播讲座开始播出。

10月 国务院批准恢复北京语言学院。

本年内，恢复留学生选派工作，共有16名留学生赴英国学习，20名留学生赴法国学习。

1973年 3月 上海人民广播电台与复旦大学合办日语初级班广播教学，与上海外国语学院合办法语初级班广播教学。

本年内，汉英词典编写组在北京外国语学院成立，启动新中国成立以来最大的汉英词典编纂工作。

1974年 6月 天津外国语学院成立，设有英、日、德、法、俄、西班牙语6个专业。

1975年 5月 由教育部和国家出版局牵头组织一大批有经验的外语教师和专家开始编纂外汉双语词典。

1976年 外语教育领域开始拨乱反正。

1977年 7月 邓小平做出一系列重要指示：要加强基础理论教学和外语教学，要搞电化教育，要编印通用新教材，同时引进外国教材。

9月 教育部开始组织编写包括英语课程在内的中小学各科全国通用教材。

12月 教育部、中央广播事业局联合开办面向全国的电视英语讲座。

1978年 教育部制定《全日制十年制中小学教学计划试行草案》。之后，制定《全日制十年制中小学英（俄）语教学大纲（试行草案）》。

《汉英词典》（北京外国语学院英语系编写）在北京出版。

8月 经国务院批准，教育部于8月至9月在北京召开全国外语教育座谈会，提出《加强外语教育的几点意见》。

1979年 3月 经国务院批准，教育部印发《加强外语教育的几点意见》。

4月 教育部发出通知，规定高校入学统考外语成绩1979年按10%计入总分，1980年、1981年和1982年分别按30%、50%和70%计入总分，1983年起全部按100%计入总分。

8月 教育部批准北京外国语学院成立外语教学与研究出版社。

8月 教育部批准上海外国语学院成立上海外语教育出版社。

9月 教育部颁布《关于办好外国语学校的几点意见》。

1980年 国务院批准教育部“1980—1983年高校英语教师培训计划”，清华大学、天津大学、上海交通大学等9所理工院校为全国高校大学英语教师2,100多人举办进修班、培训班。从1980年至1983年，共举办英、法、德、日、俄、西班牙、阿拉伯语7个通用语种的教师培训班158期，由300多位中外语言文学专家任教，接受培训教师达5,500余人次。

6月 高等学校理工科公共外语教材编审委员会成立。

6月 高等学校理工科公共外语教材编审委员会扩大会议审定通过《高等学校理工科本科四年制试用英语教学大纲（草案）》。

6月 应用语言学与英语教学学术讨论会在广州召开。

6月 教育部组织北京、上海、广州等地的一批英语教学专家赴香港考察，之后成立命题小组，开始进行“英语水平测试”（EPT）的设计工作。

8月　教育部印发《理工科德语教学大纲（草案）》《理工科俄语教学大纲（草案）》《文科俄语教学大纲（草案）》。

8月和11月，教育部先后在烟台和青岛召开会议，制定《高等学校英语专业基础阶段英语课程教学大纲》。

9月　《日语教学大纲（高等学校理工科本科四年制试用）（草案）》出版。

9月《日语（第二外语）教学大纲（草案）》出版。

11月　全国高等学校外语专业教材编审委员会成立大会和第一次会议召开，修订了1980—1985年高等学校外语专业教材编选计划，制定了《高等学校外语专业教材编审委员会工作条例》。

11月　教育部批准成立高等学校理工科公共外语教材编审委员会及英语、俄语、日语、德语等编审小组。

1981年　国务院批准首批博士和硕士学位授予单位，其中英语语言文学博士点5个，硕士点23个。

4月　教育部颁发《全日制六年制重点中学教学计划（试行草案）》，其中对外语课的要求是“切实打好一种外语基础”。

5月　中国外语教学研究会在杭州举行成立大会。

5月　国务院批准颁发《中华人民共和国学位条例暂行实施办法》。

12月　教育部在南宁主持召开全国高校外语师资培训工作会议。

1982年　2月　教育部印发《全国高校外语师资培训工作会议纪要》《高校英语专业和公共英语课教师培训班调整方案》和《1982年邀请外国语言文学专家讲学计划》两个附件。

4月　教育部在武汉召开高等学校公共英语课教学经验交流会。

5月　教育部召开中学外语教育工作会议，颁布《关于办好外国语学校若干问题的通知》。

5月　教育部召开全国中学外语教育工作会议，制定《关于加强中学外语教育的意见》。

5月　中国公共外语教学研究会成立。

6月　中国翻译工作者协会正式成立。

10月　包括北京外国语学院附属外国语学校在内的8所外国语学校开会交流工作经验，总结外国语学校办学经验，并就外国语学校的教育计划和教学大纲进行深入讨论。

12月 高校外语教材编委会英语编审组在上海召开会议，拟定英语专业基础阶段教学大纲工作计划。

1983年

语言实验教学研讨会在广州举行。

教育部在完成《1980—1983年高校英语教师培训计划》之后，在天津大学、上海交通大学、重庆大学、大连工学院、西安交通大学、华中理工学院6所院校设立固定的公共英语教师培训中心。

6月 中国教育学会对外汉语教学研究会成立大会暨第一次学术讨论会在北京举行。

7月 教育部颁布《研究生外国语学习和考试的规定（试行）》。

12月 高校外语教材编委会英语编审组与中国英语教学研究会在北京召开，有25所高等院校的外语院系代表参加英语专业高年级教学座谈会。

12月 基础阶段英语专业课程设置讨论会在上海召开。

1984年

1月 国务院批准第二批硕士、博士点，研究生教育的恢复和博士点的建立对我国外语教师队伍的建设起了极为重要的作用。

5月 大学英语教学大纲修订工作组在杭州召开会议，审定通过高等学校理工科本科用的《大学英语教学大纲》草案。

6月 全国12所高等院校的外语学院参加在上海举行的高等外语院校教育研究协作组筹备会议，协作组计划于1985年在西安正式成立。

10月 全国高等学校文科公共英语教材编审组在上海召开大学英语教学大纲修订工作会议，成立文理科通用大学英语教学大纲修订组。

1985年

2月 教育部印发《大学英语教学大纲（高等学校理工科本科用）》。

10月 第一次四、六级考试设计组工作会议在上海召开。

11月 国家教委设立大学外语教材编审委员会，替代原有的理工科公共外语教材编审委员会。

11月 《大学英语教学大纲（高等学校文理科本科用）》由高等学校大学外语教材编审委员会综合大学英语编审组审定通过。

1986年

1月 大学英语四、六级标准化考试设计组成立。

3月 国家教委印发《大学英语教学大纲（高等学校文理科本科用）》。

8月 全国部分非通用外语教材教学讨论会在北戴河召开。来自北京大学、北京外国语学院、广州外国语学院、广西民族学院等院校的缅甸语、印地语、印度尼西亚语、老挝语、泰语、越南语6个语种的教师参加会议。

10月 国家教委印发《高等学校外语教材编审委员会工作条例》《高等学校外语教材审稿办法实施细则》。

10月 国家教委主持召开全国中学外语教学改革工作会议。

11月 国家教委印发《高等学校教材工作规程（试行）》。

11月 中国公共外语教学研究会更名为中国大学外语教学研究会，后正式定名为高等学校大学外语教学研究会。

12月 外语专业教材编审委员会法语编审组在南京召开会议，审阅和通过《高等学校法语专业基础阶段教学大纲》。

1987年

2月 国家教委在上海举办外语通用语种基础阶段教学大纲研讨会。

3月 《大学英语四级考试大纲及样题》出版。

6月 国家教委批准颁布《大学俄语教学大纲》。

6月 《大学俄语教学与研究》创刊。

7月 大学英语教学研讨会理工科南片会议在青岛举行。

7月 首次大学法语教学研讨会在贵阳举行。

7月 国家对外汉语教学领导小组正式成立，并在北京举行第一次会议。

7月 第一次全国翻译理论研讨会在青岛举行。本次研讨会宗旨：深入探讨翻译理论，交流研究成果，促进中国翻译学的建立，进一步繁荣翻译事业。

8月 大学英语教学研讨会理工科北片会议在北京举行。

8月 第二届国际汉语教学讨论会在北京举行。会议期间，正式成立国际性的民间学术团体——世界汉语教学学会。全国政协主席邓颖超给大会书写“发展世界汉语教学，发扬中华民族文化”的题词。

9月 大学英语四级考试在全国范围内首次举行，考试规模约为10万人。

12月 国家教委印发《普通高等学校社会科学本科专业目录》《普通高等学校社会科学专业简介》等文件。

1988年

4月 国家教委高教一司批转《高校德语专业基础阶段教学大纲》，要求从1988年秋季起试行。

4月 国家教委高教一司批转《高校俄语专业基础阶段教学大纲（高等学校非俄语专业通用）》，自1988年秋季起参照执行。

7月 第一次研究生外语教学、学术交流会在重庆召开，1987年成立的研究生外语协作组更名为全国理工院校研究生外语教学研究会。

9月 《大学英语六级考试大纲及样题》出版。

9月 高等学校外语专业教材编审委员会法语编审小组在成都召开大学法语教学大纲讨论会。

11月 联邦德国歌德学院北京分院落成。

1989年

1月 大学英语六级考试在全国范围内首次举行，考试规模约为6万人。

2月 国家教委高教一司批准《高等学校法语专业基础阶段教学大纲》，从1989年秋季开始执行。

5月 国家教委高教司批准《大学日语教学大纲（高等院校非日语专业本科用）》，1989年秋季起参照执行。

6月 《大学日语教学大纲》出版。

8月 全国首次系统功能语法研讨会在北京举行。会议决定每两年召开一次全国范围的研讨会。

8月 《英汉大词典》（陆谷孙主编）出版。

10月 经国家教委批准，全国高等学校外语学刊研究会在上海举行成立大会。

10月 大学外语教材编审委员会法语编审组在山西召开大学法语教学大纲讨论会。

11月 大学外语教材编审委员会德语编审组扩大会议在合肥召开，审定通过《大学德语教学大纲（第一外语）》。

12月 国家教委发出通知，成立大学法语教学大纲研订组。

1990年

6月 大学俄语四级考试首次举行。

7月 大学法语教学大纲审定会在呼和浩特举行。

7月 高等学校教材编审委员会改名为高等学校教学指导委员会。

1991年

5月 《大学德语教学大纲》出版。

12月 高等学校大学外语教学指导委员会成立大会在北京召开。

12月 大学英语教学大纲词表调整工作组成立。

1992年

7月 第三次研究生外语教学学术交流会在广州召开，全国理工院校研究生外语教学研究会更名为全国高等院校研究生外语教学研究会。

8月 国家教委批准《大学法语教学大纲》。

8月 大学外语教学指导委员会德语组扩大会议在南京召开，审定通过《大学德语教学大纲（第二外语）》。

8月 国家教委研究生工作办公室召开《非英语专业研究生英语教学大纲》审定及第二次研究生外语教学工作座谈会。

11月 国家教委研究生工作办公室印发《非英语专业研究生英语（第一外语）教学大纲（试行稿）》。

1993年

2月 中共中央、国务院印发《中国教育改革和发展纲要》。

3月 《大学日语四级考试大纲及样题》出版。

4月 国家教委批准成立大学德语四级考试命题组。

5月 《大学日语（第二外语）教学大纲（非日语专业本科用）》出版。

6月 大学日语四级考试正式举行。

12月 高等学校大学外语教学指导委员会法语组在济南召开会议，讨论《大学法语四级考试大纲及样题》。

12月 《大学英语教学大纲通用词汇表（1—4级）》出版。

1994年

4月 《大学法语教学大纲（第二外语）》出版。

6月 国家教委高教司成立大学法语考试组。

7月 第一届全国大学英语四、六级考试委员会成立。

7月 全国大学英语教学研讨会在大庆召开。

12月 高等学校大学外语教学指导委员会在桂林召开全国大学英语教学上新台阶座谈会。

1995年

3月 《中华人民共和国教育法》颁布，为我国教育事业发展提供法律保障。

4月 《大学德语四级考试大纲及样题》出版。

11月 全国大学英语教学研讨会在上海举行。

11月 高等学校大学外语教学指导委员会法语组在成都召开审定会，审查并通过《大学法语四级考试大纲及样题》。

1996年

5月 《面向21世纪的大学英语课程教学内容与课程体系改革研究与实践》项目组成立。

5月 全国高等院校大学英语课程（基础阶段）试题库工作组在武汉召开题库建设专题研讨会。

6月 大学法语四级考试正式举行。

6月 大学德语四级考试正式举行。

8月 全国大学英语四、六级考试新题型公布。

11月 国家教委下发《关于聘任第二届高等学校大学外语教学指导委员会的通知》，成立第二届大学外语教学指导委员会，下设英语组、俄语组、日语组、德语组、法语组。

12月 第二届高等学校大学外语教学指导委员会工作会议在杭州召开。

1997年

5月 高等学校大学外语教学指导委员会英语组在上海召开全国大学英语多媒体课件研讨会。

7月 《大学德语教学大纲（第二外语）》出版。

7月 “外研社杯”全国大学生英语辩论赛开始举办。

12月 为了落实素质教育，推动基础外语教育的改革和发展，国家教委设立国家基础教育实验中心外语教育研究中心。

1998年

2月 《大学英语教学大纲（修订本）》词表工作组成立。

5月 高等学校大学外语教学指导委员会英语组在武汉召开会议，提出《大学英语教学大纲（征求意见稿）》。

11月 第一届亚洲地区英语语言测试研讨会在上海召开。

12月 高等学校大学外语教学指导委员会英语组扩大会审定通过《大学英语教学大纲（修订本）（高等学校本科用）》。

12月 教育部基础教育司下发文件，设立全国基础教育外语教学研究资助金项目。

12月 教育部高教司批转《关于外语专业面向21世纪本科教育改革的若干意见》，成为新时期外语专业教育改革的指导性文件。

1999年

1月　国务院批转教育部《面向21世纪教育振兴行动计划》，要求各级人民政府和各有关部门要切实把教育摆在优先发展的战略地位，充分认识全面振兴教育事业的重要性，认真实施《面向21世纪教育振兴行动计划》，把生机勃勃的中国教育带入21世纪。

5月　党中央、国务院做出扩大高校招生规模的决定。

5月　大学英语四、六级考试口语考试（试点）首次举行。

7月　外研社全国高校大学英语教学理论与实践研修班开始举办。

8月　第二届全国大学英语四、六级考试委员会成立。

9月　《大学英语教学大纲（修订本）（高等学校本科用）》出版。

9月　《大学英语四、六级考试口语考试大纲及样题》出版。

2000年

教育部全面启动基础教育课程改革，中学俄语课程改革也随之启动。《俄语课程标准》分别于2000年、2003年和2011年做过重大修订。

4月　教育部批准在全国实行高校外语专业教学指导委员会英语组制定的《高等学校英语专业英语教学大纲》。

4月　《大学日语教学大纲（第二版）》出版。

5月　教育部启动“新世纪网络课程建设工程”项目。

7月　大学外语教学指导委员会德语组在昆明召开工作会议，审定通过《大学德语教学大纲（第二版）》。

9月　北京外国语大学中国外语教育研究中心被教育部正式批准为普通高等学校人文社会科学重点研究基地。

9月　广东外语外贸大学外国语言学及应用语言学研究中心被教育部正式批准为普通高等学校人文社会科学重点研究基地。

9月　黑龙江大学俄罗斯语言文学与文化研究中心被教育部正式批准为教育部人文社会科学重点研究基地。

10月　21世纪学校外语教学国际研讨会在北京举行。

2001年

4月　2001—2005年教育部高等学校大学外语教学指导委员会成立。

5月　《大学德语教学大纲（第二版）》出版。

6月　全国高等院校研究生外语教学研究会在西安召开常务理事会，选举出新一届会长，通过新章程。

6月　《大学俄语教学大纲（第二版）》出版。

8月　教育部印发《关于加强高等学校本科教学工作提高教学质量的若干意见》。

9月　《大学德语四级考试大纲及样题（第二版）》出版。

2002年

1月　教育部办公厅公布“新世纪网络课程建设工程”第二、三批项目。

4月　全国高等院校研究生外语教学研究会在桂林召开会议。

5月　中国外语教育研究中心和外语教学与研究出版社联合设立中国外语教育基金项目。

7月　《大学法语教学大纲（第二版）》出版。

8月　教育部高教司在北京召开大学英语教学改革座谈会。

9月　语言测试与语言教学国际会议在上海召开。

10月　全国大学英语教学研讨会在南京召开。

12月　教育部高教司下发《关于启动大学英语教学改革部分项目的通知》。

12月　“CCTV杯”全国英语演讲大赛（后改为“外研社杯”全国英语演讲大赛）开始举办。

2003年

1月　高等学校大学外语教学研究会主办的大学英语教学改革座谈会在南京举行。

2月　教育部高教司发出通知，成立“大学英语课程教学要求”项目组。

2月　教育部高教司正式发函，委托高等教育出版社、清华大学出版社、外语教学与研究出版社、上海外语教育出版社承担大学英语教学软件的开发工作。

4月　教育部正式启动“高等学校教学质量和教学改革工程”，将大学英语教学改革列为“质量工程”四项工作中的第二项。

10月　教育部高教司组织的大学英语教学改革研讨会在北京召开。

12月　教育部高教司印发《关于开展大学英语教学改革试点工作的通知》。

12月　《大学日语四级考试大纲》出版。

12月　《大学俄语四级考试大纲》出版。

2004年

1月　教育部印发《大学英语课程教学要求（试行）》。

1月　《大学法语四级考试大纲》（修订版）出版。

2月　教育部高教司在北京举办大学英语教学改革骨干教师培训班。

2月　教育部高教司确定180所院校参加大学英语教学改革试点工作。

3月　大学英语四、六级考试改革项目组成立。

4月 教育部高教司在北京交通大学设立教育部大学英语教学改革联络办公室。

7月 第三届全国大学英语四、六级考试委员会成立。

11月 教育部高教司批准设立239个大学英语教学改革扩展研究项目。

2005年

3月 教育部高教司印发《全国大学英语四、六级考试改革方案（试行）》。

3月 教育部高教司发出《关于对180所高等学校大学英语教学改革试点工作进行验收的通知》。

4月 全国高等院校研究生外语教学研究会在北京召开会议。

6月 改革大学英语四、六级考试计分体制。

7月 《大学日语第二外语课程教学要求》出版。

10月 教育部高教司批准设立195个第二批大学英语教学改革扩展项目。

2006年

3月 教育部委托大学外语教学指导委员会和大学外语教学改革联络办公室，对全国50多所高校大学英语教学改革情况进行考察调研。

4月 教育部基教司批准全国基础外语教育研究培训中心成立。

4月 教育部批准31所高校为大学英语教学改革示范点项目学校。

4月 2006—2010年教育部高等学校大学外语教学指导委员会成立大会暨第一次工作会议在南京举行。

4月 全国高等院校研究生外语教学研究会在北京召开常务理事会，成立高等院校研究生外语教学研究会研究生英语教学改革项目组。

7月 教育部办公厅发出《关于进一步提高质量，全面实施大学英语教学改革的通知》。

9月 教育部高教司印发《关于开展大学英语教学改革巡讲活动的通知》。

11月 教育部高教司成立《大学英语课程教学要求（试行）》修订项目组。

12月 《大学英语四级考试大纲（2006修订版）》出版。

12月 全国非英语专业研究生培养专题学术研讨会在杭州召开。

12月 改革后的大学英语四级考试首次在全国范围内实施。

2007年

1月 教育部高教司在北京召开“大学英语四、六级考试大型题库和基于互联网的考试系统的研究和开发”项目立项评审会议。

2月 教育部下发《关于进一步深化本科教学改革，全面提高教学质量的若干意见》，将进一步推进和实施大学英语教学改革列入“质量工程”

建设工作计划。

5月 《大学英语六级考试大纲（2006修订版）》出版。

6月 改革后的大学英语六级考试首次在全国范围内实施。

6月 教育部高教司批准全国34所高校为第二批大学英语教学改革示范点项目学校。

7月 教育部印发修订后的《大学英语课程教学要求》。

8月 教育部高等学校大学外语教学指导委员会英语组2007年度工作会议在北京召开。

12月 全国非英语专业研究生培养专题学术研讨会在杭州召开。

2008年

2月 教育部高教司公布第一、二批大学英语教学改革扩展项目验收合格名单。

3月 全国高等院校研究生外语教学研究会在北京召开会议，审定《非英语专业硕士/博士学位研究生英语教学要求（试行）》。

5月 教育部高等学校大学外语教学指导委员会英语组2008年度工作会议在苏州召开。

6月 教育部在北京召开大学英语四、六级考试委员会工作会议。

7月 教育部高教司在北京召开教育部大学英语教学改革示范点项目学校工作会议。

9月 《大学日语课程教学要求》出版。

2009年

1月 《国家中长期教育改革和发展规划纲要》开始向社会各界公开征求意见的工作。

9月 《大学日语四、六级考试大纲》出版。

10月 2010年北京市高考改革方案公布，成为教育部批复的第12个新课改后高考改革方案的省份。

11月 在香港浸会大学举办粤港澳高等教育发展规划座谈会。

2010年

6月 2010年中国外语战略论坛在上海举行。

6月 2010北京国际教育博览会在北京举行。

7月 “外教社杯”全国高校外语教学大赛开始举办。

7月 中共中央、国务院颁布《国家中长期教育改革和发展规划纲要（2010—2020年）》，这是我国面对全球化挑战、实现民族伟大崛起、走向大国的重大教育战略举措。《规划纲要》明确提出“培养各种外语人才”，体现了党和国家对于中国外语教育发展的战略思考。

2011年

2月 外国语言文学“十二五”科学研究发展战略规划研讨会召开。

3月 全国翻译硕士专业学位教育指导委员会2011年年会暨扩大会议召开。

4月 全国艺术类专业大学英语教学研讨会召开。

4月 首届全国语言研究与外语教学研讨会召开。

5月 第十二届世界俄语大会召开。

5月 2011年翻译教育发展国际学术研讨会暨国际大学翻译学院联合会（CIUTI）年会召开。

6月 2011年全国首届英语词汇学教学与研究研讨会召开。

6月 2011首届中国二语习得研究高层论坛举行。

7月 中国外语教育研究中心和外语教学与研究出版社共同举办的高等学校外语学科中青年骨干教师高级研修班在北京举办。

8月 第十六届世界应用语言学大会（AILA 2011）在北京举行。

9月 “中国法语年”在北京开幕。

2012年

1月 《义务教育英语课程标准（2011年版）》出版。

1月 《义务教育日语课程标准（2011年版）》出版。

1月 中国与欧洲各非通用语国家文学交流研讨会在北京召开。

3月 上海合作组织成员国教育专家会议分别在上海合作组织秘书处（北京）和琼州学院（三亚）召开，来自中国、哈萨克斯坦、吉尔吉斯斯坦、俄罗斯和塔吉克斯坦的教育部和使领馆官员及各国教育专家参加会议。

3月 教育部国际司主办的区域和国别研究培育基地工作研讨会在金华召开。

4月 日耳曼学研究的跨学科视野国际研讨会在南京举行。

5月 教育部发布《“国培计划”课程标准（试行）》，对不同层次的小学英语教师国家培训项目的课程目标、内容、设置与实施建议进行详细阐述。

6月 2012年大学日语教育与日本学研究国际研讨会在上海举行。

9月 区域语言教育与高端人才培养——APEC教育国际研讨会在北京举行。

12月　中国非通用语教学研究会第七次代表大会暨第14次学术研讨会在北京举行。

12月　“外研社杯”全国英语写作大赛开始举办。

2013年

教育部启动《普通高等学校本科专业类教学质量国家标准》研制工作。

教育部高等学校大学外语教学指导委员会正式启动《大学英语教学指南》研制工作。

4月　新一届教育部高等学校大学外语教学指导委员会（2013—2017）成立，并于6月在南京召开第一次全体委员会议。

5月　“中德语言年”在柏林揭幕。

7月　外研社“教学之星”大赛开始举办。

7月　新一届教育部高等学校外国语言文学类专业教学指导委员会（2013—2017）成立，英语分委员会召开第一次全体委员会议。

11月　党的十八届三中全会审议通过《中共中央关于全面深化改革若干重大问题的决定》，指出我国要探索全国高考统考减少科目、不分文理科、外语科目社会化考试一年多考。

2014年

国家社科基金项目、教育部人文社会科学研究项目、全国教育科学“十二五”规划项目评选结果显示，与中学英语相关的唯有一项，“我国中学生英语写作中思辨能力表现研究”入选。

国家社科基金项目、教育部人文社会科学研究项目、全国教育科学“十二五”规划、自筹经费项目评审结果显示，直接与初中英语相关的教育部青年基金项目“中、美、加、英、芬五国中小学外语课程标准比较研究”入选。

2014年被称为中国的“高考改革年”。高考改革，尤其是英语科目的改革备受关注。9月，国务院颁布《关于深化考试招生制度改革的实施意见》。

教育部高等学校外国语言文学类专业教学指导委员会英语分委员会结合国家发展战略及现实需求，研制英语类专业本科教学质量国家标准。

3月　全国高校大学英语教学发展学术研讨会在北京举行。

4月　庆祝中阿合作论坛创建十周年暨中阿合作研讨会在北京举行。

5月　第三届中德高校德语专业博士生学术研讨会在北京举行。

5月 中国跨文化日耳曼学研究会纪念研讨会在北京召开。

5月 2014年上海洪堡国际学术研讨会在上海举行。

6月 德语、法语、西班牙语课程标准研制工作启动会在北京举行。

9月 第四届全国少数民族地区中小学英语教学与教师发展研讨会在兰州举行。

9月 北京外国语大学中国外语测评中心成立。中心以北京外国语大学全方位外语学科优势为依托，通过与国内外语言测试权威专家和机构密切合作，开展多层次外语测试的开发、研究与服务工作。

10月 第七届中国英语教学国际研讨会在南京召开。

12月 教育部会同相关部委联合出台《2015—2017年留学工作行动计划》，对加快培养“一带一路”建设急需的外语非通用语种人才、国际组织人才、国别和区域研究人才、拔尖创新人才以及来华青年杰出人才五类国家战略急需人才做出部署。非通用语种人才培养开始纳入国家外语人才培养的重要战略。

12月 “外研社杯”全国英语阅读大赛开始举办。至此，“外研社杯”全国英语演讲大赛、“外研社杯”全国英语写作大赛和“外研社杯”全国英语阅读大赛合称为“外研社杯”全国大学生英语挑战赛（UChallenge）。

2015年

6月 韩中人文学会第36届国际学术会议在北京举行。

8月 中青年骨干教师研修班暨高等学校多语种翻译教学学术研讨会在北京举办。

8月 “拉美国情与文化”研究生学术论坛在上海召开。

9月 教育部印发《关于加强外语非通用语种人才培养工作的实施意见》，拟通过加快培养国家急需非通用语种人才等重要举措，实现所有已建交国家官方语言全覆盖，人才培养、智库建设取得显著进展，基本满足我国经济社会发展特别是扩大对外开放的新需要。

2016年

2月 中共中央办公厅、国务院办公厅印发《关于做好新时期教育对外开放工作的若干意见》，这是新中国成立以来第一份全面指导我国教育对外开放事业的纲领性文件。文件将“加快留学事业发展，提高留学教育质量”作为首项任务来抓，该项任务再次明确了培养“五类人才”的目标。

3月 依托国家社科基金重点课题“非通用语种人才培养研究”的我国外语非通用语种类专业与人才培养的本体研究研讨会在北京举行。

4月 第一届全国高等学校外语教育改革与发展高端论坛在北京举行。

7月 教育部正式印发《推进共建“一带一路”教育行动》。《教育行动》是国家“推动共建‘一带一路’愿景与行动”在教育领域的落实方案。该文件将“教育互联互通”列为首要内容，指出：要“促进沿线国家语言互通。研究构建语言互通协调机制，共同开发语言互通开放课程，逐步将沿线国家语言课程纳入各国学校教育课程体系。拓展政府间语言学习交换项目，联合培养、相互培养高层次语言人才。发挥外国语院校人才培养优势，推进基础教育多语种师资队伍建设和外语教育教学工作。扩大语言学习国家公派留学人员规模，倡导沿线各国与中国院校合作在华开办本国语言专业。支持更多社会力量助力孔子学院和孔子课堂建设，加强汉语教师和汉语教学志愿者队伍建设，全力满足沿线国家汉语学习需求”。

8月 全国大学法语教学改革与发展研讨会在大连举行。

10月 “文学之路”国际学术研讨会在武汉举行。

10月 中国英语阅读教育研究院在北京成立。

11月 第五届中、韩、日三国波兰语国际学术研讨会在广州举行。

11月 中国外语测评中心推出“国际人才英语考试”首考。

11月 中国非通用语教学研究会第八次代表大会暨第16次学术研讨会在昆明举行。

12月 首届外研社“大学德语教学之星”视频大赛总决赛闭幕。

2017年

1月 国务院印发《国家教育事业发展“十三五”规划》。

4月 第二届全国高等学校外语教育改革与发展高端论坛在成都举行。

4月 新课标背景下的全人教育与外语教学研讨会在成都举办。

5月 首届西部地区外语学科发展研讨会在昆明举行。

6月 国家质量监督检验检疫总局、国家标准委联合发布《公共服务领域英文译写规范》系列国家标准。

6月 《外语教学与研究》创刊60周年纪念会暨第六届全国外语教学与研究专家论坛在北京举行。

9月 北京举行首次新中考英语听说模考。

9月 《公共服务领域英文译写规范》发布座谈会在北京举行。

10月 第八届中国英语教学国际研讨会在西安举行。

11月 全国应用型本科院校英语类专业教材研讨会在盐城召开。

12月 北京高考外语听力一年两考，首次考试于12月16日举行。

12月 《中国英语能力等级量表》研制完成。

12月 “中华思想文化术语传播工程”最新成果《中华思想文化术语》(第五辑)在2017中国翻译协会年会上举行发布仪式。

12月 由北京外国语大学倡议发起，全国多所外语类院校及具备外语优势学科的各类院校联合组建的中国高校外语慕课联盟在北京成立。

12月 外语教学与研究出版社外研在线推出中国高校外语慕课平台(UMOOCs)。

2018年

1月 中共中央、国务院印发《关于全面深化新时代教师队伍建设改革的意见》。这是新中国成立以来，首次以中共中央、国务院的名义印发的关于教师队伍建设的文件。

3月 首届一流外国语言文学学科建设与发展高峰论坛暨中国高校外语学科发展联盟成立大会在上海举办，致力于切实推动“双一流”建设，实现中国外语高等教育内涵式发展，充分发挥外语学科在服务国家“一带一路”建设中的重要作用。

3月 中国高校外语慕课平台启动，中国首个以外语学科特色为主的国际化慕课平台诞生。

3月 第三届全国高等学校外语教育改革与发展高端论坛在北京举行。

3月 由中国人民大学书报资料中心、中国人民大学人文社会科学学术成果评价研究中心、外语教学与研究出版社联合主办，书报资料中心基础教育期刊社、《英语学习》编辑部承办的基础英语教育最具影响力论文评选发布暨创新基础英语教育论坛在北京召开。

4月 全国基础外语教育教学研讨会在深圳举办。

5月 教育部办公厅和财政部办公厅印发《关于做好2018年农村义务教育阶段学校教师特设岗位计划实施工作的通知》，2018年全国计划招聘特岗教师9万名，外语为紧缺薄弱学科。

5月 全国高校英国文学研究方法与课程教学高端论坛在北京举行。

5月 教育部、国家语言文字工作委员会发布2017年中国语言文字事业发展状况。为推动公共服务领域外文译写规范的贯彻实施，先后召开《公共服务领域英文译写规范》发布座谈会和公示语外译规范与话语体系建设论坛，出版《公共服务领域英文译写指南》和《公共服务领域英文译写一本通》，并启动公共服务领域英、俄、日规范译文数据库建设。

5月 第三届“品读中国”文学翻译奖颁奖典礼在莫斯科中国文化中心举行。

5月《中国基础教育大数据发展蓝皮书（2016—2017）》发布会在北京举行。

6月 文学翻译名家高峰论坛在杭州举行。

6月《中国英语能力等级量表》由教育部和国家语委发布，作为国家语委语言文字规范正式实施。

7月 首届功能语言学融合与发展高端论坛暨韩礼德先生纪念研讨会在北京召开。

11月 教育部高等学校教学指导委员会（2018—2022年）成立，指导本科教育教学工作，将承担高等学校教育教学研究、咨询、指导、评估和服务等工作。涵盖2个综合类、109个专业类和40个分教指委，集中了高等教育方面最权威的专家资源。

11月 第四届全国中小学英语阅读教学学术研讨会在北京举办。

12月 教育部高等学校大学外语教学指导委员会（2018—2022）第一次全体会议在浙江大学召开。

12月 教育部高等学校外国语言文学类专业教学指导委员会（2018—2022）成立大会暨新时代外语类本科专业振兴发展研讨会在北京召开。

12月《改革开放的先声——中国外语教育实践探索》由外研社出版。

2019年

1月 国务院印发《国家职业教育改革实施方案的通知》（简称“职教20条”），把奋力办好新时代职业教育细化为具体行动。

3月 教育部高等学校英语专业教学指导分委员会2019年度第一次全体会议在长沙举行。

3月 北京外国语大学中国外语教材研究中心成立。

3月 第四届全国高等学校外语教育改革与发展高端论坛在北京举行。

4月 教育部高教司发布《中国慕课行动宣言》。截至目前，我国已有1.25万门慕课上线，超过2亿人次参加在线学习。

4月 第三届英语教学与测评学术研讨会在北京举办。

4月 全国基础外语教育教学研讨会暨中小学英语阅读素养提升研讨会在天津举办。

6月 中国职业外语教育发展研究中心成立。

后记

2019年是中华人民共和国成立70周年。70年来，中国人民众志成城，团结一心，积极应对前进道路上的困难和挑战；70年来，中华儿女奋力开拓，锐意进取，开启了改革开放和现代化建设的新征程；70年来，国际舞台上的“中国声音”“中国故事”日益震撼，中华民族的伟大复兴展示了前所未有的光明前景；70年来，在中国了解世界、世界了解中国的过程中，外语的载体和桥梁地位日益重要，外语的交流和沟通作用功不可没。历史告诉我们，外语教育与民族复兴、国家强盛总是息息相关的。在新中国70华诞这个特殊而伟大的时刻，回顾外语教育历史进程，梳理重大历史事件，总结宝贵经验，探究发展规律，展望未来方向，对激发广大外语教育工作者的自豪感和献身外语教育事业的使命感具有重要的意义。

为了给新中国70华诞献上一份外语人精心准备的贺礼，外语教育界的众多专家学者不顾炎夏酷暑，挥毫泼墨，共同绘制新中国外语教育波澜壮阔的巨幅画卷：前行之路，准确翔实地描绘新中国成立70年来外语教育取得的丰硕成果和沿途的壮美风景；大学之道，铿锵有力地描绘新中国成立70年来外语院校建设发展的辉煌成就和日臻完善的治学理念；大师之智，感人肺腑地描绘新中国成立70年来奋战在外语教育战线的专家学者殚精竭虑、无私奉献的动人画面；风云之声，挥洒自如地描绘新中国成立70年来活跃在外交领域的外交家们纵横捭阖、昂首挺拔的潇洒英姿；名士之音，酣畅淋漓地描绘新中国成立70年来外语教育在文化、出版、传媒等多方面的卓越成就和各界人士对外语教育的由衷希冀；奋进之笔，激情澎湃地描绘新中国成立70年来外语人不忘初心、砥砺奋进以及放眼未来、搏击潮头的豪迈气概。

本书站在历史新高度，以全新、多维、独特的视角，运用各种珍贵史料，勾勒新中国成立70年来外语教育的宏阔全景，力求做到大事不遗漏、重点不湮没，旨在带领读者了解新中国外语教育的历史，放眼广阔的世界，走向深远的未来。衷心希望本书的出版能对中国外语教育的未来起到一定的启迪作用，激励中国外语界所有同仁不忘初心，牢记使命，砥砺奋进，再创辉煌。

本书由王定华、曾天山主编，徐建中、王芳策划，刘捷统筹。编委会成员（按姓氏音序排列）有常小玲、崔岚、李会钦、刘博然、刘捷、王芳、徐建中、张黎新、郑大鹏。英文翻译章思英、陈海燕。参与采访、录音、资料收集、联系、协调及编辑出版工作的（按姓氏音序排列）还有安宇光、蔡曼、巢小倩、杜红坡、段长城、范海祥、付帅、郭向华、郭跃渊、韩丽霞、黄念念、汲晓琳、鞠慧、孔乃卓、李鸿飞、李晓明、李星、马宁、马晓伟、孟贤颖、庞梦微、彭冬林、屈凌云、史新蕾、孙莉明、唐志红、严学军、杨贤达、赵振国、郑琬莹、周静、周朝虹、朱皖晋、邹晶白等。感谢北京外国语大学档案馆提供珍贵的史料图片。

本书的编写得到了多位外语教育界权威专家、学者以及文化出版界众多热心人士的悉心指导和大力支持，在此表示衷心的感谢。鉴于主客观条件所限，可能有偏颇、疏漏、不足之处，敬请大方之家批评指正。

本书编委会
2019年8月